改革开放40年
中国的城市化
经验、问题和出路

徐 林 范 毅 主编

中国发展出版社

图书在版编目（CIP）数据

改革开放40年中国的城市化：经验、问题和出路 / 徐林，范毅主编 . 北京：中国发展出版社，2018.12

ISBN 978-7-5177-0964-0

Ⅰ . ①改… Ⅱ . ①徐… ②范… Ⅲ . ①城市化—发展—研究—中国 Ⅳ . ① F299.21

中国版本图书馆 CIP 数据核字（2018）第 280346 号

书　　名：改革开放 40年中国的城市化：经验、问题和出路
著作责任者：徐　林　范　毅
出 版 发 行：中国发展出版社
（北京市西城区百万庄大街 16 号 8 层　100037）
标 准 书 号：ISBN 978-7-5177-0964-0
经　销　者：各地新华书店
印　刷　者：河北鑫兆源印刷有限公司
开　　本：787mm × 1092mm　1/16
印　　张：24.25
字　　数：412 千字
版　　次：2018 年 12 月第 1 版
印　　次：2018 年 12 月第 1 次印刷
定　　价：79.00 元

联 系 电 话：（010）88919581　68990692
购 书 热 线：（010）68990682　68990686
网 络 订 购：http://zgfzcbs. tmall. com//
网 购 电 话：（010）88333349　68990639
本 社 网 址：http://www.develpress. com. cn
电 子 邮 件：370118561@qq. com

序言

蔡 昉

习近平总书记在庆祝改革开放40周年大会上的讲话中指出："艰难困苦，玉汝于成。40年来，我们解放思想、实事求是，大胆地试、勇敢地改，干出了一片新天地。"在总书记所讲的这"一片新天地"中，无疑也包括改革开放时期中国实现的史无前例的城市化速度。

1978～2017年，中国实际国民总收入年均增长9.5%，是同期世界上最快、持续时间最长的增长速度。这个时期，中国的城市化速度也是世界上最快的，城市化率从17.9%提高到58.5%，每年以3.08%的速度提高，不仅远快于高收入国家平均水平（0.33%）和低收入国家平均水平（1.39%），也明显快于处于类似人口转变阶段的"晚期人口红利国家"平均水平（1.75%），以及处于相同经济发展阶段的中等偏上收入国家平均水平（1.65%）。这个时期中国对世界城市人口增量的贡献超过1/4。

过去40年中国快速城市化所体现的人口从农村向城市迁移，以及劳动力从农业到非农产业的重新配置，充分刻画了相关改革如何消除阻碍生产要素流动和重新配置的体制障碍，把有利的人口特征转化为高速经济增长、显著结构调整和深刻社会变迁。因此，城市化推进的过程及其揭示的体制变革、结构转变、增长贡献和分享效应，可以成为改革开放发展分享过程的一个全方位缩影。

40年经济改革破除了要素积累和配置的体制障碍，创造出高速增长的充分条件；特定的人口转变阶段与改革时期高度重合，为高速增长提供了必要条件；中国特色城市化则是把改革、发展和分享融为同一过程，把潜在增长率转化为经济发展奇迹的实践载体。剩余劳动力的退出、流动和进入，构成中国特色城市化过程和内涵，也是总结成功发展经验，提炼其一般意义以及揭示进一步改革和发展方向的有益角度。

中国特色城市化的经验表明，对传统体制的改革既创造微观激励又获得宏观效率，符合几乎所有的经济增长、结构调整和社会变迁规律，却又密切结合了国情，与特定的经济发展阶段、人口转变阶段以及面临的体制遗产相对应。遵循相同的逻辑，已经获得成功的经验可以发扬光大，同时又可以顺应变化了的情形，更新已有经验的内涵，完成未竟的改革和发展任务。

各国都有自身发展的必要条件，并且常常是独特的。中国以城市化为代表的改革和发展经验，可以为解决一般发展问题提供答案。第一，通过改革解决要素积累的激励问题和要素重新配置的机制问题，把必要条件转化为实际经济增长；第二，立足于劳动力重新配置从而促进充分就业，把改革、开放、发展和分享融为一体，获得全社会对改革的共识，使之得以持续推进；第三，随着发展阶段变化而不断调整改革的重点，以保持和挖掘经济增长的必要条件。

习近平总书记指出："改革开放已走过千山万水，但仍需跋山涉水，摆在全党全国各族人民面前的使命更光荣、任务更艰巨、挑战更严峻、工作更伟大。"作为改革和发展的一个重要方面，中国的城市化任务也尚未完成。过去40年中，以拆除制度性障碍促进劳动力从低生产率部门退出，在城乡、地区和产业间流动，实现对高生产率部门的进入为特征的中国特色城市化道路，是二元经济发展的有效经验。随着人口转变和经济发展阶段的变化，这些经验按照内在的逻辑实现更新，是推动城市化从高速扩张到高质量提升的关键。以下概述一下中国特色城市化道路应有的新内涵。

首先，退出的动力应从激励相关的生产率转到生产方式相关的生产率。农业劳动生产率大幅提高及与非农产业趋同发生在20世纪80年代，而自90年代以来，虽然劳动力始终大规模转移，而且，在城乡普遍呈现劳动力短缺的情况下，农业机械的使用越来越具有节约劳动的性质，农业生产中资本替代劳动的过程已经加速，农业与非农产业之间的生产率差距却没再显著缩小。

由于农业的经营规模过于狭小，在物质费用大幅增加的情况下，出现资本报酬递减现象，导致劳动生产率未能伴随资本投入的增加而提高。与1978～1984年相比，2007～2013年粮食生产中劳动边际生产力提高了数十倍，而资本边际生产力则显著降低。进一步释放农业劳动力，必须根据变化了的情况，打破制约农业生产方式现代化的瓶颈，突破口便是通过土地制度改革，鼓励土地流转，扩大经营规模。

很长时间以来，三农政策导向着眼于从多取少予向多予少取转变，对改造农业生产方式、实现其现代化聚焦不够。加强这一导向，有赖于这个产业的自身发展能力以及竞争力提升，也是劳动力流动从而提高资源配置效率的基础，因此，三农政策应该更加聚焦于生产方式本身，政府各项投入应以扩大土地规模为导向。

其次，流动的目标应从横向为主的流动转到横向流动引致的纵向流动。在城乡劳动力市场日益发育的条件下，农民工已在更大的地域范围流动，总体方向是从中西部农村流向沿海城市。在2017年外出农民工中，44.7%流动范围是跨越省界的，而中西部外出农民工的跨省流动比例高达56.5%。劳动力转移和流动越来越充分，以及流动范围的扩大，显著地缩小了地区间工资差距。2017年中部和西部农民工平均工资，分别相当于东部平均工资的90.6%和91.1%，工资趋同趋势明显增强。然而，这只说明劳动力横向流动的效果。完整的社会流动是指通过横向流动的扩大，使处于社会分层不同位置的个人和家庭，有更多机会沿着分层结构阶梯实现社会纵向流动。

农民工未能实现纵向流动表现在以下方面。第一，2017年农民工月工资平均为3485元（其中外出农民工为3805元），已达通常的中等收入群体标准，但是，由于未能均等地享受城市基本公共服务，消费倾向低，尚不能算是真正意义上的中等收入群体；第二，外出农民工的子女要么成为留守儿童，要么成为流动儿童，获得的义务教育质量偏低，会导致代际职业固化从而社会分层固化；第三，外出农民工居住和就业预期不稳定，接受培训机会少、意愿低，职业发展空间被大大压缩。

为了更充分发挥城市化促进社会流动的功能，需要在劳动力横向流动的基础上，推进人口和家庭的纵向流动。作为反映社会公平程度的社会（纵向）流动性，是一整套社会政策的综合结果，也是政策调整的重要依据，最关键的环节和预期效果最明显的着力点，就是从满足基本公共服务需求、消除阻碍流动的体制机制弊端入手，把农民工及其家庭培育为真正意义的中等收入群体。

第三，进入的身份应从作为劳动者的进入转到作为居民的进入。在当下的中国，增强劳动力纵向流动的关键，是在更高层次和更深程度上为农民工群体开启进入城市和社会的大门。户籍制度改革是破除流动障碍的关键，因为这个制度内核的存在本身就意味着进入不充分，它还作为一系列导致基本公共服务不均等外围政策的制度依据。

如果说，过去40年消除劳动力流动体制障碍的改革，主要还是在“外围”上用力，现在亟待集中攻关，实现“内核”部分的突破。户籍制度改革最关键一步即农民工的市民化之所以举步维艰，在于改革的收益与成本间存在不对称关系。研究表明，户籍制度改革可以通过增加劳动供给和提高资源配置效率，显著提高中国经济潜在增长率。从需求侧来看，研究表明，农民工获得城市户籍，在其他条件不变的情况下，消费力可以提高27%。但是，这个实实在在的改革红利，却不能为直接支付改革成本的地方政府排他的获得，造成中央政府与地方政府在推进改革问题上激励不相容。

因此，推进户籍制度改革，让农民工及其家庭以市民身份进入城市的关键，在于中央政府对改革进行顶层设计，创新性地安排改革成本的分担和改革收益的分享，形成激励相容。鉴于户籍制度改革的潜在收益，对中国经济可持续增长和中国社会公平正义提高有巨大的正外部效应，这项改革具有全国层面公共品的性质，因此，中央政府承担更大的改革成本支出责任，有助于切实推动改革并取得成效。

徐林和范毅主编的《改革开放40年中国的城市化：经验、问题和出路》，既总结回顾了城市化过程，提炼了重要的经验，也揭示了仍然存在的问题，提出了通过改革解决问题的出路。其中与我所说的城市化新内涵不谋而合。总体来说，本书具有以下特点。一是全书结构严谨，紧扣改革开放和城市化过程的逻辑，全面回顾了城市化过程；二是分析规范，研究和写作具有很强的实证性，分析方法先进，信息充分，材料翔实，具有史料价值；三是问题导向，在总结经验、提炼其中体现的中国智慧的同时，也指出了城市化并未完成，改革仍然任重道远，并且从相关方面提出了关于进一步改革的政策建议。同为关心中国城市化道路的研究者，我认为这是部值得一读的重要著作。

是为序。

2018年12月18日

作者为第十三届全国人大常委会委员、农业与农村委员会副主任委员；中国社会科学院副院长、学部委员。

目录

总报告

改革开放40年中国的城市化

徐　林　范　毅①

改革开放以来，中国经济取得了举世瞩目的成绩，从一个低收入国家发展成为世界第二大经济体，人均收入达到上中等收入国家水平。在这个过程中，中国经历了人类历史上规模最大的人口城市化进程，正在从乡土中国迈向城市中国，数以亿计的农民从农村进入城市，从农业进入到非农产业，人口城乡和就业结构的转变，大大提高了劳动力资源的市场化配置效率，成为推动经济发展的巨大动力，也持续推动了中国的脱贫进程。与此同时，城市面貌和现代化水平也在发生着巨大变化，城市对农村人口的吸引力不断增强，城市化与经济发展形成了良性循环，互相促进。随着城市化的发展，进城农村人口不断增多，打破了传统城乡二元体制约束，推动了中国的结构性改革进程，加快了商品和要素市场化步伐，优化了资源要素配置，提升了经济发展效率。

经过四十年经济社会的快速发展，我国工农间、城乡间关系发生了重要转变，人民对美好生活的需求对城市化发展提出了新的要求，依赖资源要素投入增多推动城市化快速发展的外部条件和内在动力已不具备，亟须推进城市化从数量提升向质量深化的转变。而在“逆全球化”倾向日益突出，贸易摩擦不断增多，国际发展环境趋紧的背景下，我们更要看到推动城市化发展转型，是不断深化改革进程，立足自我发展，

① 徐林，中美绿色发展基金董事长，原国家发改委财经司司长、规划司司长、中国城市和小城镇改革发展中心主任；范毅，中国城市和小城镇改革发展中心政策研究院院长。

有效增加国内需求，培育新经济增长点的重要战略举措，可以有效地减少国际贸易争端的影响，提高我国经济发展质量，推进现代化进程。

第一节　改革开放以来中国城市化的发展

改革开放四十年来伴随着商品和要素市场化程度的提升，中国城市化在政策导向上经历了从严格限制大城市到以城市群为主体形态的转变，在实现路径上经历了从“离土不离乡”到“离乡进城”的转变，在动力机制上经历了“自下而上”到“自上而下”与“自下而上”相结合的转变。改革开放以来，中国城市化的发展顺应了经济社会发展趋势，也与各个时期的时代背景密切相关，改革激发了城市化发展的活力，而城市化的发展也推动了改革进程，使城市化发展在不同时期具有不同的特征和特点，具体可以分为以下三个主要阶段。

一、恢复和稳步增长阶段（1978～1995年）

在计划经济体制下，政府成为城镇建设和产业发展的唯一投资者，也成了城市化发展的主导者，出于对农产品供给等问题的担忧，对农村人口进入城镇工作和生活进行了严格限制。政府承担了城镇发展投资的全部责任，使得城镇发展缺乏多元化投资者，导致城镇设施建设不足；农村人口不能自由进入城镇工作和生活，限制了城镇规模的扩大，阻碍了城镇化发展。特别是20世纪60年代以来，中国城市化发展基本是停滞的。1962年中国城市化率为17.33%，而到1978年也仅为17.92%，16年间中国城市化仅增长了0.59个百分点。随着改革开放的启动，城市化增长逐步恢复并稳定增长，1978～1995年，我国城市化率提高了11.12个百分点，年均增长0.65个百分点。这一阶段城市化发展有如下特点。

（一）城市发展指导方针的确定及变化

四十年前的改革率先从农村启动，起源于安徽小岗村的探索迅速在全国农村铺开，而受传统二元经济体制的影响，城市累积矛盾较多，且受固化思维的影响较大，改革难度更大，推进相对更难。1978年3月，国务院召开了第三次城市工作会议，4月中央批转了这次会议制定的《关于加强城市建设工作的意见》（下称《意见》）。《意见》提出了控制大城市规模、发展中小城镇的城市工作基本思路。1980年12月国务院批转了全国城市规划工作会议纪要，文件提出“控制大城市规模，合理发展中等城市，积极发展小城市，是我国城市发展的基本方针”，并提出了“国家应制定鼓励发展小城镇的政策”。但是，1989年12月通过的《城市规划法》则提出“实行严格控制大城市规模，合理发展中等城市和小城市的方针”，在控制大城市规模之前又加上了“严格”二字，在严格控制人口规模的导向下，大城市的改革相对滞后，经济集聚效益不能有效发挥。

（二）城市改革取得进展，城市等级化管理体制得到强化

相对于乡村改革的迅速推进，城市改革也在推动，不过是步伐慢一点而已。在城市改革开放方面，1979～1980年设立4个经济特区，1984年又开放14个沿海港口城市，开放主要还是局限在部分城市，并未在所有城市全面展开。自80年代中期开始，改革主战场从乡村转移到城市，但是这一阶段城市的改革集中在政治放权和经济放活（表1）。在行政放权和财政制度方面，采取了“分灶吃饭”“包干制”等措施，给予基层政府充分的财政自主权，激发基层政府在经济发展方面的活力。在行政区划设置方面，降低了市镇设置标准，推行了“撤乡设镇”“整县设市”工作。在行政管理体制方面，逐步推行了“镇管村”“市县合并”“市领导县”的行政管理体制，城镇从“城区型”转变为“广义型”管理体制（表2）。通过区划和行政管理体制改革，基层城镇政府掌控资源的能力得到加强，政府可以在更大的空间区域内进行资源整合，有利于城市更快的集聚人口和经济，为城市优先发展创造了制度条件。

表1　改革开放以来我国市镇设置文件

年份	文件名	内容	其他
1984年，国发165号	国务院批转民政部关于调整建镇标准的报告的通知	适当放宽设镇标准。 一、凡县级地方国家机关所在地，均应设置镇的建制。 二、总人口在2万以下的乡，乡政府驻地非农业人口超过2000的，可以建镇；总人口在2万以上的乡，乡政府驻地非农业人口占全乡人口10%以上的，也可以建镇。	

续表

年份	文件名	内容	其他
1986年，国发46号文	国务院批转民政部关于调整设市标准和市领导县条件报告的通知	有计划有步骤地发展中小城市，促进城乡经济的发展。 一、非农业人口6万以上，年国民生产总值2亿元以上，已成为该地经济中心的镇，可以设市。 二、总人口50万以下的县，县人民政府驻地所在镇的非农业人口10万以上，常住人口中农业人口不超过40%，年国民生产总值3亿元以上，可以撤县设市。 三、总人口50万以上的县，县府所在镇的非农业人口一般在12万以上，年国民生产总值4亿元以上，也可撤县设市。	一、少数民族地区和边远地区的重要城镇、重要工矿科研基地、著名风景名胜区、交通枢纽和边境口岸，虽不足以上标准，如确有必要，也可以设市。 二、自治州人民政府或地区（盟）行署驻地所在镇，虽不足以上标准，如确有必要，也可以设市撤县。
1993年，国发38号文	国务院批转民政部关于调整设市标准报告的通知	国务院对1986年的设市标准又作了调整，采取了分类指导的原则和增加了考察的指标。	

表2　改革开放以来政府间行政管理体制演变

体制方式	演变历程
镇管村	1984年，《国务院批转民政部关于调整建镇标准的报告的通知》要求“凡具备建镇条件的乡，撤乡建镇后，实行镇管村的体制”。
县市合并	1981年，国务院批准了浙江省的请求，撤销吴兴、嘉兴、绍兴、金华、衢县，其行政区域并入湖州、嘉兴、绍兴、金华、衢州等5个县级市，开始“县市合并”的先河①。
	1983年，民政部、劳动人事部在实地调查摸底的基础上，在上报国务院的《关于地市机构改革中的几个重要问题的请示报告》中肯定了撤县设市模式②。
	1986年，《国务院批转民政部关于调整设市标准和市领导县条件报告的通知》正式发布撤县设市的标准。
市领导县	1982年，《中共中央、国务院关于省、市、自治区党政机关机构改革的若干问题的通知》提出“在经济发达地区将省辖中等城市周围的地位、行署与市委、市政府合并，由市管县”。
	1983年，《中共中央国务院关于地市州党政机关机构改革若干问题的通知》要求“实行地、市合并，由市领导县”。
	1986年，《国务院批转民政部关于调整设市标准和市领导县条件报告的通知》明确“市区非农业人口25万以上，市国民生产总值10亿元以上的中等城市（即设区的市）”可实行市领导县的体制。

（三）城市服务业恢复发展

在城市经济发展方面，重点在于构建合理的价格体系，建立起完善的市场流通体

① 戴均良：《中国市制》，中国地图出版社2000年版。
② 戴均良：《中国市制》，中国地图出版社2000年版。

系，建立适应商品经济发展的资源配置机制。放活城市商业流通的管制，形成多层次的商业流通体系。为了发展城市商业，中央政府出台了鼓励措施，1981年5月《国务院批转全国商业厅局长座谈会汇报提纲的通知》提出了城市商业管理体制改革等方面的要求，在城市商业网点配套方面提出“提倡街道挤出一部分房屋或搭盖一些简易设施办商业、服务业。集体商业和个体商业可以租用居民个人的铺面房，开设商店”，并“允许在街道两旁摆摊设点，出流动车，有关部门要加强指导，不要限制”。对于用地问题，同年国家劳动总局、国家城市建设总局、公安部、工商行政管理总局《关于解决发展城镇集体经济和个体经济所需场地问题的通知》中明确提出，“商业繁华区域的临街住户、公房，房管部门要协助调换住房，改做营业铺面”，这也是“破墙开洞”现象的政策起源。

随着对商品流通管理体制的改革，服务业发展潜力得到释放，并在改革开放初期获得快速发展，1979～1989年，我国三产比重从21.63%提高到32.06%，而同期二产占比则从47.1%下降为42.83%。集体和民营成为商业发展的主体，到1989年底，社会商业人员中：全民所有制占29.5%，集体所有制占33.9%，个体占36. 45 %（马建堂、吕秀丽，1994）。这一时期，第三产业成为带动经济快速发展的龙头，相对而言三产发展最为迅速，1978年三产占比为23.94%，1992年最高已达34.76%，城市也从改革之前的以生产功能为主，向生产、消费和服务等综合功能方向转变，一定程度上可以说城市三产的快速发展是对计划经济时期城市发展偏差的修复，由此带来了恢复性增长（图1）。

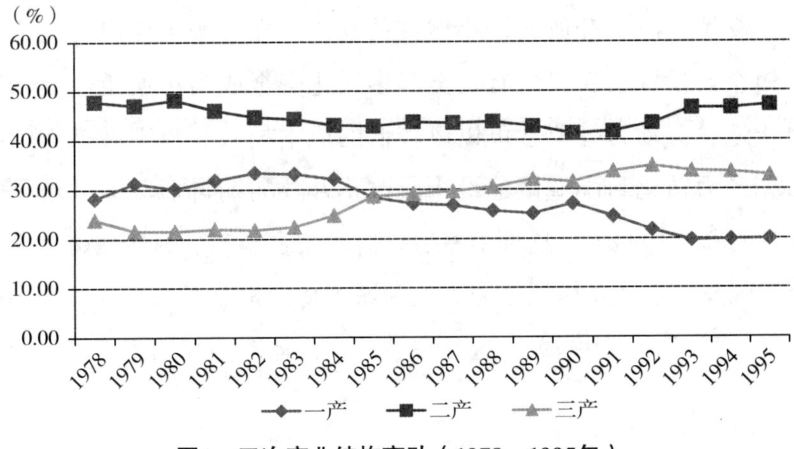

图1　三次产业结构变动（1978～1995年）

数据来源：《新中国60年统计资料汇编》。

（四）“自下而上”的乡村城市化发展模式

虽然城市经济放活了，但是城市对农村人口的大门并未完全打开，即使对城市居民的农村子女和亲属进城还采用严格的行政审批制度（罗思东，2014）。农村人口进城的愿望，只能在小城镇实现，1984年中央1号文件规定“允许务工、经商、办企业的农民自带口粮在城镇落户”，为此国务院专门出台《关于农民进入集镇落户问题的通知》的文件，具体落实农民自理口粮进集镇落户的政策。由于城市对农村人口进城就业和落户的限制，小城镇在改革开放初期迅速发展，成为吸纳城镇人口增长的主要载体，吸纳非农业人口的比重在不断提高，在城市化进程中的重要性愈发突出。小城镇的发展是农民追求自身工业化和城市化的必然结果，是一种自下而上的自发式城市化发展模式（表3）。

表3　　小城镇在城市化中的作用

年份	建制镇非农业人口占全国总人口的比重	建制镇非农业人口占市镇非农业人口的比重	建制镇非农业人口占乡村总人口的比重
1978	4.2	32.3	5.03
1984	5.1	31.3	6.8（1985）
1990	6.8	39.5	8.6

资料来源：崔功豪、马润潮：“中国自下而上城市化的发展及其机制”，载于《地理学报》，第54卷第2期。

在农业生产剩余的出现、农村剩余劳动力增多以及农民和基层政府对乡村土地非农利用有着非常大的自主权等因素的综合推动下，乡镇企业异军突起，乡村工业化快速发展，支撑了改革开放初期小城镇的发展。在小城镇建设方面，社区集体经济积累、乡镇企业投资、农民自有资金等多元化资金成为小城镇建设和发展的主要动力，而且土地、劳动力等要素可以以较低的成本投入。由于城市大门封闭，乡镇企业发展、劳动力转化和小城镇建设构成改革开放初期自下而上城市化的实质内容（崔功豪、马润潮，1999）。这种由基层社区筹集乡、镇、村等集体和个体的资金，发展地方小型工业，推动乡村地区非农化和城市化的机制可以称作“自下而上型城市化”（周一星、曹广忠，1999），这是在城乡二元体制刚性约束下城市化发展的自发选择。

（五）区域间城市化发展差异不大

乡村工业化为城市化发展奠定了基础，但是以分散为特征的布局模式没有带来相应的人口集聚，区域间城市化发展差异并不太，东北地区是个例外。1978年东北地区城市化已达32.97%，明显高于其他地区，而同期东中西部城市化[a]水平仅为15.52%、14.48%和19.67%[b]，东中西地区的城市化水平差异并不大。到1995年，东北地区城市化达到47.25%，而东中西部地区城市化水平为21.9%、23.98%和29.82%。从城市化率增长来看，东中西和东北地区分别增长了6.48、9.5、10.15和12.28个百分点，除东北地区外，其他地区的城市化增长速度差异并不大，并且中西部地区城市发展速度要快于东部（图2）。

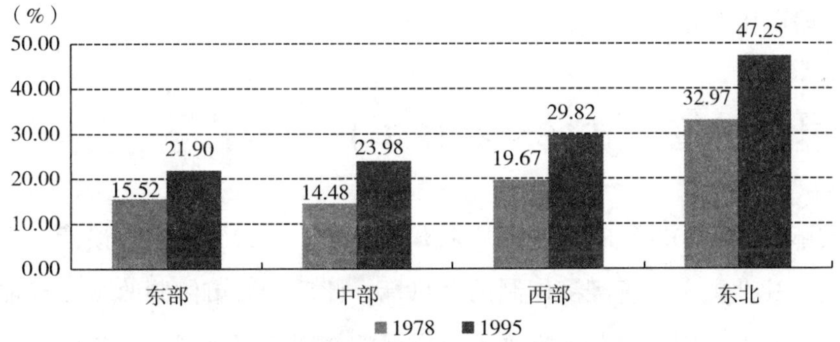

图2　分区域城市化水平

数据来源：根据《新中国60年统计资料汇编》数据计算整理。

区域间城市化发展差异不大的原因还在于农民工流动规模还不大，人口和经济空间分布还不匹配，而且最初的人口流动也还主要集中在县以下的集镇（周其仁，1997），农民工也主要是进入乡镇企业就业，并未完全体现到城镇化人口统计中。据广东省佛山市统计，外来劳动力中只有3.1%到国有企业，96.9%的劳动力则进入各种集体企业、乡镇企业、三资企业、民营企业和个体工商业（庾德昌，1994）。流动开始也以近距离为主，跨区域流动比重还不高，以广东东莞为例，到1988年，已有32万外来劳动力，其中省内占71%，省外28%（王西玉等，2000）。从80年代末期开始，外

① 由于数据获取问题，在进行区域分析时，由于数据缺失或统计口径不同，部分省份未纳入分析，各个区域分别包括省份如下：东部地区：北京、天津、山东、广东、海南；东北地区：辽宁、吉林、黑龙江；中部地区：山西、河南、湖北、湖南、江西；西部地区：内蒙古、西藏、甘肃、青海、宁夏。

② 西部地区的城市化率为1979年数据。

出流动农民工规模逐渐增大，1988年我国离开乡镇流动就业的农村人口为2600万，到1994年已经达到7000万（崔传义，1997），6年间增长了1.69倍。

（六）小结

改革开放初期，城市经济和管理体制改革为城市化快速发展奠定了制度基础，在经济改革方面，商品和要素的市场化改革基本确立，分权式改革激发了基层居民和政府的活力；在政府管理方面，城镇从“城区型”转变为“广义型”政区，为城市优先发展提供了制度保障。但是，城乡二元体制约束仍然较强，“乡村工业化”“离土不离乡”“农村城市化”成为改革开放初期城市化发展的主要特征，其后随着城市改革的深化，人口从乡村进入城市，从中西部流向东部的跨区域流动开始出现，逐步开启了中国快速城市化发展的大幕。

二、快速增长阶段（1996～2012年）

城市改革步伐从20世纪80年代中后期开始加快。1992年“南方谈话”和党的十四大明确了建立社会主义市场经济体制的总目标，此后，城市体制改革步伐加快，大城市特别是特大城市在创造就业、吸纳人口方面的作用不断显现。80年代后期进城农民的增多，城市对农民进城就业的限制出现松动，农村城市化发展模式的弱点逐渐显现，而且随着分税制实施和对农村土地非农化控制的加强，农村城市化发展模式的传统动力机制已不存在。依托大城市辐射带动，在珠三角、长三角等地区，中小城市和小城镇得以快速发展，城市群逐步显现。1996年中国城市化率超过了30%，进入快速城市化发展阶段。这一阶段的城市化呈现以下特点。

（一）土地城市化模式的形成

改革开放初期我国采取“包干制”“分成制”等中央和地方财政分配体制，调动了地方政府发展经济的积极性，地方财力快速增长。1984～1993年，地方财政收入占全国财政收入的比重从59.5%提高到78%。1994年实施了分税制改革，改革后中央和地方的财政关系发生了转变，地方财政收入占比大幅度下降，中央财政收入占比从1993年的22%，一下提高到了1994年的55.7%，中央和地方政府关系发生改变，对地方政府发展的激励机制也发生了变化，地方政府需要寻找新的发展模式。

财政收入增长要靠产业，1991年“南方谈话”以后，中国工业化发展速度加快，与此同时中央也加大了对农村耕地的保护力度，土地非农利用的审批权上收，乡村工业化基础被动摇，乡村工业化道路逐步让位于园区工业化，城市的各类开发区成为工业发展的载体（刘守英，2018）。乡村工业化是利用集体土地发展起来，土地成本低廉，而开发区模式首先需要将土地从农民手中征过来，由此使得土地成本在上升。相比农民和乡村，城市政府调动资源能力更强，更关键的是城市经济效率更高，分散化的乡镇企业开始进城。为了保障工业发展，各级政府提供了廉价而充足的供地，《中国国土资源年鉴》数据显示，工矿用地供应规模一般在住宅用地的1.5～2倍之间，二产用地供应充足，加快了二产发展步伐，这一时期二产占比保持了相对较高的比重，2006年二产占比上升到47.6%，已接近历史最高水平，比1990年提高了6.6个百分点。与分散的乡村工业化不同，园区主要在城市和城市的周边，园区建设成为土地城市化的重要内容。

在实体经济发展之外，城市建设对财政收入贡献更大。1998年城镇房改后，特别是2002年7月经营性用地强制“招拍挂”制度实施，为地方政府开启了一条新的收入渠道，由此带来营业税等与城市建设相关税收和土地出让收入的大幅度提高。1994～2012年，我国增值税增长了10.4倍，而营业税增长了22.5倍，是增值税增长的2倍。1994年土地出让收入639亿元，其后出现徘徊，2001年开始房地产购置土地迅速增加，土地出让收入突破千亿元，随着经营用地招拍挂制度强制实施，刺激了土地出让收入，2003年突破5000亿元，2007年房地产企业土地购置面积达新高，土地出让收入达万亿元的规模。

在巨大的经济激励下，城市具有强劲的空间扩张动力，仅靠财政投入和土地出让收入已不能满足城市空间扩张的需求，比如“十二五”期间政府财政用于城市维护建设的资金总额为5.28万亿元，土地出让收入用于城市建设的总量仅有2.01万亿元，与城市建设投入有较大差距。鉴于土地的良好资产属性，利用土地融资成为支撑城市建设资金的重要来源。2008年84个重点城市的土地抵押贷款总额为1.8万亿元，到2012年已经扩大到5.9万亿元，城投债发行规模从1202亿元扩大到1.29万亿元，是2008年的10多倍，土地融资规模成为政府搞城市建设的主要资金来源。

在多重因素的激励下，城市建设成为解决经济增长的重要手段，城市建设规模在不断增加，1996～2000年城市建设用地面积年均增长为778平方公里，此后逐年增加，到2010～2012年城市建设用地面积年均增量已达2365.14平方公里。伴随着工业化、城市化的发展，我国成为世界工厂，通过全球化解决了工业化生产产品的销售问题，也成了全球能源资源消费量最大的国家。

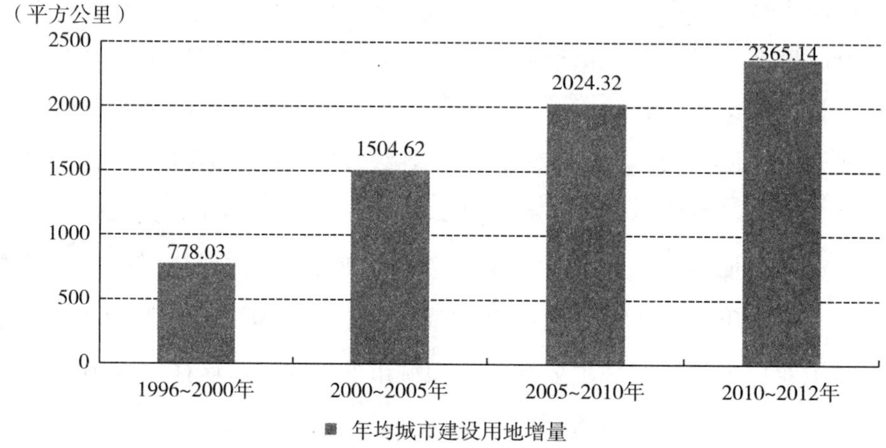

图3　城市建设用地增长情况（1996～2012年）

数据来源：根据历年城市建设年鉴数据计算整理。

（二）进城农民工成为城市化人口的主体

城市化的快速发展为城市带来了人口，支撑着城市空间扩张，城市人口增加的重要动力是农业转移人口，农村劳动力从“乡乡流动”向“乡城流动”转变。根据农业普查的相关数据，1996年我国跨省流动农民工为2330. 9万，第五次全国人口普查数据显示我国流动人口规模达5734万人，此后流动人口规模逐年增大，从2000年起，有了常住人口的统计口径，为统一统计口径，我们从2000年开始进行分析。2000年人口净流入在100万人以上的省份仅有广东、上海、北京、江苏和云南等5省市，人口流出超过100万的省市则有河南、安徽、广西、四川等7个省区。到2012年，人口净流入超过100万的省份增加到11个，增加了浙江、福建、天津、山东、辽宁、山西等6个省份，人口净流出超过100万的省也增加到11个，新增重庆、湖北、陕西和甘肃等4省。人口流入增加了流入地城镇人口的总量，推动了城市化水平的提高，而对人口流出地区来说，人口的流出使农村人口减少，也提高了城市化水平（表4）。

表4　　净流动超过100万人的省份　　单位：万人

2000年				2012年			
净流入省份	净流入量	净流出省份	净流出量	净流入省份	净流入量	净流出省份	净流出量
广 东	984.38	河 南	472.52	广 东	2021.19	河 南	1445.77
上 海	324.04	安 徽	424.80	上 海	963.92	四 川	954.70
北 京	244.44	广 西	334.93	北 京	778.73	安 徽	873.78
江 苏	219.47	四 川	255.83	浙 江	712.71	广 西	656.89
云 南	124.76	贵 州	229.78	天 津	424.05	贵 州	619.99
		湖 南	212.81	江 苏	421.67	湖 南	440.60
		江 西	112.08	福 建	194.87	重 庆	374.02
				辽 宁	175.25	湖 北	341.34
				山 东	175.23	江 西	264.52
				山 西	135.77	陕 西	144.45
				云 南	116.68	甘 肃	115.63

数据来源：根据历年中国统计年鉴和中国人口与就业统计年鉴数据计算整理。

（三）区域间城市化发展出现分化

人口空间流动改变了城市化的空间格局，区域间城市化发展出现分化。2000年东中西和东北地区，东北地区的城市化水平最高为47.52%，东部地区落后东北地区近7个百分点，中西部地区落后东部地区约10个百分点，到2012年东部地区城市化水平已经超过东北地区，东部地区和中西部地区的城市化水平差距扩大到13.34和15.45个百分点，东北地区的城市化发展速度最慢。城市群地区在集聚吸纳人口方面发挥了更大的作用，珠三角、长三角和京津地区吸纳外来人口的规模从2000年的1772万扩大到2012年的5322万，增长了2倍多（表5）。

（四）大城市成为吸纳外出人口的主体

外出人口①倾向于流入人口规模较大的城市。“五普”到“六普”期间，我国外

① 外来人口计算使用常住人口减去户籍人口来测算，实质上是净流入人口的总量，为了分析方便，我们使用净流入人口替代外来人口。还需要特别指出的是，与国家统计局外出人口口径不同，这里的外出人口是指跨县流动人口。

来人口总量从5734万人增长到1.1亿人。从外出人口的流向来看，接近80%的人口流向了人口规模超过100万的城市，第六次全国人口普查时接近四分之一的外出人口是流向1000万人以上的超大城市，500万～1000万的特大城市吸纳的外来人口比重也超过了20%，特大城市和超大城市合计吸纳了接近一半的外出人口。以上规律说明，外出人口向大城市和特大城市，甚至超大城市地区聚集是主要趋势。

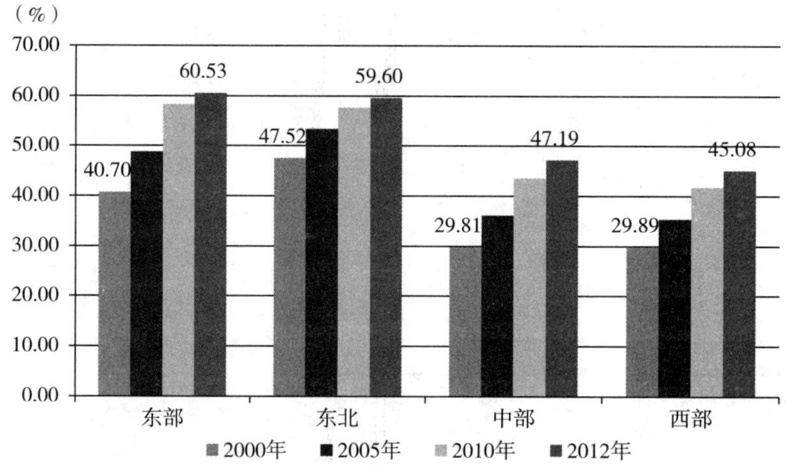

图4　分区域城市化发展情况（2000～2012年）

数据来源：根据历年中国统计年鉴数据计算整理。

表5　各规模城镇吸纳外来人口及增长状况

城镇规模	五普		六普		期间变动	
	数量（万人）	占比	数量（万人）	占比	增量（万人）	占比
1000万以上	1198.26	20.90%	2675.97	24.23%	1477.71	27.84%
500万～1000万	1412.90	24.64%	2347.60	21.26%	934.70	17.61%
300万～500万	531.98	9.28%	1220.52	11.05%	688.54	12.97%
100万～300万	1311.63	22.87%	2472.90	22.39%	1161.26	21.88%
50万～100万	490.94	8.56%	1194.76	10.82%	703.82	13.26%
50万以下	788.53	13.75%	1131.03	10.24%	342.5	6.45%

数据来源：第五次和第六次全国人口普查。

大城市、特大城市和超大城市的人口增长主要依赖于外来人口。如表6所示，超大城市外来人口增长占城镇人口增长的比重达59.9%；随着城镇人口规模的减小，外来人口增长占城镇人口增长规模的比重也在下降，其中人口规模在300万以上的城市超过

50%的人口增长来自外来人口，人口规模在100万~300万的城市，外来人口增长占城镇人口增长的比重已不足50%。

表6　各规模城镇吸纳城镇人口及外来人口增长状况

城镇规模	城镇人口增量（万人）	外来人口增量（万人）	外来人口增长占城镇人口增长的比重
1000万以上	2466.78	1477.71	59.90%
500万~1000万	1824.38	934.70	51.23%
300万~500万	1228.44	688.54	56.05%
100万~300万	2683.17	1161.26	43.28%
50万~100万	2429.77	703.82	28.97%
50万以下	10465.48	342.50	3.27%

数据来源：第五次和第六次全国人口普查。

（五）小城市和小城镇是吸纳就近城镇化人口的主要载体

根据第六次人口普查数据，我国生活在小城市城区及辖区内小城镇的人口达3亿，占我国城镇人口总量的近一半，比第五次人口普查时增长了52.7%，是各规模城镇中增长最快的，甚至超过了1000万人以上规模超大城市50.7%的人口增长速度。如下图所示，从城镇人口增长的来源看，小城市和小城镇人口的增长主要得益于农业转移人口①就近转移，从第五次人口普查到第六次人口普查，农业转移人口增长占到小城市和小城镇人口增长的76.31%（图5）。

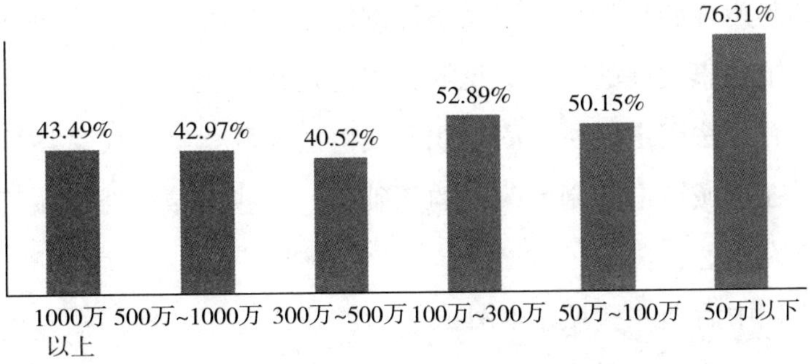

图5　农业转移人口增长占城镇人口增长的比重

资料来源：第六次人口普查。

① 农业转移人口是用城镇人口减去非农业人口进行估算。

在中国城镇化进程中，人口跨区域流动主要是流向大城市、特大和超大城市地区，未来这一趋势仍将继续。同时也要看到，在快速城市化进程中，本地中小城市仍然是解决农业转移人口的主要载体，具有较强的人口吸纳能力。这里特别要说明，由于我国有2万多个建制镇，大多在小城市管辖范围，平均每个镇的镇区人口在1.1万人，而目前并没有在统计上和县城以及县级市进行区分，虽然这里人口占的比重较大，增长速度较快，但是在政策上并没有为其发展提供充足支持，而且未来随着城市化的逐步成熟，中小城市人口外流的现象需要引起进一步的关注。

（六）城市化改革取得显著效果

在这一时期，城市化逐渐上升为国家战略。1998年，党的十五届三中全会提出了“小城镇，大战略”，以小城镇为突破口，拉开了我国城市化战略的帷幕。2000年的“十五”计划，明确提出实施城镇化战略，转移农村人口，走出一条符合我国国情、大中小城市和小城镇协调发展的城镇化道路。2002年，党的十六大提出“全面繁荣农村经济，加快城镇化进程”，进一步明确了我国城市化的重要发展方针，把解决农村富余劳动力问题作为我国城市化的核心内容。2006年，“十一五”规划再一次强调了城镇化对于统筹城乡发展的重大意义。

伴随人口流动的增多，在户籍制度改革方面取得了较大的突破，突破同样是从小城镇实现，1997年，国务院正式批准了公安部的《小城镇户籍管理制度改革试点方案》，允许已经在小城镇就业、居住并符合一定条件的乡村人口在小城镇办理城镇常住户口，人口落户开始从计划方式向条件制转变。2000年，党中央、国务院下发了《关于促进小城镇健康发展的若干意见》，规定凡在县级市区、县人民政府驻地镇及县以下小城镇“有合法固定住所、固定职业或生活来源”的农民，均可根据本人意愿转为城镇户口。在小城镇户籍制度改革的基础上，一些大城市对进城落户和招聘人员的户籍限制也开始放宽。

虽然在90年代中后期一些城市对外来人口就业设定了一些门槛，但在实践中并未能阻碍农民从农村进入城市就业。2003年1月，国务院办公厅颁布了《关于做好进城农民工管理和服务工作的通知》，要求取消对农民进城务工就业的不合理限制，改善进城农民工生产生活条件，解决农民工子女就学问题，把农民工纳入到流入地管理。2006年3月，国务院发布了《关于解决农民工问题的若干意见》，确定了“公平对待，一视同仁”的基本原则，要求各地增加公共财政支出，逐步健全覆盖农民工的城市公共服务体系，探索适合农村外出务工劳动力特点的社会保障制度，开展农民工进城务工就业的服务工作，提高农村劳动力的综合素质和就业能力，为稳定农民工进城就业以及定居创造了有利的政策条件。此后，仅就业而言，劳动力要素市场一体化程度不断提高，劳动力在城乡间、区域间的就业门槛基本取消。

与此同时，为引导城市化的健康推进，纠正城镇发展中出现的滥占土地、盲目建设等问题，中央采取土地管理、金融政策、行政手段等多方面措施。要求各地按照工业化、城镇化发展方向和进程，根据经济社会发展条件和资源环境容量，控制城乡建设用地总规模；组织编制城镇体系规划，加强城镇规划的编制和监督实施工作。2006年，“十一五”规划又提出了按照对全国不同主体功能区的要求，引导城镇的产业发展，提高城镇综合承载能力，按照循序渐进、节约土地、集约发展、合理布局的原则，积极稳妥地推进城市化的工作要求。2010年，国务院印发了《全国主体功能区规划》，统筹谋划人口分布、经济布局、国土利用和城镇化格局，作为科学开发国土空间和实施城市化战略布局的行动纲领。

（七）小结

在这一时期，中国经历了最快速、最大规模的城市化历程，从1996年到2012年，中国城市化从30.48%提高到52.57%，平均每年城镇化率提高1.38个百分点，城镇人口增长2117万人，比一个中等国家都要多，工业化、城市化和全球化之间形成了相互强化的局面。经过快速城市化，我国正在从乡土中国向城市中国迈进，城市化发展滞后现象得到初步缓解，但是城乡差距在扩大，区域间城市化水平和城市间人口吸纳能力的分化现象逐步显现。农民工进城成为我国城市化发展的主体，伴随着城市化的发展，在城市就业、社保等制度方面进行了积极的改革，降低了农民进城的门槛和障碍，但是在农民融入城市方面还存在着一些难题。

土地城市化模式的形成既推动了城市的快速发展，带来了城市化发展资金的多元化，但在唯GDP增长的政绩观下，不论大小城市都在追求不切合实际的“做大”规模，片面追求空间规模扩张的“新城新区”成为大小城市的普遍现象，由此也带来了一些不必要的公共资源浪费和债务风险。概而言之，这一阶段中国城市化发展主要依赖资源要素的粗放投入，既取得巨大的成就，也带来了诸多问题。

三、质量提升与速度并重阶段（2012年至今）

改革开放以来，基于农业和农村的改革和发展，农产品问题已经不再是制约城市化发展的主要因素；国民经济的高速发展为农民进城后的稳定就业打下了坚实基础；各级政府财政能力的大大增强，为满足城镇人口的基本公共服务提供了有力保障；多元化投融资体制的改革使城镇基础设施投入水平有了较大的提高，城镇面貌有了根本改善。伴随着城市化基础条件改善和综合实力的提升，具备推动城市化从速度型向速度与质量并重转变的条件，2012～2017年城市化年均增长1.19个百分点，年均城镇人口增长2033万，比上一时期略有下降。这一阶段的城市化出现了一些新的变化。

（一）新型城镇化的提出

2012年中央经济工作会议提出“积极稳妥推进城镇化，着力提高城镇化质量”，新型城镇化新在从人的城镇化角度出发进行相关政策设计，明确了城镇化是以人为核心的城镇化，改变城镇化进程中见物不见人的问题，要求把农业转移人口市民化作为重要任务抓实抓好。从过去城镇化发展来看，与人相关的改革多是随着进城农民工增多而被动进行，自此城镇化相关改革开始主动提出。与此同时，2012年中央经济工作会议还明确“要把生态文明理念和原则全面融入城镇化全过程，走集约、智能、绿色、低碳的新型城镇化道路”，这是中央会议第一次提出新型城镇化的概念。

（二）人口城镇化政策的演变

2013年中央城镇化工作会议首次召开，会议明确提出“要以人为本，推进以人为核心的城镇化，提高城镇人口素质和居民生活质量，把促进有能力在城镇稳定就业和生活的常住人口有序实现市民化作为首要任务”。2014年，两会报告中提出了“三个一亿人”的目标，首次把人口落户城镇作为政府工作目标提出。会后，发布了《国家新型城镇化规划（2014—2020年）》，第一次提出租房可以落户，试图缩小常住人口城市化率与户籍人口城市化率之间的差距，同年国务院出台《关于进一步推进户籍制度改革的意见》，文件落实了中央有关户籍制度改革的要求。与此同步推进的是城镇基本公共服务常住人口全覆盖，在义务教育、就业服务、基本养老、基本医疗卫生、住房保障等方面为外来人口提供与本地居民同等质量的公共服务。为强化对城市外来人口的服务，2015年国务院颁布了《居住证暂行条例》，通过居住证推进城镇基本公共服务和便利常住人口全覆盖（表7）。

表7　人口城镇化政策演变

年份	事件	内容
2013年	中央城镇化工作会议	推进以人为核心的城镇化，解决已经转移到城镇就业的农业转移人口落户问题，努力提高农民工融入城镇的素质和能力。全面放开建制镇和小城市落户限制，有序放开中等城市落户限制，合理确定大城市落户条件，严格控制特大城市人口规模。
2014年	《国家新型城镇化规划（2014—2020年）》	以人的城镇化为核心，合理引导人口流动，有序推进农业转移人口市民化，稳步推进城镇基本公共服务常住人口全覆盖。 户籍人口城镇化率达到45%左右，户籍人口城镇化率与常住人口城镇化率差距缩小2个百分点左右，努力实现1亿左右农业转移人口和其他常住人口在城镇落户。 以合法稳定就业和合法稳定住所（含租赁）等为前置条件，全面放开建制镇和小城市落户限制。 特大城市可采取积分制等方式设置阶梯式落户通道调控落户规模和节奏。
2014年	《关于进一步推进户籍制度改革的意见》	取消农业户口与非农业户口性质区分和由此衍生的蓝印户口等户口类型，统一登记为居民户口。 保障进城落户农民财产权利。
2016年	《关于深入推进新型城镇化建设的若干意见》	优先解决农村学生升学和参军进入城镇的人口、在城镇就业居住5年以上和举家迁徙的农业转移人口以及新生代农民工落户问题，全面放开对高校毕业生、技术工人、职业院校毕业生、留学归国人员的落户限制。
2016年	《居住证暂行管理条例》	规定了居住证持有人享受的公共服务； 建立了梯度赋权的机制； 建立积分落户实施通道。

（三）建设人文、绿色、低碳、智慧等新型城市

顺应现代城市发展新理念新趋势，转变城市粗放建设的问题，《国家新型城镇化规划（2014—2020年）》中明确提出绿色城市、低碳城市、智慧城市、人文城市等新型城市的概念。新型城市的提出是提升城市发展质量重要的手段，人文城市的建设使城市能够延续历史文脉，城市不再是建筑的集合，而是成为历史文化的载体。通过绿色城市建设，贯彻“尊重自然、顺其自然、保护自然”的绿色生态文明思想，把绿水青山保留给城市居民，尊重自然原貌，降低城市发展对环境的影响，让城市和自然和谐共处。通过低碳城市建设，持续改进城市能源结构，提高非化石能源比例，加大节能特别是建筑节能力度，通过能源结构调整和节能，降低二氧化碳排放。智慧城市是

信息化、智能化等新技术手段与城市发展有机结合的产物，代表着城市发展的未来，通过高科技和信息技术最新成果的作用，能够有效整合社会创新能力，推动城市综合治理和公共服务供给方式的改革，为城市居民提供更加高效的服务，用智慧技术改进城市治理，提高城市治理的开放包容度，全面提升城市发展质量（表8）。

表8　新型城市建设政策体系

类型	事件	内容
人文城市	2014年，《国家新型城镇化规划（2014—2020年）》	注重在旧城改造中保护历史文化遗产、民族文化风格和传统风貌。注重在新城新区建设中融入传统文化元素，与原有城市自然人文特征相协调。加强历史文化名城名镇、历史文化街区、民族风情小镇文化资源挖掘和文化生态的整体保护，保存城市文化记忆。
	2015年，中央城市工作会	要保护弘扬中华优秀传统文化，延续城市历史文脉，保 护好前人留下的文化遗产。要结合自己的历史传承、区域文化、时代要求，打造自己的城市精神，对外树立形象，对内凝聚人心。
绿色城市	2014年，《国家新型城镇化规划（2014—2020年）》	涉及绿色能源、绿色建筑、绿色交通、产业园区循环化改造、城市环境综合整治和绿色新生活行动等。
	2015年，中央城市工作会	城市发展要把握好生产空间、生活空间、生态空间的内在联系，实现生产空间集约高效、生活空间宜居适度、生态空间山清水秀。
	2016年，《中共中央、国务院关于进一步加强城市规划建设管理工作的若干意见》	推广建筑节能技术； 实施城市节能工程； 恢复城市自然生态； 推进污水大气治理； 加强垃圾综合治理。
智慧城市	2013年，国务院《关于促进信息消费扩大内需的若干意见》	在有条件的城市开展智慧城市试点示范建设。支持公用设备设施的智能化改造升级，加快实施智能电网、智能交通、智能水务、智慧国土、智慧物流等工程。鼓励各类市场主体共同参与智慧城市建设。
	2014年，《国家新型城镇化规划（2014—2020年）》	推动物联网、云计算、大数据等新一代信息技术创新应用，实现与城市经济社会发展深度融合。强化信息网络、数据中心等信息基础设施建设。促进跨部门、跨行业、跨地区的政务信息共享和业务协同，强化信息资源社会化开发利用，推广智慧化信息应用和新型信息服务。
	2014年，八部委《关于促进智慧城市健康发展的指导意见》	在科学制定智慧城市建设顶层设计、切实加大信息资源开发共享力度、着力加强网络信息安全管理和能力建设等方面提出建设智慧城市的指导意见。
	2016年，《国务院关于加快推进“互联网+政务服务”工作的指导意见》	加快新型智慧城市建设。创新应用互联网、物联网、云计算和大数据等技术，加强统筹，注重实效，分级分类推进新型智慧城市建设。建立大数据辅助决策的城市治理新方式，积极发展民生服务智慧应用，提升电力、燃气、交通、水务、物流等公用基础设施智能化水平。做好分级分类新型智慧城市试点示范工作。

（四）依托区域协调发展，提升城市化发展质量

十八大以后，宏观政策的制定更加重城市化与区域协调发展的结合，中央一系列区域战略的提出，都与提升城市发展质量密切相关。比如，京津冀协同发展战略的提出就是有序疏解北京非首都功能、解决北京“大城市病”为基本出发点，把北京作为京津冀区域的龙头，带动相对欠发达的河北省发展，打破“一亩三分地”的传统思维定式，强调互补和协作，实现区域的协同发展。

十九大报告在“十一五”规划、“十三五”规划提出的城市群基础上，进一步明确“以城市群为主体构建大中小城市和小城镇协调发展的城镇格局”，城市群成为承载城镇人口和经济发展的主体。依托京津冀协调发展、长江经济带、粤港澳大湾区等国家战略的实施，探索构建城市间协同发展机制，推进基础设施共建共享，推动公共服务均等化供给，通过城市群为载体来集聚经济和人口，减少“大城市病”，增强中小城市产业基础，实现不同规模城市间的协同，提升城市化发展质量。

（五）建立适应人口城市化空间转变的政策体系

人口城乡结构转变和大规模跨区域流动，与原有依托户籍人口的公共资源配置方式不相适应。早2005年中央政府有关部门就进行了城乡建设用地挂钩试点，实行城乡之间用地增减挂钩的政策，城镇建设用地的增加规模要与本地区农村建设用地的减少规模挂钩。2010年颁布的主体功能区规划中，提出城镇建设用地的规模增加与吸纳农村人口进入城市定居的规模挂钩，城市化地区建设用地的规模增加与吸纳外来人口定居的规模挂钩。“十三五”规划中增加了财政转移支付方面的要求。2016年，国务院出台了《关于支持农业转移人口市民化若干财政政策的意见》，有关部门印发《关于建立城镇建设用地增加规模同吸纳农业转移人口落户数量挂钩机制的实施意见》，相关政策实施通过调整区域间关系，提升了城市化发展质量。十九大报告又提出建立城乡融合发展的体制机制的新要求，在国家乡村振兴规划中进行了具体布置，以适应人口城市化带来的结构转变，提升发展质量（表9）。

表9　　　　适应人口城市化空间转变的政策体系

年份	事件	内容
2016年	《“十三五”规划纲要》	健全财政转移支付同农业转移人口市民化挂钩机制，建立城镇建设用地增加规模同吸纳农业转移人口落户数量挂钩机制，建立财政性建设资金对城市基础设施补贴数额与城市吸纳农业转移人口落户数量挂钩机制。
2016年	《国务院关于实施支持农业转移人口市民化若干财政政策的通知》	中央和省级财政部门在安排就业专项资金时，将城镇常住人口和城镇新增就业人数作为分配因素，并赋予适当权重； 中央财政建立农业转移人口市民化奖励机制； 均衡性转移支付适当考虑为持有居住证人口提供基本公共服务增支因素； 县级基本财力保障机制考虑持有居住证人口因素。
2016年	四部委《关于建立城镇建设用地增加规模同吸纳农业转移人口落户数量挂钩机制的实施意见》	根据吸纳农业转移进城落户人口数量，合理确定城镇新增建设用地规模； 依据土地利用总体规划和上一年度进城落户人口数量，合理安排各类城镇新增建设用地年度计划，保障进城落户人口用地需求。
2017年	十九大报告	建立城乡融合发展的体制机制。
2018年	《国家乡村振兴战略规划（2018—2022年）》	坚决破除体制机制弊端，使市场在资源配置中起决定性作用，更好发挥政府作用，推动城乡要素自由流动、平等交换，推动新型工业化、信息化、城镇化、农业现代化同步发展，加快形成工农互促、城乡互补、全面融合、共同繁荣的新型工农城乡关系。

第二节　城市化发展经验和存在问题

过去四十年，城市化是最重要的结构性改革，按照市场化改革的思路，推动了城乡、区域商品和要素市场一体化，人口城乡和就业结构的转变成为带动中国经济增长的重要动力。

一、城市化发展的主要经验

（一）城市化发展离不开产业的支撑

各国发展经验表明，城市发展的产业支撑和升级是城市化得以推进和保持的不竭动力。这一方面需要通过城市创新能力的释放持续提高城市产业升级的步伐，让城市服务业发展空间得到更多拓展。另一方面，城市的生存要靠稳定的乡村农业和高质量农业来保障，周围农村的发展能够为城市提供足够的粮食和某些必要的原料（刘景华，2017）。计划经济时期，城市化抑制政策的实施一定程度上是担心农产品供给的不足。农村改革后，农业生产力得到释放，有了农业剩余和农村剩余劳动力，通过市场化手段为工业化发展提供了积累，乡村城市化才有了发展的基础和可能。其后，虽然农业在国民经济中的比重在下降，但农业生产保持了稳定增长，农业的基础地位更为稳固，农业发展对城市化的支撑作用不可忽视。新的时代，已然要坚定地执行确保农业优先发展的政策。

过去四十年，农村劳动力转移是就业导向的，无论是在“离土不离乡”的乡村城市化时期，还是在“离土进城”大规模跨区域流动时期，农村劳动力转移都是为了进入非农产业获得更高收入，农业人口转移都有就业支撑，总体上保持了健康和稳定的发展。就业导向的转移需要非农产业发展为农村劳动力转移提供支撑，2017年我国非农就业总量达到5.67亿，是1978年的4.79倍，非农就业总量增长了4.49亿人，有力地支撑了农村劳动力的转移，成为中国经济增长的巨大动力源泉。从城镇就业来看，1978年城镇就业人员占比为23.7%，到2017年城镇就业占比提高到54.7%，提高了31个百分点，就业增长成为城市化发展的有力支撑。

（二）城市发展需要多元化、多层次人口保障

改革开放四十年来，农民工从无到有，跨区域流动人口规模不断增加。2017年我国农民工总量达到2.87亿人，在城镇人口中包括了2.25亿没有城镇户籍的农村人口，占到城镇人口总量的27.63%。1978～2017年，我国城镇人口增长了6.43亿，这其中34.93%的人口来自进城农民工，考虑到城市人口增长的多元化，进城农民工是我国城镇人口增长的主体。他们广泛地在二、三产业就业，2017年全国67.61%的二产就业人员是农民工，农民工成为我国产业工人的重要组成部分，支撑着中国成为世界工厂，推动着城市建设快速发展；接近四成的三产就业人口是农民工（39.85%），推动了城市的便利生活。

过去四十年，中国城市化发展深刻地验证了城市发展得益于多元人口增加，这其中既有高素质的专业技术人员，还有几亿文化素质水平不高的农民工，他们城市人口的有机组成部分。虽然在曾经出现过城市对外来农民工的限制和驱赶，但是后来的实

践表明，驱赶只会带来城市生活成本的上涨和生活便利度的下降。最近，一些城市清理低端人口、抢夺高端人口，如果把低端人口清光，高端行业的经营和人口生活反而更加不方便（楼继伟，2018），这实际上并不有利于城市的正常运行，反而会起到负面效果，必须清醒地意识到城市需要多元化人口的基本现实和发展规律。

（三）城市化快速发展离不开政府和市场的有机结合

改革开放四十年来，遵照市场化发展趋向，商品和要素市场一体化程度不断提高，市场在资源配置中的决定性作用凸显。市场价格取代了行政指令，商品和要素流通的障碍越来越少。对城市化进程的影响首先表现在劳动力市场上，企业对用工有了决定权，劳动力对就业有了选择权，农民从农村进入城市的障碍基本取消，扫清了人口在城乡间、区域间流动的障碍，优化了劳动力要素配置。正是资源要素配置的优化，提高了全要素生产率，推动了经济增长。这个过程中市场导向的民营经济获得了快速发展，夯实了城市化快速发展的产业基础，未来应当继续坚持市场化发展的方向。

与此同时，中国政府在城市化发展过程中发挥了重要的作用。中国政府不仅仅是城市化发展的制度的供给者，还是城市化发展的调控者和推动者。比如在城市建设方面，城市政府推动了中国的城市建设快速发展，城市建设也成为拉动经济增长的重要因素，但是由此带来的负面因素在不断增多。中国城市是具有等级的，城市可以管理城市，而且城市可以管辖农村，城市的资源分配和管理权限要服从于等级制度的要求，在市场化发展趋向下，政府可以结合市场发展需求，在更大范围内配置资源，放大市场化的激励机制，为城市发展创造了低成本条件，加快了城市的发展。

（四）体制改革激发了城市化发展活力

经济放权激发了市场主体的活力，向农民放权，让农民决定如何生产，释放了农业生产力，为乡村工业化发展提供积累。向企业放权，发挥市场的作用，激发了企业经营活力，激活了城市经济活力，增强了城市对农村人口的吸引力。向基层政府放权，增强了政府的发展自主权，在不同的时期激励模式的不同，政府通过乡村工业化、土地城市化等不同方式积极推动工业化和城市化进程。

中国城市化改革是在市场力量的推动下，实现了城市化发展动力的多元化。农民进城改变了城镇人口结构，实现城镇人口多元化，为城镇发展提供了多元化的劳动力资源，增强了城镇的竞争力。改革开放和全球化的加深，使民营经济和外资广泛参与到中国经济发展中，实现了经济发展主体的多元化，增强了城镇产业支撑能力。银行贷款和社会资金广泛参与城镇发展，改变了政府一家搞城市建设的状况，实现了城镇建设资金的多元化，加快了城市建设步伐，增强了城市对经济和人口的吸引力。

过去四十年的渐进式改革，在发挥改革最大效力的同时，降低了体制运行的成本，从而使中国城市化发展带来的要素低成本这一比较优势发挥到最大，并与全球化一起推动了中国经济增长。但是仅有要素低成本是不够的，必须看到体制运行的低成本，因此有必要扩展比较优势的内涵，把生产成本与体制成本一并纳入分析（周其仁，2017）。但是随着改革的深化，改革的难度也在不断加大。

二、城市化发展中存在的问题

我国城市化经历了快速发展阶段，取得了举世瞩目的成就，但是我们也要看到，当前城市化面临着发展不平衡不充分的问题。这主要表现在以下六个方面。

（一）人群间的不平衡

城镇二元人口现象是城镇化发展不充分的根本表现之一，本地城镇户籍人口和外来农民工之间在收入水平和公共服务供给方面存在较大差异。2016年我国农民工月平均工资为3275元，而城镇单位在岗职工月平均收入为5749元，是农民工的1.76倍。在公共服务方面，2016年农民工参加城镇职工基本养老保险、城镇职工基本医疗保险、失业保险、工伤保险等四项保险的比重为21.1%、17.1%、16.5%和26.7%，而城镇居民参与四项保险比重分别为61.3%、47.3%、37.6%和40.3%，城镇居民参保率要远高于农民工，特别是在养老和医疗保险方面参保率约为农民工的3倍。由于城镇人口二元现象的存在，农民的土地权利市场化退出渠道不畅，不能给予农业转移人口长期稳定预期，影响了城市化人口消费和投资潜力的释放。

（二）区域间的不平衡

2016年东部地区城市化达65.9%，而西部地区为50.2%，相差15.7个百分点。如不考虑直辖市情况，广东省城市化水平最高为69.2%，最低的西藏和贵州仅为29.56%和44.15%，低于50%的省份还有8个，除河南外全部在西部地区。对2000年以来城市化发展状况进行动态分析来看，2000～2016年东北地区城市化水平提高了9.5个百分点，而东、中、西部城市化分别提高了20.6、23和21.5个百分点，远高于东北地区。如不考虑直辖市，2000～2016年城市化增长超过25个百分点的有4个省，分别为河北、江苏、江西及河南，其中河北城市化增长最快，为27.24个百分点，而城市化增长不足10个百分点的省份有2个，分别为吉林和黑龙江，仅增长6.29和7.66个百分点。

（三）城市间的不平衡

我国城市是有行政等级的，高等级城市有更大的经济社会管理权限，带来不同层级城镇之间发展机会的不均等。行政等级越高的城市能够获得更多的行政资源。从城市空间扩张和人口增长对比来看，行政等级越高的空间扩张速度更快，而且新增城镇人口的用地规模也更大，省会城市每增加一个城镇人口所需要的土地是县的2倍多。伴随着行政资源的集聚也会同步带来市场要素集聚，扩大了城市间发展的不平衡。比如，在金融方面，2015年市辖区金融机构贷款余额占全市的比重为77.98%，而市辖区人口占比为34.48%；在商业方面，2001～2015年市辖区批发零售销售总额占比从69.6%提高到86.5%，社会消费品零售总额占比从58%提高到65.4%（表10）。

表10　各等级城镇人口和用地增长情况

各等级城镇	城市建设用地（平方千米）		城镇人口（万人）		新增城镇人口人均建设用地（平方米/人）
	2003年	2015年	“五普”	“六普”	
县	10180	18718	10892.76	19315.31	101.37
地级及以上城市	23267	39960	25544.06	37488.43	139.76
省会城市	6715	12719	6883.05	9731.23	210.8
直辖市	3912	6898	42197.7	6298.75	143.63

数据来源：根据历年《中国城乡建设统计年鉴》《中国城市统计年鉴》《五普分县人口统计资料》《六普分县人口统计资料》数据计算整理。

（四）老城和新城间的不平衡

我国城市的中心区绝大多数在老城，那里集聚了城市的商业、居住、文化、行政等多项功能，也承载着城市的历史记忆。随着城镇人口增多，一些地方把新城新区作为城市空间拓展的主要方向，政府资金投入的主要集中在新城新区，对老城关注不多，投入不够，新城老城之间视觉反差巨大，为加快新城发展步伐，甚至在行政推动下将老城的优质公共服务资源向新城转移，一些老城开始出现衰落迹象。从数据来看，一些老城区吸纳人口的规模在下降，特别是在一些三、四线城市，老城吸纳人口规模下降带来中心城区衰落问题需要高度关注。而在新城建设过程中，过于依赖于政府和地产商，并未充分考虑居住其中人口的生活便利度，只是物质建筑在空间上的堆砌，没能实现城市功能、产业与人口的有机融合，出现一些功能单一的睡城，甚至还有空城，城市可持续发展能力受到挑战。更关键的是新城新区的过快扩张，导致密度下降，人口活动强度下降（龙瀛、吴康，2016），没有为城市服务业发展留足空间，城市失去了应有的人气和商气，未来发展机会不足。

（五）政府债务与财政收入出现失衡苗头

通过融资搞城市建设是当前各地的普遍做法。这一方面是由于财政收入不足，另一方面在于基础设施建设的长期性，需要通过融资的手段在更长时期内进行分担。负债是各国在进行城市建设的一个通行做法，但是负债与财政收入之比要在一个合理的区间，一旦超过这个区间，风险就会加大。2013年审计署的报告指出地方政府债务增长过快，部分地区债务负担较重的问题。这些问题仍然存在，2017年审计报告显示，“至2017年3月底，审计的16个省、16个市和14个县本级政府承诺以财政资金偿还的债务余额，较2013年6月底增长87%，其中基层区县和西部地区增长超过1倍”。而同期我国财政收入仅增长23.5%，债务增长远快于财政收入增长速度，加大了财政金融风险。大量债务依靠土地抵押融资、靠土地出让还本付息，最近一些地方土地出现流拍现象，潜在风险加大。

（六）城市化发展存在不充分现象

一是城镇土地利用效率不高。过去十几年我国城市建成区人口密度不仅没有提高，反而出现下降，存量建设用地有非常大的整合空间。二是城镇发展模式单一，居民参与度不高。在行政主导的城市发展模式下，业主缺乏主动参与城市发展的渠道和手段，限制了多元市场主体活力的释放。三是对城市发展规律认识不足，片面模仿西方城市建设的表面现象，重视视觉效果，忽视制度建设和管理水平提高等问题，造成了大量资源浪费，也抬高了城市的人口进入门槛和产业发展成本。四是城市发展包容性不高，存在“嫌贫爱富”，不顾城市人口和产业多元化的客观规律，以学历、技能、行业等设置城市落户门槛，驱赶所谓的低端产业。五是适应人口跨区域流动的城市化发展机制还不健全，在适应人口跨区域流动的建设用地指标配置、财政转移支付、农村土地退出等方面，激励和保障措施有待进一步完善。

第三节　城市化发展面临外部条件的转变

过去城市化的快速发展得益于黄金年龄段的农村劳动力进城，为城市产业发展提供了充足的劳动力，又利用全球化机会将产品在国际市场销售，带来经济增长和进城农民的收入增长。进城农村人口就业和居住空间需求支撑着城市空间的扩张，推动了城市土地价格的上涨，为土地融资创造了条件，城市空间扩张有了资金支持，带来城市空间扩张和基础条件改善。这样农民进城、产业发展、城市建设之间成为相互强化的闭环，推动了城市化的快速发展。当前，随着外部形势的变化，推动城市快速发展的市场红利正在逐渐消退。

一、宽松的人口条件逐步消退

“双轮驱动”的农民工总量增长条件不再。过去我国进城农民总量快速增长，得益于农村劳动年龄人口向城市和非农产业的快速转移，劳动年龄人口包括新增劳动年龄人口和已进入劳动年龄的存量人口两个方面。以第五次和第六次人口普查数据为例，从2000年到2010年，农村新增劳动力向非农产业共转移了9487万，其中生于1980～1989年间的农村人口转移增加7969万，1990年以前出生农村人口向非农产业转移1518万，这两个年龄段是农村新增劳动力。从农村存量劳动力转移来看，生于1970～1979年间的农民工总量增加了1737万，生于1960～1969年间的农民工总量增加了1980万。存量劳动力转移占过去十年农民工增量的36.5%。在农村新增劳动力和存量劳动力转移的双轮驱动下，农民工总量得以快速增长（表11）。

表11　分年龄段的农民工数量和变动[①]　单位：万人

出生年代	2000年	2010年	变动量
1990年以后		1518.35	1518.35
1980～1989年	1219.52	9188.22	7968.7
1970～1979年	3999.68	5736.85	1737.17
1960～1969岁	2937.38	4916.83	1979.45
1950～1959年	1875.07	2862.75	987.68
1950年以前	1308.64		

资料来源：相关年份农民工监测报告推算。

依靠农村劳动力“双轮驱动”的人口转移方式已经基本完成。首先农村存量人口继续转移的难度加大。从第六次全国人口普查各年龄段农村人口转移比重可见，21～30岁年龄段的农村劳动力转移比重在2010年时已达73%，这一年龄段人口继续转移空间已不大。随着年龄的增加，农村人口继续转移的难度在增加，而且考虑到农村人口生育率下降，农村新增劳动力数量已经开始小于退出劳动年龄的人口。当前，50岁以上农民工已经成为农民工总量增长的主体，由此可见未来存量农村劳动力转移空间已经有限，未来的转移空间会进一步缩小。这是当前我们研究城市化问题必须面对的一个客观现实，也是未来城市化政策必须调整的根本所在（表12）。

表12　分年龄段农村人口及其转移情况（2010年）

出生年代	农村总人口（万人）	转移劳动力（万人）	农村劳动力转移比例（%）
21～30岁	15374	11166	73
31～40岁	12885	5737	45
41～50岁	13387	4917	37
50以上	10263	2863	28

资料来源：根据农民工监测报告、人口普查数据和历年高考招生数量推算。

注：各年龄段农村人口使用2000年第五次人口普查时各年龄段农村人口数量，21～30岁转移劳动力包括农民工和估算的农村升学人数。

① 2010年分年龄段的数据来自该年统计局关于农民工的监测报告，2000年的数据根据统计局该年农民工监测报告中的数据进行推算。由于这两个年份公布的年龄段不相同，为了方便比较，我们使用2010年统计局报告中关于农民工的年龄段划分方式对2000年的数据进行了调整，假定在一个年龄段内农民工的数量是平均分布的，据此推算出各个年龄段农民工的比重和数量。

教育城市化快于人口城市化的基本现实。从人口年龄结构来看，从2012年我国劳动年龄人口开始减少，农村劳动力同样面临大幅减少趋势，但是一个更应突出关注的现象是农村中小学在校生数量的减少。从小学在校生数量来看，1985年我国农村小学在校生数量为1.1亿人，占全国小学在校生总量的82.84%，而当年乡村人口比重为76.29%，2010年乡村小学生占比下降到53.82%，当年乡村人口比重为50.05%。需要特别注意的是，从2011年起农村小学在校生数量出现较大幅下降，当然其中也有统计口径调整的问题，但此后每年都保持较快下降速度，占比平均每年下降超过了2个百分点，到2016年农村小学在校生人数只有2892万人，占比下降到29.17%，而当年农村人口比重为42.65%（表13）。由此可以推断，十多年后当这部分小学生步入劳动年龄，进入劳动力市场时，绝大多数本已在城镇，对城市人口增长贡献不大。

表13　　城乡小学与初中在校生情况

年份	小学				初中			
	城镇		乡村		城镇		乡村	
	人数（万人）	占比（%）	人数（万人）	占比（%）	人数（万人）	占比（%）	人数（万人）	占比（%）
1985	2294	17.16	11076	82.84	1266	31.93	2699	68.07
1989	2644	21.37	9729	78.63	1290	33.61	2548	66.39
1995	3889	29.47	9306	70.53	2152	43.29	2819	56.71
2000	4510	34.65	8504	65.35	2739	44.41	3428	55.59
2005	3916	36.05	6948	63.95	3387	54.88	2785	45.12
2010	4590	46.18	5350	53.82	3491	66.18	1784	33.82
2011	5861	59.05	4065	40.95	3904	77.05	1163	22.95
2016	7021	70.83	2892	29.17	3662	84.59	667	15.41

注：根据历年统计年鉴数据计算整理，因1990年数据未公布，故使用1989年数据替代，2011年数据出现较大变化，故特别指出。

二、城市建设融资条件的变化

城市建设融资条件发生重要变化。近年来，中央政府加大了控制地方政府债务的力度，2014年国务院《关于加强地方政府性债务管理的意见》（国发〔2014〕43号）首次全面规范地方政府性债务管理，对地方政府债务实行规模控制和预算管理，要求地方政府举债不得突破批准的限额。为了进一步控制金融和债务风险，2017年财政部等六部委《关于进一步规范地方政府举债融资行为的通知》（财预〔2017〕50号）中要求“地方政府不得将公益性资产、储备土地注入融资平台公司，不得承诺将储备土地预期出让收入作为融资平台公司偿债资金来源”，土地融资渠道收紧。金融监管部门出台的资管新规也在很大程度上限制了银行表外业务作为地方政府融资工具的作用。

财税体制发生了较大的变革。在税收制度方面，营改增稳步推进，国地税实行合并，由此房地产税收不再是地方独享税种，对地方财政收入增长的贡献减小，地方政府推动房地产发展动力将会随之降低。房产税出台呼声高涨，一旦出台地方政府可以不再依靠空间扩张来获取财政收入增长，以空间规模扩张为特征的城市发展动力也会减弱。上一轮城市发展转型也肇始于财税体制变革，新一轮财税体制变革已经在路上，原有地方政府发展的内在逻辑和机制将随之变动，引导变革的指挥棒就是地方政府财政收入结构的变化。

住房制度改革深入推进。住房制度改革是上一轮城市发展的基本动力，在城镇住房制度改革二十年后，十九大报告中重申了“房住不炒”的调控基本要求，在严格的房地产调控政策下，一线城市住房价格已出现回落现象，房价疯狂上涨现象恐难再重现，房企亟须发展转型。租售并举的住房供给体系，鼓励发展租赁住房，增加租赁住房供应，并且允许集体建设用地直接参与租赁住房供给，直接改变了过去城市房地产发展的逻辑和格局。集体建设用地参与城市租赁住房供应，不需要通过土地市场供应土地，是对存量建设用地的盘活，城市政府土地出让收入就会减少。当然，对集体建设用地发展租赁住房的政策，城市政府可以选择回避，放缓政策推行，但是在土地征收的经济成本和社会成本不断上涨的背景下，盘活存量用地有较大的市场和政策操作空间。无须赘述，房地产改革基调已定，改革措施已逐步付诸实施，这将影响推动城市发展的动力机制。

三、国际市场不确定性的增加

金融危机以后，世界主要发达国家更加重视工业发展，特别是美国推行的“再工业化”，推动了经济全球化利益格局的再调整。多边贸易体制受到挑战，双边或区域自贸协定成为主流，对我国参与和利用国际市场带来一些压力。“逆全球化”、贸易保护主义呈升温态势，美国发起的中美贸易冲突是集中体现。贸易冲突不断增多，中国已成为一些国家实施贸易保护主义的首要对象，未来还将面临更多的挑战。东南亚等地区的一些发展中国家，利用比我国更加低廉的土地和劳动成本，对我国传统优势产品形成了明显的替代效应，而新兴产业发展也面临美欧等发达国家的直接竞争和更严苛的遏制。国际环境和国家经贸规则未来的可能变化，将使依靠国际市场扩张带动增长的传统路径难以为继。

四、城市化从城乡关系向城乡、区域间关系的演变

伴随着城市化的快速发展，人口跨区域流动增多，大规模人口流动对人口流入地区和人口流失地区的公共资源配置造成极大压力，极大地冲击了依托户籍人口配置公共资源的传统机制。事实上，当前农村人口进入户籍所在地城市的门槛并不多，阻力也不大。全国总工会等部门的调查显示，农民出于对失去农村土地权益的担心不愿把户口从农村转为城镇[①]。而且对城市政府来讲，通过解决本地农民的落户问题，还可以利用城乡建设用地增减挂钩等政策获得农民在农村的建设用地使用权用于城市发展，从中可以获得一定的收益，因此也有较大的积极性。但是在目前的政策体系下，地方政府为解决外来人口落户和公共服务问题，而能够获得的政策支持并不多，城镇居民与外来人口之间形成的福利差距已固化，本地居民反对的现象也时有发生。当前，解决城市化过程中的人口问题已经不再是单纯地处理城乡关系，已经演变成为城乡间、区域间的关系（李铁，2015），需要进一步调整流入地和流出地的关系，加大了城市化进程中改革的难度。

第四节　未来城市化发展的趋势和制度框架

推进新型城镇化是适应新时代经济社会发展矛盾转变的内在要求，是满足人民对美好生活需要的重要举措，可以化解发展中存在的一些矛盾和问题，有效增加国内

① 何立峰：《国家新型城镇化发展报告2016》，中国计划出版社2017年版。

需求，减少国际贸易争端对我国经济的影响，成为经济增长的持久动力，提高发展质量，增强国际竞争力。

一、未来趋势和基本判断

（一）城市化发展空间仍然较大

城市化发展与经济增长速度密切相关，中国经济已经从高速向中高速增长转变。经济增速的下降将会影响到城市化速度，但是总体上我国仍然处于城市化快速增长阶段，在未来15～20年内城市化还有较大发展空间。主要基于以下判断：一是城乡居民收入和非农产业与农业之间生产效率差距仍然较大，农村人口向城市转移的动力还非常强劲；二是生产结构的转变，三产成为主导产业，就业和经济增长之间的弹性变大，城市化对经济增长速度的依赖下降。但是受农村人口结构客观条件的变化，城市化速度将从高速向中高速转变，城市化将从农村劳动力进城为主向以农村劳动力及其家属进城为主转变。到2035年基本实现现代化时，我国城市化率将达到80%左右。

（二）城市化是经济增长的持续动力

在城市化快速发展的时期，城市人口的增长将会释放出巨大的投资和消费潜力。通过农民工市民化，把农村的消费行为转化为城市居民的消费行为，可以带动消费需求的增长。城市人口增加，带来对城市基础设施建设需求的增加，带来投资需求的增长。与此同时，人口进城后就业结构的转变，带来要素资源配置效率的提升，同样可以成为经济增长的动力。另一方面是来自城市化质量提升，要不断满足城市居民对美好生活的追求，推动新技术与城市发展的结合，需要城市在基础设施、公共服务等各方面做出相应的安排，也会同步带动经济增长。

（三）区域间城市化发展将逐步趋于均衡

随着东部城镇化水平的提升，城镇化发展速度已开始放缓，而中西部城镇化在加速，2011年开始中西部地区的城市化增长开始全面超过了东部地区，当前随着外向型经济发展面临不确定性的增加，全国经济的空间格局将会随之进行调整。在中西部地区一些中心城市不断出台政策，加快产业发展，产业支撑力度不断加大，对人口的吸引力不断加大。随着就业市场一体化程度的加深，在人口区域间自由流动的状况下，伴随着城市化的成熟，区域间城市化发展差距将不断缩小，最终趋于均衡。

（四）以都市圈和城市群为主体形态的城市化格局形成

随着交通基础设施条件改善，区域联系的交通成本降低，促进了区域人流和物流等要素的流通，拉近了城市之间距离，改变了各类资源的空间配置。在一定程度上打破了资源配置的行政界线，加速了各类不同等级城市在区域内的联系，有力地促进了都市圈和城市群的发展。从流动趋势来看，当前人口已经呈现出从农村流向城市，特别是从中小城市流向大城市的趋势已经明显，部分区域中心城市吸引人口能力在不断加强。依托这些中心城市的都市圈逐步成熟，连接形成的城市群，吸纳人口比重也在不断提高。未来中国最值得期待的五大城市群将是粤港澳大湾区城市群、长三角杭州湾城市群、渤海湾城市群、成渝城市群和长江中游城市群。

（五）新型城市发展机会增多

片面追求空间快速扩张的城市粗放发展的模式开始转型。随着城市发展的转型，城市管理现代化水平不断提高，要求城市发展开始从注重空间扩张向注重品质提升和可持续发展转变，打造更加注重服务、市场、人文和品质的便利城市街区转变。城市在发展中不再单纯追求物质的建筑现代化，而是更加注重历史文化的传承与延续，城市的人文色彩更加厚重。城市与新技术应用更加紧密，城市更加注重绿色节能，城市与自然生态更加融合。另外物联网、互联网等信息化手段在城市中得到广泛应用，城市管理更加智能高效、居民生活更加方便，城市的智能化、绿色化和适老化程度将不断提升，新型绿色低碳智慧城市将得到快速发展，并形成许多新的投资和消费机会。

二、提升城市化发展质量的制度框架

我国城市化发展即将成熟，现在进行调整还有一定空间。一旦城市化步入成熟时期，继续调整的空间将会大幅压缩，当前是最重要的机遇期。未来城市化发展需要在改革和创新两个方面下功夫。在改革上重点在于：一是给予农民工平等地享受城镇居民公共服务的权益，让更多农民工及其家属拥有自愿选择落户的权利；二是给予农村集体建设用地平等地参与城镇开发的权利；三是给予处于行政等级低端的中小城市与高等级城市平等的发展权。在创新上重点在于：一是创新城市管理水平，强化政府的服务功能，更多地让市场来配置资源；二是充分运用现代的科技和手段，实现技术手段创新的城市实践的结合；三是鼓励地方政府和市场主体进行创新实践，为实践创新提供良好的制度环境。

（一）深入推进农业转移人口市民化进程

切实提高城市包容性，一是除极少数超大城市外，取消农业转移人口在就业地落户门槛，优先解决农村学生升学和参军进入城镇的人口、在城镇就业居住5年以上和举家迁徙的农业转移人口及新生代农民工落户问题；二是以居住证为载体，推进常住人口公共服务均等化，逐步提高居住证的含金量；三是制定完善针对城镇灵活就业人员的养老、医疗保险办法，提高进城农民社保覆盖率；四是落实公办学校普遍向随迁子女开放政策，鼓励把民办教育机构作为公办学校的有机补充，而不是禁止和取缔，鼓励公办学校教师到民办学校轮流任教，加强对民办学校教育质量的管理和服务；五是建立针对农业转移人口劳动技能培训和资格认证体系，让农业转移人口有稳定社会上升通道，提升社会流动性；六是充分发挥农村出租屋在租赁住房体系中的作用，加强对出租屋的管理和服务，切实改善进城就业农民居住条件；七是完善跨区域流动人口的基本公共服务供给保障机制，健全“人钱挂钩，钱随人走”的政策体系。

（二）加快推进城乡建设用地制度改革

用地制度改革是关键。一是在依法保障农民宅基地使用权的前提下，按照依法自愿原则，采取政府赎买等方式引导在城镇落户农民退出宅基地使用权；二是建立集体建设用地使用权公开交易平台，引导社会资本和专业咨询机构参与集体建设用地利用，打破集体建设用地利用的封闭性；三是允许集体经济组织及成员按照规划利用存量集体建设用地建造工业园区和租赁住房，承接城市工业企业外迁，提供多元供给主体的租赁住房，并引导金融机构进行扶持；四是将集体建设用地上建设的自住和经营性租赁房屋纳入不动产征税范围，确定集体建设用地按规划合法经营的地位，并通过集体建设用地制度改革和税收制度改革的并轨，减少政府对土地出让的过度依赖；五是推进城镇低效用地再开发，在符合规划的前提下，对原土地使用权人利用旧厂房、闲置仓库等用地兴办服务业，经批准并补缴相应税费后可采取协议出让等方式供应。

（三）完善城市化融资保障机制

政府适度规模举债，能够弥补建设资金不足，符合代际公平原则，也是国际通行做法。一是加强资产运营。创新融资模式实质是城市经营模式创新，通过特许经营等方式创新存量资产经营，使存量沉淀资产能够产生现金流，减轻财政支出压力，并为未来产生可以依赖融资的现金流。二是提升资金使用效率。要结合城市发展和产业导入，推动形成具有稳定收入能力的国有资产，加快城投平台公司向资产经营运营平台转型。三是强化资金管理。对于摊子铺得太大的城市，要及时收缩，避免更大的资金投入带来的浪费，把城市资本运营的重点放在存量空间，在房产税等税收政策工具的配合下，集中力量把存量空间价值激发出来，提升城市的品质，以获得最大化的收益。四是完善融资保障机制建设。要改进信用评级和债务管理制度，尽快完善和推出城市政府市政债。五是要进一步严格政府投资预算制度，规范政府投资决策程序，减少不合理投资支出对政府财力构成的压力。

（四）加大行政管理体制改革步伐

贯彻落实十九届三中全会提出赋予地方更大自主权的精神，加大对基层政府放权力度，构建大中小城市和小城镇协调发展机制。一是建立城市间平等发展机制，培育经济增长新动能。改变按照行政等级配置资源的模式，减缓特大城市要素过度集中的压力，加大向基层政府经济放权的力度，减少行政等级对中小城市和小城镇发展的束缚，激发中小城市发展的活力。尽快划定城市发展边界，推动城市从区域管理回归到城市管理，发挥城市集聚效应，并为区域发展提供服务。二是改革设市模式，增加设市是城镇化发展的大势所趋，设市改革方向要形成城市型政区，当前重点是尽快通过“切块设市”模式推动特大镇设市，新设市要有明确的城市发展边界，对城市边界不明确的“整县设市”模式要进行控制。三是规范新设市辖区，把城市市区人口密度和人口规模作为判断是否需要新设区的基本依据，对空间限制较大的城市可适当增设区，对部分距离中心城区较远的市辖区可撤区设市，增大发展自主权。

（五）强化城市化发展的产业支撑

推动城市产业发展需要处理好三方面关系。一是处理好服务业和工业布局的关系。随着城市发展，工业将逐渐远离城市中心区，城市中心区的产业主要是以服务业为主体，工业布局可以结合城市群实际状况，以中小城市为主体，配合乡村振兴战略进行布局。二是要处理好新经济和传统服务业发展的关系。自从城市存在，对满足人基本生活需求的服务业就已存在，也就是说只要有人就有对这些服务的需求，这是城市必需的功能和产业，是城市存在的基础。新经济决定了一个城市在全国甚至全球城市格局中的地位，但是要面对不确定的市场和高速发展的技术，对战略性新兴产业可以工业用地供应土地。三是处理好内需和外需的关系。过去我国产业发展对外需依赖太大，对内需激发不够。要不断提高城区人口密度，创造城市便利创业和就业的空间和政策条件，让服务业业主稳定下来，提高服务质量，繁荣街边小店和摊贩，打造百年服务老店，创造适宜消费的环境条件，更好实现城市服务需求。通过产能合作等方式拓展新的国际市场，强化制造业大国地位，形成国内和国际两条腿走路的局面。

（六）推进城市发展转型

借鉴供给侧结构改革思路，让更多市场主体参与进来，激发多主体活力，培育新的经济增长点。一是从政府主导到多元参与转变。实现城市发展多轮驱动，让更多市场主体能够参与城市发展，与城市结为利益共同体，形成良性互动格局。二是从地产开发向土地复合利用转变。在城市更新和新城建设中，推行土地混合使用政策，为业主进行商住混合使用创造条件，降低业主的就业创业成本。三是从大尺度建设到小尺度开发转变。将土地从大规模出让转变为小块出让，推行城市微改造方式，走集约紧凑的小地块开发模式，为更多的市场主体参与城市建设和发展提供机会。四是从注重新城建设向城市功能完善转变。政府要从过度关注新城新区建设，转向关注老城区功能完善和群众生活质量提升，实现新城和老城之间资源均衡配置，推动旧城更新与功能提升，规范新城新区规划和设立，提升新城开发密度和人口密度。

（七）健全城市治理体系

形成像“绣花”一样的城市治理管理体系。一是创新城镇规划管理，整合规划职能机构，建立“多规融合”的体制机制，实现“一本规划一张蓝图管到底”。逐步取消各类规划机构资质资格许可和认定，强化个人专业资质和法律责任。二是通过智慧城市搭建居民参与城市治理的平台，方便社会各方与城市管理的交流互动，实现从政府单向管理向双向互动式发展的转变。要打破城市管理相关部门之间的“信息孤岛”现象，促进大数据、物联网、云计算等现代信息技术与城市管理服务融合，推动形成“用数据说话、用数据决策、用数据管理、用数据创新”的智慧城市管理新方式。三是推动城镇社会管理创新。积极转变城市管理理念，形成政府、社会、公民等多方主体参与、良性互动的现代城市管理格局。整合基层社区服务资源，将部分基本公共服务和管理整合下移到社区。

回顾改革开放四十年来的中国城市化，最根本的动力来自城乡差距、工农差距下对劳动力自由流动的解放，使得劳动力资源能够按照市场化选择在收入更高的部门和区域得到高效利用。这不仅加快了中国工业化进程，也加快了中国农村贫困问题解决的步伐，这一市场化、自由化配置要素资源的成功做法需要进一步加强而不是弱化。中国需要推进以制度改革为核心的深度城市化，进一步强化统一市场框架下的要素自由流动，特别是城乡之间的要素自由流动和公平等价交换。需要更好发挥政府的作用，改变过去城市政府在城市建设中重物不重人、重面子不重里子的错误做法，配置更多公共资源为城市化进程中的流动人口提供更加公平的公共设施和公共服务，努力实现城乡之间和地区之间基本公共服务的均等化。在城市社会治理方面做出新的更加开放包容的探索和改革，利用智慧技术推进更科学民主的城市规划决策和更广泛的城市治理公共参与，以更好适应城市公民社会的特征，激发城市的创新活力和协同效率。这必将成为中国经济发展的持续动力，值得我们为之努力和付出。

参考文献

[1] 戴均良. 中国市制[M]. 北京：中国地图出版社，2000.

[2] 马建堂，吕秀丽. 中国经济的市场化进程[J]. 经济研究，1994（7）：23-29.

[3] 罗思东. 从小城镇到大都市：改革开放以来我国城市化政策的演进[J]. 马克思主义与现实，2014（6）：179-186.

[4] 崔功豪，马润潮. 中国自下而上城市化的发展及其机制[J]. 地理学报，1999（2）：106-115.

[5] 周一星，曹广忠. 改革开放20年来的中国城市化进程[J]. 城市规划，1999（12）：8-13.

[6] 周其仁.机会与能力——中国农村劳动力的就业和流动[J].管理世界，1997（05）：81-101.

[7] 庾德昌.乡镇企业发展与农村就业[J].中国农村经济，1994（12）：23-27.

[8] 王西玉，崔传义，赵阳，马忠东.中国二元结构下的农村劳动力流动及其政策选择[J].管理世界，2000（05）：61-69.

[9] 崔传义. 中国劳动力流动的现状与地位[R]，“农村剩余劳动力转移和劳动力市场”课题报告，1997.

[10] 刘守英.城乡中国的土地问题[J].北京大学学报（哲学社会科学版），2018，55（03）：79-93.

[11] 刘景华.中世纪西欧城市与城乡关系的转型[J].世界历史，2017（06）：33-49+156-157.

[12] 楼继伟.不要总惦记需求侧刺激政策[N/OL].中国政策评论. 2018-09-19[2018-11-22] http：//www.china-policy.com/DF/Document/DocumentDetailView?leafid=175&chid=217&DocId=71886

[13] 周其仁.体制成本和中国经济[J]. 经济学（季刊）：2017（4）：859-876.

[14] 龙瀛，吴康.中国城市化的几个现实问题：空间扩张、人口收缩、低密度人类活动与城市范围界定[J].城市规划学刊，2016（02）：72-77.

[15] 李铁. 中国城镇化2014年度报告：转型、改革与创新[M]. 北京：中国发展出版社，2015.

第一章

城乡关系的演变与展望

范　毅[①]

城市和乡村是两个相互独立、相互依存的主体，城市集聚了更多资源要素，具有更高的经济效率，能够带动乡村发展，但城市的发展也离不开乡村的支撑，是以乡村农业增长为基本前提的。改革开放是城乡关系不断演变的四十年，中国积极推进渐进式经济体制改革，通过先农村、后城市的改革路径成功解决了困扰经济社会发展的一系列难题，通过农村改革为城市发展创造了必要的基础条件，并倒逼城市的改革，使中国步入城市化、工业化发展快车道，城市的改革又为农村发展提供了广阔的空间，推动城乡资源要素配置效率在空间上不断优化，加快城乡人口、就业等结构调整，进而实现经济增长、城乡面貌巨变、城乡居民收入提高。

第一节　改革开放四十年中国城乡关系的演变

计划经济条件下，人民公社体制、户籍制度和票证制度“三驾马车”将城市和乡

*　由中英发展知识伙伴关系项目（CIKD）支持。

①　范毅，中国城市和小城镇改革发展中心政策研究院院长。

村进行分割（蔡昉，2017）。通过乡村农业为城市工业发展积累资本，城乡之间处于严重对立过程，城市对农村具有极大的排斥性，农村劳动力严格限制在生产队集体劳动中，不允许进行产业转移和地域流动。改革开放以来，资源配置方式和激励机制不断优化，商品贸易趋于自由，要素市场逐步建立，中国城乡紧张对立的关系逐渐得到缓解。最初的破冰是在小城镇层面，之后才逐渐上升到城市层面。城乡关系逐步从对立向融合发展，从改革开放以来城乡关系的演变来看，大致经历了以下三个阶段。

一、乡村城镇化：以农村改革推动城市改革阶段（1978～1994年）

改革开放初期中国农村人口超过80%，农业发展基础十分薄弱，推动农村改革，调动农民积极性，巩固农业的基础地位，为城市和工业发展奠定基础，是最为现实的选择。而且在当时的国力下通过农村自身改革使农民获得生存途径是最优安排，且不与任何其他社会群体的利益直接抵触，改革阻力小、成本低（蔡昉，2018）。

（一）农村改革的启动

1978年12月召开的十一届三中全会确立了实行“对内改革、对外开放”的方针政策。对内改革首先是从农村发起的，最早是从放宽对自留地、家庭副业和集市贸易的限制，特别是农村多种方式的生产责任制的探索，取得了较好的效果。1980年9月中共中央下发《关于进一步加强和完善农业生产责任制的几个问题》，推动了农业生产责任制的建立。到1984年底，全国农村的全部生产队和98%的农户都采取了家庭联产承包责任制的经营形式。而随着农业生产责任制的建立，政社一体的体制更加不能适应农村的发展。1982年宪法规定将乡镇作为我国最基层的行政单元，1983年中共中央、国务院下发《关于实行政社分开建立乡政府的通知》，要求“大体上在一九八四年底以前完成”建立乡政府的工作，人民公社体制退出历史舞台。

农村改革极大地激发了广大农民的生产积极性，带来了农村经济的快速发展。1978～1984年，粮食单产提高了42.8%，总产量增加了33.6%，农业增加值实际增长了52.6%。在体制改革的同时，国家较大幅度地提高了农副产品收购价格，十一届四中全会通过的《关于加快农业发展若干问题的决定》明确规定：“粮食统购价格从一九七九年夏粮上市起提高百分之二十，超购部分在这个基础上再加价百分之五十”，同时还要求棉花、油料、畜产品、水产品等农副产品价格提高，并降低化肥、农药等农资工业品销售价格。由此带来农民人均纯收入快速增长，同期农民人均纯收入由133.6元上升到355.3元，增长幅度达165.9%，城乡居民收入差从2.57：1下降为1.84：1，在贫困标准从每人每年100元提高到200元的情况下，农村绝对贫困人口从2.5亿减少到1.28亿。回顾改革初期的系列政策要点可以发现，改革主要是围绕着如何调动农民群众积极性展开，并孤立地在农村范围内进行（许经勇，2018）。

（二）乡村工业化蓬勃发展

随着农业生产微观激励的改善，农村劳动力剩余问题被显化。据研究，20世纪80年代中期，中国农村大约有30%～40%的劳动力是剩余的，绝对人数高达1亿到1. 5亿（Taylor，1993），这部分剩余劳动力具有向非农产业转移的强烈愿望。但是在改革初期城市体制并未作出根本调整，城乡对立关系仍然尖锐。受制于城乡隔绝以及国有体制的低效，农民参与非农经济活动只得在乡村突围，乡村工业化成为国家工业化之外的另一条道路（刘守英，2018）。事实上乡村工业化也是在城乡分割二元结构的既定框架内的一种无奈的选择（张晓山，2008）。乡村工业化起源于农村社队企业，随着农村改革的推进，社队企业也经历了快速发展，1978年销售和劳务总收入431亿元，1983年预计可达到851亿元，社队企业工业产值约占当年全国工业总产值的11.7%①。

1984年中共中央、国务院转发《农牧渔业部和部党组关于开创社队企业新局面的报告》，同意将社队企业改名为乡镇企业，乡镇企业进入快速发展阶段。江苏、浙江等地方将中央有关乡镇企业政策精神在实践诠释为“乡办、村办、户办、连户办四个轮子一起转”“四轮驱动”等模式。客观来讲，这一阶段乡镇企业的发展也得益于城市改革的滞后，城市“星期六工程师”成为乡镇企业发展的人力和技术支撑。据改革开放初期对南海、顺德、中山、东莞、新会等乡镇企业发达的 15 个县、市的调查，几乎每个企业都或多或少有来自广州大专院校、科研单位的“星期六工程师”。广州的一些科研单位从事“星期六工程师”活动的科技人员，约占本单位科技人员总数的5%～8%。他们对推动早期珠三角地区乡镇企业的发展、提高，发挥了巨大作用（路平，1987）。而在长三角，利用周末到苏州、无锡、常州等地乡镇企业从事技术顾问工作的上海工程师在1988年有2万之多（范琦娟，2018）。

---

① 中共中央、国务院转发农牧渔业部和部党组《关于开创社队企业新局面的报告》，1984年3月。

自此以后，乡镇企业进入飞速发展阶段。1984～1988年，全国乡镇企业总产值迅速上升到7017.87亿元，比1983年增长5.96倍。其中，1988年乡镇工业产值达到4992.9亿元，比1983年增长5.71倍，年均增长46.3%，相当于同期全国工业总产值年均增长率17.8%的2.65倍（李炳坤，1993）。1978年～1994年，乡镇企业职工从2827万人增加到12017万人，就业年均增加357万人，成为解决农民非农就业的重要渠道，也推动了农民收入的快速提高，成为农民收入的重要组成部分。同期，乡镇企业增加值从208亿增长到10928亿元。到1992年时，乡镇企业创造的产值已占到工业增加值的三分之一，乡镇企业为中国经济增长做出了巨大贡献。

（三）农村城镇化的起步

城乡分割的二元体制造成了中国数亿农民被限制于城市大门之外，无法平等地参与到工业化、城市化和现代化进程中。随着人民公社被废除，以及农产品产量大幅度增长，农民最初被允许从事农产品的长途贩运和自销，第一次突破了就业的地域限制。其后1985年用合同定购制度代替了农产品统购统派制度，进一步推动了农村商品生产和贸易，构建了农村的商品市场。随着乡镇工商业的蓬勃发展和农村剩余劳动力的出现，农民对进入城镇经商的需求不断加大，刚性的城乡二元体制使得城市累积矛盾较多，改革难度相对较大，农村问题的解决难以靠城市带动，只能在农村范围自行解决，伴随着乡村工业化进程，农村城镇化同步启动，这是其发展的内在逻辑。

1984年中央1号文件规定，“允许务工、经商、办企业的农民自带口粮在城镇落户”。随即国务院又发布《关于农民进入集镇落户问题的通知》，允许农民自理口粮进集镇落户，小城镇成为乡村工业化发展的载体。自理口粮落户为农民进入城镇居住、就业生活提供了一个门路，对在城镇务工经商的农民具有很强的吸引力，到1986年底全国办理自理口粮户口人数已达450多万人。小城镇自理口粮户口的推行也推动了小城镇的发展。我国一些小城镇正是借自理口粮政策发展起来，筹集了小城镇发展所需的“第一桶金”，如中国农民第一城温州龙港镇等。

为了加快小城镇发展，1984年11月国务院批转《民政部关于调整建镇标准的报告的通知》，降低了设镇标准，小城镇数量快速增长，其中仅1984年就新设3425个镇，1985年又增加了1300个，至1985年底，建制镇的数量已达7511个，是1978年的2.3倍。1985年与1978年相比，中国市镇人口总增长量为2亿，其中小城镇人口增长量占62.4%

（马淑莺，1990），小城镇人口增长撑起了全国城镇人口增长的“半壁江山”，这也是在刚性城乡二元体制下的必然结果。

（四）城市改革的推进

在农村改革取得巨大成绩的条件下，粮食增产以后所需要市场、销售渠道等与城市尚存的原来那套体制格格不入，农业生产所需要的生产资料也难以获得，对城市当中经济体制的改革迫在眉睫（高尚全，2014）。1984年10月十二届三中全会做出《中共中央关于经济体制改革的决定》后，改革的重心开始转向城市。把旨在搞活国有企业的企业体制改革作为城市改革的中心环节。也正基于这一原因，企业体制改革、促进企业成为真正的市场主体是当时我国市场化进程的主旋律（马建堂、吕秀丽，1994）。此后基于分权化的改革不断深入，逐步推出了利润留成、利改税、企业承包经营制、产权制度改革等措施，增加企业的经营自主权。

城市改革的另外一个重点是建立合理的价格体系，发挥价格对企业生产经营活动的调节作用，进而建立起完善的市场流通体系，减少政府对市场的控制和干预，建立适应商品经济发展的资源配置机制。首先发展的是商品经济。中国的价格体制改革遵循着先放松消费品的价格管制，后放松中间品和投资品的价格管制，先放松产品的价格管制，再放松要素的价格管制，而且很多价格管制放松的过程都采取了双轨制的办法，先是计划价格和市场价格并行，然后选择适当时机，把计划价格与市场价格并轨运行。这种并轨过程往往是取消计划价格，按照市场价格进行交易（张曙光，2007）。价格体制改革之外，附之推进了财税体制、商品流通体制、对外贸易体制改革等，充分发挥城市多功能的作用。价格改革的一项重要内容是建立要素市场，发挥要素市场的价格形成机制，进而优化资源要素配置效率，城市也开始推动建立土地、资本、劳动力要素市场。

改革初期，我国出现了技术上先进的城市大工业在体制上落后，而技术上落后的传统部门在体制上先进的“二元错位”格局（周其仁，1988）。随着城市改革的推进，这种格局也发生了改变，城市技术先进、经济效率高的特征得以发挥，城市经济取得了显著成效。从城乡居民收入差距来看，在改革开放初期收入差距缩小的势头，从1985年开始城乡收入差距重新开始扩大，且势头呈现逐年扩大的势头，到1992年城乡收入差距达2.58：1，超过了1978年的2.57：1。

客观来看，虽然经历了市场经济体制改革，但是在城乡关系上，城乡二元刚性体制并未打破，旧有的体制惯性仍然强大，乡村改革红利在向城市传导，处于乡村单向支援城市阶段。乡村发展主要依赖于自身的积累，突出表现在乡村公共服务产品供给和生产资本的积累。在公共服务供给方面，城市的公共服务供给主要依赖于政府财政投入，而农村还是延续了计划经济时期农村自身积累投入的模式，比如农村教育主要通过教育费附加的方式从农民手中筹集。在生产积累方面，乡村工业化发展依赖的是农业积累和剩余，并没有依靠国家财政资金的投入，完全是在市场化基础上发展起来的。而且与城市国有企业相比，乡镇企业发展还面临着更多的指责，但是乡镇企业以其顽强生命力，逐步消除自身的种种不足和缺陷，尽力克服外部的重重艰难和障碍，一次又一次地将不利转化为有利（李炳坤，1993）。乡村工业化发展还直接投入农业生产资金，比如广东“七五”时期，镇与村两级企业直接投入农业生产的资金达23亿元，平均每年4.6亿元，已超过国家对农业的投入（王琢，1992）。

二、城市化加速：单向城市化主导下的城乡发展阶段（1994～2012年）

改革初期是以放权让利为特征，主要是向市场放权和行政放权，通过政府向市场放权让乡村的农民和城市的企业获得了更大的经营自主权，激发了市场红利；行政放权是中央向地方放权，主要通过“包干制”“分成制”等财政分配关系实现，给予地方更大的发展自主权，对地方政府的激励更加明确。当政府工作转向以经济为中心时，地方政府对经济发展的积极性被高度激发，政府成了特殊的市场主体（张曙光，2007）。然而中央和地方关系在20世纪90年代中期发生了变化，主要是实施了分税制改革。

（一）土地城市化模式的形成

分权式改革调动了地方政府发展经济的积极性，地方财力快速增长，1984～1993年地方财政收入占全国财政收入的比重从59.5%提高到78%。分税制改革以后，中央和地方财政收入占比出现了转换，中央财政收入占比一下提高到了1994年的55.7%，比上年提高了32.7个百分点，其后虽有回落，但很快又恢复到50%以上，使得地方一般公共预算收支出现较大缺口。如何弥补财政缺口成为摆在地方政府眼前的难题，城镇住房制度和土地出让制度改革的实施，特别是2002年经营性用地的“招拍挂”制度的实施，完善了土地要素市场，也为地方政府开启了一条新的收入渠道，由此带来土地出让收入和城市建设相关税收的大幅度提高，成为地方财政收入的重要来源，弥补了地方财政的缺口（图1-1）。对地方城市政府来讲，城市化不但能够短期带来城市面貌的快速改变，同时也能使地方财政收入快速增长。在此激励下，地方政府一方面需要不断扩大土地出让规模，另一方面需要不断提高土地出让价格，推进城市化成为地方政府的内在选择，由此启动了一场造城锦标赛（周飞舟，2006）。

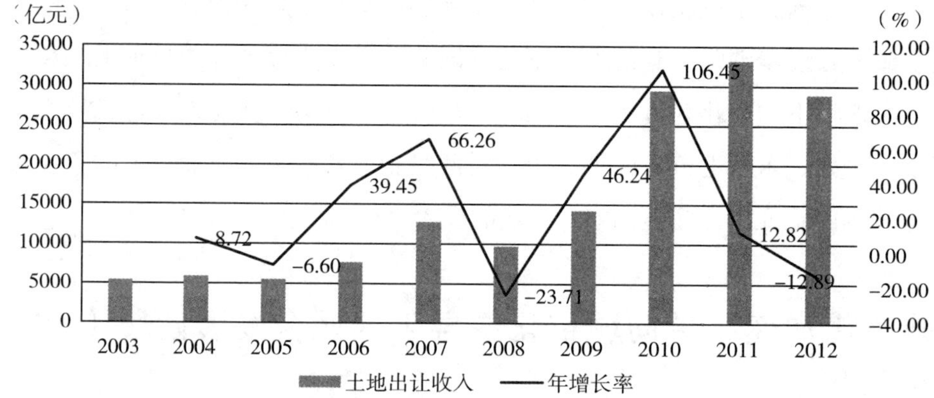

图1-1　2003～2012年全国土地出让收入及增长率

数据来源：2003～2008年数据来源于国土资源部，2009～2012年数据来源于财政部历年《全国土地出让收入管理及使用情况》。

在经济理性刺激下，地方政府依赖未来土地出让收益进行大规模融资，为偿还债务，又必须不断扩大建设规模，并通过持续投资提升土地价格，形成了“以土地吸附资金，以资金提升土地价值，再以更大规模土地吸附资金”的闭环，构建了土地、财政、金融的内在循环机制。早在1998年国开行就在芜湖推出了以土地为融资媒介的地方政府平台融资的“芜湖模式”，在此基础上2000年又推出了“苏州模式”，土地的融资功能被挖掘出来。最初土地融资还不大，到2008年84个重点城市的土地抵押贷款总额为1.8万亿元，不到当年全国一般公共预算收入的30%，当年发行城投债规模仅有1202亿元。此后，土地融资规模不断放大，到2015年84个重点城市的土地抵押总额达到11.33万亿元，是2008年的6倍多，为当年全国一般公共预算收入的90.7%，当年发行城投债规模已接近2008年的15倍。土地融资规模已远远超过用于城市建设的土地出让收入，成为政府搞城市建设的主要资金来源，推动了城市建设快速发展。

在此期间各级城市的面积都呈现快速增长的态势，整体经济更加依赖房地产业，房地产投资占固定资产投资的比重不断上升（刘守英，2017）。地方政府对土地城市化的热衷，使得土地城镇化进程快于人口城镇化成为城镇化发展进程中的一个主要矛盾（城市和小城镇改革发展中心课题组，2013）。

（二）园区工业化模式形成

城市化发展要有产业，有产业才能对城市建设有需求，特别是增加对城市房地产的需求，进而带动城市建设和土地出让需求。在产业发展方面，政府把产业用地保障放在突出重要位置，特别是工业用地的供给，并按低成本供地，为城市产业发展创造了低成本空间。国土部门自2004年开始公布建设用地分类使用的数据，但是数据指标在调整变动，因此不同年份之间不可比较，但每年的用地的结构数据可以充分说明问题。从工矿和住宅用地供应比例来看，总体上工矿用地供应规模在住宅用地的1.5～2倍之间，对二产发展的用地供应是非常充足的（表1–1）。

表1-1　　建设用地供应情况

年份	国有建设用地供应（万公顷）	工矿用地（万公顷）	住宅用地（万公顷）	商服用地（万公顷）	工矿/住宅	工矿/商服
2004	26.78	12.51	5.65	—	2.21	—
2005	43.2	15.11	9.82	—	1.54	—
2006	32.9	14.6	7.4	—	1.97	—
2007	23.5	13.6	6.66	2.7	2.04	5.04
2008	16.59	8.64	5.15	2.18	1.68	3.96
2009	36.16	14.15	8.15	2.76	1.74	5.13
2010	42.82	15.27	11.44	3.87	1.33	3.95
2011	58.77	19.26	12.52	4.21	1.54	4.57
2012	69.04	20.35	11.08	4.94	1.84	4.12

资料来源：2004～2006年的数据来自国土资源统计公报，国有建设用地供应数据使用新增建设用地数据替代，住宅用地使用城镇建设用地替代；2007～2009年的数据来自当年中国国土资源年鉴国有建设用地供应使用国有土地供应出让进行替代。

产业发展需要载体，各类开发区成了城市产业发展的主要载体，最初开发区是非常分散的，并不仅分布在城市，县以下也分布着众多园区。据统计开发区最高峰时达6866家，规划面积3.86万平方公里①。但是1998年《土地管理法》的修订，农转用审批权收到县级以上政府，乡村工业化发展之路被封，而且随着建设占用耕地规模的过快扩张，中央政府加大了对耕地的保护力度。2003年国家对开发区进行清理整顿，经核准的开发区数量为1568个（工业用地价格比较研究课题组，2007），每个县原则上只保留一个开发区，所保留的开发区基本都归县以上政府直管，县以下失去了产业发展的平台，乡村工业化发展进入了转型阶段。经过乡村工业化发展造就成功的一些乡镇企业，纷纷选择离开乡村进入城市，园区成为工业化发展的主要载体，城市在经济发展中的主导地位愈发突出。

（三）离土又离乡的农民工增多

随着产业向城市的集中，而且中央政府在20世纪90年代初期也取消了票证制度，就业人口的分布也随之从发生变化。由于经济发展的区域不均衡，以及城市经济集聚能力的发挥，跨区域流向发达地区的农民工增多，进入城市就业的农民工增多，农民工已从“离土不离乡”转变为向城市转移，向经济发达地区转移。受90年代初期城市下岗职工再就业的影响，在90年代中后期一些城市对外来农民工是限制和排斥的，各地城市政府相继出台政策来限制城镇就业岗位对农民工的使用，一些城镇也出现遣返农民工的现象。由于区域和城乡之间就业机会的差异，在获取最大化收入的驱动下，流入地对农民工的限制并没有阻挡人口流入的步伐，2000年跨省流动农民工已达2824万人，比1997年增长90.8%。事实上，有关研究（王桂新、沈建法，2001；袁志刚，2006等）也表明城市对流动人口的限制对解决城镇就业问题效果并不显著，因为流动人口和城镇人口就业是分割的，两者之间主要是互补关系，而不是替代关系。

2000年十五届五中全会文件中提出了“积极稳妥推进城镇化”，2001年国务院发布了《“十五”城镇化发展重点专项规划》，2003年1月国务院办公厅颁发了《关于完善农民进城务工就业管理和服务的指导意见》，中央关于农村劳动力流动就业的政策发生了一些积极的变化，城市开始逐步取消对农民工就业的各种不合理限制和政策上

① “工业用地价格比较研究”课题组：“工业园区及开发区：提高地价门槛后的差异化竞争”，载于《中国地产市场》，2007年第9期。

的歧视；取消了一批针对流动人口的不合理收费，更加关注农民工的基本权益；同时也加强了对农民工的基本公共服务。而且自2003年以来，东部沿海经济发达地区开始出现普通劳动力短缺现象（韩俊，2008），在市场对农民工需求增加和政府对农民工相关政策放开、权益维护重视等因素的驱动下，外出农民工保持快速增长。国家统计局数据显示，2002年我国常住户中外出农民工已达1亿人，到2012年超过了1.6亿，年均增长587万。新生代农民工逐渐成为农民工增长的主体，与老一代农民工不同，新生代农民工经历着由“亦工亦农”向“全职非农”转变、由“城乡双向流动”向“融入城市”转变，由“寻求谋生”向“追求平等”转变（韩俊，2008）。农民工不再是简单的城乡流动，已呈现“离土又离乡”状态，成了城市化的主体。他们对农村情结不断弱化，开始主动谋求融入城市生活中。

（四）城乡收入差距的扩大

在此期间，中国经济经历了高速增长，年均经济增长达到10%，2010年中国经济总量也跃居世界第二位，而且1996年中国城市化突破30%，进入了城市化快速发展阶段，城市化率年均提高1.4个百分点，每年城市人口增长超过2000万。在政策方面，2002年十六大提出“城乡统筹”，2003年中央农村工作会议确定了“多予、少取、放活”的基本方针，2004年十六届四中全会提出了“工业反哺农业、城市支持农村”的基本思路，2006年农业税全面取消。这一阶段的农村改革主要是基于保护农业的利益出发，主要是激励农业发展，由此也遏制住了90年代末期以来粮食减产的态势。但是由于城乡关系未有根本变化，单纯的农业生产难以带来农民收入的快速增长，由此在城市化、工业化快速发展背景下，并未同步带动农村同步发展，并未带来农民收入的快速增长，城乡收入差距在全国经济一片热潮中不断扩大。自90年代末期以来，城乡收入差距呈现逐年扩大趋势，2009年最高达3.33∶1，此后城乡收入差距才逐步缩小。

农民收入增长滞后于城镇居民收入增长带来了城乡收入差距不断扩大，这一问题的根源在于城市。自1998年起，工资性收入增长成为农民收入增长的主要来源（除个别年份外，工资性收入增长占农民收入增长的一半以上）。工资性收入的增长主要来源于两个方面：一是转移就业农民总量的增加带来的工资性收入增加；二是农民工工资水平提高带来工资性收入的增加。事实上，在很长一段时间内，农民工工资增长缓慢，如珠三角地区的农民工工资在1992～2004年间只提高了68元（不考虑物价上涨因素）[①]。由此可见在很长时间内，农民工资性收入的增长主要来自非农就业农民总量的增多。乡村为城市产业发展提供了大量廉价劳动力，城市享受着农村人口进城的红利，推动了经济的快速发展，但是城市并未对乡村发展尽到应有的责任。

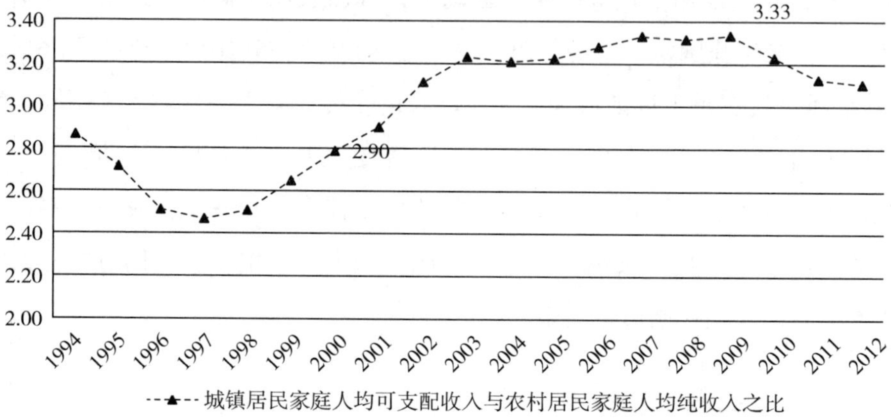

图1-2　1990～2015年中国城乡收入不平等变化趋势

数据来源：城乡收入不平等数据来自国家统计局网站，根据城镇居民家庭人均可支配收入和农村居民家庭人均纯收入之比获得，其中2013年以后农村居民家庭人均纯收入为调整后的农村居民家庭人均可支配收入。

一些学者认为，农村改革滞后导致了乡村发展的困境，我们认为城乡关系改革缓慢是不能忽视的原因。涉及建立平等城乡关系的户籍制度改革、土地制度改革等“雷声大，雨点小”，进展较为缓慢。相比于改革开放初期制约发展的是城乡二元体制的刚性，而随着改革不断深化，发展更带有鲜明的“重城轻乡”色彩。城市依靠农村廉价的土地、劳动力、甚至是乡村工业化发展完成的资本积累，获得了高速发展的机会，然而城市并未为农村要素提供的成本并未完全体现要素价值。城市在经济发展效率方面本就高于乡村，在“重城轻乡”政策导向下，城市的经济优势被进一步放大，乡村也不能同步共享发展红利，使得城乡收入差距在不断扩大。由此可见问题根源在城市，农村土地可以低价转为城市建设用地，乡村人口可以进城就业，但是不能完全享受城市的各项福利，城市大门虽然打开，但是还未平等开放。据测算，城市通过低价征收农民土地，农民做的贡献不少于2万亿（陈锡文，2004），而农民工通过工资差额、没有强制规定上社保和没有享受城市公共服务的方式为城镇经济发展积累资金高达13万亿元（高强等，2014）。

① 国务院研究室课题组：《中国农民工调研报告》，中国言实出版社2006年版。

三、新型城镇化：推动向城乡融合发展转变的阶段（2012年至今）

伴随着快速城镇化发展，农村人口出现了较大幅度的减少，农村“空心化”“老龄化”等成为普遍现象，一些地方的乡村已经出现衰落，“重城轻乡”发展路径已不再适应中国发展的实际。在城镇化发展方面，主要依靠廉价农村剩余劳动力供给、大量消耗土地资源、低成本公共服务推动城镇化发展模式已经越来越难以持续（徐宪平，2012）。随着外部条件的改变，也要求对城乡关系做出必要调整，以适应发展的需要。这一阶段最大不同在于，对待劳动力这一生产要素的政策转变，在政策上提出以人为核心的城镇化，开始从城市发展的角度去解决农村人口转移问题。

（一）劳动力成本的上涨

2004年前后，沿海地区低端劳动力市场开始出现用工荒现象，由此也引起了对中国发展是否达到“刘易斯拐点”的讨论，这个问题在学界也未形成统一的认识。当前没必要从学术角度去讨论是否已经进入“刘易斯区间”，我们关注刘易斯拐点，是因为在这个转折点之后，城镇发展不能继续再以较低的成本吸引农村人口转移。当前一些事实我们不能忽视，一是自2012年开始我国劳动年龄人口开始出现减少，2012～2017年劳动年龄人口年均减少646万；二是虽然近年来农民工总量还处于增长状态，但是呈现出农民工总量增长速度放缓和农民工平均年龄不断提高的趋势。2012年我国农民工总量增长983万，其后农民工总量增长大幅度降低，2015年农民工总量仅增长352万；2012年我国外出农民工增长473万，而2016年仅增长50万人（表1–2）。从农民工平均年龄来看，2004年我国农民工平均年龄为28.6岁，到2012年达37.3岁，2017年进一步提高到了39.7岁，比2004年提高了11.1岁。农民工已经从以黄金年龄劳动人口转化为以中年人口为主，且年龄老化程度不断提高，2017年我国50岁以上的农民工占比已达21.3%。

表1-2　农民工增长情况表　　单位：万人

年份	2012	2013	2014	2015	2016	2017
外出农民工	473	274	211	63	50	251
本地农民工	510	359	290	289	374	230
农民工总量	983	633	501	352	424	481

农民工工资上涨已经成为一个客观事实。根据国家统计局监测数据，2012年农民工平均工资是2004年的2.9倍，是2008年的1.7倍。事实上，不仅是农民工工资上涨，在这一阶段城镇单位就业人员的平均工资也保持了快速上涨的势头，甚至还略高于农民工工资上涨速度，比如2012年城镇职工平均工资同样是2004年的2.9倍（图1–3）。由此可见，农民工工资上涨只是城市劳动力市场供求的一个基本反映，而且在绝大多数年份城镇就业人员的工资增长是要快于农民工工资。当前一个不好的现象是一些超大城市在驱赶低端人口，事实上也带了城市生活成本的提高。在当前劳动力市场供求关系下，单纯地驱赶城镇低端人口，只会人为地增加城市发展成本，也会使劳动力市场供求关系的转化传导到其他要素市场，不利于产业的升级转型。有研究表明，在改革开放的很长时间里，中国资本回报率保持在很高的水平，而在劳动力无限供给特征消失的情况下，资本回报率则迅速下降（白重恩、张琼，2014）。

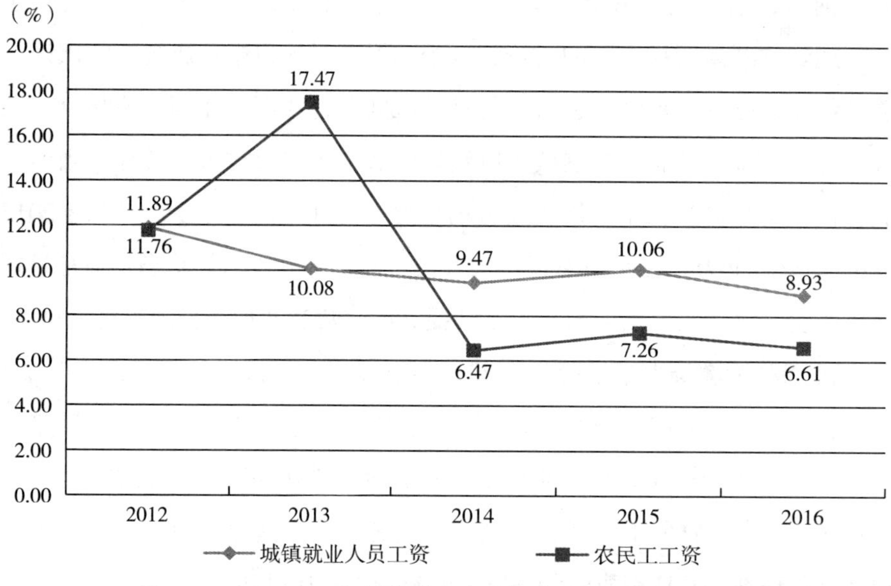

图1-3　2012～2016年城镇就业人员与农民工工资增长情况

（二）土地成本的上涨

过去城市能够通过低成本推动城市空间扩张，突出体现在低成本的用地空间，特别是在产业发展用地和城市基础设施建设用地等方面。城市政府可以较低的成本从农民手中获取土地，在房地产用地供应环节又采取市场化手段出让，可以较高的价格进行出让，由此获得超额土地出让收益。但这是对农民和乡村土地权益的一种侵犯，在社会各界都有很大的争议。为了解决征地矛盾，各地大幅提高征地补偿标准，有的城郊村民甚至实现“一夜暴富”，征地冲突却越发激烈且快速增多（刘锐，2018），征地拆迁的社会成本愈发增加。

伴随着快速城镇化进程，城乡人口空间分布发生了较大的转变，出现了城乡人口与建设用地分布在空间上的错配。为加强城市对农村的带动，推动城乡统筹发展，中央政府实施城乡建设用地增减挂钩政策。这项政策的实施在一定程度上让乡村能够分享城市发展的红利，成为带动乡村收入增长的一项手段。但基于存量建设用地空间转化，也增加了城市发展用地的成本。当前土地拆迁的成本在快速上涨，很多地方征地拆迁的成本已占到一半以上，有的地方甚至达到60%，成本上升的结果是政府的土地净收益下降，到2016年时降至20%左右（刘守英，2018）。

大量供地在基础设施上，靠土地套钱，靠基础设施拉动投资，短期可以保增长，但是造成的债务和风险加大（刘守英，2018）。随着地方政府债务规模的增加，为防控金融风险，中央政府加大了控制地方政府债务的力度。2014年国务院《关于加强地方政府性债务管理的意见》（国发〔2014〕43号）首次全面规范地方政府性债务管理，对地方政府债务实行规模控制和预算管理，要求地方政府举债不得突破批准的限额。为了进一步控制金融和债务风险，2017年财政部等六部委《关于进一步规范地方政府举债融资行为的通知》（财预〔2017〕50号）中要求“地方政府不得将公益性资产、储备土地注入融资平台公司，不得承诺将储备土地预期出让收入作为融资平台公司偿债资金来源”，利用土地进行融资的路被堵死。

（三）新型城镇化战略实施

2012年中央经济工作会首次提出新型城镇化概念，要求着力提升城镇化质量，并把有序推进农业转移人口市民化作为重要任务抓实抓好。2014年两会报告中提出了“三个1亿人”的目标，其中包括“到2020年解决约1亿农业转移人口落户城镇”，这是把农业转移人口落户城镇问题首次作为政府工作目标提出。国务院出台了《关于进一步推进户籍制度改革的意见》，文件要求“全面放开建制镇和小城市落户限制”，要求大中城市要减少落户限制，对各类城市设定社保缴纳等条件提出了明确要求，并且允许“租赁住房”落户，极大地放宽了农民落户城镇的限制条件。2016年出台的国家“十三五”规划纲要中，首次将户籍人口城镇化率作为五年规划目标提出，以此解决户籍人口城镇化长期滞后于常住人口城镇化的问题。同年10月国务院办公厅印发了《推动1亿非户籍人口在城市落户方案》，对农业转移人口落户城镇进行了具体布置，推动户籍制度改革成为国家新型城镇化的重要战略举措，也是从根本上解决农村人口进入城镇的制度性障碍，提升城镇化发展质量。

2014年中共中央、国务院颁布了《国家新型城镇化规划（2014—2020年）》。该规划把解决人口城镇化不彻底的问题作为头等大事提出，体现了新型城镇化以人为本的核心。推进新型城镇化一方面要解决农业转移人口在城镇的落户问题，另一方面对于不在城镇落户的农业转移人口，主要通过提升公共服务水平的方式，让农业转移人口能够平等分享城镇各项公共服务。当与户籍居民公共服务差距缩小到可以接受的水平，户籍改革就成为水到渠成的事，不再是难题。政策设计正是按照“推进落户”和“均等服务”两手抓的思路展开。对没有落户的农民工采取居住证管理办法，在各地居住证实践探索基础上，为改变一些地方居住证实施中存在或者门槛过高，或者含金量不高等问题，国务院制定了《居住证暂行条例》，于2016年在全国实施，通过居住证推进城镇基本公共服务和便利常住人口全覆盖。居住证持有人可以享受国家规定的6项基本公共服务和7项办事便利，各地制定的《居住证暂行条例》实施办法，逐渐增加了对居住证的公共服务项目。

随着新型城镇化战略的实施，城镇对农村人口进入的政策门槛大幅降低，但是部分超大城市以解决“城市病”为由，不顾城市经济发展规律，对城市的低端产业盲目驱赶，使得这些超大城市的人口包容性在下降。这不利于城市的产业生态，也阻碍了城乡融合发展。

（四）消费逆城镇化现象快速发展

随着城市人口规模的扩大和城市人口比重的提高，城市人口对乡村的辐射带动能力日益增强，表现为城市功能向周边的转移，城市消费向乡村的转移，这将成为乡村发展的主要动力。目前受乡村制度因素的制约，城市资本、人口的要素进入乡村还有限制，但是以乡村田园生活和特色产品为对象的消费正在向乡村扩散。消费逆城镇化的发展主要基于以下三方面条件的转变：一是城市中产阶层的扩大，对美好生活追求的意愿不断增强，需求不断增大；二是在都市圈和城市群地区交通条件不断改善下，使得城乡之间的交往更加方便；三是伴随着互联网的发展，城乡之间、区域之间商品流通交往的便利程度大幅度提高，“互联网+”农业也促进了消费逆城镇化的发展，让乡村优质产品能够在更大范围内，更加便利地进入城市居民的消费。

适应城市消费逆城镇化趋势，休闲农业和乡村旅游发展面临难得的历史机遇（韩长赋，2017）。随着我国进入到城市社会，服务业成为我国经济的主导产业，乡村休闲农业和乡村旅游的发展是乡村产业发展的重要内容，乡村在生态产品供给、农耕文化传承、田园生活体验等方面具有优势，这为城镇居民休闲提供了新的场所。改革开放初期，乡村工业化发展得益于城市工程师的技术支持，而乡村休闲产业发展却是面向所有城镇居民，也更加符合乡村的比较优势，和城市产业发展存在互补关系。也就是说城市经济越发达、城市居民收入水平越高，对乡村休闲产品的需求将会更大。乡村休闲农业是新时代城乡融合发展的积极实践，是适应经济结构调整的必然选择。为促进一、二、三产融合发展，2015年国务院办公厅下发了《关于推进农村一二三产业融合发展的指导意见》，2016年农业部等会同14部委下发了《关于大力发展休闲农业的指导意见》，2017年党的十九大报告中也作为乡村振兴的重要措施提出。

（五）城乡融合发展的提出

长期以来，中国城乡要素流动是单向的，即农村人口、资金和人才等要素可以接近自由地流向城市，但是城市要素进入农村却受到诸多限制。农村人口可以进入城市购买住房，但是城市居民却禁止购买农村的宅基地；资本可以自由地进入城市的各个领域，但是资本下乡却有着诸多限制；城市建设只能在国有土地，集体建设用地上建设城市是不允许的。这些现象都说明城乡要素流动的单向性，成为乡村发展的主要制约因素。

2017年十九大报告提出实施乡村振兴战略，首次提出“建立健全城乡融合发展体制机制和政策体系”。如果说改革开放以来破除城乡二元壁垒的重点在城市，当前改革的重点和难点则在农村，尤其是破除农村经济和社会的封闭性并加快城乡要素的双向流动，这也是实施乡村振兴战略的重要内容。在这方面，《国家乡村振兴规划（2018—2022年）》中已经有了明确的要求，但改革的难度也还很大。好在政策上已经有了方向，城乡收入差距开始缩小，从2013年的3.03：1缩小到2017年的2.71：1。

第二节 城乡关系变革中的人口和土地

改革开放四十年，中国经济取得了举世瞩目的成就，已经从乡土中国迈向了城乡中国，正在向城市中国迈进。数以亿计的农村人口从农村进入城市，从农业进入到生产效率更高的非农产业，由此带来了经济效率提升，成为经济增长的巨大动力（蔡昉，2018）。农地向非农用地配置的效应也不能忽视，毕竟土地在不同用途间的转换会产生巨大的级差收益，对经济增长、结构转变与收入分配的影响巨大（刘守英，2018）。人口和土地引导着城乡资源要素配置效率，也成为影响城乡关系的最主要因素。

一、城乡土地发展权的转移

土地是决定经济发展的生产要素之一，土地财产权的制度安排对工业化与城市化发展产生直接影响，土地使用权配置方式也最终决定了城乡的发展模式。改革开放以来，中国经历了从乡村工业化向快速城市化的转变，对这个转变起推动作用的就是城乡土地发展权的变化。农村改革提高了生产效率，释放了大量农村剩余劳动力。为解决农村剩余劳动力问题，在城市大门没有打开的状况下，乡村工业发展是一条出路，由此带来了乡镇企业的异军突起。改革初期的宏观政策取向是鼓励农民利用土地发展非农产业。在非农建设用地方面，1982年国务院发布了《村镇建房用地管理条例》，专门规范管理乡村非农建设用地，农村社队企业用地“经社员代表大会讨论通过后，报县级以上人民政府批准”。虽然还需县以上人民政府的批准，社员大会在乡村非农建设中具有很大决定权，甚至可以直接决定乡村土地的非农建设，乡镇建设中也存在自批自用土地的现象[①]。1986年颁布的《土地管理法》对乡村产业发展用地留出了较大的空间，乡（镇）村企业建设需要使用土地由“县级以上人民政府批准”，基本是

① 《中共中央、国务院关于加强土地管理 制止乱占耕地的通知》，1986年3月。

与城市产业用地是同等条件，甚至更为宽松，这为乡村工业化发展创造了重要的制度条件。

在乡村宽松的用地条件下，也出现了耕地的乱占和滥用情况，乡镇企业和农村建房乱占耕地、滥用土地的现象极为突出。许多地方耕地大量减少，有的省一年减少一个中等县的耕地面积[①]。在这种背景下，1986年中央决定成立国家土地管理局，负责全国土地、城乡地政的统一管理工作，1987年和1988年分别开征了耕地占用税和城镇土地使用税，1990年出台了《城镇国有土地使用权出让和转让暂行条例》，城市土地使用方面逐步建立起相关税收和管理体制。在这方面，乡村土地的使用和管理体制还是空白，也推动了城市国有土地逐渐成为非农建设的供给主体。1998年颁布的《土地管理法》将乡村土地使用权力大幅压缩，明确规定“任何单位和个人进行建设，需要使用土地的，必须依法申请使用国有土地”，“农民集体所有的土地的使用权不得出让、转让或者出租用于非农业建设”，同时规定乡镇企业可使用集体建设用地。1999年《国务院办公厅关于加强土地转让管理严禁炒卖土地的通知》中要求“乡镇企业用地要严格限制在土地利用总体规划确定的城市和村庄、集镇建设用地范围内”，事实上增加了乡村土地非农利用的难度。

1998年《土地管理法》的另外一个重要转变是对建设用地进行总量控制。总量控制主要通过土地利用总体规划实施，要求地方各级人民政府编制的土地利用总体规划中的建设用地总量由上一级政府土地利用总体规划确定，不能超过上级政府确定的规模总量。其后，2006年国务院颁布《关于加强土地调控有关问题的通知》，要求“将新增建设用地控制指标（包括占用农用地和未利用地）纳入土地利用年度计划”，对年度新增建设用地总量采取指标管理，建设用地指标成为能否建设的基本条件。在建设用地总量控制和年度计划指标管理的条件下，建设首先要在规划建设区范围内，同时还要有年度建设用地指标，二者缺一不可，建设权力成为发展的基本前提。这种背景下，土地利用总体规划中建设用地总量向城市区域集中，新增建设用地指标也优先用于城市。这样乡村发展过程中就会遇到土地规划与发展需求的不匹配、发展需求与建设指标不足的不匹配，用地越来越成为乡村发展中的一个最大难题，特别近年来随着农村新业态的兴起，矛盾愈发突出。指标不足可以通过政策支持来解决，而规划的

---

① 《中共中央、国务院关于加强土地管理 制止乱占耕地的通知》，1986年3月。

不匹配调整难度就比较高，毕竟调整规划需要经过法定程序，需要较长的时间。与城市发展确定性高不同，乡村发展具有较大的随机性，规划难度更高，一旦在乡村在发展中有建设需求的区域不在规划建设区内，落地就需要较长的规划调整时间，增加了农村新业态落地的难度，成为乡村发展中最大的制约因素。城市获得了优先发展的权力，乡村发展通道变得越来越狭窄。

二、农民工就业流向的演变

农村非农就业人口的流向经历了从就近就地转移，到外出就业的转变，从以小城镇为主到流向城市人口为主转变，这个转变是与城乡土地发展权的转移直接相关。改革开放最初的十多年，乡村拥有充分的土地发展权，乡镇企业的异军突起，乡镇企业成为转移农村劳动力的主要途径。1985年我国乡镇企业职工已达6979万，据学者测算，1985年我国出县就业农民工1602万（王西玉等，2000）。受城市就业体制的限制，这些外出农民工也多是流向了乡镇企业。据广东省佛山市统计，外来劳动力中只有3.1%到国营企业，96.9%的劳动力则进入各种集体企业、乡镇企业、三资企业、私营企业和个体工商业，也有部分进入农业耕地（庾德昌，1994）。据估计大约有80%的乡镇企业分布在村落，12%在农村集镇，7%在建制镇，仅有1%在县以上城镇（陶然，1995）。乡村工业化发展使得农民在乡村解决了非农就业问题，虽然出现的跨区域人口流动，但是区域之间的流动也是呈现“乡乡流动”的特征。

最初的人口流动主要是集中在县以下的集镇（周其仁，1997），在乡村用地权力关闭后，形成城市用地一个通道，土地使用的城市偏向又加剧了劳动力和资本往城市的单向配置（刘守英，2018）。农村劳动力从就近转移向外出转变，从“乡乡流动”向“乡城流动”转变。根据农业普查相关数据，1996～2006年，我国跨省流动农民工从2330. 9万增加到6498万人，占外出农民工的比重从32.5%提高到49.3%，10年间人口跨省流动规模增长了2.79倍，占比提高了16.8个百分点。从流向分布来看，城市吸纳农村转移就业人口比重在提高，1997年在各级城市就业转移的农民工达3145万，占农业转移人口的37.8%，到2012年各级城市吸纳的农民工总量达14474万人，占农民工总量的55.1%。在高等级城市就业的农民工比重不断提高，根据过年统计局监测数据，1997年在地级以上城市就业的农民工占各级城镇就业农民工的比重为46.9%，到

2015年这一比重已经提高到66.3%。而据国家发改委城市和小城镇改革发展中心和联通智慧足迹（2018）利用手机信令数据的抽样测算，2018年春节后仅一线城市和省会城市吸纳的农村外出人口比重可达30%，超大城市在吸引农民工就业方面发挥着巨大作用。

农民工空间流向变动反映了城乡关系的演变，也反映了城乡经济发展条件和机会的变迁。随着农村劳动力进入城市总量的扩大，农民工成为城市产业工人的主体，但是农村随着人口的流失和产业的萎缩，乡村不可避免地走向了衰落。其内在的原因既有城乡经济效率方面的差异，也是基于土地发展权不均等，带来城乡发展机会不均等造成的结果。

三、农民工流动推动城乡改革

农业劳动力转移对城乡关系转变具有决定性意义，对城乡发展都产生了积极影响，其积极作用不仅仅表现在生产要素配置效率的提升，同时还不断推动改革深化。纵观改革四十年，劳动力作为具有生命力的生产要素，在城乡之间的迁徙流动，不断与传统城乡二元体制运行产生矛盾。为解决这些矛盾，在城乡体制方面也进行了系列调整，推动了中国改革进程的深化。改革遵循“先易后难”“逐步推进”的原则，体现了渐进式改革的基本取向，减少一次性改革的冲击，降低了改革的成本。农民工流动迁徙增多，首先是对城市人口管理体制带来冲击，城市户籍制度改革率先从小城镇开始突破，经历了自理口粮户口、蓝印户口、小城镇户改及至2014年中小城市和小城镇全面放开落户限制。虽然户籍制度改革还有很长路要走，还需不断深化，但城镇落户门槛大幅降低，落户条件逐步清晰。

事实上，随着农民工进城数量的增多，城市在就业制度方面进行了系列改革，农民工就业经历了从排斥到限制，从歧视到同等对待的过程，每一次转变都是一次巨大改革。改革初期关于农民流动的文件充满了“控制”“遣返”等字眼，随着农民工流动增多，政府开始加强对流动人口的管理。及至20世纪90年代，“民工潮”出现，农民工视作城市就业机会与福利资源的争夺者，从而出台了一些限制与歧视性的就业准入政策，但这种限制并未限制人口的流动。此后随着2003年国务院办公厅《关于完善农民进城务工就业管理和服务的指导意见》颁布，在农民工就业方面的歧视性政策基本取消。当前劳动力要素市场在城乡间、区域间的一体化程度不断提高，市场在劳动就业方面起到了决定性作用。总体来看，与经济发展水平差距不同，我国城乡间、区域间的劳动力价格差距并不大，从调研来看，现今在农村、在中西部地区产业发展同样面临着劳动力成本快速上涨、劳动力总量短缺等现象，甚至在中西部劳动力的短缺问题比东部有过之而无不及。

适应城市外来农民工的增多，城市对外来人口的治理模式不断改进，管理服务城市对外来农民工的“拒绝管理”，经过“有限管理”的徘徊期，已进入“寓管理于服务之中”阶段（王道勇等，2011）。外来农民工在社保、子女教育、就业培训、权益维护等方面所享受的公共服务项目不断增多，公共服务水平不断提升，通过基本公共服务的均等化，推动农民工市民化进程。

农民工的流动也对城乡土地制度改革产生重大影响，比如在农村土地产权制度方面，为了赋予农民更加稳定的产权预期，在户籍制度改革文件中，明确要求“不得以退出土地承包经营权、宅基地使用权、集体收益分配权作为农民进城落户的条件”。这对稳定农村土地财产权利制度具有重要意义。而在建设用地使用制度方面，城乡建设用地增减挂钩政策的提出，也是为适应城乡人口空间分布的重要转变。

第三节　经验和展望

四十年来，中国城乡关系调整基本遵循了市场化原则，逐步建立起城乡一体的商品市场，要素市场一体化程度不断提高，通过城乡间商品和要素的流通逐步突破传统的城乡二元体制。中国独特的体制设计降低了工业化、城镇化发展成本，充分发挥了中国要素成本低廉的比较优势，通过放权让利改革使市场主体能具有更大的自主权和充分的剩余索取权，激发了市场主体的积极性，发挥了市场配置资源的活力，提升了资源配置效率。改革不但要供给低成本要素，同时还要降低体制运行成本，并为要素成本优势的发挥提供体制保障，通过改革降低体制运行成本是我国成功的重要经验（周其仁，2017），城乡结构的巨大变化成为推动中国经济增长的巨大动力。

一、城乡关系转变的基本经验

（一）农业生产力提升是基础

历史发展经验表明，城市的生存要靠稳定的乡村农业来保障，城市专注工商业，前提是周围农村的发展能够为城市提供足够的粮食和某些必要的原料（刘景华，2017）。改革初期我国农村的率先发展，为城市发展奠定了充分的物质基础，农业生产效率的提升使农村剩余劳动力出现，保障了工商业发展的劳动力供给。从这个角度来讲，农村劳动力总量和劳动力价格并非关键所在，需要农业生产力的发展，让农业生产出现剩余，农村劳动力才具备向非农产业转移的条件，农村才能为非农产业发展提供剩余产品。因此通过农业生产确保“有的吃，吃得饱”，这才是城乡结构转变的基本前提，首先是要确保农业的基础地位。党的十九大报告中指出要保障农业农村的优先发展，明确要求“中国人的饭碗要端在自己的手中”，这正是未来中国城乡关系发展和转变的基本前提，农业的基础地位绝对不能丢，特别是在中国这样一个大国，吃饭问题永远都要放在第一位。

（二）向市场主体放权是条件

农村改革的核心内容就是让农民具有了生产自主权，让农民获得了剩余索取权，农民能够决定生产什么，生产多少，并且能够获得生产的收益。而为了获得更高的收益，农民还主动将农业剩余转化为工业投资，推动了乡村工业化，农民的积极性就调动起来了，这是向农民放权的积极作用。同样，城市改革的首要内容也是向城市的国有企业放权，让企业具有生产自主权，具有了生产收益权，企业的积极性就被调动起来了，企业就更具有活力了。在城市还允许开办工商业企业，这就把城市居民参与市场活动的积极性调动起来，城市原来萧条的商业又重新焕发生机。当城市活力释放以后，城市相对乡村的经济优势就更加明显，城市的经济效率更高，这样也就吸引了乡村要素向城市的集聚，推动了城市工商业的发展，也推动了城市化进程。向市场主体放权是推动城乡发展的基本条件，是激发城乡发展活力的前提条件，核心是让市场在资源配置中发挥主导作用。

（三）要素自由流通是关键

资源配置效率的提升表现在生产要素在不同用途之间的调整，因此要素能否自由流通是关键。改革初期，农村率先改革表现出更高的生产效率，而僵硬的城市体制限制了城市要素效率的发挥，结果是城市的技术人员向乡村的流动，为乡村发展带来了技术，推动了乡村工业化的发展，使乡村发展呈现出更快的速度，城乡间差距呈现缩小趋势。当城市改革后，城市具有更高生产效率的特征得以发挥，在经济利益驱动下人口从乡村流向城市，推动了城市的发展。这是自然历史过程，也是城乡关系的正常体现，是符合经济规律的。但是当前的主要问题在于要素的单向流动性，要素从农村流向城市已经几乎没有任何障碍，但是反之则还存在较多的制度性障碍，这是造成城乡之间发展不平衡的重要原因所在。当前城乡间的不平衡已经成为我国发展中的最大不平衡，农村发展的不充分也成为发展中的最大不充分，当前亟须改变要素单向流动的格局，实现城乡间要素双向流动。

（四）推动结构转变是动力

城乡关系转变是一项重要的结构性转变，表现为人口从农村进入城市，从农业进入非农产业。随着亿万农民从农业进入非农产业，农业就业比重从1978年的83.5%下降为2016年的27.7%，产值比重从1978年的27.7%下降为2016年的8.6%，成为经济增长的主要动力源泉。伴随着产业结构转变，需要将土地从农业用途转变为非农用途，满足城市工商业生产需要。这种用途转变带来了巨额的土地级差地租收益，由此成为推动经济发展的巨大动力。就业结构转变，工资性收入成为农民收入增长的最主要来源，让农民可以分享非农产业发展的红利。土地用途的转变使得城市发展可以拥有充足的用地空间，推动了工业化、城市化的快速发展。城乡结构转变空间仍然较大，2016年中国一产就业比重和产值比重还相差近20个百分点，城乡就业结构转变还有较大空间。从用地方面来看，中国人均城镇工矿建设用地面积为149平方米，人均农村居民点用地面积为300平方米，远超国家标准上限①，仅聚焦于存量建设用地效率提升，推动建设用地结构的转变还有这较大的空间可以利用，结构性改革仍然是动力来源。

① 《全国国土规划纲要（2016—2030年）》，2017年3月。

（五）保持发展低成本是核心

成本是竞争的优势所在，中国改革的核心在于为发展创造了较低的要素成本和体制运行成本，从而提升中国经济的竞争力，不断开拓国际市场，使中国成为“世界工厂”。改革开放的成功，在很大程度上有赖于中国特色城乡关系与工业化、城市化之间建立的低成本发展条件和正向反馈，城乡二元土地制度保障了低地租，低地租降低了城市化和工业化的成本，也使得农村剩余劳动力积极向城市和工业领域流动，而工业生产力的提高，不仅支持了城市化的持续发展，吸纳了农村剩余劳动力，也向农业和农村回馈了资源和资金（曹锦清，2018）。农民工作为一种身份，在制度上的不完善带来不均等的公共服务，对农民工的低成本使用，较大地降低了工业化、城镇化成本，加快了工业化、城镇化发展步伐。但是仅有低成本的要素还不能保障发展，有必要扩展比较优势的内涵，把生产成本与体制成本一并纳入分析（周其仁，2017），发展综合成本的降低才是改革成功的关键。降成本仍然是未来中国改革的主线，也是推动城乡关系转变的核心。

（六）政府权力模式决定城乡发展模式

放权还表现为各级政府间的放权。改革开放初期中央政府给予地方政府充分放权，县域经济在这个阶段得到了快速发展，乡村区域拥有更大的发展自主权。县域经济和乡镇企业发展活力被充分激发，小城镇经历了快速发展，在20世纪80年代的广东、江苏、浙江等沿海地区，以小城镇为主体的县域经济占到经济总量的70%以上（李铁，2018），县域经济和乡村工业化得到了充分发展。而随着土地开发权向上级政府收紧后，县域和乡村在发展工业和进行城镇化建设方面受到了较大的土地约束，土地资源支配权被高等级城市掌握。分税制后，财权上收，高等级城市能够获得更多的财政资源，比如2016年我国地级市市辖区的财政收入只占全国的28%，但是支出占到全国的35%。这种体制为高等级城市提供了优先发展的机会，相对而言乡村和低等级城镇的发展机会被剥夺，强化了“重城轻乡”的政策发展导向，带来了城市发展的粗放。2000～2015年，全国城镇建成区面积增长了约113%，远高于同期城镇人口59%的增幅①。

① 《全国国土规划纲要（2016—2030年）》，2017年3月。

（七）城乡人口结构转变推动现代化进程

城镇化是现代化应有之义和基本之策。世界各国的发展经验表明，现代化是依托工业化、城镇化由传统农业社会向现代社会转变的过程，城镇化与工业化、现代化相伴而行、相互促进。城镇化是国家现代化的重要内容，也是衡量一国现代化水平的重要标志（马凯，2012）。改革开放以来，中国城镇人口比重从1978年的17.92%，到2017年达到58.5%，城镇化已超过世界平均水平，城镇化滞后于工业化的状况得到改变。伴随着城市人口的增多，我国现代化水平在不断提高，城乡居民生活水平得到改善。1978～2016年农村贫困人口减少7亿多，贫困发生率从1978年的97.5%减至目前的4.5%；农民收入水平得到快速提升，农民人均纯收入从1978年的133.6元，到2015年已经达到10772元；2017年，全国居民恩格尔系数为29.3%，比1978年的63.9%下降了34.6个百分点；城乡居民耐用消费品升级换代，居住条件和质量显著提升。

二、中国城乡关系变革的展望和建议

（一）城乡结构转变的动力依然强劲

在判断未来农村人口数量时，需要对城乡收入差距、经济增长速度等因素有一个总体认识。2016年我国城乡居民收入差距为2.72∶1，非农产业的劳动生产率是农业的4.1倍，农村人口向城市转移的动力还非常强劲。随着经济从高速增长向高质量发展的转化，我国经济增长速度有所放缓，近年来年我国经济增长速度基本在7%以下，预计到2022年年均经济增长速度可维持在6%以上。随着服务业成为带动经济增长的主要动力，经济增长对非农就业产生拉动作用明显增强，降低了经济下滑对城市化发展的影响。基于此，预计到2022年我国城市化可以在62%左右，由此乡村人口将从2016年的5.9亿减少到5.4亿左右[①]，乡村人口总量将减少5000万左右。展望2035年农村人口总量还会进一步降低，届时城镇化率将超过75%，乡村人口总量将少于4亿人，相比2016年乡村人口减少将超过2亿人。国际经验表明，城镇化超过70%以后，农村人口流向城镇的速度越来越慢，已经走出城乡人口结构快速转变阶段，由此预计在2035～2050年

① 据中国人口发展中心基于全面放开二胎的影响，到2022年中国人口总量为14.2亿。

期间，乡村人口在总人口中的占比呈稳中缓降态势。城乡融合发展不是把人口留在农村，而是通过改革增加乡村流量人口，以此带动乡村发展。

（二）发挥新型城镇化的龙头带动作用

城乡将长期共生并存，城市在经济方面具有更高的效率，城镇化将是城乡关系转变的主要表现，并起到引导作用。未来城镇化将更多表现为深度城镇化，使更多已经进城就业的农民工和他们的家属在就业居住所在的城市和城镇市民化，让他们能够按意愿在城市和城镇安居乐业，全面提高城市化质量和可持续发展水平（徐林，2018）。一是更新观念，城市要为人口提供包容的政策。未来城市的竞争将更加表现为对人口的吸引，人口将更体现为多元化特征，而非简单的所谓高端人口。二是积极推动农民工市民化，加快户籍制度改革步伐。总体来看对绝大多数地区来讲，放开户籍制度并不会带来人口的大规模涌入，也不会给财政带来过大的压力；进一步完善以居住证在载体的基本公共服务均等化政策体系，让城市的外来农民工能够分享城市各项公共服务。三是鼓励城市资本下乡。对适合在乡村发展的业态，要为其下乡提供条件。四是建立城市群协调发展机制，构建以城市群为主体构建大中小城市和小城镇协调发展的格局。

（三）加快关键制度改革，建立城乡融合发展体制机制

重点做好：一是探索在不改变农村土地集体所有制的前提下，打破农村集体产权制度的封闭现状，激活农村要素资源，提高配置效率。允许来自农村的退休官员、职工等城市 人口，到家乡参与乡村建设，在不增加乡村建设用地总量的前提下，获得集体建设用地使用权。二是打通城市人口进入农村的渠道。在实现农民市民化的同时逐步消除城镇人口向农村流动的户籍障碍，鼓励有意向到农村发展的城镇人口向农村流动。集体土地使用权面积的大小可以根据实际需求进行合理安排，不设定使用面积最低限，在存量用地范围内也不设定使用面积最高限，改变城市用地获取门槛较高的问题。三是建立集体建设用地使用权使用付费制度，要按照集体建设用地使用权的用途不同，征收相应的土地使用租金。租金的收取用于解决乡村基础设施、公共服务设施建设和村庄管理资金投入问题，建立政府、集体和个人的租金分配比例。四是加快集体建设用地参与城市建设探索，在集体建设用地参与城市公共租赁住房建设的基础

上，探索更多集体建设用地参与城市建设的模式。

（四）鼓励探索保障农村产业发展用地需求

主要做好：一是创新规划管理。鉴于农村新产业新业态用地在空间使用上的不确定性，在土地利用规划和城乡建设规划修编时，要根据发展的实际需要，预留一定规模建设用地，这部分用地在规划时不落到具体空间上，未来根据农村新产业新业态发展的实际需要再逐步落地，实现了“一本规划，一张蓝图”管到底，有效保障农村发展用地需求。二是按照田水路林村综合整治模式，对村庄整治节约的建设用地指标，允许在不占用基本农田的前提下，用于农村新产业发展，可在村域内自由选择落地空间，提高存量集体建设用地利用效率。三是简化农村集体建设用地用于餐饮、住宿等乡村休闲服务业发展和休闲娱乐设施建设的行政审批程序，提高办事效率，强化服务引导。四是放宽农村集体建设用地的容积率管制，对在城镇规划区范围外，利用农村集体建设用地发展农村新产业新业态的，在不影响乡村整体风貌条件下，要放宽容积率管制，允许利用宅基地等集体建设用地建设多层建筑。

（五）城乡融合发展需要建立在城乡差异化基础

城市和乡村是经济社会发展的两条腿，只有两条腿均衡发展、协调一致，经济社会发展的道路才能走的平稳。城乡融合发展不是彻底的消灭农村实现只有城市的无差别化发展，而是在城乡发展异质性之上充分结合城乡各自发展特点和发展优势，互补相容的发展。城市和乡村具有不同的风貌，城市高楼林立、道路宽阔、街道整洁，曾给农村人带来无限的向往。出于对更好生活的追求，农村人口相继离开农村涌入城市。但是在经历了城市户籍的“铁闸”和钢筋水泥的“冰冷”之后，那些在城市扎不下根的流动人口的情感归宿仍然寄托在乡村。即使那些习惯了城市生活的人，随着生活水平的提高，也增加了在视觉上和心理上追求不同的体验的需求，而与城市具有不同风貌和不同情感印迹的乡村就成了大多数人最好的去处。人们对美好生活的追求不是寻求共性，千篇一律的城镇化、视觉和体验一致的旅游区、工厂化和规模化的产品供给再难以满足人们对于个性化的追求。城乡融合发展是在保障公共服务、社会福利等基本制度供给协调统一的基础上的差异化、个性化发展，唯有如此，城乡融合发展的路才能越走越宽，中国发展的道路才能越走越远。

参考文献

[1] 蔡昉.改革时期农业劳动力转移与重新配置[J].中国农村经济，2017（10）：2–12.

[2] 蔡昉.中国改革成功经验的逻辑[J].中国社会科学，2018（01）：29–44.

[3] 许经勇.论以理顺城乡关系为主轴的中国经济体制改革演变历程[J].浙江社会科学，2018（01）：10–18.

[4] Taylor J R. Rural employment trends and the legacy of surplus labor，1978 - 1989[J]. Economic trends in Chinese agriculture：the impact of Post–Mao reforms，1993，8.

[5] 刘守英.城乡中国的土地问题[J].北京大学学报（哲学社会科学版），2018，55（03）：79–93.

[6] 张晓山.中国农村改革30年：回顾与思考[J].学习与探索，2008（06）：1–19.

[7] 路平.珠江三角洲农村经济模式剖析[J].科技管理研究，1987（01）：42–46.

[8] 范琦娟.为何突出强调长三角一体化[J].决策，2018（Z1）：24–26.

[9] 李炳坤.乡镇企业改革开放十五年的历程回顾与前景展望[J].管理世界，1993（05）：162–171+226.

[10] 马淑鸾.关于小城镇人口迁移和流动特征的分析[J].人口研究，1990（04）：2–8.

[11] 高尚全.《中共中央关于经济体制改革的决定》出台前后[J].炎黄春秋，2014（10）：1–11.

[12] 马建堂，吕秀丽.中国经济的市场化进程——15年改革举措的回顾[J].经济研究，1994（07）：23–29+36.

[13] 张曙光.中国经济的市场化转轨过程：描述和分析[J].社会科学战线，2007（04）：78–87.

[14] 周其仁.十年农村改革：实质进展与制度创新[J].教学与研究，1988（05）：8–12.

[15] 王琢.论珠江模式的乡镇企业[J].中国农村经济，1992（09）：28–30+39.

[16] 周飞舟.分税制十年：制度及其影响[J].中国社会科学，2006（06）：100–115+205.

[17] 刘守英.土地制度变革与中国经济发展[J].新金融，2017（06）：9–14.

[18] 工业用地价格比较研究课题组.工业园区及开发区：提高地价门槛后的差异化竞争[J].中国地产市场，2007年第9期.

[19] 王桂新，沈建法.上海外来劳动力与本地劳动力补缺替代关系研究[J].人口研究，2001（01）：9–19.

[20] 袁志刚.中国的乡—城劳动力流动与城镇失业：一个经验研究[J].管理世界，2006（08）：28–35.

[21] 韩俊. 新阶段农村发展的新课题[J].理论视野，2008（02）：36–39.

[22] 国务院研究室课题组.中国农民工调研报告[M].中国言实出版社，2006（3）：214。
[23] 高强，孔祥智.中国农业结构调整的总体估价与趋势判断[J].改革，2014（11）：80-91.
[24] 徐宪平.面向未来的中国城镇化道路[J].宏观经济管理，2012（07）：4-5+13.
[25] 白重恩，张琼.中国的资本回报率及其影响因素分析[J].世界经济，2014，37（10）：3-30.
[26] 刘锐.灰色治理与征地冲突[J].学术界，2018（05）：43-56.
[27] 王西玉，崔传义，赵阳，马忠东.中国二元结构下的农村劳动力流动及其政策选择[J].管理世界，2000（05）：61-69.
[28] 庾德昌.乡镇企业发展与农村就业[J].中国农村经济，1994（12）：23-27.
[29] 陶然.论乡镇企业的分散与集聚机制[J].中国农村经济，1995（04）：37-41.
[30] 周其仁.机会与能力——中国农村劳动力的就业和流动[J].管理世界，1997（05）：81-101.
[31] 王道勇，郧彦辉.改革以来中国流动人口管理理念变迁及发展趋势[J].城市观察，2011（05）：44-52.
[32] 周其仁.体制成本与中国经济[J].经济学（季刊），2017，16（03）：859-876.
[33] 刘景华.中世纪西欧城市与城乡关系的转型[J].世界历史，2017（06）：33-49+156-157.
[34] 曹锦清.土地与工业化视野下的改革开放四十年[J].文化纵横，2017（06）：37-45.
[35] 李铁.从小城镇到城镇化战略，我亲历的改革政策制定过程[Z]，2018.
[36] 马凯.转变城镇化发展方式 提高城镇化发展质量 走出一条中国特色城镇化道路[J].国家行政学院学报，2012（05）：4-12.
[37] 徐林.以制度改革为重点推动深度城镇化.城市化信息与研究动态，2018.

第二章

户籍制度改革与人口城市化

赵军洁[①]

形成于20世纪50年代后期的户籍制度是我国特有的人口管理制度，也是改革开放四十年来伴随我国经济体制改革过程中的若干重大问题之一。由于户籍本身被赋予了公民身份证明、公共福利附着等多重功能，改革开放四十年来户籍制度改革带来的影响广泛而深远，不仅在宏观上影响着我国的城镇化和人口流动格局，而且在微观上也影响着居民的就业、教育和社会融入等多个方面，是一项与资源配置和利益分配密切相关的制度。可以说，户籍制度改革过去是、现在仍然是我国最重要的改革主题之一。

第一节　户籍制度改革历程的回顾和总结

一、户籍制度改革的发展历程

改革开放以来，我国经济社会面临着双重转变，一个是作为发展中国家必须要经

① 赵军洁，中国城市和小城镇改革发展中心副研究员。

历的二元经济结构转换，另一个是作为原计划经济国家所要完成的向市场经济体制的转轨（蔡昉，2010）。在此转变发展过程中，以人口迁移和户籍利益调整为逻辑主线的户籍制度改革也呈现出明显的阶段性特征，并形成以下四个阶段。

（一）计划经济框架下的二元户籍制度松动阶段（1978～1991年）

改革开放前，为了防止农村人口继续大量外流控制大城市人口容量，同时保障城市基本生活品和最低社会福利的供给，中央采取了严格限制农民进城的二元户籍管理制度，并在相当长的时期里维持了“既不能让城市劳动力盲目增加，又不能让农村劳动力盲目外流”的局面。1978年12月党的十一届三中全会确立了改革开放的战略方向以来，城乡经济结构发生了深刻变化。一方面，农村家庭联产承包责任制的推广使得粮食产量大增，商品粮供应短缺的现象不复存在，农村劳动力也产生了大量剩余；另一方面，市场经济的发展尤其是工业的发展产生了对劳动力的大量需求。这两方面力量的共同作用使得政府对人口流动的态度由“堵”转变为“疏”，政府开始逐步有限地解除限制农村劳动力流动的户籍制度约束。然而，由于对农产品的供给没有充分的把握，且担心城镇的容量，特别是对于大城市作为政治和行政中心发展的忧虑，人口的扩张和社会问题的加剧以及城市贫民问题，都成为当时中央政府和各级城市政府在城镇化决策中的阻力。在这样的背景下，户籍制度无法发生根本性的变化，所谓有限的政策性松动也局限于很小的范畴。这一时期的政策演变见表2-1。

总体而言，这一阶段的户籍制度改革，以允许农民自理口粮到小城镇落户并进城就业为主基调，标志着我国城乡二元户籍制度开始松动。需要指出的是，我国经济改革并非从一开始就明确了放弃计划经济体制，而确立建立社会主义市场经济体制的目标，则更是迟至20世纪90年代初，这一时期的户籍制度改革尚处于计划经济体制的框架下。由于受制于计划经济体制下资源行政配置的束缚，这一阶段的户籍制度改革更多是适应农村劳动力流动趋势的一种妥协式改革，是在原有城乡二元户籍框架内的局部调整，没有从根本上突破城乡居民身份、社会地位和利益差异的制度区隔。可以说，这个时期的户籍制度改革只是在计划经济框架内的局部调整和松动（蔡昉，2010）。

表2-1　第一阶段户籍制度改革政策要点（1978～1991年）

发布时间	文件名称	政策要点
1980年	《关于解决部分专业技术干部的农村家属迁往城镇由国家供应粮食问题的规定》	允许高级专业技术干部，有重大发明创造，在科研、技术以及专业工作上有特殊贡献的专业技术干部的家属迁往城镇落户。“农转非”的控制指标由不超当地非农业人口的1.5‰调整到2‰
1984年	《关于一九八四年农村工作的通知》	各省、自治区、直辖市可选若干集镇进行试点，允许务工、经商、办服务业的农民自理口粮到集镇落户。这实质上是允许农村劳动力自由流动，也是我国小城镇户籍制度改革的先声
1984年	《关于农民进入集镇落户问题的通知》	允许到集镇务工、经商、办服务业的农民和家属，只要具备一定条件就可以在集镇落户，发给《自理口粮户口簿》，并统计为非农业人口。这是我国开展户籍制度改革的第一个规范性政策文件，标志着我国户籍壁垒的坚冰真正开始松动，它的重要性在于为后来在小城镇逐步放开的户籍制度改革奠定了很好的政策基础
1985年	《中华人民共和国居民身份证条例》	开始施行身份证制度，表明我国户籍管理工作转向为人户结合的管理模式

资料来源：根据有关政策文件整理完成。

（二）向市场经济转轨下的二元户籍制度有限突破阶段（1992～2001年）

1992年初邓小平南方讲话和同年秋党的十四大确定了社会主义市场经济体制的改革目标，我国的改革开放和市场经济发展进入到一个崭新的时期。劳动力市场发育明显加快，一个重要的表现是，东南沿海劳动密集型的外向型经济以及多种所有制形式共同推动的城市经济的快速发展，产生了对农村和中西部地区劳动力的巨大增量需求，由此形成了农村向城市、中西部地区向东部地区劳动力大规模流动转移的“民工潮”现象。顺应这一劳动力市场扩大和规模流动的趋势，户籍制度改革也有了明显突破和进展，一系列阻碍劳动力流动的制度得到改革和调整，尤其是小城镇户籍管理制度改革全面推开。这一时期的政策演变见表2-2。

总的来看，这一时期的户籍管理制度改革在两个方面取得了重要突破。一是全面放开县区级及以下城镇户口对农民的限制。农民进入小城镇后身份得以认可，并能享有与小城镇居民同等的社会福利，为突破中等城市户籍迁移限制打下了基础。二是开始逐渐取消户籍制度的附加福利功能。如终结了延续近40年的“户粮挂钩”政策，这既是户籍制度改革的一次重要突破，也是向市场经济体制转轨的重要一步。然而，这一时期处于农村劳动力巨量供给的二元经济发展阶段，由于担忧农村人口进城对城市居民就业的冲击，户籍制度难以得到较大突破。户籍限制放开主要局限于区县级城市和小城镇，大中城市的落户门槛依然很高；少数城市甚至包括一些省会城市，尽管降低了落户门槛，但是由于缺少就业机会，且不能提供与原市民同等的养老保障、医疗保障、入学和升学等社会福利，并不能吸引新的外来人口落户。全局来看，城乡二元福利体系仍然没有打破，城乡居民的社会福利仍有明显差异。

表2-2　第二阶段户籍制度改革政策要点（1992～2001年）

发布时间	文件名称	政策要点
1992年	《关于实行当地有效城镇居民户口制度的通知》	开始在小城镇、经济特区、经济开发区等地实行“当地有效城镇居民户口制度”，允许以“蓝印户口”形式在城镇人户，且持有当地有效城镇居民户口能与城镇户口基本享受同等待遇。这是户籍制度改革一项过渡性的具体措施
1993年	《关于户籍制度改革的决定》	要求户口登记制度改革以居住地和职业划分农业和非农业人口，初步建立以常住户口、暂住户口和寄住户口三种管理形式为基础的登记制度，逐步实现户籍的证件化管理，新型户籍管理制度构想初步形成
1995年	《关于指导全国小城镇综合改革试点的意见》	在试点小城镇进行户籍管理制度改革，农民只要在小城镇具备合法固定的住所和稳定的就业条件，就可以申请在小城镇办理落户手续，并建立和完善试点小城镇的新型社会保障体制
1997年	《关于小城镇户籍制度改革试点方案》	试点镇具备条件的农村人口可以办理城镇常住户口。这份专门针对小城镇户籍制度改革的文件对于我国的户籍管理制度是一次重要的实践和突破
2000年	《关于促进小城镇健康发展的若干意见》	要求从2000年起凡在县级市区、县人民政府驻地镇及县以下小城镇有合法固定住所、固定职业或生活来源的农民，均可根据本人意愿转为城镇户口，并在子女入学、参军、就业等方面享受与城镇居民同等待遇。这项政策的颁布意味着户籍管理制度改革已经涉及县级市等中等城市
2001年	《关于推进小城镇户籍管理制度改革的意见》	小城镇户籍管理制度改革全面推开，并进一步放宽农村户口迁移到小城镇的条件

资料来源：根据有关政策文件整理完成。

（三）基本公共服务均等化制度构建阶段（2002～2011年）

随着社会主义市场经济体系的逐步完善，农村劳动力进入城镇就业的一系列制度壁垒基本打通，并已实现了大规模的转移就业，构建城乡劳动力统一市场的阶段性政策目标已基本实现，与此同时，农民工要求改善福利条件、缩小与城镇居民社会福利差距的呼声愈加强烈。在这一背景下，户籍制度改革的政策重心也从促进农村劳动力的空间自由流动并构建城乡统一劳动力市场向构建基本公共服务均等化制度过渡。这一时期的政策演变见表2–3。

总体而言，这一时期的户籍制度改革以构建基本公共服务均等化的制度基础、弱化户籍与其他社会福利的关系为基本取向，表明户籍制度改革已经进入了消除城乡户籍利益差别的攻坚阶段。2002年党的十六大提出“建立以工促农、以城带乡长效机制，形成城乡经济社会发展一体化新格局”的重大命题，2004年党的十六届四中全会指出“今后要着力推进城乡公共服务均等化”，2007年党的十七大提出“加快建立覆盖城乡居民的社会保障体系”等，都为后续户籍制度改革剥离城市户籍的附加功能、统筹城乡户籍一体化奠定了政策基础。然而，这一时期围绕统筹城乡户籍利益的实践进展相对较为缓慢，城市户籍的附加福利功能仍然存在，农民实质上很难获得与城市居民同等待遇。

表2-3　　第三阶段户籍制度改革政策要点（2002～2011年）

发布时间	文件名称	政策要点
2002年	党的十六大报告	提出了“统筹城乡经济社会发展，建立以工促农、以城带乡长效机制，形成城乡经济社会发展一体化新格局”的重大命题
2003年	《关于做好农民进城务工就业管理和服务工作的通知》	提出了加强对农民进城务工就业的管理和服务、取消对农民进城务工就业的不合理限制、切实解决拖欠和克扣农民工工资问题、改善农民工的生产生活条件、做好农民工培训工作、多渠道安排农民工子女就学等要求
2006年	《国务院关于解决农民工问题的若干意见》	在中小城镇和小城镇适当放宽农民工落户条件基础上，积极稳妥地解决符合条件的农民工在大城镇的户籍问题，同时要抓紧解决好农民工的社会保障、公共服务、利益保护等问题
2007年	党的十七大报告	明确指出“加快建立覆盖城乡居民的社会保障体系”，这为统筹城乡户籍一体化奠定了政策基础
2008年	《关于推进农村改革发展若干重大问题的决定》	明确我国总体上已进入城乡经济社会发展一体化新格局的重要时期，要逐步实现农民工劳动报酬、子女就学、公共卫生、住房租购等与城镇居民享有同等待遇

资料来源：根据有关政策文件整理完成。

（四）新型城镇化进程下的户籍制度改革加快推进阶段（2012年至今）

着力推进以人为本的新型城镇化是新的历史时期户籍制度改革的主基调。城乡基本公共服务均等化的政策体系为这一时期深入推进户籍制度改革奠定了坚实的政策基础。随着国家新型城镇化规划的出台，户籍制度改革同步推进，并且取得了非常大的突破，户籍制度改革进入全面攻坚阶段。这一时期的政策演变见表2–4。

总体而言，这一时期中央和地方表现出一直的改革共性，坚持以人为本的发展理念，以加快推进公共服务均等化为改革目标，以放宽落户条件为推进路径，尤其是2014年以来制定的一系列改革措施，包括设定到2020年实现1亿左右农业转移人口和其他常住人口在城镇落户的目标、全面实行居住证制度并推进城镇基本公共服务常住人口全覆盖、全面放宽农业转移人口落户条件、进一步放宽特大城市外来人口积分落户指标控制等，更为深化且更具有可操作性。从实践表现来看，许多城市也都取得了明显进展。北京市今年首次实施积分落户政策，实际积分落户规模达到6019人。然而，尽管实践进展明显，但居住地城乡二元户籍制度体系并未完全打破，仍表现出一定的路径依赖，甚至在某些方面二元性特征还有固化趋势，尤其是超大城市并没有取得实质性的进展，控制外来人口向超大城市迁移甚至呈现强化的趋势等。

表2-4　　第四阶段户籍制度改革政策要点（2012年至今）

发布时间	文件名称	政策要点
2012年	党的十八大报告	要加快改革户籍制度，有序推进农业转移人口市民化，努力实现城镇基本公共服务常住人口全覆盖
2012年	《关于积极稳妥推进户籍管理制度改革的通知》	除了给予已落户城镇的农民与当地城镇居民同等的权益之外，还要解决暂不具备落户条件的农民工在劳动报酬、子女上学、技能培训、公共卫生、住房租购、社会保障、职业安全卫生等方面的问题
2013年	《关于全面深化改革若干重大问题的决定》	要求推进农业转移人口市民化，逐步把符合条件的农业转移人口转为城镇居民，同时对进城落户的农民给予与城镇居民同等的社会保障，并要求城乡社会保障体系衔接，为农业转移人口市民化提供财政支持
2014年	《国家新型城镇化规划（2014～2020年）》	到2020年努力实现1亿左右农业转移人口和其他常住人口在城镇落户
2014年	《关于进一步推进户籍制度改革的意见》	统一城乡户口登记制度，全面实施居住证制度，将义务教育、就业服务、基本养老、基本医疗卫生、住房保障等城镇基本公共服务覆盖城镇全部常住人口
2015年	《居住证暂行条例》	规定公民离开常住户口所在地，到其他城市居住半年以上，凡符合有合法稳定就业、合法稳定住所或连续就读条件之一的，可以依照本条例申领居住证。这为实现社会福利和公共服务向常住人口属地化供给提供工作平台
2016年	《关于深入推进新型城镇化建设的若干意见》	加快落实户籍制度改革政策，全面实行居住证制度，推进城镇基本公共服务常住人口全覆盖，加快建立农业转移人口市民化激励机制

续表

发布时间	文件名称	政策要点
2016年	《关于印发推动1亿非户籍人口在城市落户方案的通知》	要求存量优先，带动增量，统筹设计协同推进，除极少数超大城市外，全面放宽农业转移人口落户条件
2017年	党的十九大报告	要以城市群为主体构建大中小城市和小城镇协调发展的城镇格局，加快农业转移人口市民化，并在义务教育、就业服务、基本养老、基本医疗卫生、住房保障等城镇基本公共服务一体化方面提出了要求

资料来源：根据有关政策文件整理完成。

回顾改革开放40年来的发展历程，户籍制度改革顺应了农村劳动力大量转移就业的发展趋势，通过废止一系列阻碍农村劳动力合理流动的制度性壁垒，显著提升了劳动力要素的配置效率，推动了城镇化进程，并有效促进了经济增长。随着我国户籍制度的逐步松绑和放开，城镇化率和城镇人口增长系数（城镇人口增长量/总人口增长量）均呈现明显的递增态势。城镇化率由1978年的17.92%提高到2017年的58.52%，年均增长1.04个百分点，城镇人口增长系数除1990和1991年外均大于0.5，且稳定在较高水平，城镇人口增长量明显高于农村人口增长量（见图2-1）。户籍制度改革对经济增长的直接促进作用也得到专家学者的充分论证，典型如郭春丽通过构建包含户籍制度改革指数的增长核算模型测算表明，1979～2013年，在GDP年均9.83%的增长中，户籍制度改革贡献了1.42个百分点，平均贡献率达14.4%（表2-5）。其中，户籍制度改革通过提升全要素生产率贡献了1.20个百分点，贡献率为12.2%；通过促进劳动力投入贡献了0.22个百分点，贡献率为2.24%（郭春丽，2016）。

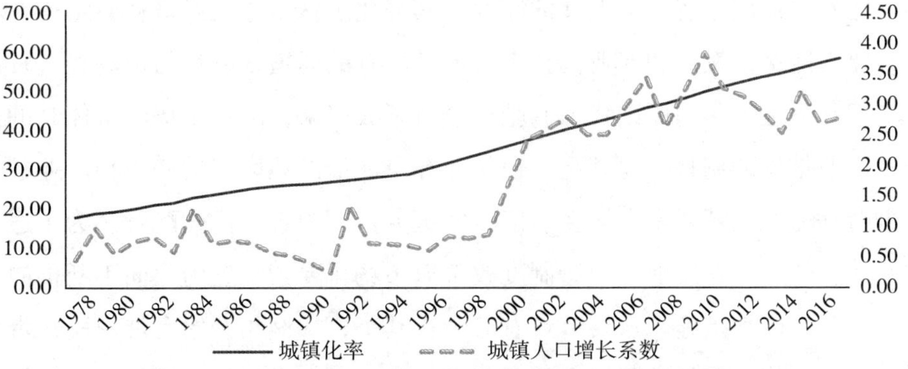

图2-1　户籍制度变迁下的城镇化率和城镇人口增长系数变化

资料来源：国家统计局。由于2000年我国城镇化统计口径发生了较大变化，为了保持统计数据的衔接，2000年的城镇人口增长系数采用前后4年数据的加和平均替代。

表2-5　　户籍制度改革对经济增长的贡献度

年份	户籍制度改革对增长的贡献度（百分点）			经济增长率（%）	TFP增长率（%）
	全要素生产力	劳动力投入	合计		
1979～2013（实际）	1.20	0.22	1.42	9.83	2.85
1979～1992（实际）	2.26	0.28	2.54	9.53	2.89
1993～2002（实际）	0.68	0.19	0.87	9.58	3.08
2003～2013（实际）	0.33	0.18	0.51	9.95	2.59
2014～2020（预测）	0.26	0.10	0.36	6.36	1.50

资料来源：郭春丽、易信："户籍制度改革红利释放激励及'十三五'时期趋势预测"，载于《经济纵横》，2016年第9期。

二、户籍制度改革的有效经验

纵观改革开放以来户籍制度改革的发展历程，总结发现，坚持以市场化要素配置为导向，逐步拆除户籍的制度性障碍，促进劳动力从低生产率（农业）部门向高生产率（非农）部门转移，是户籍制度改革的有效经验，而这对于当前和今后深化户籍制度改革仍然具有重要参考和借鉴意义。

计划经济体制时期形成的城乡二元户籍制度有其时代必然性，不仅在过去降低了城市化和工业化的成本，而且让一些社会经济问题在农村内部化解，很大程度上避免了对城市管理的冲击。然而，随着社会主义市场经济体制的确立和完善，城乡分割的户籍制度已然不适应经济社会发展的需要，其强化了城乡二元经济社会结构，阻断了劳动力等要素随经济发展和产业调整进行流动配置的通道，显然与市场经济资源优化配置以实现利益最大化的原则背道而驰。改革开放以来，随着市场经济体制的建立和完善以及产业结构的调整，尤其是乡镇企业和东南沿海地区劳动密集型产业的快速发展，要求劳动力等资源要素在城乡、区域间更大范围内进行优化配置。为了适应市场经济体制的转轨和产业发展，户籍制度改革以市场化要素配置为导向不断推向深入，采取了一系列适应性措施。重要节点有五个：其一，1984年开始允许农民自带口粮到邻近城镇就业，第一次打破了城乡就业藩篱；其二，20世纪90年代初粮票等票证制度取消，农村劳动力进入各级城镇居住、就业不再遭遇有形的障碍；其三，20世纪90年代中期城镇落户由“计划制”向“条件制”转变，通过预先设定条件作为流动人口落户城市的选择手段，以经济性条件的筛选取代计划指标的控制，这是遵循市场化规律的重要体现；其四，全面放开县级以下城镇户口对农民限制的小城镇户籍制度改革，为后来更大范围突破中等城市户籍迁移限制打下了重要基础；其五，2014年制定的《国家新型城镇化规划（2014～2020年）》，把提升户籍人口城镇化率作为城镇化发展的重要目标提出来，外来人口落户从条件限制到主动推进转变。这一系列改革措施都是以市场化要素配置为导向，逐步拆除户籍的制度性障碍，促进劳动力从低生产率部门退出，通过城乡、区域、部门之间流动，再向高生产率部门转移，进而推动形成了全国统一的劳动力就业市场，这是改革开放以来户籍制度改革在促进农村劳动力跨区域横向流动的有效经验。根据国家统计局数据，2017年农村转移劳动力占城镇全部就业的比重已经超过1/3，离开本乡镇6个月及以上的农村劳动力达到1.72亿人，其中80%进入城镇居住和就业。农民工以其规模和年龄优势（超过半数在40 岁以下）保证了城市的劳动力供给。这种大规模的劳动力流动和供给，也使得资源配置得到显著改善，劳动生产率和全要素生产率都有明显提高。1978～2015年期间，我国的劳动生产率共提高16.7倍，其中50%多来自一、二、三产业自身劳动生产率的提高，还有40%多来自一、二、三产业之间的资源重新配置，也就是劳动力等资源按照市场化规律进行流动配置的结果。

三、户籍制度改革滞后的影响

改革开放以来，随着市场经济体制的建立和不断完善，已经逐步打破了户籍的制度性限制，基本实现了劳动力就业在城乡之间、城市之间、区域之间的自由迁徙和配置，即劳动力跨城乡、城市和区域的空间流动。然而，长期以来，城乡和区域户籍利益分配的失衡逐渐固化了户籍利益二元分化的格局，阻碍了劳动力在不同社会分层间的流动。这种劳动力“准自由流动”的状态，反映了户籍制度改革的片面性和滞后性，尤其是当下户籍人口城镇化和常住人口城镇化存在巨大的差距，愈发凸显出户籍制度改革的滞后性。在当前人口红利逐渐消失的背景下，其所产生的消极影响则显得较为明显，主要体现在以下三个方面。

（一）改革滞后造成了劳动力供给的不稳定和不充分

户籍制度作为人口居住地变更和移民管控的约束性制度，天然地影响劳动力市场的配置效率。户籍制度构造了劳动力市场的内部壁垒，使城镇劳动力市场出现了“农民工”和城市本地居民的劳动力市场分割。改革开放初期的户籍管控放松带来了大量甚至是无限的低成本劳动力供给，一定程度上还表现为我国经济发展的“优势”，成为我国改革开放初期经济快速发展的重要推动力。在2004年以后，以普通劳动者短缺、非熟练工人工资持续上涨、农业劳动力投入大幅减少为主要表现特征的“刘易斯拐点”出现，附带有城乡户籍利益二元分化特征的户籍制度阻碍劳动力市场稳定性的不利影响越来越明显地表现出来。从劳动力供给看，由于进城农民工享受不到与城市居民同等的养老保险、失业保险、教育医疗等基本公共服务，他们缺乏对在城就业生活的长期预期，往往抱着短期态度进入城市务工经商，同样也缺乏接受教育和培训提升人力资本的动力，等到了一定年龄或宏观经济不景气的时候，他们就会选择回到农村，造成劳动力供给的不稳定和不充分。从企业劳动力需求看，由于农民工得不到基本公共服务和缺乏长期生存就业预期，企业同样缺乏对他们长期稳定就业的预期，也就不会提供他们培训和教育的机会。作为劳动力供给方的农民工和作为劳动力需求方的企业均缺乏长期预期，这必然导致劳动力市场的不稳定和不充分。从某种意义上说，21世纪以来城市中出现的“民工荒”和“技工荒”现象，反映出由于具有福利歧视的户籍制度限制了城镇化进程中劳动力的稳定充分供给。

（二）改革滞后造成了城市内部的社会分化

户籍制度改革的重点是要统筹居住地城乡户籍利益的差别，实现公共服务的均等化和普惠化，但这方面的改革还没有突破性的进展。尽管全国大部分城市建立了城乡统一的户口登记管理制度，取消了农业、非农业二元户口性质划分，但不同性质户口上绑定的原有权益福利尚未剥离，居住地城乡户籍承载的社会福利二元化仍然明显，城乡户籍一元化改革有名无实。实质上，户籍制度改革滞后造成了城市内部户籍人口和非户籍常住人口两类群体的显著分化。尤其是在一些特大和超大城市，城市户籍实际上构成了流动人口能否获得经济民事权利、社会福利权利和政治权利的重要门槛，没有获得城市户籍的农民工个人和家庭将很难融入城市，并长期处于缺乏社会保障和稳定就业生存的低水平状态。

（三）改革滞后限制了非城市户籍人口的发展

二元分化的户籍制度不仅让农民工难以享受到同等的社会福利，而且还会限制非城市户籍人口的发展。这种限制主要体现在两个方面。一方面，大量进城务工的农民工在整个城市社会结构中往往处于底端，不能享受到同等的就业机会、教育培训机会，甚至在创业和创新中，都因为没有城市户籍而产生公司注册、银行融资、信用担保等方面的诸多困难。另一方面，户籍制度很大程度上影响了随迁子女的受教育机会。虽然多数城市已经允许随迁子女进入城市公办学校接受教育，但是名额较为有限，尤其是在一些大城市不同年龄段的流动儿童适龄就读率很低。更有甚者，仍然有一些城市将拒绝随迁子女得到城市教育作为控制人口规模的手段。由于户籍排斥使得随迁子女在城市接受教育的机会受限，造成了大量的留守儿童，也有不少随迁子女在接受义务教育后便参加工作，很大程度上限制了他们继续向上流动的发展潜力。

从上述户籍制度改革产生的消极影响来看，推进以农业转移人口市民化，实现居住地公共服务均等化为主要内容的新一轮户籍制度改革在当前具有突出的必要性和紧迫性。只有破除户籍利益分配失衡的制度性壁垒，统筹居住地城乡户籍利益差异，彻底打通劳动力空间流动和社会流动的通道，才能更好地实现劳动力要素优化配置，促进经济发展和产业转型，同时，还能有效避免我国进入高度社会分化的风险。

第二节　户籍制度改革中出现的新现象和新问题

户籍制度改革是一个渐进调整、逐步完善的过程。随着改革开放的不断深化、市场经济体制的不断完善以及城镇化进程的不断推进，当前户籍制度改革在实践中出现了新现象新问题，值得关注。

一、当前户籍制度改革实践和特点

近年来，全国各地户籍制度改革主要围绕打破二元户籍壁垒、促进城乡人口流动、统筹居住地城乡户籍利益差异开展了积极探索，并取得了一定的成效，户籍制度改革中许多积极有效的做法，也为在国家层面加快户籍制度改革积累了经验，明确了改革和完善政策的方向（魏后凯等，2015）。

（一）渐进式、分类化推进改革

从近年来国家和地方层面户籍制度改革的进展看，基本上都体现了渐进式、分类化的改革推进思路。从全国来看，针对大规模的人口流动，国家层面的户籍制度改革步骤是从易到难。首先从小城镇入手，逐步推向中小城市、大城市和特大城市，通过不同规模城市迁移落户条件的差异，分类放松对人口迁移的限制，即全面放开建制镇和小城市落户限制、有序放开中等城市落户限制、合理确定大城市落户条件、严格控制特大城市人口规模。

从不同地区和城市的户籍改革方案来看，自郑州市在新世纪初期全面放开的改革受挫后，尽管各地经济社会条件差异明显，户籍改革方案的特点不同，但总体而言，多采取了渐进式、梯度化的改革路线。在城乡户籍一元化改革方面，各地均是先取消“农业户口”和“非农业户口”，逐步完善配套政策，待条件成熟时，再真正实现户籍一元化管理。在迁移落户地区方面，大城市多是城市中心区严格、远郊区县较为宽松。例如，重庆市户籍改革方案按照适度放宽主城区、进一步放开区县城、全面放开乡镇的思路，设置了宽严有度、分级承接的户籍准入条件。在务工经商年限方面，主城区是5年以上，远郊31个区县城只需3年以上；在投资兴办实业方面，主城区需3年累计纳税10万元或1年纳税5万元以上，远郊区县城只需3年累计纳税5万元或1年纳税2万元以上；而其他乡镇则无限制条件，本市籍农村居民可自愿就近就地转为城镇居民。在上海市居转户政策中，在上海市远郊地区的教育、卫生等岗位工作满5年的，持证及参保年限可由7年缩短至5年，并可优先申办常住户口。

（二）统一城乡户口登记制度

作为户籍制度改革的举措之一，近年来一些省份先后取消了农业户口与非农业户口的性质划分，逐步建立城乡统一的户口登记管理制度。针对城乡居民户口名称统一后，基于户口性质的差别化待遇依然存在的情况，一些城市积极开展相关配套改革，推进户籍利益平等化。这些城市在户籍制度改革中，重视与农村土地制度、社会保障制度等改革的联动，探索将户籍制度改革与社会保障制度改革相衔接，着手建立城乡统一户籍管理制度、社会保障制度和公共服务体系。例如，成都市提出，彻底破除城乡居民身份差异，推进户籍、居住一元化管理，充分保障城乡居民平等享受各项基本公共服务和参与社会管理的权利。为实现这一目标，成都市对统一就业失业登记和失业保险待遇标准、统一城乡社会保险制度、分区域统一城乡住房保障体系、建立城乡统一的计划生育政策、实现义务教育公平化、城乡居民在户籍所在地享有平等的政治权利和民主管理权利等各项配套改革进行了明确规定，以消除城乡居民在基本公共服务和社会福利方面的差异。广州市则对从城乡户口统一登记到实现城乡户籍一元化管理的过程，制定了明确的改革路线图：首先是取消农业户口和非农业户口，形成一元化户籍制度的总体框架；其后，各职能部门逐步改革相关配套政策，但在过渡时期仍对原农业和非农业户口人员加注相关标识；最后，待城乡居民实现同等待遇，取消农业和非农业户口人员户口标识，真正实现“户籍一元化”。

（三）实施流动人口居住证制度

居住证制度是一些城市进行户籍制度改革中加强外来人口管理和服务的一个比较成熟的经验，现已成为全国户籍制度改革的重要内容之一。当前大城市公共服务的有限性与人口的不断增长之间的矛盾十分突出，这些城市难以实行一步到位的户籍制度改革。由于人口流向的意愿强烈，如果全面放开外来人口的迁移落户，部分城市一时将难以承受。而将城市外来人口排斥在公共服务之外，则又与公平、平等的社会背道而驰。逐步在全国范围内实行居住证制度，是现阶段相对较为现实可行的户籍制度改革举措。深圳、广州、上海、北京等城市，现已相继实行新的居住证制度。例如，2008年8月，深圳正式实施居住证制度，取代实施了近13 年的暂住证制度；广东省自2010 年1 月在全省全面实行流动人口居住登记和居住证制度；2016年8月《北京市居住证暂行条例》正式发布，意味着“暂住证”将升级为“居住证”，也意味着北京对非京籍常住人口将从“管理”转为多方位服务。参考各地已出台的居住证制度，2016年国务院正式实施了《居住证暂行条例》，这为全面推进城镇基本公共服务和便利向常住人口全覆盖提供了重要通道。居住证制度体现了新的社会管理理念，淡化了户籍观念，强化城市外来人口的居民意识，服务和管理更加人性化。居住证附加了各项公共服务，持有者可享受诸多市民待遇。例如，广东省居住证制度规定，持证人员享有职业技能培训和公共就业服务、社会保险、专业技术职务的任职资格评定或者考试、职业（执业）资格考试、职业（执业）资格登记、子女接受学前教育、义务教育等权益和公共服务。上海市居住证管理办法规定，持证人在子女教育、社会保险、证照办理、住房、基本公共卫生等方面，可享受相关待遇。而且，居住证制度还为外来人口落户提供了过渡机制，如北京、广州、上海等推行的积分入户政策等。

（四）放宽城市迁移落户条件

按照国家要求，有合法固定的住所、稳定的职业或生活来源为基本条件，全国多数地区都不同程度地放宽了迁移落户城市的条件。在落户方式上，近年来各地形成了具有不同特点、多样化的入户模式，如人才入户、投资纳税入户、购房入户、亲属投靠入户、工作入户、大中专院校毕业生入户、积分迁入等。即使是人口控制严格的城市，也可通过居住证的形式，获得包括子女教育在内的多项市民化待遇。在落户规模上，多数地区采取以准入条件取代人口控制指标，没有限制人口落户的数量。而重庆户籍制度改革不仅没有设置落户指标，还设定了2年300万人、10年700万人的新增城镇居民目标。在落户门槛上，全国各地普遍在放宽落户条件，降低不同方式入户的门槛标准。许多地方取消了关于购房金额的限制，亲属投靠入户也较之前放宽了条件，江苏省就规定，父母投靠子女的，不受身边有无子女的限制。对合法固定住所的限制条件，许多地区由原来必须具备有合法产权的固定住所，降低到含租赁住房在内的固定住所。

二、当前户籍制度改革出现的新现象和新问题

（一）户籍制度带来的城乡二元矛盾，逐渐演变成为城乡间、区域间的矛盾

改革开放以来，随着市场经济体制的建立和不断完善，阻碍农村劳动力向城镇流

动的户籍制度壁垒被逐步打破，农村劳动力基本能够遵循市场规律在城乡之间自由流动，区域内城市和农村的居民福利差异也逐渐得到调整和平衡，户籍制度主导的城乡二元分割体制趋于弱化。然而，在这一转变过程中，人口大规模的转移和流动打破了区域之间原有的利益格局，在各地仍主要以户籍人口规模来确定行政管理资源、财政转移支付比例、土地指标配给等情况下，人口流出地公共服务压力将因本地人口转出而降低，而人口流入地则将承担外来人口大量流入的更多公共服务责任。由于公共服务和资源全域范围统筹层次不高，这无疑将在流入地和流出地之间形成新的矛盾。可以说，区域间的矛盾已经逐渐取代城乡间的矛盾体制，成为限制未来改革和资源要素优化配置的重要障碍。

（二）城市的公共服务供给具有明显的区域性，城市政府不愿意放开户籍限制

由于当前的城市行政管理体制具有来自农业社会的传统惯性，我国城市的财政收入机制、土地指标配给机制以及行政管理体制，基本是服务于本辖区内的户籍人口。虽然基础设施等公共服务在辖区内不可避免地服务于外来人口，但是投资、运营以及管理，主要还是按照计划经济的方式以行政区的名义来申请和获得审批，因此带有强烈的区域色彩。这也决定了我国城镇化进程中城市作为一个区域，所担当的责任和压力。正是这种特殊的资源供给和分配方式，使得我国城市的开放度大大下降，要素的流通受到了极大的体制制约。因此，户籍制度改革难以突破的根本原因在于，城市作为区域管理的重要载体，其所提供的公共服务具有很强的封闭性（李铁，2015），外来人口的增多给城市政府提供公共服务带来一定的财政压力（尽管有些财政压力被城市政府过分夸大）和管理压力，这使得城市政府不愿意放开户籍管理。

（三）本地农民可以享受城市和农村的双重利好，不愿意转为城镇户口

近些年中央政府户籍管理制度改革政策的逐步出台，使得城市近郊区的农民进入城市或者建制镇，已经几乎没有了多大阻力。本地农民面对土地升值预期、各项集体经济组织福利等各项优惠条件，在与城镇居民公共服务的对比下，相反却面临着是否要选择城市户籍的问题。从各地户改的经验看，当地农民大多并不愿意转为城镇户口，特别是城市近郊区的农民，因为他们可以享受城市和农村的双重利好。一方面，

他们可以通过非农就业享受到较高的收入，还可以因为城镇基础设施的逐步覆盖，享受到城市的利好；另一方面，他们有自己的宅基地、住房、耕地等，且有农村土地升值预期，部分农村集体经济福利较好，享受到农村的利好。国务院发展研究中心课题组对全国多个城市几千个农民工的问卷调查结果显示，农民工不愿意以承包地和宅基地的“双放弃”来换取城镇户籍，80%以上的农民工希望保留承包地，2/3的农民工希望保留宅基地和房产。尽管2016年中办、国办印发的《关于完善农村土地所有权承包权经营权分置办法的意见》明确规定不得以退出土地承包权作为农民进城落户的条件，然而，许多地方的农村在确定集体经济组织成员身份并进行集体资产量化的时候，仍然将户籍是否在本村作为一项必要条件。因此，农村集体产权制度尤其是土地制度改革不彻底、产权不清晰，是当前推进户籍制度改革的一个重要阻力。

（四）特大超大城市落户门槛高，户籍制度改革推进缓慢

通过近30年的小城镇户籍制度改革，小城镇的落户问题已基本解决，尤其是中西部地区的小城镇常住人口基本可以落户。然而在外来人口较多的特大超大城市的落户门槛依然较高。需要注意的是，特大超大城市是吸纳跨县流动人口的主体，特大超大城市户籍制度改革不能突破的话，大量流动人口就难以分享户改红利。尽管近年来在户籍制度改革过程中，各地将户口迁移由指标审批制转变为条件准入制，并放宽了外来人口迁移落户条件，但很多特大超大城市所设条件仍然较高，无法满足社会各界对户籍制度改革目标的诉求。它们一般把重点放在挑选城市自身所需要的特定外来人口，致力于吸引高技能、高学历、较为富裕的群体，农民工进城落户的难度仍然很大，如设置技术、投资或收入门槛，或者设定落户指标限制。近两年部分城市采取的人才入户、投资纳税入户、购房入户等办法都是这种思路下的政策设计。例如广东省作为农民工流入大省近年来推出农民工积分制入户的改革举措，但指标设计偏向高学历、高技术职称外来人员，一般的农民工很难达到落户的标准。从各地积分落户制的实践情况看，近年来真正通过积分正式落户的比例很低。事实上，在市场经济条件下，户籍限制并不能改变人口流动的现实，现有的制度安排所起的作用只是限制外来人口平等享有社会保障和公共服务的权利。

第三节　户籍制度改革的成本收益分析

目前户籍制度改革进展缓慢，表面上是户籍制度、就业制度、社会保障制度等二元体制改革的滞后，但根本在于户籍制度改革背后相应公共服务的成本负担，以及对成本–收益认识偏差的问题。

一、户籍制度改革的成本并非高不可攀

当前，在推进户籍制度改革过程中，不少地方政府和有关部门过分夸大了政府放开户籍限制需要承担的公共财政支出压力，有的将未来几十年要修建的基础设施、公共服务设施等都纳入短期一次性成本支出范畴，有的将农民工在主城区的成本与行政区的成本混为一谈，都按主城区的成本统一计算，还有的将社会成本和公共成本混为一谈，把所有支出全部纳入政府财政支出范畴。过分夸大户籍制度改革的成本负担，容易造成农民工融入城市成本过高、代价过大的错觉，客观上不利于户籍制度改革的深入推进。

全面考察主要机构和学者对农业转移人口市民化的成本测算发现，由于统计口径、样本选择、指标构成、调研方法等的差别，最终测算结果差异较大，低者3万～5万元，高者20万～35万元，主要集中在8万～13万元[①]。其中，2013年国务院发展研究中心公开发布的《农民工市民化的成本测算》报告，在统计口径、计算方法、指标构成、测算结果等方面相对更加全面，尽管其中的数据已过多年，但整个测算过程和最终结果仍具有重要参考和分析价值。报告显示，一个农民工落户成为市民需要增加政府的支出约为8万元左右，主要包括随迁子女教育成本、医疗保障成本、养老保险成本、保障性住房支出、其他社会保障支出和社会管理费用等6项。其中，养老保险财政补贴是最大

① 典型如建设部调研组测算结果为，每新增一个城市人口需要增加市政公用设施配套费小城市为2万元，中等城市为3万元，大城市为6万元，特大城市为10万元（不含运行和管理成本）；我国科学院估计每落户城市1个人，需要“公共支付成本”约为1.5万元；张国胜认为东部沿海地区第一代农民工与第二代农民工市民化的社会成本分别约为10万元与9万元，内陆地区的第一代农民工与第二代农民工市民化的社会成本分别约为6万元与5万元；我国发展研究基金会估算我国农民工市民化的平均成本在10万元左右。

支出，占比约40%～50%，随迁子女义务教育和保障性住房其次，总计占比在1/3左右，其余包括城市管理费用、医疗保险、其他社会保障支出等占比较少约10%～20%。然而，细分各项成本支出发现，户籍制度改革的成本并非高不可攀、不可承受，理由有三。

其一，目前农民工已经享受部分公共服务，户籍制度改革新增成本较小。目前许多城市积极推进城乡一体化进程，本市农村居民已享受相当程度的公共服务，在教育、医疗、居民养老保险等多方面都和城镇居民差不多，因此对本市农民工市民化所需新增的成本较少。例如，农民工随迁子女已经基本享受了义务教育，其中大多数也已经在公立学校上学，而且在大部分城市，由于本地学龄儿童数量的减少，新增农民工子女并不需要新建大量学校，也不需要同等比例增加教师和教学设施，因此边际增加的成本并不多。此外，非本市的外来农民工也已享受到居住地的部分公共服务，如很多城市的保障性住房供给已经面向所在城市的常住人口，而非仅仅面向城市户籍人口。城市管理费用同样如此，许多城市农民工已经稳定存在很长时间，各项城市基础设施和管理服务已经考虑到了农民工已经和即将存在的事实，因此户籍制度改革需要新增的城市管理成本较为有限。

其二，户籍制度改革成本有短期和长期之分，短期压力并不大。户籍制度改革的成本支出是一个长期的过程，并不需要短期一次性投入，而是伴随着农民工市民化的过程。从长期看，养老保险补贴是主要支出。事实上，如果农民工参加职工基本养老保险，则当前政府并不需要增加成本，相反还可以增加社会统筹部分的基金，但在目前的养老金制度下，长期来看政府很可能需要进行补贴（在职工退休开始领取养老金以后）。然而，事实上这部分费用无论是否推进市民化，按照目前的政策以后政府都是需要承担的，从严格意义上并不能看作户籍制度改革的成本。此外，部分农民工即使不落户城市且不参加城镇养老保险，由于许多农民工可能会返回农村，这部分支出会变为新农保等其他形式的养老支出，因此从全国来看，政府的养老保险支出没有大的区别。从短期看，政府需要提供的主要是与随迁子女教育和保障性住房有关的支出，而当前在大部分城市新增随迁子女并不需要新建大量学校，也不需要同等比例增加教师和教学设施，所以新增随迁子女教育的边际成本并不高。此外，许多城市的保障性住房已经面向所在地常住人口，所以保障性住房支出成本也不应纳入放开户籍后的新增成本。其他各项社会福利保障，例如低保、医疗救助、妇幼保健、各种优抚和救助、社会管理费用等支出属于长期持续性支出，可以分摊到各年度，每年需要支出的成本实际很低。

其三，部分支出是由中央、省、市多级财政分担，并非由城市政府单独负担所有成本。例如，随迁子女义务教育经费由各级财政共同分担，地方政府只需分担其中的50%～70%。其他如医疗保险、养老保险，以及计生服务、公共卫生、赡养孤寡老人、供水补贴、燃气补贴、法律援助、殡葬基本服务费减免、重病补助等其他保障支出，也是由各级财政共同分担，而不是全部由城市政府单独承担。

综合估算，如果不考虑养老保险的长期支出，再剥离已经支出的公共服务成本，新增农民工市民化短期成本平均仅为0.5万～1万元，按照年均转户1300万人的目标，户籍制度改革短期成本大致占全国一般公共预算收入的0.36%～0.755%，而单独由城市政府分担的部分则会更少（不同城市之间会有一定差别）。

随着城市化逐步步入成熟阶段，户籍制度带来的矛盾已经从限制人口进城转变为限制城乡要素的双向流动。当前户籍制度对人口进城的限制已经不多，但是对城市要素进入农村限制的矛盾逐步显化，已经成为阻碍农村资源配置效率提升的主要障碍，对农村发展的限制逐渐增大。造成这种状况的主要原因就是依托户籍制度所形成的农村集体财产权利的边界，造成了农村集体资产的封闭利用，不能通过市场化手段配置农村资源要素，这成为乡村振兴的一大制度障碍。户籍制度改革能够弱化基于户籍形成的农村集体成员边界，打破集体资产利用的封闭性以及原有集体成员的利益固化，促进城乡要素的双向自由流动，进而在更大范围内实现农村资产的优化配置，并在更加长期稳定预期下实现农村资产的高效利用，最终提升农村资源的利用效率和产出价值，以此降低户籍的社会成本。

综上可见，户籍制度改革成本并非高不可攀、不可承受，只要统筹谋划，特别是构建合理的成本分担机制，政府完全有能力进一步加快推动户籍制度改革进程，让农民工也更好地享受经济发展的成果。事实上，在城乡统筹大趋势下，不管政府部门推动与否，这个成本都需要支付，推动得越晚，成本越高（金三林，2014）。需要说明的是，上述讨论的户籍制度改革成本是一个平均水平，既综合考虑了东中西部不同地区和各类城市，也综合考虑了不同禀赋条件的农民工，在城市区域化利益格局不断固化的当下，推进户籍制度改革需要坚持因城施策、因群而异的原则。

二、户籍制度改革的收益远大于成本

现有研究更多强调户籍制度改革的成本测算，而忽视了硬币的另一面即户籍制度改革的收益，而实际上户籍制度改革带来的收益远大于成本，既有经济收益，也有社会效益，主要体现在以下几个方面。

（一）能够促进居民消费和投资增长，进一步降低经济增长对出口的依赖程度

在促进居民消费方面，尽管当前有近2亿农民工进入城镇从事二、三产业，但由于他们中的大多数还不能带上自己的家属，还不能享受与城市居民同等的社会保障等公共服务，他们存钱带回农村的储蓄倾向较高，对未来的不确定性也影响了他们的消费支出比例。让更多进城务工农民及其随迁家属落户并成为真正的城市居民，有利于扩大城镇消费群体，提高城乡居民的整体消费倾向，推动消费结构升级和新的消费潜力释放。按年均1300多万农村人口进城落户计算，新增的消费需求将近1600亿元，如果现有2.8亿农民工中有更多人可以落户成为市民，还会带动消费需求数千亿元。在促进投资增长方面，城镇住房保障、城市基础设施建设和维护，以及由城市消费需求增加牵引的产业投资等，将产生数万亿的投资需求。根据已有研究，每年多增加市民化1000万人口（700万农民工加上其抚养人口）可使经济增长速度提高约1个百分点。仅从经济收益上看，户籍制度改革的收益就远大于成本。特别需要强调，在当前中美贸易摩擦不断加剧的国际形势下，更加需要深化户籍制度改革，进一步释放内需潜力，这无疑是当前及今后一段时期支撑经济增长的重要选择。

（二）能够为城市的持续发展提供丰富而稳定的劳动力，增强城市发展的后劲

前面已有论述，户籍制度造成了劳动力供给的不稳定和不充分。从劳动力供给看，由于进城农民工享受不到与城市居民同等的养老保险、失业保险、教育医疗等基本公共服务，他们缺乏在城市就业生活的长期预期，往往抱着短期态度进入城市务工经商，同样也缺乏接受教育和培训提升人力资本的动力，等到了一定年龄或宏观经济不景气的时候，他们就会选择回到农村，造成劳动力供给的不稳定和不充分；从企业劳动力需求看，由于农民工得不到基本公共服务和缺乏长期生存就业预期，企业同样缺乏对他们长期稳定就业的预期，也就不会提供他们培训和教育的机会。作为劳动力供给方的农民工和作为劳动力需求方的企业均缺乏长期预期，这必然导致劳动力市场

的不稳定和不充分。推进户籍制度改革，让进城农民工享受与城市居民同等的公共服务，能够为城市的持续发展提供丰富而稳定的劳动力，进而增强城市发展的后劲。

（三）通过实现公共服务和社会权利的均等化，有助于促进社会的公平正义

户籍制度改革的重要目标就是逐步剥离附加在户口上的诸多利益，实现医疗、教育、社会保障等政府公共服务的均等化和普惠化，让城乡居民平等地享受社会发展成果，以此促进社会的公平正义以及和谐稳定。此外，户籍制度改革让农民工落户城市并有稳定的生活就业预期，可以彻底让他们“离农离地”，真正减少农村人口，进而促进农业规模经营和集约经营，从根本上缩小城乡收入差距，这也是户籍制度改革在社会效益上的重要体现。

第四节　趋势判断和政策建议

一、新时代户籍制度改革的价值取向和趋势判断

国内外实践和研究充分证明，深化户籍制度改革，促进人口在城乡、区域之间的自由流动，对于实现要素资源的优化配置、促进经济增长、构建公平和谐的社会具有重要的积极作用。户籍制度改革的最终目标是彻底打破城乡和区域分割的差异化户籍结构，建立全国统一的可以自由迁徙、没有利益差别的一元化户籍制度，真正实现自由彻底的人口流动。具体应包括三个方面的要求：一是实现劳动力的空间自由流动，即以市场化要素配置为导向，在城乡之间、城市之间、城市区域之间，实现劳动力等要素资源由低生产率部门向高生产率部门流动，以提高要素市场配置效率，进而促进经济增长和产业转型；二是统筹城乡和区域户籍利益来提升人口的社会流动性，即通过促进农业转移人口市民化，构建城乡一体且没有利益差别的户籍制度，使处于社会分层不同位置的个人和家庭，有更多机会能够在社会分层结构中实现纵向流动，在更高层次和更深程度上为农民工群体开启全面融入城市社会的大门；三是还原户籍制度

的本来功能，即逐渐剥离掉附着在户籍上的各类社会福利和自由迁移限制，还原户籍本来的人口登记和身份确认的功能。

改革开放以来，我国的户籍制度改革主要是围绕人口迁移与户籍利益调整，逐步打破限制人口彻底自由流动的户籍制度性壁垒，来更好地促进人口的跨区域空间横向流动和跨社会分层结构的社会纵向流动（见图2–2）。从阶段性的改革成果来看，随着市场经济体制的建立和不断完善，尤其是在城乡劳动力市场日益发育的条件下，我国户籍制度改革已经完成了劳动力从城乡禁锢到横向自由迁移的过程。国家统计局数据显示，在2017年1.7亿外出农民工中，44.7%的流动范围是跨越省界的，而中西部外出农民工的跨省流动比例高达56.5%。中部和西部农民工平均工资分别相当于东部平均工资的90.6%和91.1%，工资趋同趋势明显增强。这些农民工流动和工资水平的统计数据充分说明劳动力能够实现跨区域的自由流动。

然而，长期以来，城乡和区域户籍挂钩利益差异逐渐固化了户籍利益分化的格局，在城镇化进程逐渐放缓的当下，这种分化的格局将成为影响资源要素在更大范围更广深度优化配置的阻力。因此，我国新一轮户籍制度改革将绝非“取消农业—非农业的名义差别，统一城乡户口登记”或是“放开城市户口、实现人口空间自由迁移”那样简单，而是从公平、正义的原则出发，更加注重促进农业转移人口市民化，加快提高户籍人口城镇化率，实现居住地公共服务的均衡化和普惠化，推动城乡要素的双向流动，以此来实现资源要素市场化配置，提升要素配置效率，这正是新一轮户籍制度改革的价值取向所在。

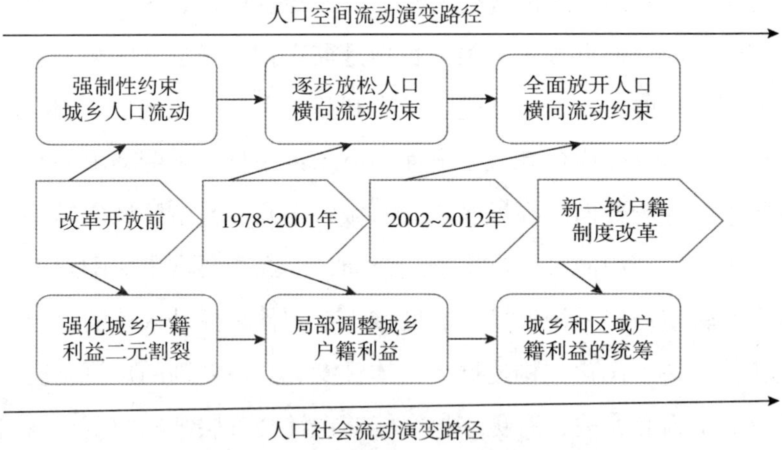

图2-2　我国户籍制度改革演变及新一轮户籍制度改革的战略取向

二、新时代户籍制度改革的政策设计

基于前述对户籍制度改革历史、当前和未来的全景式分析，新一轮户籍制度改革的政策设计应更加注重统筹户籍利益差别，构建一元户籍制度，真正实现公共服务均等化。

（一）全面放宽城市的户籍准入条件，调整完善超大城市落户政策

总体原则方向上，应在统筹考虑各类城市综合承载能力、经济社会发展需要、民意集中诉求等基础上，以公平正义、以人为本为导向，进一步降低城市落户准入门槛，加快制定公开透明的落户标准，早日让那些有稳定就业和落户意愿的常住人口及其随迁家属能够在常住地落户，并享受与本地户籍居民同等的公共服务。具体实施路径上，除极少数超大城市外，全面放宽各类城市和各类群体的落户限制，降低落户门槛和要求，优先解决城市存量非户籍人口的落户问题，逐步带动新增非户籍人口在城市落户。重点调整优化超大城市落户政策，注重区分城市的主城区、郊区、新区等区域，分类制定落户政策，重点解决符合条件的普通劳动者落户问题，进一步放宽郊区和新区的落户限制。对于北京、上海、广州、深圳等少数超大城市，除进一步降低落户门槛和区分城市不同区域落户条件外，还应开放单项福利准入，使一部分未达到落户条件的人口，在稳定就业和居住一定年限后，可以获得相应的基本公共服务权益。

（二）全面落实居住证制度，建立以居住证为载体的基本公共服务提供机制

新一轮的户籍制度改革目标是为了统筹居住地城乡户籍利益差异，促进农业转移人口。各地要对未落户的城镇常住人口，全面落实居住证制度。同时，加快健全以居住证为载体的基本公共服务提供机制，实现持居住证人口享有与户籍人口同等的基本公共服务权益，如平等就业、义务教育、基本社会保险（工伤保险、养老保险、医疗保险、失业保险、生育保险）、计划生育服务、公共文化服务、临时性救助、基本医疗等基本公共服务。在覆盖基本公共服务基础上，逐步延伸至所有公共服务，为最终取消户籍制度创造条件。

（三）建立以常住人口为依据的各级政府财政分担机制

应进一步完善户籍制度改革公共服务的成本分担机制，重点构建以城市实际承载人口为主要依据的各级政府间财政转移支付制度。一方面，要明确各级政府的责任内容。中央政府重点制定全国基本公共服务的最低标准，承担基本公共服务的成本支出，并财政补助吸纳跨省农民工较多的省份；省级政府主要负责制定本省（自治区、直辖市）公共服务标准，承担公共服务成本省级部分，并财政补助吸纳跨市农民工较多的城市；市（区、县）政府主要承担本级城市政府需要分担的公共服务成本，以及基础设施建设和维护运营成本。另一方面，构建以常住人口为主要依据的财政转移支付制度。健全中央和省两级政府财政转移支付制度，对吸纳跨省和跨市农民工较多的城市给予资金补助。同时，建立健全财权与事权相匹配的财政管理体制，确保基层政府具备提供公共服务和以一定财政资金调配人口空间分布的能力。

（四）完善户籍制度相关的配套改革

一要推进各级政府财政分配制度改革。推进现有各级政府的财政分配制度改革，尤其是分税制度的改革。从管理和服务的常住人口规模出发，来确定地方财政支出的基数，而不是以行政级别为主要依据。同时，要把分税制建立到镇一级，特别是在经济发达地区，镇一级上缴财政较多的地方，要率先改革。二要完善地方政府的行政资源配置。在农民工人口较多的地方，要根据人口规模来设置政府的管理机构和人员编制。对于一些人口已经达到一定规模的城镇，要重新考虑设置城市的标准。对于一些发达地区和省份，在过渡过程中，可以考虑县级市由省级政府直接管理，发达的小城镇可以直接由地区级政府管理。在此基础上，进一步研究设市和设镇标准以及行政管理等级制度的改革。三要在保障农民财产权益前提下构建城乡要素双向流动机制。现阶段，不应该以退出土地承包经营权、宅基地使用权、集体收益分配权作为农民进城落户的条件，但要允许外出进城就业的农民在已经得到了城镇社保待遇之后，可以有偿流转或退出宅基地和集体资产股份。特别是，要进一步打破集体资产利用的封闭性，构建城乡要素双向流动机制，例如搭建集体经营性资产的市场交易平台，允许各类经营性集体资产在平台上进行公开交易，增强规范性、透明性和开放性；通过政府赎买方式解决农村闲置资源的退出问题，赎买后可以复垦为耕地、生态用地或者是用于乡村旅游发展等，复垦的指标可以进行市场化转让，也可以通过建立复垦指标再利用的利益分享机制，让集体建设用地退出地区能够分享土地再利用的增值收益。

参考文献

[1] 蔡昉. 户籍制度改革与城乡社会福利制度统筹[J]. 经济学动态，2010（12）：4–10.

[2] 张国胜，陈明明. 我国新一轮户籍制度改革的价值取向、政策评估与顶层设计[J]. 经济学家，2016（07）：58–65.

[3] 任远.当前我国户籍制度改革的目标、原则与路径[J]. 南京社会科学，2016（02）：63–70.

[4] 魏后凯，盛广耀.我国户籍制度改革的进展、障碍与推进思路[J]. 经济研究参考，2015（03）：6–17.

[5] 郭春丽，易信.户籍制度改革红利释放机理及“十三五”时期趋势预测[J].经济纵横，2016（09）：12–18.

[6] 李铁. 中国城镇化2014年度报告：转型、改革与创新[M]. 中国发展出版社，2016.

[7] 金三林.农民工的市民化成本[J]. 唯实（现代管理），2014（02）：36.

[8] 蔡昉.新型城镇化需合理分担改革成本[J]. 理论学习，2017（05）：46.

[9] 蔡昉.对中国城镇化研究中若干统计数据的辨析[J]. 城市与环境研究，2014，1（02）：3–12.

[10] 宋洪远.加快户籍制度改革 推动城乡一体化发展[J].农业现代化研究，2016，37（06）：1021–1028.

[11] 袁媛.我国户籍制度改革中的路径依赖研究[J]. 农村经济，2015（01）：19–23.

第三章

农民工流动与市民化

窦　红[①]

第一节　农民工迁徙流动的演变路径

中国40年改革开放，催生了农业劳动力的大规模转移。其中，除少数通过上大学、参军等途径进入城镇就业体系外，数以亿计中国农民自发选择非农就业并向城镇迁徙流动，是推进中国城镇化的基本力量。他们被称为农民工，作为我国经济社会转型期的一个特殊概念，“指户籍身份还是农民、有承包土地，但主要从事非农产业、以工资为主要收入来源的人员”（国务院研究室课题组，2006）。改革开放40年来，我国农民工流动迁徙经历了以下四个发展阶段。

一、农民工“离土不离乡”阶段（1978～1991年）

（一）农民工流动迁徙过程

改革开放以前，我国实行的是城乡二元社会体制，严格限制农村人口向城市流

① 窦红，中国城市和小城镇改革发展中心研究员。

动和迁移。1978年以来，中国推动了农业部门的改革，农村家庭联产承包责任制的实行，以及机械化带来的农业生产效率的持续提高，农产品产量大幅度提高，农民有了财产权和自身劳动力的自由支配权，释放了农业部门的剩余劳动力。农村生产力的解放促进了农村经济和乡镇企业的繁荣，从80年代中期开始，我国乡镇企业异军突起，吸纳了大量的农村剩余劳动力，仅1983年至1988年期间，就有6300万农村劳动力转移到乡镇企业中。这个时期流动到乡镇企业的农村劳动力主要是本县或本省的农村劳动力，农民工形成了“离土不离乡，进厂不进城”的就业状态。

随着农村经济改革的推行，我国限制“乡—城”人口流动的城乡隔离制度开始松弛。1984年中央1号文件“允许务工、经商、办服务业的农民自理口粮到集镇落户”；1985年中央1号文件“允许农民进城开店、设坊、兴办服务业，提供各种劳务”，打破了“离土不离乡，进厂不进城”的限制。同时，1984年我国启动了城市经济体制的改革，给城市经济注入了活力，第二、三产业得到迅速发展，城市的第三产业逐步允许农村劳动力进入，为农村劳动力的流动就业创造了新的空间。特别是在东南沿海地区，得益于国家的对外开放政策，“三资”企业和“三来一补”企业迅速发展，对劳动力产生了旺盛的需求。同时，国家放宽了对个体经济、私营经济发展的限制，体制外就业空间得以迅速发育和扩大。在这种背景下，大量农民在无城市户籍的条件下进入城市就业，形成年盛一年的农村劳动力的异地转移的所谓“民工潮”，并在1989年形成第一次民工潮。为此，各地政府又开始加强对民工盲目外流的管理，严格控制"农转非"过快增长，从严或暂停办理民工外出务工手续等。

这一时期，我国农民工规模增长快，1983年达到535万人（崔传义，1997），上升到1992年的1.1亿人，增长了近20倍。1991年末，我国城镇化率达到26.37%，比1978年末提高8.45个百分点，年均提高0.6个百分点，我国城镇化呈现为恢复和稳步发展阶段。

（二）农民工迁徙流动的主要特点

一是呈现短距离的“离土不离乡”形式。以省内迁移为主，且主要集中在乡镇内。1989年外出农村劳动力流动人数为3000万人，其中跨省流动的人数为700万人（崔传义，1997），跨省比例仅为23.3%。1983年本地农民工占全部农民工的比重63%，到1992年这个比重上升为64%。

二是农民工流动的地域选择主要遵循“临近优先”原则，迁入地主要集中在东部沿海各省、市，迁出地主要集中在四川、湖南、河北等地。

三是流入的城镇主要分布在县级市和建制镇。农民工除了在本地的乡镇企业中打工，外出的也主要在县以下的乡。例如，1988年广东省东莞县的外来劳动力已经增到了30万人，其中30%来自外省区。

四是转移方式以兼业为主。外出打工的农村劳动力绝大多数都未放弃原有的承包土地，他们农忙时在家务农，农闲时外出打工。

五是农民工年龄多集中在15～30岁的青壮年人口中，该群体占总体的65%左右。男性所占比例明显高于女性。

六是农民工工资从无到有，1978年农民人均纯收入133.57元，其中工资性收入占比只有1.5%。1992年，农民工平均工资达到360元，农民人均纯收入中工资性收入占比已经达到23.5%。

二、农民工离乡、跨区域、进城阶段（1992～2001年）

（一）农民工流动迁徙过程

1992年，以邓小平的南方讲话和党的十四大召开两大事件为标志，中国的改革开放事业迈入建设社会主义市场经济体制的新阶段。亚洲“四小龙”的产业转移，外企、外资的大举进入（1992年外商和港澳台商直接投资项目达到48764个，比1991年增长2.8倍，实际投资金额达到110亿美元，比1991年增长1.5倍），随后的几年中都保持了快速增长。受产业转型政策影响，东南沿海不少中小规模的“三来一补”企业开始向周边地区外迁，同时东部地区乡镇企业的成功转型，使东南沿海地区经济快速发展，各种开发区建设出现热潮，创造了丰富的劳动就业机会。在城市，国有企业改革的全面推进，城市民营经济的迅速发展，特别是建筑业和饮食服务业等原来发展相对薄弱的部门得到迅速崛起，对劳动力需求大量增加。1993年城镇私营企业和个体户从业人数达到1115.7万人，1999年达到3466.9万人，平均年增长392万人。这些非国有部门快速增长产生了对廉价农村劳动力的强烈需求，中西部农村剩余劳动力大量向东部城市和乡镇迁移，形成了“离土又离乡，进城进工厂”的第二个阶段。

1997年开始的东南亚金融危机影响了亚洲乃至世界很多国家的经济增长，对我国的出口贸易和乡镇企业发展也产生了重大的负面影响。我国经济结构开始调整，国有企业开始出现大量下岗人员，仅1999年和2000年就有1800万失业和下岗职工，城市加大了对农民工进城流动的限制。同时，我国农村农产品进入一个供求平衡、丰年有余的新阶段，各种农产品价格都出现了较大幅度地持续下降，农民收入增长缓慢，农民负担不断加重。这些因素都直接或间接地对我国农村劳动力流动产生了拉力和推力作用，导致中国农村劳动力转移在总规模不断扩大的同时，速度上出现逐步放慢的趋势。

总的来看，这一时期我国外出农民工规模增长快，外出农民工从 1992年末约4000万人，增加到2001年的8961万人，增长了1.24倍，平均增长速度为9.3%。2001年我国城镇化率达到37.66%，比1992年末提高10个百分点，年均提高1.1个百分点，我国城镇化跨入快速发展阶段。

（二）农民工迁徙流动的主要特点

首先，从转移地域看，农民工以省内就业和东部地区为主。1993年农民工在本省内转移的占64.5%，到2001年这个比例还是高于50%。这一阶段，外出农民进入东、中、西部地区的比例约为6∶3∶1。流向相对集中，以不发达地区向发达地区、农村向城市流动为主，出现了大规模的农民工远距离流动，向东南沿海集中的态势。例如在1998年农村剩余劳动力转向省外的人群中，转向东部地区的比重高达82.3%（范小玉，1998）。

其次，从流入的城镇看，流向地级以上城市的趋势增强。这一时期农民工在大、中等城市和县城及小城镇均有分布，且比重大致相当。1998年农村剩余劳动力转向省会城市的占17.7%，转向地级市的占18.5%，转移到县城的占17.8%，转移到建制镇的比重为14.9%（范小玉，1998）。2001年农民工流向地级以上城市的比例上升到57.2%。

再次，农民工的产业流向，从流入地来看分为两类：一类是大中城市，主要进入商业服务业、建筑业，进入工业的比重较低；另一类是东南沿海苏南、温州、闽南、珠江三角洲等发达地区，加工贸易型的外向经济发展快，乡镇企业和三资企业占重要地位，外来农村劳动力进入工业企业的则占60%～70%[①]。

① 《中国农村劳动力流动的回顾与展望》，文鉴网，http：//www.locknet.com.cn/a/2018/0611/62503.html。

最后，从收入角度看，农民工的收入水平远远高出全国农民平均水平，但工资增长缓慢。1998年转移劳动力的年均纯收入达到2958元，比全国农村居民人均纯收入水平大约高出三分之一（范小玉，1998）。2001年，农民工月收入达到644元，农村居民的工资性收入达到全部收入的32.6%。1993～2002年十年间农民工月工资平均增长速度为5.9%，增长比较缓慢，且工资远远落后于城市正规部门雇员。

三、农民工“离乡不回乡”阶段（2002～2010年）

（一）农民工流动迁徙过程

2001年我国加入世界贸易组织（WTO）后，中国大陆真正开始承接全球制造业转移，中国制造业已然形成一个自给自足、能为海外品牌代工也能推出自有产品的庞大体系。同样，外贸出口得到迅猛增长，中国外贸出口占世界的比重在这阶段大幅度上升，由2002年的2.35%上升至2011年的10.4%，9年间提高了7.7个百分点，这些为纺织、服装、玩具、皮革、家具等劳动密集型产业创造了新的就业机会。随着就业形势的根本性好转，各地纷纷取消了针对农业转移人口的各种就业歧视，这使得农业转移人口城市就业的经济和制度环境都大为改善，对农民工的需求不断增加。但同时，2000年开始，我国东部沿海地区产业转型开始提速，没有外迁的传统型“三来一补”企业也多数实现了技术和流程化的改造升级，向劳动密集专业化转型，行政主导推进的现代服务业加快发展，企业对应聘岗位的技术要求也越来越高，新的岗位要求呼唤农民工必须向拥有一定技能和相关专业知识的新时代产业工人转型。这样造成了2003年的“民工荒”：缺普工，也缺技工。2002～2008年，全国外出农民工数量年均增长595万人，年均增长5%左右，农民工总量增长速度比前一阶段下降，进入稳定增长阶段。2008年金融危机导致我国企业现有就业岗位大量减少，引发了大规模“农民工返乡潮”，2010年以后，城市的就业形势好转，农民工重新返回城市就业。

总的来看，这一时期我国农民工规模增长快。农民工总量在2004～2007年间年均增长703万人，2010年达到24223万人。其中，外出农民工2002 年末约10550万人，增加到2010年的15335 万人，增长了45%，平均增长速度为6.1%。这一阶段，我国城镇化处于快速发展阶段，2010年我国城镇化率达到 49.95 %，比2002年末提高10.86个百分点，年均提高 1.35 个百分点。

（二）农民工迁徙流动的特点

一是外出农民工占农民工总量的比重不断上升。由2004年的59.1%上升到2010年的63.3%，表现出农民工离乡就业的阶段特征。

二是外出农民工跨省流动和省内流动各占一半。2003年跨省流动农民工占外出农民工的比例达到49.9%。2010年，这个比例为50.3%。这一阶段基本维持在各占一半的水平。

三是农民工主要流入东部地区，在中西部地区务工的农民工开始增加。2003年在东部地区务工的农民工占农民工总量的68%，2008年达到71%。2008年以后，农民工的流向区域开始向纵深、均衡化方向发展，随着国家区域经济发展战略和产业结构的调整，沿海地区的劳动密集型产业向中、西部转移，人口流向的区域进一步扩大。到2011年，虽然农民工的就业地仍以东部地区为主，占65.4%，但中西部流动比例明显增加。分省看，就业地区主要分布在广东、浙江、江苏、山东等省，这4个省吸纳的农民工占到全国农民工总数的近一半。

四是从流入的城市看，六成左右的外出务工劳动力在地级以上大中城市务工。2002年农民工在地级以上城市的比例达到56.8%。到2010年，这个比例上升到63%，在地级以上大中城市务工的农民工不断增加。

五是从流动群体的年龄看，“80后”“90后”新生代农民工所占比重越来越大。2010年，1.5亿外出农民工中66%是新生代农民工。越来越多的青壮年人由过去分散的“单身外出”方式逐渐转变为“举家迁徙”，2010年，举家外出农民工已达3071人，占外出农民工的20%。

六是劳动力供求关系发生了深刻变化，农村劳动力转移数量增长稳中趋缓。虽然总体上看，农村劳动力仍然富余，但结构性供求矛盾开始突出，从“供过于求”转向了“总量过剩、结构短缺”。

七是农民工工资有了较大幅度提高。2003年开始，农民工工资开始大幅增长，2011年农民工月均工资达到2049元，2003 ~ 2011年 的9年间平均每年增长速度为13.8%，较前一阶段农民工工资低速增长的模式发生巨大转变。此外，农民工和城市居民劳动者之间的工资差距大大缩小。中国城市劳动力2001 ~ 2010年的调查（2001年、

2010年）结果显示，到2010年，在相同行业和所有制部门内，农民工的工资不再偏低，城乡统一的劳动力市场初步形成。2010年农民人均纯收入达5919.1元，其中工资性收入占比达到41%。

四、农民工“离乡、融城、返乡”阶段（2011～2017年）

（一）农民工迁徙流动过程

2012年，党的十八大提出要走中国特色新型城镇化道路，城镇化进程进入坚持以人为本、注重质量提升的新阶段。2014年，政府工作报告提出实现“三个1亿人”城镇化目标，中共中央、国务院印发了《国家新型城镇化规划（2014～2020年）》，国务院发布了《关于进一步做好为农民工服务工作的意见》；2015年，国务院办公厅出台了《关于支持农民工等人员返乡创业的意见》，习近平同志在2016年提出“扎实推进以人为核心的新型城镇化，促进农民工市民化”。一系列户籍、土地、财政、教育、就业、医疗、养老、住房保障等领域配套改革不断推进，这些政策措施，为农民工流动迁徙和融入城镇创造了良好的外部环境。

党的十八大以来，我国推进新一轮高水平对外开放，出台了一系列利用外资重大举措，为外商投资企业长期发展创造更好条件。到2017年末，规模以上外商及港澳台商投资工业企业已发展到5万家，吸纳就业人数达2088.6万人；2015年中国出口占世界比重上升至12.99%，比2011年提高2.59个百分点。这期间，中国的一般贸易出口逐步替代加工贸易出口，2015年，中国的加工贸易出口下降9.8%，而一般贸易出口增长1.2%，对农民工用工产生影响。但这一期间我国对外开放的区域布局更加合理，逐步向内陆推进，外商投资企业逐步覆盖全国所有省区市。2017年，中部地区实际使用外资83亿美元，同比增长17.1%，增速领跑全国；西部地区新设立外商投资企业同比增长43.2%，市场主体活力进一步激发，为吸纳中西部地区农民工就业创造了条件。

党的十八大以来，以习近平同志为核心的党中央提出并推进“一带一路”建设、京津冀协同发展和长江经济带发展，在区域协调发展方面做出一系列重要决策，区域间产业梯度转移步伐加快，中西部地区发展潜力不断释放。随着东部地区土地、劳动力等要素成本上升，以及资本深化的加剧，急需产业转型与转移同步进行，这种情况下中西部地区利用自身资源优势承接了东部地区产业转移，并且实现了产业和人口的集聚，中西部地区人口大省的城镇化步伐也在不断加快，包括武汉、郑州、成都、重庆、长沙、合肥、西安等在内的中心城市也迎来巨大的发展空间，吸引了一大批大型制造业企业落户，对农民工的需求量加大。近年来，国际国内宏观经济持续下行，国家面临产能过剩、供给和需求脱节等问题，无论是沿海发达城市，还是内地二线城市，许多行业和领域面临重大洗牌，农民工外出就业受到一定影响。国家和各级政府因势利导，2015年以来，适时出台了“大众创业、万众创新”政策和“去产能、去库存、去杠杆、降成本、补短板”的产业改革举措，以简政放权的改革为市场主体释放更大空间，积极面对和适应新常态，千方百计稳定就业，支持和鼓励农民工返乡创业、就地就近就业。以上主要原因，导致农民工出现返乡创业就业的热潮。农民工返乡创业就业人数不断增加，年均增幅始终保持在两位数。据农业部统计，截至 2017 年 9 月，返乡人员已达 700 万人，其中返乡农民工比例为 68.5%。返乡农民工带着经验、技术、项目、资金和营销渠道返乡创业就业，以独特的方式解决我国农村地区经济社会发展诸多难题，带动农村富余劳动力就地转移、实践就地就近城镇化，推进着我国新型城镇化发展。

这一阶段，农民工总量继续增加，从2011年的25278万人上升到 2017年的28652万人，年均增长482万人，平均增长速度为2.4%。增量主要来自本地农民工，年均增长298万人，占农民工年均增长量的60%。2017年我国城镇化率达到58.52%，比2011年末提高7.25个百分点，年均提高1.2个百分点。这一阶段，我国城镇化处于快速发展阶段的后半期，城镇化增长速度减缓。

（二）农民工流动迁徙特点

一是农民工总量继续增长，但增长速度开始下降。虽然农民工总量继续增长，但是2011年是转折点，每年的增长速度开始不断下降。特别是外出农民工数量增速呈逐年回落趋势，2011 ~ 2017年，增速分别为3.4%、3%、1.7%、1.3%、0.4%、0.3%和1.5%，平均增长速度为1.6%，比前一阶段6.1%的平均增长速度明显降低。

二是农民工离土不离乡就业比重上升。从农民工的就业区域看，外出农民工比重从2011年开始逐年下降，由2011年的62.75%下降到2017年59.97%。农民工外出务工规模多年来增长的态势发生改变，本地农民工比重逐年增长，由2010年的36.7%上升到2017年的40%，出现农民工不离乡或者返乡从事非农产业的态势，标志着农村劳动力正在由单向输出向双向流动转变。

三是外出农民工跨省流动持续下降，省内就近就业人数增多。2011年，外出农民工中跨省流动的比重为47.1%，比2010年开始下降3.2个百分点。这以后，跨省外出的农民工比重持续降低，2017年已经降到44.7%，改变了此前两个阶段农民工跨省外出比重大于省内务工比重的格局，农民工省内就近就业人数增多。农民工返乡就业，在省内迁徙流动也发挥了一定作用。

四是东部地区仍然是最主要的农民工就业吸纳地，中西部地区吸纳能力继续增强。2017年，在东部地区务工的农民工比重为55.8%，东部地区仍是农民工主要吸纳地，但农民工由集中流向东部逐渐向中西部扩散。2011～2015年，在东部就业的农民工占农民工总数的比重从 65.4%下降到 59.4%，而在中部就业的农民工占总数的比重由17.6%上升至21.5%；在西部就业的农民工占比由 16.7% 上升至18.8%（表3-1）。这表明外出农民工出现明显的回流趋势，也意味着目前我国东部城镇吸纳农村劳动力增量的能力下降或未来没有劳动力来源的压力上升，应重视解决农民工市民化问题。

表3-1　　按输入地分的农民工地区构成变动情况

	2011年			2015年			变化		
	东部	中部	西部	东部	中部	西部	东部	中部	西部
农民工比重（%）	65.4	17.6	16.7	59.4	21.5	18.8	−7.5	4.6	2.9

数据来源：2011、2015年国家统计局发布的农民工监测报告。

五是外出农民工仍主要流向地级以上大中城市。2015年农民工外出就业流向地看，流入地级以上城市的农民工占外出农民工总量的66.3%，比2012年提高了1.6个百分点。其中，流入省会城市的比例为22.6%，比2012年提高2.5个百分点；流入直辖市的比例为8.6%，比2012年下降1.4个百分点。

2015年，跨省流动农民工80%流入地级以上大中城市，比2013年提高3.4个百分点；2015年省内乡外流动的农民工54.6%流入地级以上大中城市，比2013提高1.7个百分点，流入小城镇的比重高达45.4%，小城镇在吸纳省内乡外流动农民工中发挥巨大的作用（表3-2）。

表3-2　2015年外出农民工流向地区及构成

	合计	直辖市	省会城市	地级市	小城镇	其他
外出农民工总量（万人）	16884	1460	3811	5919	5621	73
其中：跨省流动	7745	1188	1752	3258	1473	73
省内乡外流动	9139	272	2059	2660	4148	0
外出农民工构成（%）	100	8.6	22.6	35.1	33.3	0.4
其中：跨省流动	100	15.3	22.6	42.1	19.0	0.9
省内乡外流动	100	3.0	22.5	29.1	45.4	0.0

数据来源：《2015年农民工监测调查报告》。

六是40岁以下农民工占比不断降低，新生代农民工占比首次过半。受农村人口结构变化、农民工就地就近转移增加的影响，农民工平均年龄不断提高，2017年农民工平均年龄为39.7岁，比2012提高2.4岁。从年龄结构看，50岁以上农民工所占比重为21.3%，提高较快，比2012年提高了6.9个百分点。40岁及以下农民工所占比重为52.4%，比2012年下降6.2个百分点（表3–3）。1980年及以后出生的新生代农民工逐渐成为农民工主体，2017年占全国农民工总量达到50.5%。举家外出的农民工2014年达到3578万人，比2010年又增加500万。农民工的年龄、代际和家庭对农民工的空间流动也产生很大的影响，特别是年纪较大的农民工更倾向于就近就地转移。

表3-3　农民工年龄构成　单位：%

	2012年	2013年	2014年	2015年	2016年	2017年
16～20岁	4.9	4.7	3.5	3.7	3.3	2.6
21～30岁	31.9	30.8	30.2	29.2	28.6	27.3
31～40岁	22.5	22.9	22.8	22.3	22	22.5
41～50岁	25.6	26.4	26.4	26.9	27	26.3
50岁以上	15.1	15.2	17.1	17.9	19.1	21.3

数据来源：《2015年农民工监测调查报告》。

七是农民工以初中文化程度为主，大专及以上学历农民工占比显著提高。2017年农民工中初中文化程度占58.6%，大专及以上学历的占10.3%，比2011年提高5个百分点。2017年，接受过农业或非农职业技能培训的农民工占32.9%，比2011年增长1.7个百分点（表3–4）。

表3-4　　农民工文化程度构成　　单位：%

	农民工合计	
	2011年	2017年
未上过学	1.5	1
小学	14.4	13
初中	61.1	58.6
高中	17.7	17.1
大专及以上	5.3	10.3

资料来源：2011、2017年国家统计局发布的农民工监测调查报告。

八是从事制造业农民工比重继续下降，从事城市生活服务业的比重没有上升。2017年从事第二产业的农民工比重为51.5%，比上年下降1.4个百分点。其中，从事制造业的农民工比重为29.9%，比2011年上年下降6.1个百分点；从事建筑业的农民工比重为18.9%，比上年下降0.8个百分点，但比2011年增加1.2个百分点。从事第三产业的农民工比重为48%，比上年提高1.3个百分点。其中，从事批发和零售业的农民工比重为12.3%，比2011年增加2.2个百分点；从事交通运输、仓储和邮政业，住宿和餐饮业，居民服务、修理和其他服务业的农民工比重与2011年水平持平。

九是农民工工资持续小幅增长，不同地区收入差距缩小。这一时期农民工工资继续增长。2012年开始，农民工工资的增长速度较前一阶段开始下降，2012～2017年的6年间平均每年增长9.25%，低于上一阶段平均13.8%的增长速度。2017年农民工平均每月工资达到3485元，农民人均可支配收入为5498.4元，其中工资性收入占比达到40.9%，比2013年增长2.3个百分点。

2017年，外出务工农民工月均收入高于本地农民工632元。分地区看，西部地区农民工月均收入增长最快，东部和中、西部地区的收入差距不断缩小。2017年，在东、中、西和东北地区务工的农民工月均收入分别为3677元、3331元、3350元、3254元。

十是迁徙流动农民工对所在城市的归属感提高。国家统计局发布的农民工监测报告显示，进城农民工中，38%认为自己是所居住城市的“本地人”，比上年提高2.4个百分点；表示对本地生活非常适应和比较适应的占80.4%。分城市类型看，城市规模越大，农民工对所在城市的归属感越弱，对城市生活的适应难度越大。

第二节　以基本公共服务均等化推动农民工市民化

改革开放以后，随着农民工迁徙流动规模的不断扩大，我国各级政府开始关注农业转移人口问题，从强调对其进行管理，转变到逐步对农民工提供公共服务，为农业转移人口市民化创造了条件。农民工市民化不是简单地把他的户口改变了，如果农民工没有城市稳定的就业，没有相应的公共服务，那不是真正意义上的市民化。改革开放40年来，伴随着农民工流动迁徙发展的四个阶段，我国农民工的公共服务发展也经历了以下四个阶段。

一、农民工公共服务空白时期（1978～1991年）

（一）农民工子女教育问题

这一阶段，虽然国家在政策上对农民的流动限制有所松动，但总体而言，农民的流动还是受限制和约束的。因此，农民工流动主要以个体流动为主，很少有拖家带口的。在这个阶段，外出农民工子女的就学问题基本在其户籍所在地解决。国家政策和措施上也很少涉及对于流动人口子女就学方面的内容。

（二）农民工公共就业服务

这一阶段，政府主要对农民工的跨地区就业进行管理，管理重于服务。例如，北京市对进城务工农村劳动力实行指标控制，要求雇主与民工签订合同并办理务工手进行务工监察等；取非法劳务市场，把农村劳动力纳入城市职业介绍系统等等。广东省在全省85%的乡镇建立了乡镇劳动管理所，并会同公安部门设立了外来劳动力管理办公室，管理地区输入的农村劳动力。

20世纪80年代中期，国家在政策上允许农民自带口粮进入城市务工经商，在市场机制的作用下，大批农村劳动力开始到城市以及在地区之间流动就业。这种流动主要是自发地流动，虽然这一阶段在经济发达的广州、无锡等地区，开始有农民工的职业介绍工作，但由政府劳动部门组织的流动比例不高。例如四川省1990年在输出的180万农劳动力中，通过劳动部门和城建承包工程的劳动力50多万，占输出劳动力的28%。由于缺乏对农村劳动力流动的有效引导，民工的流动具有一定的盲目性，曾导致了1989年1月春节后，百万民工下广东的第一次“民工潮”。同时，由于农村基础教育和技能教育薄弱，多数农民工外出就业前没有得到培训，就业期间仍是培训薄弱，导致了很多农民工缺乏一技之长，就业具有脆弱性，因此流动性很大。

（三）农民工公共卫生服务

这一阶段，政府对农民非农就业政策的基调是鼓励“离土不离乡，进厂不进城”式的就地转移，农民工就业基本在本乡镇，继续沿袭农村的公共卫生服务方式。即使是进入大中城市的农民工，他们流动性强，生活环境差，患病和传播疾病的可能性大，国家政策和措施上也很少涉及对于他们服务的内容。农民工群体是被城市公共卫生服务体系遗忘的角落。

（四）农民工社会保障

这一阶段，农村劳动力不断向非农产业和城市转移，但城乡二元社会保障体系却难以为城市农民工提供保障。“农民工”这个特殊群体，被群体性地甩在了城镇福利制度的体系之外，国家对他们没有相关的专项政策和制度。

二、农民工公共服务起步探索时期（1992～2001年）

1992年以后，为了增加农民收入，国家开始放宽农民进城务工的条件，对农民工流动管理政策也由“控制盲目流动”调整为“引导有序流动”。农民工规模和流动范围不断扩大，农民工公共服务需求也加大，政府开始对农民工提供不同形式的公共服务。

（一）农民工随迁子女可以交费入读城镇学校

这一阶段，随着国家对农民工流动管理政策的放开，大量农民工开始在城市工作、生活，流动人口中的儿童数量急剧增加，流动子女教育问题逐渐显现出来。1996年，原国家教委颁布《城镇流动人口中适龄儿童少年就学办法（试行）》，并开始在京、沪等省市进行试点，但是从政策来看还是要在“有条件的地方”“借读”，并要缴纳一定的“借读费”。1998年3月，国家教委和公安部联合正式颁布了《流动儿童少年就学暂行办法》，提出流入地政府负责管理流动儿童的教育，流动儿童入学以在公立学校借读为主，可以收取借读费。2001年，国务院发布了《关于基础教育改革与发展的决定》（国发〔2001〕21号），进一步明确“要重视解决流动人口子女接受义务教育问题，以流入地区政府管理为主，以全日制公办中小学为主，采取多种形式，依法保障流动人口子女接受义务教育的权利”。但是高昂的学习费用，使农民工家庭难以承受。部分农民工子女只有选择辍学了。全国第5次人口普查数据表明，流动儿童少年的失学率达到4.8%，高于全国儿童（包括农村地方儿童）的相应比例3.3%，成为普及义务教育工作的一个难点和社会关注点。

（二）农民工可以缴费享有少量的公共卫生服务

这一阶段，城市中农民工及随迁子女日益增多，居无定所，往往得不到免疫接种，成为疾病发病的主要原因之一。农民工成为公共卫生服务关注的重点人群。1998年卫生部颁发《特殊人群计划免疫工作管理方案》，指出要“确保流动儿童享受免疫保健权利，消除免疫空白，控制疫苗针对传染病的流行，保护儿童身体健康，规定了流动人口中若没有到正规医院分娩的，街道有责任主动上门为新生儿打针”。虽然疫苗费由政府统一解决，但是对于医疗保健人员工资、注射器等费用却没有明确的解决途径，各省操作方法也不尽相同。在有些省份比如四川，由计划生育部门给卫生部门相应的经费补助，计划免疫收费就很低，而在广东省并未将流动人口纳入计划免疫的工作范围，对流动人口子女防疫只是减免疫苗费，其他的如注射费、器具费等仍需收费。一些省市的调查表明，流动人口中常规免疫接种率在30%～40%之间。

这一阶段，由于人口流动性强，没有具体的经费保障和落实措施，流动人口的公共卫生服务存在漏洞，主要体现在流动人口计划免疫率、流动孕产妇的建卡率，产前检查率，住院分娩率及产后访视率均低于户籍人口，导致流动人口的孕产妇、婴儿死亡率和传染病发病率高。如2001年部分城市孕产妇保健服务资料表明，流动孕产妇产后访视率在26.8%～39.5%之间，住院分娩率33.63%～85.1%[a]之间，低于全国87.15%和75.98%的平均水平。广东省1997～2001年流动人口发生麻疹病例数分别占全省总病例数的34.3%、31.0%、46.6%、51.9%和53.0%，呈逐年上升趋势。

（三）农民工得到政府职业介绍和转移前技能培训服务

针对前一阶段农民工盲目流动的情况，1991年5月开始，劳动部、农业部、国务院发展研究中心共同推动了“中国农村劳动力开发就业试点项目”，促进农村劳动力在当地就业为主，离土不离乡，外出就业有序化。试点最后扩大到10省约150个县市参加。在试点的基础上，又施行了“农村劳动力流动有序化工程”。在农民工流入地，1991年底，从各地劳动部门的职业介绍所看，他们介绍的劳动合同中已包括了农村劳动力在内的所有劳动者。2000年以来，各级政府开始试点用公共财政支持开展农村劳动力转移的职业技能培训，建立一批农民工职业培训基地，实施联校助学、助企培训、强村实践等活动。如农业部在2000年选择了6个试点县市进行农村劳动力转移培训试点；劳动和社会保障部会同有关部门，选择一些地市，组织开展农村劳动力对口培训转移。

（四）部分地区为农民工提供不同形式的社会保险

随着农民工数量的大幅增加，尤其是在他们逐步成为产业工人重要组成部分的同时，他们的社会保障问题开始得到有关城市的关注。这一时期，缺乏国家强有力的将流动人口纳入城市社会保障体系的法律、法规，各地的关注程度不一样，农民工享有社会保险服务的范围和水平都很低。

首先，在养老保险方面。2000年，广东省出台了《广东省社会养老保险实施细则》《广东省社会工伤保险条例实施细则》，将农民工养老纳入城镇职工养老和工伤保险制度体系之内。2001年，北京市专门针对农民工颁布了《农民工养老保险暂行办法》，要求用人单位必须与民工签订用工合同，并为其办理养老保险手续。

其次，在医疗保险方面，20世纪90年代末我国经济较发达的沿海地区开始探索实行农民工（或外来务工人员）医疗保险政策，试点实行较早城市有深圳、厦门、东

① 林良明、顾雪、米杰、单晓益：流动人口健康及卫生保健状况，流动人口工作交流暨研讨会。

莞、珠海等。这些地区将农民工纳入城镇医疗保险体系，实行大病统筹医疗保险或统帐结合医疗保险两种政策形式，为沿海其他地区乃至全国的农民工医疗保险政策奠定了良好的基础。

最后，在失业保险方面，1999年颁布的《失业保险条例》将农民工纳入失业保险制度覆盖范围，规定用人单位为农民工缴纳失业保险费。这不仅能减轻农民工经济负担，还能使其获得相应保险待遇。沈阳、哈尔滨等城市已开始探索农民工参加失业保险。

三、农民工公共服务全面探索时期（2002～2011年）

进入21世纪以后，国家开始从城乡统筹发展的高度来思考农业转移劳动力的就业问题，2002年党的十六大报告明确提出："农村富余劳动力向非农和城镇转移，是工业化和现代化的必然趋势。"2003年国务院发出《关于做好进城务工农民管理和服务工作的通知》（国办发〔2003〕1号），国家对农民工迁徙流动实行完善管理、公平服务的政策，农民工流入地城镇政府纷纷探索为农民工提供城镇基本公共服务，多种形式逐步改善农民工的生活条件。

（一）城市政府探索将农民工纳入城镇临时救助体系

2003年8月1日《城市生活无着的流浪乞讨人员救助管理办法》实施，农民工因故需要救助时，也可以主动要求救助，这标志着农民工也获得了社会救助的权利。这一阶段，一些城市政府逐步转变社会救济理念，也不断探索给予农民工临时救助。如长沙市、合肥市、江苏常熟市的农民工子女已经享受到城市贫困学生"两免一补"的教育救助政策；西安雁塔区教育局拿出资金帮助"新市民"特困家庭子女完成义务阶段教育。但农民工社会救助服务总体上缺失，城市最低生活保障制度的对象不包括农民工，他们也很少能享受到医疗救助、失业救济，遇到临时性困难，也很难得到政府的临时性救济。

（二）开放公办学校，支持民办学校吸纳农民工随迁子女入学

2003年以来，国务院发出《关于做好进城务工农民管理和服务工作的通知》（国

办发〔2003〕1号），提出“流入地政府要专门安排一部分经费，用于农民工子女就学工作”。2003年，国务院办公厅《转发教育部等部门关于进一步做好进城务工就业农民工子女义务教育工作的意见的通知》（国办发〔2003〕78号），提出对农民工子女“收费与当地学生一视同仁”，“通过设立助学金、减免费用、免费提供教科书等方式”，“帮助困难农民工子女入学”，“加强对以接收进城务工就业农民子女为主的社会力量所办学校的扶持和管理”。从2004年开始，中央财政在安排有关专项经费时，已向接收流动人口子女就读人数较多的地区给予了倾斜。此后，北京、杭州、成都、深圳等许多城市城市敞开公办中小学大门，接收进城务工就业农民子女就学。2004年，北京、天津在公办小学就读的流动人口子女达70%。

2006年《国务院关于解决农民工问题的若干意见》首次将农村流动儿童的义务教育作为公共服务的内容之一提出。各地城市政府继续落实以全日制公办中小学为主接收农民工同住子女入学，并免除专门加收借读费的政策。2006年，全国人大常委会修订通过了《义务教育法》，增加了保障流动人口子女接受义务教育的条款，使农民工子女义务教育工作步入法制轨道。农民工随迁子女在城市公办学校就读的比例从2001年的41%增至2010年的70%以上，基本形成了以公办学校为主就读的格局。同时，北京、上海、杭州、苏州等城市规范社会团体和个人举办的民工子弟学校，保证农民工子女都有学可上。

（三）开始为农民工提供公共就业服务

这一阶段，对农民工劳动力流动的行政限制已经取消，城乡各地公共职业介绍机构为农村劳动者提供免费提供政策信息咨询和职业介绍服务。

2003年，国务院办公厅《关于做好农民进城务工就业管理和服务工作的通知》（国办发〔2003〕1号）指出，要“取消对企业使用农民工的行政审批，取消对农民进城务工就业的职业工种限制，不得干涉企业自主合法使用农民工；在办理农民进城务工就业和企业用工的手续时，除按照国务院有关规定收取的证书工本费外，不得收取其他费用，切实解决拖欠和克扣农民工工资问题；做好农民工培训工作”。

2004年开始，中央政府各部门实施了“阳光工程”等多种农村转移劳动力培训工程，开展农村劳动力转移前的职业技能培训，对参加培训的农村劳动力给予适当培训费补贴。劳动保障部开展了以农村新成长劳动力、农村富余劳动力和城镇农民工为主要对象的培训工作，每年培训800万农民工。

2005年，国务院《进一步做好就业再就业工作的通知》（国发〔2005〕36号）要求对进城登记求职的农村劳动者，应免费提供政策信息咨询和职业介绍服务，提供一次性职业培训补贴。2006年，《国务院关于解决农民问题的若干意见》（国发〔2006〕5号）要求各地建立健全县乡公共就业服务网络，为农民转移就业提供服务。城市公共职业介绍机构要向农民工开放，免费提供政策咨询、就业信息、就业指导和职业介绍。输出地和输入地要加强协作，开展有组织的就业、创业培训和劳务输出。输入地要把提高农民工岗位技能纳入当地职业培训计划。对参加培训的农民工给予适当培训费补贴。2005年以来，每年1～3月，各城镇人力资源和社会保障部门通过“春风行动”，面向进城务工人员提供公共就业服务；北京、扬州等部分城市已经把农民工纳入城镇日常的公共就业服务范围，对农民工实行免费职业指导、职业介绍、政策咨询等就业服务。

但是各项对农民工的公共就业服务效率不高，农民工参加职业技能鉴定也面临种种困难，影响了农民工参加职业培训的积极性和职业技能和素质的提升。2012年，在农民工中接受过非农职业技能培训的仅占25.6%。

（四）逐步将农民工纳入了城市公共卫生服务范围

2003年，非典后的中国公共卫生进入了发展快车道，卫生部发出《关于进一步加强计划免疫等免疫预防工作的通知》，提出要研究解决对流动人口等特殊人群中适龄儿童的免疫服务管理模式。一些流动人口较多的城市如广东中山市、上海市、苏州市先后出台了服务流动人口孕产妇的政策，即政府委托公立医院为符合政策条件的流动人口孕产妇提供保健和分娩服务，实施医院给予适当减费、政府补贴和个人适当承担相结合的筹资模式。

2006年开始，中央财政安排专项资金，全部负担疫苗经费，保障了农民工及其子女的计划免疫。2006年12月，中共中央、国务院《关于全面加强人口和计划生育工作统筹解决人口问题的决定》中提出流入地按照“属地化管理、市民化服务”的原则，将流动人口计划生育管理服务纳入经常性工作范围，提供与户籍人口同等的免费服务。2009年，我国启动国家基本公共卫生服务项目，开始免费向全体居民提供包括建立居民健康档案、健康教育、慢性病管理等在内的10类41项国家基本公共卫生服务包。针对特殊疾病、重点人群和特殊地区，国家还实施了重大公共卫生项目。这一阶段，国家基本卫生服务经费已经按照城市常住人口进行经费拨付，一些城市开始采取发放卫生券等方式为农民工提供综合的公共卫生服务。中国对艾滋病、结核病、肝炎、血吸虫病等实施重大传染病防控策略，已将农民工在制度上纳入其中。2006年，建设部制定了《关于开展建筑施工安全质量标准化工作的指导意见》，指导企业合理设置农民工宿舍、食堂等基本生活设施，为农民工创造良好的生活环境。但是，这一阶段农民工基本医疗卫生服务的可及性低于城市户籍人口，城市农民工聚集地的环境卫生服务水平还有待提高。

（五）各地探索农民工社会保险的供给机制

一是城镇工伤保险政策首先惠及农民工。2004年国务院颁布了《关于农民工参加工伤保险有关问题的通知》，2006年劳动与社会保障部颁布了《关于实施农民工“平安计划”加快推进农民工参加工伤保险工作的通知》，以农民工较为集中、工伤风险较高的矿山、建筑企业为重点，计划用三年时间基本解决农民工参加工伤保险问题，明确提出要依法将农民工纳入工伤保险范围。农民工参加工伤保险的人数不断上升，从2005年底的1252万人上升到2010年底的6329万人。

二是城镇医疗保险政策逐步惠及农民工。劳动和社会保障部2004年5月出台的《关于推进混合所有制企业和非公有制经济组织从业人员参加医疗保险的意见》，指出对在城镇从事个体经营等灵活就业的农村务工人员，可以按照灵活就业人员参保的有关规定参加医疗保险。2006年，国务院颁布了《国务院关于解决农民工问题的若干意见》，劳动和社会保障部发布了《关于开展农民工参加医疗保险专项扩面行动的通知》，明确提出要以与城镇用人单位建立了劳动关系的农村进城务工人员为重点，积极探索其参加医疗保险的有效途径和办法。各地农民工医疗保险模式主要分为三类，即城镇医疗保险纳入模式、农村医疗保险纳入模式以及城乡医疗保险一体化纳入模式。农民工参加医疗保险的人数从2005年的489万人增加到2010年的4583万人。

三是城镇养老保险政策逐步惠及农民工。国家劳动和社会保障部于2001年12月发布的《关于完善城镇职工基本养老保险政策有关问题的通知》明确规定：“参加养老保险的农民合同制职工，在与企业终止或解除劳动关系后，由社会保险经办机构保留其养老保险关系，保管其个人账户并计息。凡重新就业的，应接续或转移其养老保险关系，也可按照省级政府的规定，根据农民合同制职工本人申请，将其个人账户中的个人缴费部分一次性支付给本人，同时终止其养老保险关系。农民合同制职工在男年满60周岁、女年满55周岁时，累计缴费年限满15年以上的，可按规定领取基本养老金”，还规定各个省市制定出合理的针对农民工社会保险计划并试行。2006年《国务院关于解决农民工问题的若干意见》规定“要探索适合农民工特点的养老保险办法，按照低费率、广覆盖、可转移，并能与现行城乡养老保险制度相衔接的原则，探索适合农民工特点的养老保险办法”，各地出台的政策大体上分为独立型、综合型、纳入型、分类型农民工养老保险政策四类。2010年1月1日起施行《城镇企业职工基本养老保险关系转移接续暂行办法》，包括农民工在内的参加城镇企业职工基本养老保险的所有人员，其基本养老保险关系可在跨省就业时随同转移。农民工参加养老保险的人数从2006年底的1417万人上升到2010年底的3284万人。

四是农民工以不同方式参加失业保险。1999年颁布《失业保险条例》后，在实际操作中，各地农民工参加失业保险主要有两种模式，一种是按照条例办法，农民工不交纳失业保险费，失业时领取一次性生活补助，一种模式是农民工缴纳失业保险费，可享受与城镇职工同等待遇。还有许多用工单位也没有按规定给农民工缴纳失业保险金，国家统计局的调查表明，农民工的失业保险由单位购买的比例只有8.41%。2010年底，全国参加失业保险的农民工已达1990万人。

这一阶段，由于各地的法规和规章效力的层次较低，缺乏强有力的将流动人口纳入城市社会保障体系的法律、法规，相关部门不能依法严格监督用工单位为受雇农民工提供相应的社会保障。由于社会保险不能跨省区流动，农民工的参保也积极性不高，农民工享有社会保险服务的范围和水平都不高。

（六）农民工缺少住房保障，租住成本较高

这一时期，城镇住房保障基本是还是面向有城镇户籍的城镇居民，而农民工依然缺少来自政府的住房保障。国家统计局调查显示，54.4%的农民工租房居住，36.1%由雇主或单位提供住房，2.4%住在亲戚家，只有4.9%的农民工自己买房。其中租房居住的农民工大多聚居在城乡结合部和“城中村”，居住条件差，由雇主或单位提供的住房大多拥挤不堪，建筑行业农民工则大多居住在简易工棚里，居住条件恶劣。

国家统计局的调查还显示，从外出农民工的居住成本看，42.1%的农民工雇主或

单位不提供住宿也没有住房补贴，农民工每人月均居住支出245元，占农民工月收入的17%。农民工虽然在城里打工多年，但“工资的上涨跟不上房价的上涨”。

（七）开始为农民工提供公共文化服务

这一阶段农民工文化工作带有一定的主观性和随意性倾向，公共文化服务的提供往往缺乏明确的战略目标、稳定的保障机制和清晰的责任体系。各地对于农民工的公共文化服务，一般只有单纯的服务输出和设施建设，部分面向农民工的文化服务仍然以单向的送书、送演出等“送文化”模式为主，个别地区建立服务农民工的设施。如从2006年开始，浙江东阳结合实际，动员农民工聚集的村（社区）将村（社区）文化设施拿出来建农民工文化活动中心，启用时政府一次性奖励4万元，并每年给予运转经费补助，将农民工文化纳入公共文化服务体系，实现了繁荣群众文化与保障农民工文化权益的“双赢”局面。

四、城镇基本公共服务向农民工全覆盖时期（2012～2017年）

这一阶段，政府对农民工迁徙流动管理服务工作进入“引导合理分布，促进融入”的新阶段。2014年《国家新型城镇化规划（2014—2020年）》提出，稳步推进义务教育、就业服务、基本养老、基本医疗卫生、保障性住房等城镇基本公共服务覆盖全部常住人口。2016年国务院发布《关于深入推进新型城镇化建设的若干意见》（国发〔2016〕8号），要求加快落实户籍制度改革政策，同时也提出推进居住证制度覆盖全部未落户城镇常住人口，保障居住证持有人享有国家规定的基本公共服务，并对加快建立农业转移人口市民化激励机制等进一步加以明确规定。这一阶段，城镇基本公共服务覆盖全部常住人口制度体系基本形成，正在逐步完善，农民工流动更自由，基本公共服务的获得感不断提高。

（一）居住证制度全面建立，“含金量”不断提升

在总结吸收各地居住证制度试点经验基础上，国务院颁布的《居住证暂行条例》于2016年1月1日起正式实施，条例明确居住证持有人在居住地可依法享有6项基本公共服务和7项办事便利。到2017年，所有省份全部出台居住证实施办法，基本建立以居住

证为载体的城镇基本公共服务提供机制，全国共发放居住证5400余万张。部分有条件地区进一步增加居住证持有人可以享受的公共服务种类，一些地区居住证附带的公共服务项目超过30项，较好地满足了农民工的公共服务需求。

（二）确保进城农民工随迁子女享有公平有质量的教育

一是推动教育均衡发展，保障进城农民工随迁子女义务教育。2014年，教育部门在全国推进义务教育资源均等化，在全国开展小升初免试就近入学、义务教育学校校长教师交流轮岗制度和重点大城市义务教育免试就近入学工作，要求随迁子女特别集中的地方，要扩大公办学校容量，鼓励社会力量办学，推进义务教育资源配置的均等化，满足农民工随迁子女入学需求。2014全国中小学生学籍信息管理系统在全国联网试运行，对解决进城务工人员农民工随迁子女入学、转学等教育难点问题提供有力支撑。2016年《国务院关于统筹推进县域内城乡义务教育一体化改革发展的若干意见》出台，要求各地要按照城镇化规划和常住人口规模编制城镇义务教育学校布局规划，同步建设城镇学校，重点解决城镇大班额问题；要坚持以公办学校为主安排随迁子女就学，对于公办学校学位不足的可以通过政府购买服务方式安排在普惠性民办学校就读；“两免一补”资金和生均公用经费基准定额资金随学生流动可携带。2017年，农民工随迁子女全部纳入“两免一补”，已经实现了约1400万城镇非户籍人口随迁子女生均公用经费基本定额可携带，全国农民工随迁子女在公办学校就读或享受政府购买服务的比例达到87.5%。

二是出台和完善农民工随迁子女义务教育后的升学考试办法。在高中教育阶段，部分城市开始对农民工随迁子女开放高中阶段教育。如武汉市规定，凡在本市初中就读并具有学籍的随迁子女，均可以参加中考；在上海，2014年农民工子女开始可以凭居住证积分参加中招报名。2017年，教育部发布《高中阶段教育普及攻坚计划（2017—2020年）》，提出到2020年我国高中阶段教育毛入学率将要达到90%，将进城务工人员子女列入普及高中阶段教育的攻坚重点。

在高考方面，2012年国务院办公厅转发教育部等4部委《关于做好进城务工人员随迁子女接受义务教育后在当地参加升学考试工作意见》的通知，要求各地在2012年12月31日前出台异地高考具体办法。2013年12个省市率先实施随迁子女当地高考，到2017年，全国30个省份符合条件的随迁子女在流入地参加高考，2012年以来，在输入地参加高考人数达41万人。

（三）健全城乡平等的就业制度，提升农民工的发展能力

一是开展农民工技能培训。2014年，人力资源和社会保障部印发《农民工职业技能提升计划——“春潮行动”实施方案》，每年培训农民工2000万人次以上。2015年国务院办公厅印发《关于支持农民工等人员返乡创业的意见》，提出强化返乡农民工等人员创业培训工作，鼓励农村就地就近转移就业创业。仅2016年一年，农村劳动者参加政府补贴性职业培训的有913万人次，其中：就业技能培训605万人次，就业率达到70%以上；岗位技能提升培训229万人次；创业培训79万人次，创业成功率达到50%以上。2016年，教育部、中华全国总工会等印发《农民工学历与能力提升行动计划——“求学圆梦行动”实施方案》，推动全国近300所高校参与，学历继续教育招生总数逾100万人，非学历继续教育培训共61万人次。

二是统筹资金支持推进农民工享受职业指导等公共就业服务和扶持政策。一方面，是完善就业失业登记制度，2014年，人社部发布《关于进一步完善就业失业登记管理办法的通知》（人社部发〔2014〕97号），放宽失业登记条件的有关规定，对符合失业登记条件的人员，不得以人户分离、户籍不在或没有档案等为由不予受理。目前全国已有32个省（含新疆生产建设兵团）完善了就业失业登记管理办法，取消了与户籍相关的限制性要求，为农民工享受公共就业服务提供的制度保障。另一方面，是开展扶持农民工创业服务。2015年，国务院办公厅发出《关于支持农民工等人员返乡创业的意见（国办发〔2015〕47号），提出强化返乡农民工等人员创业培训工作，并在政府简政放权，做好创业服务，在土地、资金、技术、培训等方面都做了非常详细的布置。科技部等部门正在研究支持农民工返乡创业与万众创新有序对接行动计划，提高农业转移人口创业、就业的能力。

（四）不断提升农民工享有国家基本公共卫生服务的均等化水平

2009年启动国家基本公共卫生服务项目，提高居民对公共卫生服务的可及性，每年在经费和内容方面都有显著提高和增长，2017年基本公共卫生服务补助经费标准已经由2009年的15元增加到人均50元，为城乡居民提供由2009年的9项，提高到12类基本公共卫生服务，并不断优化现有服务项目，扩大服务覆盖面。2013年，卫生计生委又

启动流动人口基本公共卫生计生服务均等化试点工作，提高流动人口卫生和计划生育基本公共服务可及性和水平。2014年11月，卫生计生委等5部委出台《关于做好流动人口基本公共卫生计生服务的指导意见》，要求社区卫生计生服务机构向有需求的常住农民工免费提供建立居民健康档案、预防接种、传染病防治、慢性病管理、孕产妇保健、儿童保健等服务，将农民工及其随迁子女纳入国家基本公共卫生服务范围。2015年，流动人口计划生育服务覆盖率达到86%，流动人口接受健康教育的比例达到84%、流动儿童预防接种率达到90%以上，流动孕产妇产前检查率达到79%，3岁以下流动儿童体检率达到70%。近几年，各项指标还在持续提升。

（五）农民工社会保险进入并轨、扩面、提标阶段

随着工业化、城镇化进程加快，农民工已成为我国城镇劳动力中不可或缺的组成部分。《中华人民共和国社会保险法》自2011年7月1日起施行，明确指出把农民工纳入该法，这以后农民工社会保险服务进入并轨、扩面、提标阶段。

一是推动城乡居民基本养老保险、基本医疗保险并轨。建立制度名称、政策标准、经办服务、信息系统“四统一”的城乡居民基本养老保险制度。建立覆盖范围、筹资政策、保障待遇、医保目录、定点管理、基金管理“六统一”的城乡居民基本医疗保险制度，完善城乡居民养老保险调整机制和缴费激励机制。

二是推动将进城农民工纳入城镇职工保险。城镇职工基本养老保险省级统筹制度全面建立，跨地区养老保险关系转移接续加快建立，解决了农民工跨地区流动就业养老保险权益转移接续问题。

三是将农民工纳入失业保险。2011年《中华人民共和国社会保险法》规定“职工应当参加失业保险，由用人单位和职工按照国家规定共同缴纳失业保险费”。各地一般采取农民工不缴费的方式将农民工纳入失业保险。江苏、浙江等一些有条件的地区开始打破户籍限制，建立统一的农民工和城镇职工失业保险政策。

四是不断完善工伤保险政策，扩大工伤保险覆盖面。探索推进农民工按项目参加工伤保险，全力推进以农民工为主的建筑业、交通运输、铁路、水利、能源等领域工程项目职工参加工伤保险。通过对工伤保险缴费实行浮动费率，促使企业加强工伤预防，有效降低工伤发生率。

五是将农民工纳入生育保险。2011年7月，依照《社会保险法》将包括农民工在内

的合同制工人纳入生育保险，由用人单位缴纳生育保险费，职工个人不缴费，这种规定能减轻农民工家庭经济负担。部分地区统一了城乡生育保险参保政策。如2017年浙江省统一参保政策，将包括农民工在内的合同制工人纳入生育保险。扩大享受范围，将参保职工未就业配偶生育医疗费用纳入生育保险报销范围，实行与参保女职工同等生育医疗费报销待遇。

六是适时调整社会保险费。2015年以来，国家先后降低或者阶段性降低了社会保险费率4次，总体的社保费率从41%降到37.25%，总体的降幅接近10%，累计降低企业成本约3150亿元，这为农民工就业和参加社会保险创造了好的条件。

通过以上措施，2017年底参加城镇职工基本养老保险、职工基本医疗保险、工伤保险、失业保险的农民工达到6202万人、6225万人、7839万人、4897万人，分别比2012年底增长36.5%、24.6%、9.3%、81.2%，占农民工总数比重分别达到21.65%、21.73%、27.36%、17.09%。

（六）把农民工纳入城镇住房保障体系

2010年中央1号文件提出，多渠道、多形式改善农民工居住条件，鼓励有条件的城市将有稳定职业并在城市居住一定年限的农民工逐步纳入城镇住房保障体系。2010年6月，国家住房和城乡建设部等七部门联合制定的《关于加快发展公共租赁住房的指导意见》，把外来务工人员（含农民工）纳入城市公共租赁住房保障对象。2014年，住房城乡建设部出台意见，要求各地进一步做好公共租赁住房和廉租住房并轨运行有关管理工作，并轨后公租房的保障对象，包括稳定就业的外来务工人员。国家印发《关于做好2015年住房保障工作的通知》和《关于加快公共租赁住房分配入住的通知》，降低城镇稳定就业的农业转移人口申请公租房的门槛。各地积极通过加大资金投入、创新保障方式等形式给予农业转移人口更多的关注和支持。2017年，住房城乡建设部等印发《关于完善公租房分配方式的通知》，通过定向配租等方式，加快解决外来务工人员集中的环卫、公交等行业就业人员的住房困难。目前，全国80%的市县将进城落户居民和稳定就业农民工纳入公租房保障范围。2017年底，750多万稳定就业外来务工人员享受公租房保障。各地合理确定住房保障准入条件，将在城镇稳定就业的外来务工人员纳入保障范围，通过加大资金投入、创新保障方式等形式给予农业转移人口更多的关注和支持，如四川、重庆、湖北、广东等地要求拿出一定比例公租房向农民工定向配租。一些地方政府加强对住房租赁市场的监管，保障进城农民工安全文明的居住条件。如广州番禺区2013年以来，对出租屋进行摸底建档，将出租屋纳入安全星级管理，获评星级的出租屋出租人和承租人均可获得相应积分，凭积分兑换入学、就医、就业等23项无偿或优惠服务，为外来人口创造了“干净、整洁、平安、有序”的出租屋居住环境。

（七）把农民工纳入公共文化服务体系

2011年，文化部、人力资源和社会保障部和中华全国总工会下发《关于进一步加强农民工文化工作的意见》，明确提出到2015年，形成相对完善的“政府主导、企业共建、社会参与”的农民工文化工作机制，建立相对稳定的农民工文化经费保障机制，农民工文化服务将切实纳入公共文化服务体系。2014年《国务院关于进一步做好为农民工服务的意见》（国发〔2014〕40号），把农民工纳入公共文化服务体系，鼓励企事业单位开展面向农民工的公益性文化活动。2015年中共中央办公厅、国务院办公厅印发了《关于加快构建现代公共文化服务体系的意见》，将农民工作为公共文化服务的重点对象，加快将农民工文化建设纳入常住地公共文化服务体系，以公共文化机构、社区和用工企业为实施主体，满足农民工群体尤其是新生代农民工的基本文化需求。2016年，文化部《关于进一步做好为农民工文化服务工作的意见》（文公共发〔2016〕2号），提出为农民工文化服务工作的指导思想，基本原则、目标任务及具体措施，到2020年要求全面实现农民工平等享受城镇基本公共文化服务，政府、企业、社会共同参与的工作格局建立健全，基本公共文化服务标准化、均等化水平稳步提高。

（八）把农民工纳入城镇临时救助体系

2014年10月，国务院印发《关于全面建立临时救助制度的通知》提出“对于具有本地户籍、持有当地居住证的，由当地乡镇人民政府（街道办事处）受理”，拥有居住证的农民工遇到困难，可以得到务工城镇的临时救助服务。

（九）建立促进农民工市民化的激励机制

我国农民工人口规模大，在短时间内在城镇落户，享受城镇居民同等待遇或者在流动就业中享受城镇基本公共服务，要付出较高的成本，对地方财政和用地构成极大的压力。为妥善解决这一问题，中央及各部门设计和陆续出台了财政资金、建设资金、用地指标与农业转移人口落户数量挂钩的“三挂钩”政策，建立促进农民工市民化的配套和激励机制。

一是建立人钱挂钩机制。2016年8月5日，国务院印发《关于实施支持农业转移人口市民化若干财政政策的通知》要求建立健全支持农业转移人口市民化的财政政策体系，将持有居住证人口纳入基本公共服务保障范围，创造条件加快实现基本公共服务常住人口全覆盖。2016年11月18日，财政部印发《中央财政农业转移人口市民化奖励资金管理办法》，明确提出，中央财政在均衡性转移支付资金中安排农业转移人口市民化奖励资金。2017年，中央财政下达农业转移人口市民化奖励资金200亿元，比2016年增加100亿元。

二是建立人地挂钩机制。2016年9月，国土资源部等五部委联合发布《关于建立城镇建设用地增加规模同吸纳农业转移人口落户数量挂钩机制的实施意见》（国土资发〔2016〕123号），提出制定实施人地挂钩政策，根据吸纳农业转移进城落户人口数量，合理确定城镇新增建设用地规模。2017年，国土资源部门将农业转移人口落户数量作为安排年度全国土地利用计划和城市建设用地指标分配的重要依据。

第三节　农民工流动迁徙的特点、规律和经验

一、农民工流动迁徙的特点

（一）农民工流动迁徙是中国独特现象

欧美等国家的农村富余劳动力向非农产业和城镇转移过程就是农民不断流入城市，城市居民在总人口中比重不断上升的过程。在从农民转为工人的同时，他们也长期居住在城市，成为城市的居民，没有长时间的在城乡之间流动。中国农民进城务工后，虽然主要收入来源来自工业和服务业，虽然在城市居住了很多年，但城市把农民

工作为劳动力使用，但并没有把农民作为城市的居民，为他们提供平等的公共服务。他们无法取得城市居民的身份，所以在城乡间、不同区域间流动迁徙，形成中国独特的现象。我国的城镇化进程就是以这种流动就业为主要形式，并没有完成农村人口向城镇的定居或者“落户”迁徙。目前在我国8.1亿城镇人口中，还有2.2亿是农业户籍人口，其中很大一部分就是这些流动迁徙的农民工，这也是我国城镇化进程中区别于其他国家的一个鲜明特点。

（二）农民工流动迁徙是改革开放的重大成果

农村富余劳动力向非农产业和城镇转移，是世界各国经济社会发展的共同规律。一方面，工业化和城镇化发展需要劳动力，有了强大的拉力；另一方面由于农业的比较收益下降，农民要增加收入，进城就业是最好的选择，由此产生了巨大的推力。我国农民工的发展和流动也受到上述拉力和推力的共同作用，但这种拉力和推力的形成是在我国改革开放的背景下形成的。因此，农民工流动迁徙过程是改革开放推动中国城镇化进程的一个全方位缩影。农民由改革开放前的被“禁锢”一地、吃“大锅饭”的平均主义转变为可以自由流动、自主的择业与创业，并正在市民化，可以说，农民工是我国改革开放的重大成果。农民跨地域的流动促进了生产要素的重新组合和劳动生产率的提高，给城乡分割的体制带来了巨大冲击，同时也引发了一系列社会问题，农村劳动力流动是中国改革开放的标志性，同时又是改革尚未完成的标志性证明。

1. 改革是农民工能够顺利迁徙流动的根本原因

在过去40年改革开放过程中，农村人口从农村向城市的迁移、农村劳动力从农业到非农产业的重新配置，都充分展示了相关改革如何消除阻碍生产要素流动和资源配置的二元体制障碍，从而把中国有利的人口特征转化为高速经济增长、经济结构调整和深刻社会变迁的改革进程。

一是始于1978年以来的农村家庭联产承包制的推行，大大提高了我国农业生产率，释放出大量的农村富余劳动力，形成了对农村劳动力的推力。

二是国家对国有企业的改革，对乡镇企业、民营经济的鼓励政策，使民营经济发展迅速，成为吸纳农民工就业的重要渠道，形成了对农村劳动力的拉力。

三是劳动力市场的管理制度改革，拆除了阻碍农民工流动的障碍。改革开放40年来，政府对农村劳动力流动的管理政策在改革过程中逐步推进，从限制农村劳动力的转移和流动到允许农民流动，从限制和排斥流动到有序管理和服务并存，直到实行城乡统筹就业，推动城乡劳动力市场逐步一体化，反映出中央政府和地方政府政策变化，适应了经济发展的需要，拆除了阻碍农民工流动的障碍，为农民工迁徙流动创造了条件。

四是公共服务体制的改革，不断满足农民工迁徙流动的需要。随着改革开放的不断深入，虽然我国对农村劳动力的流动管理政策不断放松和调整，但城乡分割的户籍制度以及依附于户籍制度之上的社会福利和公共服务制度改革滞后较为严重，这种滞后一方面限制了农村劳动力向城市转移，限制了农民市民化，另一方面也进一步加大了城乡差距，吸引农民向城市流动。可以说，城乡二元分割的户籍制度及与其挂钩的公共服务制度，是农民工长时间迁徙流动的体制根源。为适应农民工流动的需要和趋势，我国政府公共服务体制不断改革，公共服务与户籍制度不断脱钩，逐步为农民工提供基本公共服务，也促进了农民工公平流动，保障了他们在城市务工的合法权益，并为他们最终落户城市和市民化不断储备条件和基础。

2. 对外开放为农民工迁徙流动提供了就业机遇

我国对外开放战略的实施，加速了海外劳动密集型产业向我国转移，成为吸纳农民工就业的另一个重要渠道，同时对外开放又促进了国内相关领域改革，并间接促进农民工迁徙流动的改革。改革开放早期，东南沿海“三资”企业和“三来一补”企业迅速发展，加入WTO以后，我国玩具、服装、鞋类、皮革制品等加工产品出口的大幅度增长，都直接带动了相关行业的农民工就业。对外开放空间向内陆地区的深入，为吸纳中西部地区农民工就地就近就业创造了条件。对外开放以来，正是低成本的农民工符合国际产业转移趋势和要求，流动就业规模不断扩大。同时政府部门对劳动力流动与农民工公共服务政策的转变与政策调整很大程度上是顺应中国对外开放，经济日益融入全球化的需要；“民工荒”与“返乡潮”正因为影响到沿海外向型经济的劳动力需求与经济增长而成为需要解决的“问题”，依据中国高度依赖世界市场现实，中国调整战略，从出口导向型转向内需拉动型，都对农民工流动产生影响。例如，改革开放40年以来，实际利用外资和我国外贸出口的变化都对我国农村劳动力转移有较大的影响。不考虑其他因素影响下，如果把农民工迁徙流动四个阶段的外国直接投资增长速度、中国出口占世界比的增长速度和中国外出农民工人数的增长速度放在一起观察，体现出三条曲线的趋势是大致趋同的。从图3-1可以看出，2001年以前的两个阶段，外商直接投资增长速度高，外出农民工规模增长速度相对较高；2002～2010年期间，中国加入WTO，中国出口占世界比增长速度高时，外出农民工的增长速度也高。在不考虑其他因素影响下，随着对外出口和利用外资增长速度的下降，外出农民工规模增长速度也呈现下降态势。

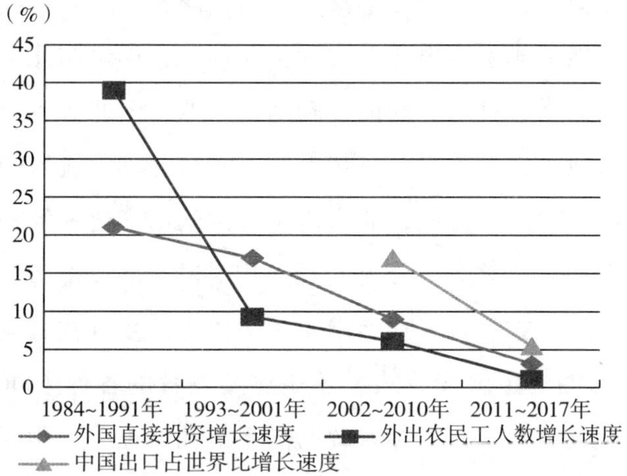

图3-1　外商直接投资、中国出口占比与外出农民工规模

数据来源：根据中国统计年鉴、农民工监测报告和有关报告计算。

（三）农民工迁徙流动在我国将长期存在

从世界各国现代化发展的一般规律看，农村富余劳动力逐步转移出来，进入非农产业和城镇，既是客观需要，也是必然趋势。在我国，今后很长时期内农民工保持较大规模将是一个必然现象。改革开放以来，通过发展乡镇企业和农民进城务工已经转移了约2亿多农村富余劳动力。在进城务工人员中，每年有一部分人在城里有了稳定的职业，逐渐变成了城里人；有一部分又回到农村务农不再出来；大多数仍是亦工亦农、在城乡之间流动就业的“两栖人口”；同时又不断有一些新的农村劳动力加入转移就业的行列。如此循环推进，在促进新型城镇化相关领域改革没有完成之前，农民工迁徙流动将会长期保持下去。

二、农民工迁徙流动的规律和经验

我国农民工迁徙流动是经济规律和政府政策共同发挥作用的结果。

（一）农民工流动迁徙过程是市场机制发挥主导作用的过程

1978年以来，我国农村劳动力跨地区的流动，是劳务市场机制调节的结果。首先，劳务输出地区主要是劳动力资源丰富、自然资源相对贫乏、经济不发达的地区，劳动力供大于求，自然就成了流出劳动力的主要地区，如全国几个主要的农村劳动力流出省分别是四川、河南、甘肃、安徽、湖南、广西、河北等省。在经济发达地区，由于就业机会多，且收入也颇丰厚，自然形成了农村劳动力流入的主要地区。如广东等沿海地区是我国经济发达的区域，北京市是我国政治文化和经济中心。在四川，向省内流出的农村劳动力，也都大部分流向经济相对发达的成都市。其次，农民创造了充满活力的劳动力市场。农民自发地走出家园、离土离乡寻找就业机会，不论是亲带亲、老带新、邻带邻的外出就业方式，还是逐步发育的各种中间组织的介绍就业方式，都是一种市场化的就业方式。尽管政府的组织和调控参与程度已经有所提高，但绝大多数的流动农民是以这种方式走上就业岗位的。第三，农民工就业的企业主要是非国有企业。我国的劳务市场是在非国营企业最早形成的，其招工的标准主要考虑劳动力的成本因素，这就与跨区域流动的低成本农村劳动力正好吻合。农村劳动力之所以能较大规模跨地区流动，主要在于非国有经济的发展，使本地区劳动力不够用，需要吸收外地劳动力才能满足生产的要求。最后，政府管理和公共服务制度的改革都是为了拆除阻碍劳动力流动的障碍，发挥市场机制对劳动力流动的配置作用的。

（二）政府在农民工迁徙流动中提供公共服务的经验

1. 坚持公共服务的公益性，坚持政府的主导作用，不断强化政府的责任

在农民工迁徙流动进程中，中国城乡二元体制集中体现在农民工不能享有城镇政府提供的公共服务。例如在义务教育阶段，在城镇，政府一直将义务教育经费纳入政府预算，城镇学生只交少量学杂费，在农村，学生除了负担学杂费，还要负担一部分义务教育经费。改革开放初期，对来到城市的农民工子女收取借读费等费用的做法，

使农民的子女享受不到义务教育服务。这种做法弱化了政府的责任，影响中国城镇化进程中的公平与和谐。中国政府逐渐认识到了这一教训，不断强化政府的投入责任，坚持以公办学校为主，以流入地为主，对农民工子女接受义务教育实行与当地学生同等待遇的政策，保障了农民工子女受教育的权利，为农民工市民化进程创造了条件。目前，中国的公共政策正朝着以人为本、关注基本公共服务的方向发展，政府公共服务的范围拓展到文化、体育等多个领域，保障了农民工迁徙流动和融入城市的需求。

2. 坚持试点先行，分类指导，逐步完善农民工公共服务制度

中国的改革开放一条重要经验就是采取了先易后难、先试点再扩展的渐进改革方式。从以上的发展历程可以看到，农民工市民化进程中各项公共服务的发展也是采取按这种方式，充分考虑各方面的承受能力，合理把握改革的节奏和力度，把试点作为积累经验的途径，避免利益格局调整带来社会的不稳定，保证各项制度的改革和完善。

按照“突出重点、分类指导、注重实效、分步实施”的原则推进农民工的公共服务。在公共服务提供的顺序和安排主要采取优先解决容易的和能够带动全局的事情，以此为切入点，逐步推进。例如在服务内容上，优先解决农民工的就业服务，农民工子女在城市义务教育问题。吸取中国在公共卫生服务的经验和教训，大力促进农民工公共卫生服务均等化等。

3. 坚持政府主导和引入市场机制相结合提供公共服务

中国政府在农民工流动迁徙过程中，既是政策的提供者，又为政策的有效实施提供了良好的运行环境。随着社会主义市场经济体制的逐步建立，在公共服务方式上，引入了一些市场机制，保障和丰富公共服务的提供。例如在农民工进城务工初期，一部分农民工子女入读民办学校等措施，不仅满足了人民群众对公共服务的迫切需要，也适应了城镇化进程中农民的特点。面对引入市场机制同时监管不足等教训，政府更加注意通过编制规划，加大资金补贴，强化监管措施等方式，引导和规范各种社会力量进入公共服务领域，形成公办学校为主、民办学校为辅的农民工子女入学模式，扩大了公共服务供给，提高了服务效率。

第四节　农民工流动迁徙的需求、趋势和完善建议

一、农民工流动迁徙的新需求

（一）新生代农民工择业期望高

目前外出就业的新生代农民工与上一代农民工相比，择业期望高，在工资薪酬（工资水平高、逐年提升）、职业发展（有技术含量、进行培训、能长远发展）、安全健康（安全、稳定、环境好、无污染）、娱乐休闲（有娱乐设施及必要的文化生活）、社交归属（职业体面、八小时工作制）、权益维护（签订劳动合同、维护职业尊严、个人价值）等方面有更高的诉求，但是不少企业能够承担和提供的条件与待遇于他们还有一定的差距，凸显招工难。

（二）流动农民工的实际需求是城镇均等的基本公共服务

据国务院发展中心对6000多位农民工调查的结果显示：农民工的需求，户口是形，公共服务是实。他们首先反映要提高工资，第二个要改善社会保险，三是能够提供他们可以承受得起的住房条件，改善医疗条件，改善工作生活环境，保障权益，以及孩子的教育和提高就业技能。城市如果把这些都给他了，给不给户口他们觉得无所谓。可见，很多流动中的农民工的实际需求是城镇均等的基本公共服务。另一方面，一部分农民工对公共服务的需求已经向非基本公共服务领域延伸。对农民工自己来说，目前最值得期盼的是经培训获得的技能和独立产权的房产，对其家属来说，是逐步解决随迁子女在流入地义务教育与前后阶段的教育需求，对他们在农村的留守儿童、留守老人和留守妇女，给予更多的来自政府和社会的关爱扶助。

（三）农民工越来越重视注重对美好生活的向往

目前，农民工的流动方式由个体劳动力流动向家庭化迁移转变，举家迁徙劳动力

会越来越多，同时返乡农民工也在不断增加，都反映了他们更加关注家庭健康发展和子女健康成长。同时，新生代农民工流动形态由频繁的“钟摆式”流动向在城市稳定生活、稳定工作转变，尤其是新生代农民工，与上一代农民工不同，工余时间进行城市文化消费，城市生活既吸引又感染着他们，他们不仅希望生活环境得到改善，也希望精神文化生活得到同步提升。这些都反映了农民工更加注重对美好生活的向往。因此，未来农民工迁徙流动中要注重满足农民工对美好生活的需要。

（四）进城农民工对所在城市的归属感提高

国家统计局农民工监测报告显示，2017年，进城农民工中，38%认为自己是所居住城市的“本地人”，比上年提高2.4个百分点。表明一部分新生代农民工流动意向由“外出务工、返乡养老”正向扎根城市、实现融入转变。因此今后应把更多的注意力放在已经进城农民工的落户及他们及家属的市民化。

二、农民工流动迁徙的发展趋势

（一）农民工流动规模仍会继续扩大，但增速将趋向平稳

1. 当前的城乡差距，决定了农村劳动力会继续向城镇流动迁移

目前中国农村有 1.5亿富余劳动力，随着 20 世纪 80 年代生育高峰出生的人口进入劳动年龄，劳动力供给总量还会进一步增加。目前中国2.7倍的城乡收入差距、巨大的城乡间和区域间公共服务差距、4倍的农业与非农业劳动生产率差距，决定了农业劳动力还会继续向劳动生产率更高和收入水平更高的非农产业和城镇地区转移就业并居住。目前我国城镇化处于快速发展阶段，农村劳动力会继续向城镇迁徙流动，我国国家人口发展规划预测，“若实现2030年达到70%的城镇化率，2016～2030年将要从农村向城镇累计转移2亿左右人口”。

2. 通过改革，我国存量农业劳动力和农村人口还有较大的转移空间

一是目前我国人均耕地仅0.1公顷，农户户均土地经营规模约0.6公顷，远远达不到农业规模化经营的门槛。如果通过鼓励土地流转，扩大经营规模等土地制度改革，扩

大我国农业的经营规模，可以进一步释放农业劳动力。二是目前农民工群体公共服务保障不充分的问题依然存在，例如农民工的各项社会保险参保率还不高。如果从满足基本公共服务需求入手，把农民工及其家庭培育为真正的中等收入群体，为农民工创造社会纵向向上流动的通道，那么农民工外出打工的数量还会增加。三是目前农民工超过45岁以后会大量返乡，如果通过农民工市民化政策的实施，延长农民工在城镇打工的时间，则会维持和扩大农民工外出务工的规模。

3. 技术进步会对劳动力产生替代作用，也会推动劳动力向第三产业转移

从各国发展历程来看，随着科学技术的不断创新，在工业生产现代化水平不断提升的同时也带来工业发展对劳动力依赖程度的下降，但第三产业会增加吸纳劳动力。2017年我国第三产业就业比重为44.9%，不及第三产业总值在经济总量中的占比51.6%，发达国家第三产业产值占GDP的比重一般在60%以上，第三产业就业比重在60%～70%。相比发达国家，我国二产就业比重还较高，未来我国第二产业吸纳就业比重还将下降，吸纳就业劳动力总量也会减少，但是这些减少的劳动力并不会返回农村，而是可能成为城市服务业就业的人口，也会成为城市劳动力供给。因此未来农民工的规模不会因为技术进步而减小。

4. 农民工流动规模的增速会趋于平稳

目前我国新增劳动力数量已开始呈现逐渐下降趋势。目前阶段我国农民工总量平均增长速度仅为2.4%，农民工总量增幅下降，平均年龄不断上升，预示农民工规模的增速正在趋向平缓；农民工平均年龄的增加也预示着我国劳动人口的青春“红利”正在逐渐消逝，中国经济增长方式需要加快转变，劳动力结构性矛盾将会进一步加剧；在全球经济再平衡和产业格局再调整的背景下，我国对外贸易的不确定性加大，国际市场竞争更加激烈，都会减缓农民工流动规模的增速。

（二）农民工流向仍以东部地区和大中城市为主，但将逐渐向中西部地区和中小城市扩散

2017年，在东部地区务工的农民工比重为55.8%，东部地区仍是农民工主要吸纳地。从2015年农民工外出就业流向看，流入地级以上城市的农民占外出农民工总量的

66.3%，比2012年提高了1.3个百分点。我国工业化、城市化进程加速，将使大中城市和东部发达地区继续发挥产业和劳动力聚集效应。大中城市特别是东部发达地区吸引了大量的外资，对高素质劳动力存在巨大需求，也会相应带来对农民工的需求，因此，今后时期仍然是我国经济发展的火车头，仍然是农民工的主要输入地。

2011～2016年，在东部就业的农民工比重不断下降的态势也表明农民工将由集中流向东部逐渐向中西部扩散。从各国区域经济发展规律看，经济发展总是沿着一定的梯度递进的。随着我国对外开放和我国东部地区和大中城市土地资源日益紧缺，劳动力成本不断上升，进行产业结构调整和升级是一种客观要求，特别是技术含量低、土地占用大的劳动密集型产业将逐渐向中小城市和中西部地区转移，伴随着这种梯度转移，农民工流向也将随之位移。

（三）农民工转移仍以在城乡之间流动就业为主，但在城镇定居的将逐渐增多

目前，大多数农民工选择流动迁徙这种“候鸟式”的生活就业方式的主要原因是：一是农民工就业不稳定，特别是面对经济形势的各种不确定性，他们对经济增长能否保持对他们的吸纳能力缺乏预期；二是农民工收入偏低，不足以支撑其家庭在城市定居生活；三是现行的二元户籍制度及附着在其背后的公共服务提供方式，使农民工难以在城市长久居留；四是农民工在农村都有承包地，使他们流则有根、出而能退、进退有路。在相关体制没有改革彻底之前，在今后相当长的时间里大量农民工仍会以流动就业为主。但农民工群体流动和不稳定就业，对我国工业化、城市化也有一定的负面影响。面对新一代农民工占农民工主体，他们追求平等、希望融入城市等的新需求，预示着未来在城市定居的农民工人数将会逐渐增多。

三、完善农民工迁徙流动的政策建议

（一）保障农民工流动就业，推动农民工市民化

一方面，要贯彻落实国家新型城镇化有关户籍制度改革政策，为农民工在城镇落户提供有效渠道，推动农民工落户并融入城镇。

另一方面，要继续推动城镇基本公共服务向农民工全覆盖。对于继续迁徙流动，没有在城镇落户的农民工，要保障他们流动就业，为不断提高其市民化程度创造条件。

一是推进以居住证为载体向未落户人口提供城镇基本公共服务及办事便利，显著提高居住证发放量，鼓励城市群及都市圈内居住证互认，鼓励不断扩大居住证上的公共服务内容。

二是加强对农业劳动力就业转移服务，建立就业信息发布平台，发挥好政府和市场就业中介组织的作用。加大对农业劳动力的职业技能培训力度，健全覆盖农民工、贯穿他们学习工作终身、适应就业创业和成长需要的终身职业培训制度，打通农民工职业发展上升通道。

三是流入地政府要为农民工不断创造和提供与当地居民同等的教育机会，要完善各教育阶段农民工子女的入学办法，加强城镇学校建设和均等化水平，提高农民工子女在流入地受教育质量。

四是在社保缴纳费率、缴费基数、保险待遇等环节制定符合企业能力和农民工需求的政策，减少农民工和企业缴纳社保的负担。完善社会保险关系转移接续政策，扫清社会保险关系在城乡、地区间接续的制度障碍。加大政府对社会保障的监督执法力度，推动农民工平等参加城镇各类社会保险。

五是为农民工建立多渠道住房保障体系。实行住房供给侧改革，对具备购房能力的农民工，支持其通过住房市场购买商品住房。对暂不具备购房能力的农民工，建立稳定租期和租金等方面的制度，支持其通过住房租赁市场租房，长期稳定居住。加强农民工集中居住区居住环境的改善。

六是将农民工作为公共文化服务的重点对象，加快将农民工文化建设纳入常住地公共文化服务体系，以公共文化机构、社区和用工企业为实施主体，满足农民工群体的文化需求，增强他们对城市的归属感。

七是建立健全对农民工在农村家属的关爱服务体系，解除农民工流动就业过程中的后顾之忧。

八是深化“人地钱挂钩”配套政策。健全“人钱挂钩、钱随人走”各项政策，督促省及以下政府间建立财政转移支付同农业转移人口市民化挂钩机制，尽快推动“挂钩”政策细化落实。深化“人地挂钩、以人定地”，在制定各地区土地利用计划和安排城镇新增建设用地规模时，进一步增加上年度农业转移人口落户数量指标的权重。

（二）优化改革开放区域布局，推动产业向中西部转移

一是扩大对外开放，实施“一带一路”建设，推动中西部“一带一路”沿线各城市本身的发展，降低农业劳动力的就业转移成本，带动更多就业。

二是要加快中西部地区承接产业转移的步伐。鼓励大中城市、沿海发达地区的劳动密集型产业和资源加工型企业等向中西部欠发达地区转移，支持中西部创建承接产业转移示范区建设，发展壮大外向型产业集群，吸纳农民工就业。加强为相应配套服务设施建设提供支持，比如完善物流系统、促使供应链中各个环节的厂商集聚等。

三是为农民工返乡创业搭平台，给予农民工创业政策性扶持，通过创业基金或创业补贴等形式加大对返乡农民工等人员的创业扶持力度，促进当地的产业发展活力，增加就业岗位。

四是发展小城镇，引导企业向小城镇集中，制定优惠政策，鼓励、吸引外出务工农民回到小城镇创业和居住，促进产城融合发展。

（三）推动经济转型发展

考虑我国农民工目前的文化和技能素质还不高，在推动经济转型发展时需要做到以下三个方面。

一是实现制造业升级与传统产业并重的发展路径。传统产业是稳定经济增长、保障农民工就业的重要方面。在注重加强对传统产业优化升级的过程中，一方面可以进行传统产业向低成本地区迁移，一方面要生产性服务业与制造业融合发展，不断扩大就业岗位。

二是大力发展第三产业。既要重视现代服务业，更要关注传统服务业，城市政府对服务业发展要有包容的心态，要为传统服务业发展留下空间，降低服务业发展成本。大力推动“大众创业、万众创新”，着力发展家庭服务、电子商务、快递物流等新业态，在培育发展新动能中开发适合农民工的就业岗位。

三是扩大对外开放的同时重视国内消费市场。我国大量农民工受雇于外向型企业，当前国外市场持续低迷，而我国国内市场正蓬勃发展，国内市场不仅容量大且多样化，转向国内市场有利于扩大企业的销售渠道，分散国际市场的风险，稳定和扩大

农民工就业。

（四）改善中小微型企业和民营经济的经营环境

中小微型企业和民营企业是容纳农民工就业的主力，但中小企业抗风险能力低，当面临成本上升、经济下滑或者金融危机时，他们的吸纳就业能力就会大幅下降。用工成本和原材料价格上升以及融资困难使得中小微企业步展艰难，而其享受的政府优惠政策相比大型、国有企业少。因此，要从政策上支持中小微企业和民营企业的发展，要扩大其融资渠道，改善其经营环境，使得企业自身取得发展，才有能力解决农民工的就业何题。

（五）推动城乡统筹发展，促进农民工合理流动

将推进城镇化与乡村振兴战略结合起来，在积极转移富余农村劳动力的同时，积极进行乡村振兴战略，不断缩小城乡差距，不断为农民、农村提供公共服务，减小农村向城市的推力，积极稳妥地推进就地就近城镇化。

参考文献

[1] 国家统计局. 就业总量持续增长 就业结构调整优化——改革开放40年经济社会发展成就系列报告之十四. 国家统计局网站.

[2] 国家统计局. 对外经贸跨越发展 开放水平全面提升——改革开放40年经济社会发展成就系列报告之三. 国家统计局网站.

[3] 国家统计局. 改革开放铸就工业辉煌 创新转型做强制造大国——改革开放40年经济社会发展成就系列报告之六. 国家统计局网站.

[4] 国家统计局. 2010～2017年农民工监测调查报告. 国家统计局网站.

[5] 国家统计局农调总队. 2004年农民外出务工的数量、结构及特点. 中国三农信息网，2005年6月30日.

[6] 国务院发展研究中心中国农民工战略问题研究课题组. 中国农民工现状及其发展趋势总报告. 改革，2009（2）.

[7] 杨志明. 我国农民工发展的历程和特色. 人民日报，2018年10月15日 07 版.

[8] 国务院研究研究室课题组. 中国农民工调研报告. 北京：中国言实出版社，2006.

[9] 范小玉. 1998年我国农村劳动力转移情况调查. 调研世界，1999（07）.

[10] 曹思诚. 离土又离乡“民工潮”初起. 南方都市报，www.nddaily.com SouthernMetropolisDailyMark 南都网.

[11] 陈鹏. 从“有学上”到“上好学”——党的十八大以来全国教育系统推进义务教育均衡发展纪实. 光明日报，2018年09月08日 03版.

[12] 蔡昉主编. 中国人口与劳动力问题报告——从人口红利到制度红利. 北京：社会科学文献出版社，2013.

[13] 李铁、范毅等. 我国城市流动人口和北京市人口问题研究. 北京：中国发展出版社，2013.

[14] 李铁. 城镇化是一次全面深刻的社会变革. 北京：中国发展出版社，2013.

[15] 李铁主编. 城镇化改革的地方实践. 北京：中国发展出版社，2013.

[16] 李铁、乔润令主编. 城镇化进程中的城乡关系. 北京： 中国发展出版社，2013.

[17] 中国城市和小城镇改革发展中心课题组. 中国城镇化战略选择政策研究. 北京：人民出版社2013.

[18] 国家发改委城市和小城镇改革发展中心课题组. 中国城镇化2014年度报告：转型、改革与创新. 北京：中国发展出版社，2014.

[19] 徐绍史主编. 国家新型城镇化报告2015. 北京：中国计划出版社，2016.

[20] 何立峰主编. 国家新型城镇化报告2016. 北京：中国计划出版社，2017.

[21] 何立峰主编. 国家新型城镇化报告2017. 北京：中国计划出版社，2018.

[22] 李铁、范毅著. 对当前人口热点问题的讨论与思考. 中国城市和小城镇改革发展中心内部报告，2015.

[23] 中国农村劳动力流动的回顾与展望. 文鉴网，http：//www.locknet.com.cn/a/2018/0611/62503.html.

第四章

农民工就业与城市发展

毛学峰　张晓旭　张在一[①]

第一节　农民工就业政策演变与就业市场一体化

一、农民工就业政策演变

（一）严格限制到允许进城就业阶段（1978～1992年）

改革开放以前，国内的粮食资源匮乏，城市就业压力大。改革开放初期，国家延续了严格控制农村劳动力流动的政策。为了限制农民流动，防止过多农村人口涌入城市，国家相继出台了许多文件。1981年，国务院下发《关于严格控制农村劳动力进城做工和农业人口转为非农业人口的通知》，严格控制从农村招工，认真清理企业、事业单位使用的农村劳动力。因此，在这期间的农业劳动力外出数量很小，流动范围也仅局限在农村地区内部。

随着家庭联产承包责任制的不断推行，农业劳动力开始出现明显剩余，加上乡镇企业的蓬勃发展，为农村劳动力的进一步流动创造了条件。1984年，国家开始认识

① 毛学峰，中国人民大学农业和农村发展学院副教授、博士生导师；张晓旭，中国城市和小城镇改革发展中心研究助理；张在一，中国人民大学农业和农村发展学院博士研究生。

到，农民进入城镇务工、办服务业，对促进集镇的发展、繁荣城乡经济具有重要作用，因而开始有条件地允许农民进入城镇务工经商，并允许务工、经商、服务的农民自理口粮到集镇落户。这一政策标志着国家对农村劳动力流动及就业的放松，它表明实行了近30年的限制城乡人口流动的就业管理制度开始松动。其后，农村劳动力的转移和流动进入一个较快增长的时期。

1988年，国内出现严重通货膨胀，许多经济建设项目相继下马，国民经济增长缓慢。然而在此时，农村劳动力正在“进厂又进城、离土又离乡”口号的引导下，以每年数十万甚至上百万的规模涌向城市。为了缓解城市内部就业压力，国家开始控制农村劳动力的盲目外出。1990年4月，《国务院关于做好劳动就业工作的通知》中要求合理控制农村劳动力的转移，并且要建立临时务工许可证和就业制度。对于那些长期“盲流”，要坚决收容、遣送。在城市没有户口、没有工作的农民工，基本上属于“三无人员”，即无固定住所、无稳定经济来源、无合法证件，成了被遣送的主要对象。

可以看出，在这段时间内，农民工就业政策为了保障城市的发展而在一定程度上忽视了农民的利益。

（二）名为允许、实为限制阶段（1993～1999年）

对农村劳动力流动进行控制的效果并没有持续很长时间。1992年前后，随着市场经济的逐步建立，国家将对农民的管理政策调整为鼓励、引导和实行宏观调控下的有序流动。从政策层面上看，国家允许农民进城就业，但是有严格的限制条件，在很多地方利用各种规则来设置障碍，实则阻碍了农民工的流动就业。当时的就业制度实际上是以就业管理为中心的一种制度安排。

1994年，劳动部下发的《农村劳动力跨省流动就业管理暂时规定》中强调，被用人单位跨省招收的农村劳动者，外出之前，须办理外出人员登记卡；到用人单位后，须办理就业证；两者合而生效，是流动就业的一个有效凭证。而在实际的管理过程中，除了这两个证件，还要有身份证、健康证、结婚证等，所以在农民工就业管理的过程中，也就涉及公安、卫生、劳动等部门。管理意味着办证，而办证意味着收费。以北京市为例，想到北京工作的农民工首先要在原籍所在地办理流动人口证，并缴纳50～80元/年的管理费；到北京之后，还需办理北京地区的暂住证，并继续缴纳180元/

年的管理费和8元的工本费；找到工作之后，雇主单位需为农民工代办就业证，并缴纳180元/年的管理费和5元工本费。如果把以上证件都办齐，需要450元左右的管理费。除北京之外，全国其他城市也都存在不同程度的办证收费现象。据有关部门统计，深圳市每年仅向外来人口收取管理费就达10亿元之多。而所收取管理费中的60%是用于城市基础设施建设，其余由劳动、公安、卫生等部门分配，并没有直接用于农民工的款项。这种制度本身就是不合理的，而且对农民工是一种政策歧视。

《城市流浪乞讨人员收容遣送办法》的推行最早只是用来维护城市中的社会安定，但发展到后来，城市收容遣送的对象逐渐扩大到了证件不齐的“三无”农民工。在全国的各个收容所中，真正需要救济的人员比例只占15%左右，而证件不齐的农民工则成为收容所的常客。在某种意义上，收容制度也成为阻碍农民工进城就业的制度。通过这种制度对农民工给予排斥还是一种地下行为，而且随着国有企业改革的深化，城市中下岗待业人员的剧增，一些城市为了保障下岗职工的利益，公开发文阻碍农民工进城就业。如上海、北京等地都出台了限制性管理办法，开始了大规模的“腾笼换鸟”活动。这种利用政策、法规的方式，无形中给市民和农民中间增加了一道高高的屏障，但是限制政策很快被证明是无效的，并且抬高了城市的生活成本。

（三）取消限制、规范服务阶段（2000年至今）

进入21世纪后，随着经济发展的需要，人们对农民工进城务工所带来的积极作用也逐渐认可，国家开始逐步取消农民进城就业的不合理限制，在政策上做出了积极调整，自此开始实现城乡劳动力市场的一体化。2000年，劳动和社会保障部下发《关于进一步开展农村劳动力开发就业试点工作的通知》，拉开了促进城乡旧体制瓦解，实现劳动力市场统一的改革大幕。之后，国家以“公平对待、合理引导、完善管理、搞好服务”十六字方针为指导，积极引导农村剩余劳动力向非农产业转移。

2003年是国家对于农民工就业的政策转变年。同年1月，国务院办公厅下发了《关于做好农民进城务工就业管理和服务工作的通知》，要求各地要给予农民工和市民同等的“国民待遇”。该项文件的颁布是我国政府对于农民工就业管理中的一个重要转折，其中还系统阐述了农民工的平等就业权、劳动报酬权、休息休假权等权益。2004年，为了对农民工的身份做出明确定义，国务院在《关于促进农民增加收入若干政策的意见》中明确提出，农民工是产业工人的重要组成部分。这是国家和政府第一次承认农民工的工人阶级属性，也为农民工在城市中的就业提供了保障。2006年，国务院在《关于解决农民工问题的若干意见》中指出“农民工是我国改革开放和工业化、城镇化进程中涌现的一支新型劳动大军”，中央政策对于农民工的限制也开始逐步转变为明确鼓励。但在直到今天，在一线城市，受产业结构的调整和城市疏解功能等因素影响，对农民工等低端就业政策仍旧处于调整阶，对于中大型城市到底需要什么样的就业结构，就业政策的调整对于经济的发展到底产生何种影响，仍需要持续关注和评估。

二、农民工就业市场一体化

劳动力市场分割是讨论劳动力市场一体化（趋同）的前提。理论上讲，在完善的劳动力市场中，供求差异导致不同工资水平，而劳动力的自由流动会使差异化的工资水平走向趋同。但是中国劳动市场情形并非如此。以户籍制度为核心的人口管理制度，计划经济条件下的保障体制和福利体制，垄断部门的准入等因素都是倾向于保护城市劳动力者和对本地居民的就业保护（蔡昉，2001）。经过改革开放四十年发展，农民工就业市场一体化程度不断提高。

（一）农民工的身份对就业影响逐步减少

中国劳动力市场分割问题一直受到国内外劳动经济学界关注。劳动力市场分割具有多种表现形式，地区之间、不同所有制之间、部门之间（Sylvie等，2009），更引人关注的是城乡之间市场分割。在中国劳动力市场中，城乡收入差距扩大，主要表现为城市居民工资与农民工工资之间差距的扩大。已有研究表明，在21世纪初期，发达地区的农民工工资一直没有太大的变化（张晓晖，2004）。据九三学社广东省委调研，珠三角地区农民工月工资12年来只提高了68元，我国农民工工资长期以来处于偏低的水平。然而，城镇城市职工的实际平均工资在1994～2004年间从4538 元增长到了11902元。孟欣等（2007）利用广东省7 家企业2000～2004年间的工资单数据发现，农民工的工资和广东省的职工平均工资的差距一直在扩大，而农民工工资上涨并不明显。对于这种现象，学术界一些解释认为是城乡居民的身份差异造成的，蔡昉（2005）指出，中国特有的土地制度、户籍制度及其相应的配套政策是劳动力流动的制度性障碍。这些因素阻碍了劳动力自由流动，导致劳动要素配置的低效率，扭曲了劳动力要素市场，进而影响区域间的经济增长收敛（蔡昉等，2001）。

幸运的是，自2004年左右珠三角地区开始出现“民工荒”以后，近年来农民工工资开始出现持续快速上涨。“十二五”期间，农民工月平均收入从2010年的1690元涨到了2015年的3072元，平均每年增长12.7%，随后更是在2017年达到了3485元。2004年之后农民工持续快速的增长说明，这和传统的发展学所描述的“处于高于农业劳动边际生产力的生存水平上长期不变”有所区别，这也是中国社科院学者蔡昉认为中国在2004年前后跨越了刘易斯拐点的重要证据。

表4-1　　分部门实际工资　　单位：元

	农业雇工（雇工工价）			非农产业（月工资）			
年份	粮食	规模养猪	棉花	平均工资	制造业	建筑业	农民工
2011	78.58	57.83	72.92	3483	3055	2675	2049
2012	92.57	66.41	74.68	3897	3471	3040	2290
2013	99.05	74.98	94.21	4290	3869	3506	2609
2014	107.49	82.21	99.95	4697	4281	3817	2864
2015	112.39	88.3	108.35	5169	4610	4074	3072
2016	114.31	91.98	104.3	5631	4956	4340	3275

资料来源：粮食、棉花和规模养猪的雇工工价来自《全国农产品成本收益资料汇编》（历年），制造业和建筑业来自《中国劳动统计年鉴》，农民工月工资来自统计局的历年农民工监测报告。

伴随着外出务工，农业部门的影子工资也出现明显增长，农业内部的劳动力市场也逐渐形成，在农业部门内部，劳动力的绝对数量逐年减少，在农忙时开始出现大量劳动力雇佣行为，雇工费用出现大幅度增长。从表可以看出，相比2011年，2016年粮食、规模养猪和棉花雇工工价的上涨都接近了45%。这意味着，除了农民工工资在上涨之外，整体农业中的雇工工资也在以更快的速度上涨。

表4-2　　农民工工资和城镇单位就业人员对比　　单位：元

年份 类别	2008	2009	2010	2011	2012	2013	2014	2015	2016
农民工	1340	1417	1690	2049	2290	2609	2864	3072	3275
平均工资	2408	2687	3045	3483	3897	4290	4697	5169	5631
建筑业	1769	2013	2294	2675	3040	3506	3817	4074	4340
批发和零售业	2152	2428	2803	3388	3862	4192	4653	5027	5422

续表

类别＼年份	2008	2009	2010	2011	2012	2013	2014	2015	2016
住宿和餐饮业	1610	1738	1949	2291	2606	2837	3105	3401	3615
交通运输、仓储和邮政业	2670	2943	3372	3923	4449	4833	5285	5735	6138
和平均工资相比	0.56	0.53	0.56	0.59	0.59	0.61	0.61	0.59	0.58
和建筑业相比	0.76	0.70	0.74	0.77	0.75	0.74	0.75	0.75	0.75

资料来源：根据中经网和逐年国家统计局农民工监测报告整理。

现有研究或针对不同行业的劳动力进行比较，或基于工资差异中教育回报率的贡献份额来审视中国劳动力市场。邢春冰（2008）利用2005年的人口普查数据研究发现，城镇职工的平均收入水平显著高于农民工，但两者小时收入差异的90%左右是由个体特征差异造成的，而歧视因素只占10%。除此之外，2005年到2012年，农民工和城镇流动人口的工资差距出现了一定程度的缩小，导致了工资差距缩小的主要原因是工资结构效应的变化。此外，受教育程度、行业和职业回报等也是导致农民工工资差距缩小的关键因素。由此可见，城镇户口符号本身没有溢价能力，或者这种溢价能力已被大幅度削弱，劳动力市场上已经出现了系统的工资趋同现象，而在乡村劳动力市场逐渐形成的同时，城乡范围内的劳动力市场开始展现出一体化特征。

（二）农民工就业市场的区域一体化

正如李实（2018）所言，农民工的来源地分布变化不大，但流入地分布变化较大。如表4-3所示，2009年，在外出农民工中，东部、中部和西部地区所占比重分别31.9%、36.5%、31.6%。2017年，外出农民工中来自东部地区的有10430万人、中部地区9450万人、西部地区7814万人，三个地区所占比重分别是36.4%、33%、27.3%。从外出农民工流向来看，外出务工目的地仍以东部地区为主，但在中西部地区务工的比重有所提高。2009年在东部、中部和西部地区务工的农民工数量分别为9076万人、2477万人和2940万人，各占全国外出农民工人数的62.5%、17%和20.2%。而到2017年，在东部、中部和西部地区务工的农民工占全国农民工总量的比例则分别变化为55.8%、20.6%、20.1%。除此之外，还有诸多证据表明，流入东部地区务工的农民工正在减少，外出农民工正在向中西部地区转移，农民工就业市场在空间上出现互动和整合。

表4-3　外出农民工在不同地区务工的月收入水平　单位：元

	2008	2009	2010	2011	2012
全国	1340	1417	1690	2049	2290
东部地区	1352	1422	1696	2053	2286
中部地区	1275	1350	1632	2006	2257
西部地区	1273	1378	1643	1990	2226

资料来源：根据逐年国家统计局农民工监测报告整理。

从东中西三大区域空间上的变动情况来看，农民工工资趋同现象明显。2008年时，总体上看，外出农民工人均月收入为1340元。分地区看，东部地区农民工人均月收入为1352元，中部地区为1275元，西部地区为1273元，东部地区仅为西部地区的1.06倍。而到了2017年，东中西和东北地区的外出农民工人均月收入水平分别为3677元、3331元、3350元和3254元，最高和最低地区收入仅相差13%。由此可见，农民工工资趋同现象较为明显，区域间的收入差异不大，农民工空间流动已趋于均衡状态。

（三）农民工就业市场的部门一体化

准确地说，农民工在总体上代表了非熟练工人群体。根据2009 年的数据，在外出的1.45亿农民工中，初中文化程度占64.8%，高中文化程度占13.1%。而到2017年时，农民工群体中初中文化程度的占到58.6%，高中文化程度占17.1%，大专及以上占了10.3%。由此可见，农民工群体是一个异质性较低的劳动力群体，这一因素导致了其本身内部的工资差距不会太大。因此，考虑到自由流动、行业进入自由以及行业准入壁垒相对较小的情况，农民工工资差距的演变过程其实在很大程度上反映了劳动力市场的完善程度。

从不同行业间的农民工工资来看，农民工工资也有趋同。根据表4–4所示，在农民工从事的几个主要行业中，建筑业、交通运输业、仓储和邮政业收入水平较高，月均收入分别为1625元和1671元；而住宿餐饮业、服务业和制造业的农民工收入最低，分别为1264元、1276元和1331元。若将最高工资和最低工资相比，比例基本稳定，尤其2011年之后，交通运输、仓储、邮政业的工资水平和居民服务、修理和其他服务业的比例基本维持在1.3水平上。

表4-4　不同行业外出农民工月均收入水平　单位：元

类别	2009	2010	2011	2012	2013	2014	2015	2016	2017
合计	1417	1690	2049	2290	2609	2864	3072	3275	3485
制造业	1331	2130	1920	2130	2537	2832	2970	3233	3444
建筑业	1625	2654	2382	2654	2965	3292	3508	3687	3918
批发和零售业			2024		2432	2554	2716	2839	3048
交通运输、仓储和邮政业	1671	2735	2485	2735	3133	3301	3553	3775	4048
住宿和餐饮业	1264	2100	1807	2100	2366	2566	2723	2872	3019
居民服务、修理和其他服务业	1276	2058	1826	2058	2297	2532	2686	2851	3022
最高工资/最低工资	1.32	1.62	1.38	1.33	1.36	1.30	1.32	1.33	1.34

诸多研究所提供的数据显示，农民工内部之间的工资差距开始出现下降趋势。蔡昉（2011）利用中国社会科学院人口与劳动经济研究所在5个大城市所做的三轮劳动力市场调查数据发现，在包括农民工在内的城市劳动力市场上，总体工资差异呈逐渐缩小的趋势，基尼系数由2001年的0.37下降到2010年的0.33，泰尔指数由0.25下降到0.19。冯毅和李实（2013）利用2005年全国1%抽样调查数据与2012年国家计生委数据计算了农民工工资差距的基尼系数，发现这两次农民工工资差距基尼系数下降了近2个百分点，农民工在不同部门就业的差异在缩小，农民工就业市场趋于一体化。

第二节　农民工就业、工业化与城市发展

在早期，农民工被视为“盲流”被驱赶，城市招工更是对农民工采取限制性措施。早期的流入地管理者普遍认为，进城农民工会对当地城市劳动力市场形成冲击。在20世纪90年代中后期，出现了大量农民工进城，但当时的城市内部，劳动力市场正处在快速改革期，在大量企业职工下岗分流的局面下，农民工进城被很多人认为将挤占大量城市居民的就业岗位，并降低城市中低技能劳动力的工资。但是，到目前为止，从来没有实证研究支持过农民工进城挤压城市居民就业的效应。

在现实的城市劳动力市场中，就业市场是分层的，进入城市的大部分农民工和

城市中的技能劳动力并没有在同一个层级的劳动力市场中竞聘岗位。李实（1997a）的研究表明，农村劳动力流动对城市经济的负面影响是微乎其微的，它所产生的就业替代效应仅为0.1左右。从长期看，它会压低城镇职工工资过快增长的趋势。李实（1997b）提供了一个理论模型，政策模拟分析表明农村劳动力的进入会扩大城镇内部专业技术人员和非专业技术人员之间的收入差距，这是对传统工资管理体制的一种修正。传统经济学理论认为大规模的人口流入将通过增加劳动供给而降低迁入地本地居民的工资[①]，然而近年来越来越多的经验证据表明，人口流入可能并未显著降低本地居民的工资。正如Ottaviano and Peri（2008、2012）和Card（2009）所指出的那样，本地居民和外来移民之间的非完美替代性导致外来移民主要与同等技能的其他外来移民而非同等技能的本地居民直接竞争，从而有效减轻了人口流入对本地居民工资的冲击。刘学军和赵耀辉（2009）是中国文献中较早且较为细致的研究之一[②]，他们使用类似Card（2001）的设定，考察了劳动力流动对城市劳动力市场的影响。其研究结果表明，尽管外来移民对城市本地居民的工资具有统计上显著的负向影响，但其幅度非常小。Meng and Zhang（2010）在城市层面上研究了本地居民平均工资与外来移民占比的关系，未能发现人口流入对本地居民以及其中的低技能群体的工资有显著影响。

大部分的研究与政策关注点都放在了农民工流动和就业对于农民收入、国民经济的影响上。其实，农民工作为产业工人的重要组成部分，对我国工业化和城镇化的发展具有重要的推动力量，是城镇发展中不可或缺的劳动者群体，值得我们进一步关注。

一、进城农民工缓解了城市社会老龄化

我国早期劳动力流动都是以青壮年劳动力为主，而且男性居多。这也是为什么沿海地区会称之为打工妹和打工仔的主要原因——即使后来农民工的平均年龄略有增

① 本文不严格区分人口流动和迁移。受数据所限，本文主要考虑非户籍移民，即流动，包含乡-城和城-城移民两种类型。

② 王德文等（2004）、袁志刚（2006）、刘学军和赵耀辉（2009）和颜品和原新（2017）研究了中国人口流入对城市居民就业率的影响。大多数此类研究发现该影响较为有限。

加趋势。根据国家统计局农调队的早期调查，2004年农民工的平均年龄为28.6岁，其中，16～25岁的比例高达45%，30岁以内的仍占60%（表4–5）。毫无疑问，庞大的进城农民工极大地缓解了城市老龄化现象。以北京和上海为例，2016年，北京户籍人口中，60岁以上比例为24.6%，但是如果把外来常住人口也算上，北京的常住人口中60岁以上比例被稀释为15.9%。2017年60岁以上户籍人口占比高达33.2%，即每3个户籍人口中就有1位60岁以上的老人。如果把范围扩大到常住人口（包括常住外来人口和户籍人口），因为外来人口非常年轻，2017年底上海常住人口中60岁以上的比例就被稀释为22.3%。根据上海市统计局发布的《上海人口老龄化现状和预判》，2017年上海户籍人口中65岁以上的比例为21.8%，而外来常住人口中65岁以上的比例仅3.2%。总之，以农民工为主体的农村人口进城不断改变了城市的年龄结构，延缓了城市老龄化社会的趋势。

表4-5　　外出农民工年龄结构

2004年统计局监测数据		2006年农业普查数据		2017年统计局监测数据	
年龄分组	比重（%）	年龄分组	比重（%）	年龄分组	比重（%）
16～30岁	61	20岁以下	16.1	16～20岁	2.6
		21～30岁	36.5	21～30岁	27.3
31～40岁	23	31～40岁	29.5	31～40岁	22.5
41岁以上	16	41～50岁	12.8	40～50岁	26.3
		51岁以上	5.1	50岁以上	21.3

资料来源：《中国农民工调研报告》《农业普查数据公报》《2017中国农民工监测调查报告》。

二、农民工是支撑工业化发展的重要力量

除了农民工对经济增长的贡献之外，大家更应该看到，农民工一直在为我国工业化的发展提供有力支撑。目前，农民工已经成为制造业、建筑业和第三产业的主力军，并在国际竞争中为我国制造业保持了低成本的比较优势，也促进了建筑业的发展壮大，在中国工业化进程中功不可没（表4–6）。

表4-6　　农民工占整个就业总量情况　　单位：万人，%

年份	农民工总量	整体就业：农民工/全国	第一产业就业：农民工/全国	第二产业就业：农民工/全国	第三产业就业：农民工/全国
2013	26894	34.94	0.21	65.93	38.66
2014	27395	35.46	0.18	67.13	37.47
2015	27747	35.83	0.14	67.37	37.60
2016	28171	36.30	0.15	66.68	38.97
2016	28652	36.90	0.68	67.61	39.44

资料来源：根据《中国劳动统计年鉴》与历年《农民工监测报告》整理。

农民工是我国产业工人的重要组成部分。20世纪80年代，乡镇企业迅速崛起，其中的劳动力中，大约四分之三都出自农民工。仅1983～1988年，乡镇企业就吸纳了农村劳动力6300万，成为当时拉动经济增长的第一推动力。根据统计局农民工监测报告，从农民工自身从业占比来看，从事第二产业的农民工比重为51.5%，其中，从事制造业的农民工比重为29.9%，从事建筑业的农民工比重为18.9%，从事第三产业的农民工比重为48%。从农民工从业与全国整体从业占比来看，2017年，在全国所有从事第二产业的从业人员中，农民工占到67.61%；在第三产业从业中，农民工占到39.44%。和城镇单位就业人数来比较来看，如表4–7所示，住宿和餐饮业领域就业人数是城镇就业人数的6.68倍，2010年该比例曾经达到6.95倍。其次是批发和零售业，农民工就业人数和城镇单位就业人数相比大致在4倍左右。由此可见，农民工在我国产业工人中占据了重要位置。

表4-7　　农民工行业分布　　单位：%

类别	农民工本身就业行业分布					分行业的农民工/城镇单位就业人数比				
年份	制造业	建筑业	交通运输、仓储和邮政业	批发零售业	住宿和餐饮	制造业	建筑业	交通运输、仓储和邮政业	批发和零售业	住宿和餐饮业
2008	37.2	13.8	6.4	9	5.5	2.44	2.90	2.30	3.94	6.42
2009	36.1	15.2	6.8	10	6	2.38	2.97	2.46	4.41	6.82
2010	36.7	16.1	6.9	10	6	2.44	3.08	2.65	4.53	6.95
2011	36	17.7	6.6	10.1	5.3	2.23	2.59	2.52	3.94	5.52
2012	35.7	18.4	6.6	9.8	5.2	2.20	2.40	2.60	3.62	5.15
2013	31.4	22.2	6.3	11.3	5.9	1.61	2.04	2.00	3.41	5.21

续表

类别/年份	农民工本身就业行业分布					分行业的农民工/城镇单位就业人数比				
	制造业	建筑业	交通运输、仓储和邮政业	批发零售业	住宿和餐饮	制造业	建筑业	交通运输、仓储和邮政业	批发和零售业	住宿和餐饮业
2014	31.3	22.3	6.5	11.4	6	1.64	2.09	2.07	3.51	5.68
2015	31.1	21.1	6.4	11.9	5.8	1.70	2.09	2.08	3.74	5.83
2016	30.5	19.7	6.4	12.3	5.9	1.76	2.04	2.12	3.96	6.16
2017	29.9	18.9	6.6	12.3	6.2	1.85	2.05	2.24	4.18	6.68

资料来源：根据《中国劳动统计年鉴》与历年《农民工监测报告》整理。

除了在从业数量上的比重加强，农民工的人力资本也在不断提升，在所有农民工中，接受过农业或非农职业技能培训的农民工占32.9%，其中，接受非农职业技能培训的占30.6%，在本地农民工中，接受农业或非农职业技能培训的占30.6%，在外出农民工中，接受农业或非农职业技能培训的占35.5%。

进城农民工为中国工业化提供了廉价的劳动力，大幅度降低了中国工业化成本。尽管农民工的收入水平在逐步提高，但与城镇居民收入相比，仍然还有较大的差距。大量农民工在非农产业的长期就业使其发展成为熟练的技术工人，并且保持了较低的劳动力成本，是中国产业保持国际竞争力的关键性因素。农民工在中国经济步入全球化的过程中，为劳动密集型产业，特别是出口加工型制造业提供了相对质优价廉的劳动力相对优势。出口加工型制造业有相当大的运输成本，因此，大量来自外资和制造业的新增就业岗位，也相应地产生于沿海省份。这就导致了中国劳动力不仅存在从农村向城市的流动，同时也存在从内地向沿海的流动（段成荣等，2008）。改革开放之后，全球贸易增长不到5.9倍，但是同期中国出口额增长近90倍。在这其中农民工不仅为东部地区吸引外资和发展出口贸易创造了条件，也为承接国际劳动密集型产业创造了条件。

三、农民工外出务工成为促进改革的重要推动力

诸多研究认为中国经济增长得益于中国低成本的劳动力，这可能仅是一方面。低成本的劳动力优势一直都在，但正如周其仁（2017）指出，仅有低成本的要素还

不能保障发展，有必要扩展比较优势的内涵。较低的体制运行成本，结合较低的要素成本，才能不断提升中国经济的竞争力，不断开拓国际市场，使中国成为“世界工厂”。

农民工进城过程中经历了城市就业准入制度的系列变革，农民工经历了从“盲流”、禁止、限制，到不得不接纳、歧视性对待、条件性接纳以及包容，直至今日的融合和正在推进的市民化过程。在这一系列的变革过程中，整个劳动用工制度、流动人口管理等都做出了相应的调整与改革，户口制度也发生了相应的变化，从小城镇开始突破，经历了自理口粮户口、蓝印户口、小城镇户改，到2014年，中小城市和小城镇全面放开落户限制，为户籍改革迈出了重要一步。毫无疑问，户口制度改革漫长、积分落户还有很多限制性条件，但有一点是清晰和明确的：户口制度正在改革、落后条件逐渐清晰以及市民化过程正在推进。与户口相匹配的是，流入地政府正在逐渐把农民工纳入公共服务范围之内。外来农民工在社保、子女教育、就业培训、权益维护等方面所享受的公共服务项目不断增多，公共服务水平不断提升。随着基本公共服务的均等化，农民工市民化进程不但加快，伴随着大规模、大范围的跨区域流动，焕发了城市活力。目前城市劳动力市场正逐渐形成，市场在资源配置中开始发挥主导作用，这些自然也极大地推动了政府管理职能和方式的转变。

农民工流动在推动城市不断深化改革的同时，也提高了整个社会的生产率。发展经济理论认为，农民工从农业部门转移到城镇现代化部门，通过缩小两个部门间的生产率差异引起整体劳动力生产率的大幅度上升。另外，一方面，即使剩余劳动力仅能在城镇实现非正规就业，但相对农业部门的传统就业，其本身的劳动力生产率也会有大幅提高。因此，农民工从农业部门进入城镇非正规部门，最终将有助于提高自身劳动生产率，促进经济增长。另一方面，正因为大量劳动力离开了农业部门，因而农业部门内部的资源有机会得到重新配置，将有利于提高农业部门本身的生产率，最终，城乡之间的劳动力率差距将伴随着大量劳动力的流动趋于缩小。

农村劳动力不只是简单受益于进城前城镇已有的劳动力生产率，还会通过人口空间集聚所产生的正外部性进一步提高城镇劳动力生产率。集聚的正效应主要有三个来源：劳动力的匹配、中间投入品共享以及知识和技术的溢出（Marshall，1890），城市集聚经济的机制归结于匹配、共享和学习（Duranton和Puga，2003）。

表4-8　　三个产业及重新配置对劳动生产率的贡献　　单位：%

年份	年均增长率	一产贡献率	二产贡献率	三产贡献率	配置贡献率
1978～2015年	8.08 （8.08）	17.73 （21.86）	44.22 （42.53）	15.39 （14.53）	22.66 （21.08）
1978～1990年	4.90	15.65	34.46	16.57	33.32
1991～2003年	9.75	7.44	61.30	16.71	14.55
2004～2015年	9.58	6.68	48.69	20.27	21.36

资料来源：蔡昉（2017）。

当物质资本和人力资本的积累不断增长，劳动力的重新配置也将明显改善生产率，进而不断推动经济的高速增长。如表4-8所示，1978～2015 年间，总体劳动生产率年均增长8.1%，但相对而言，第一产业贡献稳定下降，第二产业贡献大幅度提高，并始终是各时期中拉动劳动生产率提高贡献最大的部门。尽管第三产业的贡献也有提高，但相对于第二产业仍旧较低。根据蔡昉（2017）的研究，一方面，劳动力从农业部门向非农部门转移，大大提高了劳动力生产率，对于经济增长贡献相对较大，另外一方面，当前，劳动力在农业与非农产业之间的生产率差距仍旧巨大，需要通过进一步改善劳动力转移的政策环境，保持整体劳动生产率的继续提高。

四、农民工就业地完善了城市的健康发展

任何一个地区的发展都不能脱离于整个地区的资源禀赋而独立发展。无论是省会城市还是沿海城市，无论大中城市还是小城镇，无不利用了中国劳动力丰富的比较优势，更为准确的是外来劳动力低成本优势，低成本的劳动力，不仅提升了城市竞争力，也对城市健康发展起到重要推动作用。

（一）农民工是城市化建设的重要力量

1985年也只有建制镇2851个，而到1992年，建制镇就达到14182个，短短几年时间就增长了约5倍。2016年底已经有39862个乡镇，360个县级市和293个地级市，城市中的众多基础设施建设、制造业和服务业工作都是由农民工来完成，准确地说，每一栋高楼大厦、每一座桥梁都离不开农民工的辛勤付出。建筑业、采矿业、第三产业和其他产业链低端或劳动力密集型产业，城市中那些脏、乱、差、累而且大多数城市居民

所不愿意从事的工作，往往由农民工来完成。

（二）农民工就业可以极大地提高城市生活的便利程度

根据杜能在1826年完成的农业区位论专著《孤立国对农业和国民经济之关系》，先进、高端的制造业和服务业在城市空间上集聚，但是城市往往并不生产其他生活必需品，而是通过生活需求创造出更多产业和更多的就业机会，包括餐饮、摊贩、快递等行业，而正是这些产品和服务才使得城市生活如此便利。因此，城市的聚集和城市居民对生活便利性的要求产生了对于低技能劳动力的需求。随着城市居民收入水平越来越高，恩格尔系数相对越低，其在生活方面的需求就会越发强劲，而提供这些服务的往往是低技能劳动力。因此，不是城市本身需要低技能劳动力，而是城市进一步发展后，聚集起的高收入群体生产和生活本身带动了对于低技能劳动力的需求，尤其是对于他们提供的产品中国的情况也不例外，各种餐饮娱乐、市政工程、家政保洁、生活配套设施等社会功能需求增大，大量农民工涌入填补岗位空缺，成为服务业的主要从业人群。从表4–7来也可以清楚看到，超过了三成以上的农民工集中在服务业，2008～2016年，批发和零售业、居民服务、修理和其他服务业等行业的占比相对高一些，都超过了10%。

（三）进城农民工提高了城市公共资源的利用效率

在目前中国管理体制下，政府的行政资源和公共服务设施的配套主要是按照户籍居民的数量进行配置，一个不容忽视的问题是，随着计划生育政策的实施，城市特别是一些特大城市已经进入到较为严重的老龄化阶段，户籍人口自然增长率开始出现负增长，比如北京、上海等特大城市。在城市人口高峰期配置的公共服务设施，满足户籍人口的需求已经出现过剩，进城农民工让过剩的公共服务设施供给能力得到充分利用，避免了户籍人口数量和年龄结构变化对城市公共服务设施闲置浪费。以上海市教育资源为例，由于不能获得上海分年龄段的户籍人口数量，我们利用新生儿出生数量作为替代，然后将新生儿出生数量和6年之后小学入学招生数量进行对比，得出在上海享受义务教育的外来人口数量。这样对比是因为上海严格控制了户籍人口的迁入，因此近年来上海各区县户籍人口数量变化很小。我们可以假定上海市户籍迁入儿童和迁出儿童保持一致，因此当新生儿达到入学年龄以后，理论上讲本地户籍入学儿童的数量要和6年前的新生儿数量相等，如果入学儿童数量超过6年前新生儿数量，那么超过的数量即为外来人口子女。2010年，上海市新生儿数量为10.02万人，而2016年的普通小学招生人数为16.76万人，说明在2016年，普通小学招生人数中超过40%是外来人口子女。教育资源大多是按照户籍人口高峰期进行配置。在2006年，上海本地户籍生源达到75.4%，2008年下降为64.7%，2016年进一步下降为59.8%。如果没有外来人口进入，那么按照户籍人口配置的城市义务教育资源将会出现大量的闲置。而农民工作为流动人群的主要组成部分，其在城市的长期生活，在某种意义上避免了这种公共资源的浪费，从而提高了城市公共资源的利用效率。

第三节　农民工就业的总体发展趋势

一、农民工总量增长空间有限

通过对农民工就业现状的描述可以看出，尽管农民工的规模不断扩大，但农民工总量增速却呈现下滑趋势。农民工数量增长最快是2010年，当年农民工总量比2009年增加5.4%，之后农民工总量虽继续增长，但增速放缓。如中国社科院副院长蔡昉所述，中国经济结构正从二元结构转向一元结构或均衡结构，以往劳动力无限递加供给的时代已经结束，人口红利的顶峰已经过去。事实上，我国农民工结构性短缺的“技工荒”已发展成全方位的“普工荒”。从2005年开始，东部沿海地区的农民工供应不足的情况已蔓延到中西部地区，农民工供求问题已不再仅仅是一个区域矛盾，全国范围内的大面积用工短缺已非常严重。

在全国人口增速放缓的大背景下，作为普通劳动力主要源泉的农村新增人口数量下降。与此同时，教育的不断发展和大学扩招间接导致农村中直接进入劳动力市场的新成长劳动力数量在下降。另外，在经过了二十多年持续大规模的转移之后，目前我国农村剩余劳动力的数量和剩余程度，相对于20世纪90年代而言已经大幅降低。国务院发展研究中心课题组通过用不同的方法对农业劳动力的实际需求量进行测算后得出，虽然各种方法估计的剩余劳动力数量有较大差异，但变化趋势都趋于下降。目前，我国的剩余劳动力已经从最初的全面过剩，进入到总量过剩、结构性短缺的阶段。最后，根据2015年动态监测调查数据显示，从劳动时间来看，城镇流动人口的平均每周工作时间达到48.3小时，比城镇居民还多7个小时，这意味着，如果以每天8小时工作制来衡量，农民工群体几乎每天都在工作（国家卫生和计划生育委员会流动人口司，2016）。

二、推动就业结构的转变仍然是经济增长的重要动力

未来农民工总量仍将缓慢增加，但随着就业结构的转变，举家迁移将变成大量劳动力从农村向城镇转移的主要方式。第一，相对于城市现代化部门，农业部门属于低效率部门。随着劳动力流动，农业部门内部资源进一步配置，土地流转变得越来越便利，同时农村社会化服务会应运而生，既有利于提高农业劳动力生产率，同时保证了外出务工的连续性，会进一步释放剩余劳动力，推动更多“候鸟式迁徙”转化为稳定的举家迁徙。第二，一方面，目前广大农村相关服务没有市场化，而大量女性劳动力主要是因为需要在家照顾老人或者孩子而无法外出务工，根据国际实践，我们有理由相信，未来农村相关服务政策的出台，将大大提高女性的劳动力市场参与率。另外一方面，随着市民化进程推进，流动子女教育问题已得到或将得到更大改善，农民工举家外出变得更加便利。第三，相比于城市部门的高工资，农业部门除非季节性工资（农忙之时）相对高一些，大部分农业部门工资仍旧处于较低水平。尽管现在农民工工资出现上涨，但是只要劳动力生产率超过工资上涨速度，那么向城市部门转移就仍旧具有竞争力。根据目前农业与城市工业、服务业的生产率差距，每有1%的人从农村迁到城市，就能使GDP提高1.2%（国务院发展研究中心和世界银行联合课题组，2014）。

未来服务业是吸纳新增就业的主体。从2015年开始，第二产业就业比重进入小幅下降阶段，但服务业的快速发展对劳动力的需求将持续增长。根据国务院发展研究中心的可计算一般均衡模型的模拟结果，“十三五”期间服务业新增就业约3000万人，将给农民工提供更多就业机会。与此同时，未来20年我国将处于城镇化速度快速发展阶段，城镇化快速发展将推动农民工市民化进程，有利于农村劳动力向城镇转移。最为有利的是，我国国民经济结构布局也开始做出重大调整，中西部经济增长明显加快，西部进一步大开发、中部崛起、东北老工业基地振兴等深入实施，都将为农民工

就地转移创造更多机会。

最后，当前农民工受教育水平相对较低，在供给侧改革的大背景下，大规模开展就业技能培训、企业岗位技能提升培训以及创业培训，都将大幅度全面提升农民工素质，提高农民工就业和创业能力，同时也有利于帮助农民工从非正规就业部门向正规就业部门转移、从低效率部门向高效率部门转移。

三、农民工工资快速上升仍是经济成本上升的重要原因

农民工工资上涨已经成为一个客观事实。根据国家统计局监测数据，2012年农民工平均工资是2004年的2.9倍，是2008年的1.7倍。统计表明，我国农民工工资增势强劲。农民工工资上涨主要可从以下两方面来看：一方面农民工就业质量的提高是对长期以来农民工不公平待遇的合理纠偏，也意味着农民工待遇长期偏低这一不公平的现象有所缓解；另一方面，在国家和地方多个农民工职业技能提升和培训项目的支持下，农民工自身素质和专业技能不断提高，这也促进了农民工工资的上涨。据统计，2017年农民工的工资是2010年的2倍还多，而在同样的时间跨度内，我国GDP增速却远未达到这种水平。这意味着农民工的工资涨速大于我国劳动生产率的增速。在其他生产要素投入不变的情况下，作为最重要、最基础的生产要素，农民工工资的上涨必然会带来我国经济生产成本的上升。

国家的宏观政策也影响到企业对劳动力要素的投入水平。近年来，国家力推农民工市民化和以人为核心的城镇化，重视全面提升农民工的社会保障水平。这意味着，很多企业不能再像以前一样忽视农民工的权益、压榨农民工的血汗，而是要保证一定的最低工资、承担一定的社会保险成本，这也会直接增加企业的生产成本。与此同时，农民工工资的增加也使得传统企业的生产成本继续加大，在这种情况下，企业越发无法获得充分的时间和资本条件进行技术结构调整，这个时候进行经济的产业结构升级可能会牺牲经济的增长速度，产生过大的损失。因为导致生产成本上升，根据诱致性技术变迁理论，劳动节约型技术的创新和使用是必然趋势。

因此，长期来看，我们国家劳动力价格的上升已成趋势，若要在国际经济体系中保持发展有利地位，必然要进一步推动劳动节约型技术的创新和使用，促进产业结构升级和经济增长方式的转变。

四、就业市场一体化降低了区域间产业转移动力

根据雁阵模式理论，以日本为领头雁，按照比较优势的动态变化，劳动密集型产业依次转移到“亚洲四小龙”、东盟国家以及随后的中国沿海省份。当中国东部劳动力成本上升和用地成本大幅度提高，按照简单化的雁阵模型预期，中国的劳动密集型产业随后很可能会转移到具有更多劳动力相对优势的亚洲邻国或者中西部地区。虽然中国外向型制造业已经遭遇到劳动力短缺和工资快速上升的挑战，但劳动力密集型产业并没有大规模向中西部转移。产业在国家之间的转移主要因素是劳动力成本的差异，国家之间的界限自然造成了成本上的巨大差异。但是在国家内部，劳动力在区域间是可以自由流动和配置的，不存在着国家的界线，劳动力市场的一体化程度是非常高的，事实上从我国农民工收入来看区域间的差异已经微乎其微，追求劳动力低成本产业转移的发生机会减少，况且东部先发地区产业的配套能力、地区营商环境要更好，因此传统雁阵理论的基础并不存在。近些年来，随着就业一体化的发展，东部沿海地区的农民工供应不足的情况也蔓延到中西部地区，农民工供求问题已不再仅仅是一个区域矛盾，全国范围内的大面积用工短缺已非常严重。在我国人口红利逐步消失的背景下，中西部地区也面临民工荒的问题，且中西部地区的劳动力成本并不比东部地区低多少。从单一工资率上来看，东中西区域劳动力市场竞争性进一步加强，劳动力可以自由地进入任一地区以获得最佳收入，而企业也可因此获得相同的劳动边际产值。那么，在高度竞争和劳动均衡的背景下，不同地区之间农民工的工资差距会进一步缩小，从而出现趋同的态势。

第四节　构建包容性的城市发展政策

总体来说，在我国当前的城市治理模式下，城市发展政策具有一定的狭隘性，即主要以服务既有城市户籍人口为主，对流动性强、规模大的农民工有所忽略，甚至有些排斥。随着农民工群体的代际更替和城镇化的进一步发展，农民工将加大在城市的沉淀力度，市民化意愿也越来越强烈。农民工向城市过渡不仅有利于城市户籍人口的

生活便利，也有助于城市的有机发展。因此，城市管理者需秉承包容性的发展理念，改革传统的、带有偏向性的管理和发展政策，为农民工提供机会均等的就业环境，使农民工弱势群体获得更好的发展机会，进而发展城市居民与农民工的和谐共处的新治理模式。结合上文中对农民工就业发展问题的探讨，概括地说，构建包容性的城市发展政策需要从就业制度和政策、农民工学习培训、社会融入和权益保障四个方面入手。

一、遵循城市发展规律，拥抱农民工而不是驱赶农民工

从城市发展的角度来看，进城农民工是城市新城的建设者，是实现城市环境美化和维护城市环境卫生的主要劳动者，同时还是城市产业发展的生力军，没有进城农民工中国城市的功能将是不完善的，城市居民的生活将会不方便，城市产业的发展也将失去竞争力，城市发展必须充分认识到进城农民工是城市人力资源的重要组成部分。

从竞争角度来看，不管多大规模的城市，都需要不同层次居民之间的分工协作，才能确保城市的正常合理运转，这样的城市才有竞争力，才能吸纳更多生产要素在空间上集中。正如陆铭所说，在任何生产单位里面，都需要同时有高技能劳动者和低技能劳动者相配套。美国大城市中高低技能的劳动力的比例大致就是1∶1的关系。在流动存在阻碍或者劳动力流动成本过高的情况下，城市内部的技能互补性和消费外部性无法得到有效发挥，因而会削弱城市便利性，抑制城市的经济增长和竞争力，使得本地区住户受损，更不利于城市本身发展。这可能是北京、上海的保姆价格迅速超过了香港的原因之一。从微观企业也是如此，从利润最大化目标出发，倾向于低成本雇佣工人，当企业雇佣不了低技能劳动力去完成相关生产或者服务，则只能选择雇佣更高技能劳动力，企业生产成本相对提高，企业竞争力则受到影响。

尽管目前大多数人已经看到了农民工工资在上涨，但仍忽视了城镇劳动力工资上涨的速度更快。事实上，在这一阶段城镇单位就业人员平均工资快速上涨的势头，甚至还略高于农民工工资上涨速度，比如2012年城镇职工平均工资同样是2004年的2.9倍，农民工工资仍旧低于城镇职工。因此，在当前劳动力市场供求关系下，单纯地驱赶城镇低端人口，只会人为地增加城市发展成本，使劳动力市场供求关系的转化传导到其他要素市场，不利于产业的升级转型。

二、延长农民工就业年龄，缓解产业工人不足

农民工是我国产业工人的重要后备军，增加就业农民工数量或者说延长农民工的就业年龄成为各级政府和专家学者关注的热点话题。有学者调查研究发现，农民工在城市里劳动就业的平均时间只有9年。这意味着农民工作为城市重要的生产性劳动力供给，没有得到充分的开发和利用，导致了人力资源的浪费。要打破这个局面，普遍认为有效的措施即通过农民工市民化来增加农民工在城市就业的年限，缓解产业工人的不足。农民工市民化即让在城市就业的农民工在城市长期定居，真正融入城市，流动人口长期稳定居住有助于释放劳动力供给潜力，延长农民工在城市的生产工作年限。除此之外，还可以为农民工提供更好的公共服务，提高其自身技能和文化素质，从而从生产率低的部门转到生产率更高的部门，最终提高中国经济的整体生产率。

三、推动户籍改革，消除农民工城市就业的制度障碍和政策歧视

表面看来，对农民工的就业歧视是因为自身的文化素质与专业技能，但从根本上来说，我国传统的户籍制度和二元劳动力市场所造成的结构性排斥才是农民工就业歧视的深层原因。户籍制度及其衍生的就业政策、社会保障和公共服务供给对城市人口一直有所偏爱，却长期忽视在次级劳动力市场就业的农民工。因此，城市政府首先应从户籍制度入手，取消对农村户籍就业人口的结构性歧视。户籍制度改革的目标应为逐渐取消农业户口和非农业户口的户籍划分以及与之相关的就业、保障和公共服务供给制度。2014年，国务院公布了《关于进一步推进户籍制度改革的意见》，中央政府层面对居住证制度给予肯定，各城市政府也将居住证制度作为其户籍改革的路径选择，允许农民工凭借就业状态、住所状态、纳税情况、社会保险缴费年限等多项标准获得合法居住权，从而渐进地获得在城市生活的相关福利和权益，逐渐瓦解现行户籍制度的壁垒。居住证制度虽然在一定程度上提高了农民工的福利和公共服务水平，但长期二元户籍体制所形成的制度障碍仍无法在短时期内消除。据调查，很多地方规定的居住证申领条件过高，农民工的居住证申领率不高，由于社会公共服务设置的以居住证为准的苛刻条件，大批农民工无法及时获得最基本的公共服务，因此，很多情况下居住证制度的效果不如人意。有鉴于此，城市政府需要进一步改革居住证制度，降

低申领门槛，提升农民工群体在城市生活的各项权利，使行政管理和社会公共服务一视同仁地覆盖所有在城市工作的公民。

其次，城市政府还要取消带有城市偏向性的就业政策，消除对农民工的就业歧视。在我国传统的户籍制度和二元劳动力市场下，城市政府对城市工作人员的工作环境、工资标准、社会保障等提供了较为完善的制度保护，而对大部分进城务工的农民工来说，城市政府缺乏强制标准和监督检查。企业往往以追求利润为目标，因而会最大化地压低劳工成本，剥夺农民工的经济利益和基本权益。因此，如果缺乏国家制度化的保障，那么农民工的基本经济权利将无法得到有效保护。目前政府对于农民工的基本权利保护尚且不能，更有甚者，在很多城市的劳动力市场上，政府常常以城市管理为名对劳动力市场进行不适当的干预，在一些就业政策上明显偏袒本地城市人口，而限制农民工的就业岗位。在这样的政策干预下，农民工的职业选择会变得更加艰难，其工作的稳定性和收入待遇也永远无法与城市就业人员看齐。

然而，面对不公平的就业政策，却没有一个代表农民工利益的机构为其代言。正是由于在就业政策的制定和就业制度的改革方面农民工没有发言权，才导致一些歧视性的就业政策得以持续存在。针对这种情况，第一，城市政府需要进一步完善劳动力市场，提供公平的就业制度环境，保障农民工的平等就业；第二，建立健全劳动合同制度，加强对用人单位订立和履行劳动合同的指导监督，加大劳动力市场执法监察力度，充实劳动监察和劳动争议仲裁力量，保障农民工维权工作的顺利开展；第三，城市政府可通过多项正规渠道提供就业信息，对农民工就业进行有序引导，从而提高农民工的择业效率；第四，在实际的行政活动中，政府因行政主体的职权交叉、职责划分不明确等原因导致行政工作难以有效施展，人社局、工商局等相关政府部门在涉及农民工就业的行政工作中多少存在监管不严、管理效率低等问题。针对这些问题，城市政府需进一步整合部门职能，加强协调力度，高效规范地整治劳动力市场秩序。

四、通过完善学习培训机制，提高农民工的自身素质和专业技能

农民工群体整体教育水平相对较低，大多数的农民工缺少非农产业技能培训，在专业技能等领域存在很大不足；再加上城市就业人员的排斥，农民工在城市劳动力市场常常面临就业歧视和择业困难，即使找到工作也通常会在第二劳动力市场逐渐固

化，很难实现社会阶层间的流动。目前，我国经济进入新常态，产业面临升级，城镇化发展加速，诸多方面都需要农民工不断提升自身技能，以适应我国制造业的发展升级，逐步实现稳定、高质量的城市就业。因此，城市政府需要不断完善针对农民工的学习培训机制，提升农民工的自身素质和专业技能。

第一，城市政府要制定有关农民工学习培训的法律法规，建立以政府为主导，学校、民办机构与远程网络培训相结合的多层次技能培训体系，形成按市场需求开展针对性培训，让公私培训机构公平竞争，由农民工自由选择培训机构，促使培训效率和质量得到有效提高。详细来讲，政府可鼓励企业对农民工有计划地进行在岗职业技能培训，鼓励较大的企业和行业协会开办职工学校、农民工学校进行技术培训；在当前信息化迅速发展的社会背景下，政府还可利用广泛覆盖的互联网和通信设备，提供线上成人教育平台，鼓励农民工在线学习，这样不仅可以节约时间成本，另一方面也给农民工自由选择的空间和时间；在学习培训制度的基础上，城市政府要进一步制定资格认证和岗位准入制度，使参加培训的农民工可以通过快捷的鉴定，取得相应的职业资格证书或单项职业能力证书，通过简化检定过程，降低参加职业技能鉴定的费用，从而提高农民工整体的就业水平。

第二，资助农民工培训，提高就业效果。国家和地方应加大针对农民工学习培训的政策支持力度和财政补贴力度。比如政府可设立专项资金，在教育经费上进行专项拨款；也可整合现有教育资源，通过公办和民办结合的方式，加大政府对中等职业学校和实训基地建设的投入。同时，政府还可多方面结合社会力量进行融资，以解决资金不足的问题；提高对企业的培训补贴标准，对用人单位免费提供的技术技能培训提供资金和政策上的支持。此外，政府也可探讨把农民工培训教育纳入公共教育服务体系的可行性，整合与优化各种教育培训的资源，进行统一的规划和管理。

五、创造良好环境，让农民工逐渐融入城市社会生活

农民工市民化是我国现代化建设和城镇化发展的内在需求。农民工的市民化不仅包含农民工职业身份的转变，还涉及农民工社会身份的转变，即让农民工在城市真正定居下来，逐渐适应现代开放的城市环境，让农民工与城市户籍居民和城市文化之间构建和谐的关系。目前，农民工群体在城市常显得格格不入，与城市户籍人口相比，

农民工在政治、经济、社会、文化等方面都形似边缘人口。城市政府需要转变理念，构建包容性的现代城市发展政策，使城市管理更公平、更具人文关怀和可持续性。从这个角度将，城市政府必须促进农民工的社会融入水平，鼓励参与和共享，通过制度设计让农民工更好地融入城市经济发展、公共治理活动、社会关系网络建设。

为促进农民工在城市的社会融入，还有一个关键措施是为农民工开辟利益表达的渠道，不断扩大农民工的社会参与，让农民工可以通过自由地表达自己的利益诉求，实现自己的民主管理权利。具体来说，第一，城市政府要制定有关法律，保障符合一定条件的农民工拥有选举权和被选举权，让农民工有权在异地参与民主选举、民主决策、民主管理、民主监督。同时，政府也需要完善农民工维权法规，向农民工普及法律知识，加大对农民工的法律援助力度。比如，政府可考虑设立专门的劳动保障法庭、加大执法监察力度，打击损害农民工权益的违法行为。第二，城市政府要提高公共治理的多元化。目前，由于农民工在城市中没有话语权，因而其利益诉求无法反映在城市公共政策之中，这不仅损害了农民工的自身权益，也加大了农民工和城市户籍人口之间的对立和矛盾。因此，城市政府必须改变传统的治理理念，鼓励和提升农民工的参与意识，在多种公共事务治理领域，比如城市规划、城市环境、公共交通、公共卫生、教育和基层治理等领域积极搭建农民工参与平台，为农民工参与城市治理、共享城市治理成果创造良好的条件。第三，加强农民工在城市中的心理融入。目前，影响农民工融入城市社会的重要方面是城市户籍人口对农民工的社会排斥、农民工对城市缺乏归属感、两种不同群体之间的心理距离。城市政府在帮助农民工融入城市的过程中，要依托社区拓展其社会网络，通过丰富多彩的社区活动，加强农民工之间、农民工和城市户籍人口之间的交流和互动，通过各种社区组织锻炼农民工的自我管理、自我教育和自我服务能力，使农民工树立城市成员的意识并逐步融入城市生活。

六、提高对农民工的权益保障和社会服务水平

当前我国正处于社会转型的关键时期，各种利益矛盾交织，社会阶层呈现复杂化、多元化特征。农民工作为一个游离于农村和城市之间的新阶层，其很多社会权利都没有得到有效保护。如前文所述，他们的就业机会不平等，医疗、养老保险、住宅、义务教育、社会救济等生存保障性权利和政治参与权利缺乏保障。因此，各级政

府需探索户籍管理制度改革，并在此基础上通过政策倒逼机制，逐步推动与户口性质挂钩的社会福利和公共服务制度配套改革，最终实现城乡居民身份统一、机会均等、权利平等。

健全针对农民工的社会保障体系，可以促进农民工完成从传统土地保障到现代社会保障的过渡，不仅有利于促进农民工在城镇的稳定就业和市民化，也有利于企业提升竞争力、城市更好地应对老龄化高峰的到来。完善社会保障体系，重点是要不断提高社会保障中农民工的参保比例和保障水平，逐渐降低入保标准，调动用人单位和农民工参保的积极性，扩大农民工的社保覆盖面，确保农民工参加社会保险的强制性。具体来说，城市政府要建立适合农民工的工伤、医疗、养老等保险体系。第一，在工伤保险方面，地方政府要落实《工伤保险条例》，通过政府强制的方式促进农民工就业集中、风险程度较高的行业企业，比如交通、建筑、矿业等为农民工参保，通过加强政府监管使将农民工全部纳入工伤保险。第二，在医疗保障制度方面，地方政府要着力解决农民工看病难、看病贵问题，建立以大病统筹为主的医疗保险体系，加大保住院医疗的比例，降低个人医疗支付比例，从而使农民工享受医疗保险带来的保障。第三，在养老保险制度建设方面。地方政府要依照《劳动合同法》，提供一定的财力支持，强制实施农民工养老保险，用于农民工养老保障。考虑到农民工流动性大的特点，政府应积极完善农民工城乡医疗保险和养老保险关系异地转移的制度，从而提高农民工在流动就业中的社会保障水平。

其次，城市政府要提高针对农民工的社会公共服务水平，实现基本公共服务，和教育、住房、环境卫生、社会救济等服务的均等化，让农民工真正享受到市民权利，不断提高其对城市的归属感和认同感。比如，在农民工子女的教育方面，城市政府要增加对民办学校的经费补贴，允许农民工子女在居住的城市就读高中，并允许他们在当地参加高考。再比如，在住房方面，城市政府要出台相关政策改善农民工的住房条件，包括加大保障性住房建设，将农民工住房纳入城镇住房保障体系；引导多元社会资金参与保障性住房的建设运营；鼓励企业为农民工提供条件良好的住房等。除此之外，城市政府需探索创新住房提供模式，学习其他国家的成功经验，让政府机构加强与民间社会组织的合作，通过多种形式和供给渠道为农民工提供更多的住房项目。

参考文献

[1] 蔡昉，都阳. 工资增长、工资趋同与刘易斯转折点[J]. 经济学动态，2011（9）.

[2] 蔡昉. 中国经济改革效应分析——劳动力重新配置的视角[J]. 经济研究，2017（7）.

[3] 蔡昉. 中国改革成功经验的逻辑[J]. 中国社会科学，2018（1）.

[4] 丁霄泉. 农村剩余劳动力转移对我国经济增长的贡献[J]. 中国农村观察，2001（2）.

[5] 国家卫生和计划生育委员会流动人口司. 流动人口发展报告. 北京：中国人口出版社，2016.

[6] 国务院农民工办课题组. 中国农民工发展研究. 北京：中国劳动社会保障出版社，2013.

[7] 国务院研究室课题组. 中国农民工调研报告. 北京：中国言实出版社，2006.

[8] 韩俊. 何宇鹏. 新型城镇化与农民工市民化. 北京：中国工人出版社，2014.

[9] 贾伟. 辛贤. 农村劳动力转移对国民经济增长的贡献. 中国农村经济[J]. 2010（3）.

[10] 贾伟. 农村劳动力转移对经济增长与地区差距的影响分析. 中国人口科学[J]. 2012（3）.

[11] 李实. 中国农村劳动力流动与收入增长和分配. 中国社会科学[J]. 1999（2）.

[12] 李实. 当前我国农民工的经济状况研究，中国人力资源开发[J]. 2014（6）.

[13] 刘秀梅. 田维明. 我国农村劳动力转移对经济增长的贡献分析. 管理世界[J]，2005（1）.

[14] 刘学军. 赵耀辉. 劳动力流动对城市劳动力市场的影响. 经济学（季刊）[J]，2009（1）.

[15] 潘文卿. 中国农业剩余劳动力转移效益测评. 统计研究[J]，1999（4）.

[16] 沈汉溪. 林坚. 农民工对中国经济的贡献测算. 中国农业大学学报（社会科学版）[J]，2007（1）.

[17] 王美艳. 城市劳动力市场上的就业机会与工资差异：外来劳动力就业与报酬研究. 中国社会科学[J]，2005（5）.

[18] 魏下海等. 外来移民是否真的损害本地人工资报酬？——移民及其异质性影响的理论与实证研究. 劳动经济研究[J]，2016，4（1）.

[19] 邢春冰. 农民工与城镇职工的收入差距. 管理世界[J]，2008（6）.

[20] 许召元，李善同. 区域间劳动力迁移对地区差距的影响. 经济学（季刊）[J]，2008（1）.

[21] 严于龙，李小云. 农民工对经济增长贡献及成果分享的定量测量. 统计研究[J]，2007（1）.

[22] 姚枝仲，周素芳. 劳动力流动与地区差距. 世界经济[J]，2003（5）.

[23] 赵西亮. 农民工与城市工资——来自中国内部移民的证据. 经济学（季刊）[J]，2018（4）.

[24] 甄小鹏，凌晨. 农村劳动力流动对农村收入及收入差距的影响——基于劳动异质性的视角. 经济学（季刊）[J]，2017（4）.

[25] Duranton J, Puga D. Mircro–foundation of urban agglomeration economies. Handbook of regional and urban ecnomics, 2004

[26] Ottaviano, Gianmarco I.P., and Giovanni Peri., 2008. Immigration and National Wages: Clarifying the Theory and the Empirics, NBER Working Paper #14188.

[27] Ottaviano, Gianmarco I.P., and Giovanni Peri., 2012. Rethinking the Effects of Immigration on Wages. Journal of European Economics Association, 10, 152 ~ 197. [4]Ottaviano, Gianmarco, and Giovanni Peri. 2006. NBER Working Paper #12496.

第五章

城镇住房改革与房地产发展

范　毅　魏劭琨　通振远　许鸿明[①]

1978年9月，全国城市住宅建设会议召开并宣布了邓小平同志关于解决住房问题的指示，首次从中央层面传递了关于把住房视为“商品”的基本思想[②]，开启我国城镇住房制度改革序幕。经过40年的发展，我国基本上形成了新的城镇住房制度，初步建立了适合不同收入层次的住房供应新体系，实现了住房建设资金来源多元化与住房分配货币化的分配方式。住房制度持续不断的改革，推动了房地产成了我国经济的重要支柱产业，满足了快速城市化进程中城镇居民基本居住需求，极大地改善了城镇居民居住生活条件，推动了城市建设的快速发展。

① 范毅，中国城市和小城镇改革发展中心政策研究院院长；魏劭琨，中国城市和小城镇改革发展中心政策研究部副研究员；通振远，中国城市和小城镇改革发展中心教授级高级工程师；许鸿明，北京大学光华管理学院博士研究生。

② 1978年召开的全国城市住宅建设会议中，时任国务院副总理谷牧传递了邓小平同志关于解决住房问题的指示，大体的精神为“解决住房问题，可以考虑允许私人建房或者私建公助”。因此被认为是“最早提出住宅商品化的国家领导人”，http：//www.china.com.cn/book/txt/2007-11/05/content_9178591.htm。

第一节　城镇住房制度改革历程

改革开放以来，我国住房制度改革经历了从计划经济时期的公有住房实物分配制度到住房市场化分配制度的转变。按照宏观政策着力点的不同，大致可以分为住房实物分配制度改革、住房市场化制度改革以及住房制度的宏观调控与刺激改革并存的三个阶段。

一、住房实物分配制度改革阶段（1978～1993年）

1978～1985年为住房制度改革的初步探索阶段，国家开始进行试点出售公房和补贴出售住房试点。公房是指由国家、国有企业或事业单位投资建设的住宅房，产生于20世纪50年代后期形成的福利型住房分配制度，该制度经历了二十余年的沿用与发展后，逐渐暴露出供给不足等问题。1980年6月中共中央、国务院在《全国基本建设工作会议汇报提纲》中正式提出实行住房商品化政策，规定“准许私人建房、私人买房、准许私人拥有自己的住宅”，这意味着住房开始“商品化”。在此基础上国家开始进行公房制度改革，并推进全价出售公房试点与补贴出售公房试点。但由于城镇居民收入较低，购房能力不足，全价出售公房的试点在1982年后取消。而补贴售房是有个人与地方政府、所在单位共同承担购房费用，给企业带来了一定的负担，因此在1985年补贴售房试点也取消了。

福利分房制度改革进入深化阶段。售房试点取消后，1988年国务院提出《关于在全国城镇分期分批推行住房制度改革的实施方案》，强调要合理调整公房租金，对新增租金以发放住房券的方式进行部分补贴。1991年国务院出台《关于积极稳妥地推进城镇住房制度改革的通知》（下称《通知》），进一步提出分步提租、交纳租赁保证金、新房新制度、集资合作建房、出售公房等多种形式推进房改的思路，通过提高租金，促进售房，回收资金，促进建房的方式，形成住宅建设、流通的良性循环。1991年的《通知》与之前的改革措施相比，强调针对于新建住房的改革，实行“增量”而非“存量”房改（表5–1）。

总体而言，这一阶段的住房制度改革主要在探索如何从计划经济时期福利住房分配制度转为更商业化的住房分配制度。这些改革改变了国民根深蒂固的住房福利观念和消费观念，就如何分配住房进行了大量有益的尝试，为接下来进一步的住房商品化改革奠定了基础。

表5-1 住房制度改革政策要点（1978～1993年）

时间	文件名称	政策要点
1980年	《全国基本建设工作会议汇报提纲》	准许私人建房、私人买房，准许私人拥有自己的住房
1988年	《关于在全国城镇分期分批推行住房制度改革的实施方案》	实施提租补贴、租售结合；逐步将住房补贴纳入工资
1991年	《关于继续积极稳妥地进行城镇住房制度改革的通知》	要求将现有公有住房租金有计划、有步骤地提高到成本租金；在规定住房面积内，职工购买公有住房实行标准价
1991年	《关于全面进行城镇住房制度改革的意见》	改革公房低租金制度，从公房的实物福利分配逐步转变为货币工资分配，使住房作为商品进入市场

二、住房实物分配走向住房市场化改革阶段（1994～2003年）

经历了前期不同形式的政策试点与探索后，住房消费观念基本形成，住房制度改革的市场化趋势日渐明显。在这一段时期，国家通过培育市场主体、构建住房消费政策框架等方式推行住房市场化，并推动房地产行业成为中国经济发展的支柱产业。

1994年7月，国务院下发了《关于深化城镇住房制度改革的决定》，强调推进住房商品化、加快住房建设、改善居住条件，提出改变旧有体制下福利性体制，建立和完善经济适用住房供应体系、商品房供应体系和建立住房公积金制度。该决定的出台标志着城镇住房制度改革已进入深化和全面实施阶段。此后在1996年，《关于加强国有住房出售管理的意见》中明确提出，允许售房收入全部留归售房单位用于住房建设和住房改革。这一举措意味着房地产建设的收益直接从中央下放到地方政府和企业，通过权力下放的方式推动地方住房商品化建设。

亚洲金融危机发生后，为进一步刺激内需，1998年国务院发布《关于进一步深化城镇住房制度改革加快住房建设的通知》，首次提出停止住房实物分配，逐步实行住房分配货币化，并提出“促进住宅业成为新的经济增长点”。至此，我国实行了近四十年的住房实物分配制度从政策上退出历史舞台。中国城市居民的住房需求自此被激发，房地产迎来了高速发展。

房地产成为国民经济的支柱产业后，城镇住房制度改革快速推进，相应的土地管理、银行信贷等配套政策同时出台，初步形成房地产市场住宅消费的政策框架。除了1998年提出的住房分配货币化政策外，1999年人民银行下发《关于鼓励消费贷款的若干意见》，将住房贷款与房价款的比例上浮到80%，并且个人住房贷款最长期限延长到30年、贷款利率下降，政策的宽松减少了贷款人筹备购房自有资金的压力。房地产利好的政策满足了民众日益高涨的购房需求，房地产市场得到全面发展，1998年房地产开发投资首次超过1万亿元，全国住宅商品房均价同比增长达到3.8%，房地产的产业投资和购买需求双双上升，1998年至2004年我国房地产投资完成额实现了连续7年两位数的快速增长，城市人均住宅建筑面积从1997年的17.8平方米上升到2004年的25平方米，增长超过40%（图5-1）。

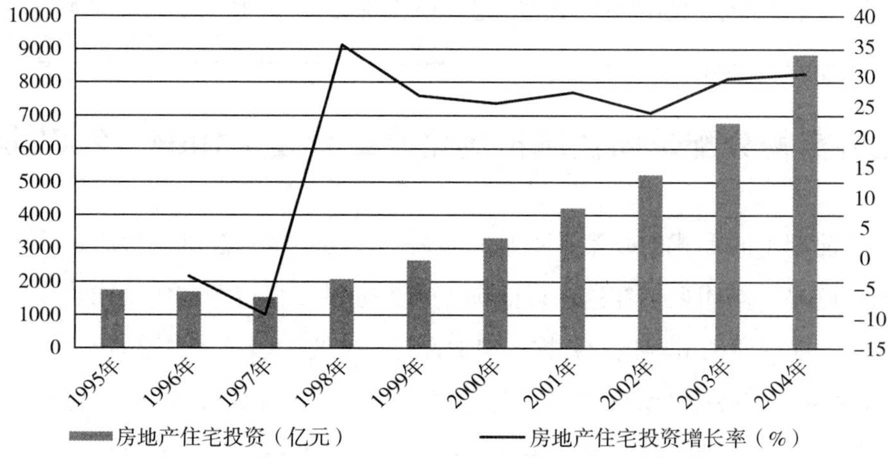

图5-1　1995～2004年中国房地产住宅投资发展情况

表5-2　住房制度改革政策要点（1994～2003年）

时间	文件名称	政策要点
1994年	《关于深化城镇住房制度改革的决定》	建立与社会主义市场经济体制相适应的新的城镇住房制度
1996年	《关于加强国有住房出售收入管理的意见》	同意售房收入全部留给售房单位用于住房建设和住房改革
1998年	《关于进一步深化城镇住房制度改革加快住房建设的通知》	全面停止住房实物分配，实行住房分配货币化；建立和完善以经济适用住房为主的多层次城镇住房供应体系
1999年	《关于加强土地转让管理严禁炒卖土地的通知》	加强对国有土地使用、转让的管理
2001年	《关于规范住房金融业务的通知》	全面规范住房金融业务
2002年	《经济适用住房价格管理办法》	首个针对广大中低收入者购房政策

三、房地产调控与刺激共存阶段（2003年至今）

随着房地产在国民经济中的地位提升，居民对住房的关注度提高，房价的过快上涨和下跌都会引起政策上的调整，这种调整反过来也会影响到房地产市场的发展，相关政策在刺激与调控之间不断频繁转换。

（一）房地产市场宏观调控收紧

2003年8月国务院发布《关于促进房地产市场持续健康发展的通知》提出，“一些地区住房供求的结构性矛盾较为突出，房地产价格和投资增长过快”，在土地供应、住房供应与信贷调控等方面做出了一些调整，但房价上升速度未得到遏制，2004年到2005年商品房平均销售价格上涨14%（图5–2）。因此，2005年国务院与相关部门密集出台多个政策，要求高度重视稳定住房价格工作。国务院发布《关于确实稳定住房价格的通知》，强调稳定住房价格的重要性，央行调整商业银行的个人住房贷款，对部门房价上涨过快的城市或地区，购房最低首付款由20%提高到30%；在住房供给方面，要求90平方米以下的住房必须达到开发建筑总面积的70%。总的来看，房价保持上涨势头，这一阶段稳定房价的政策长期作用较小。

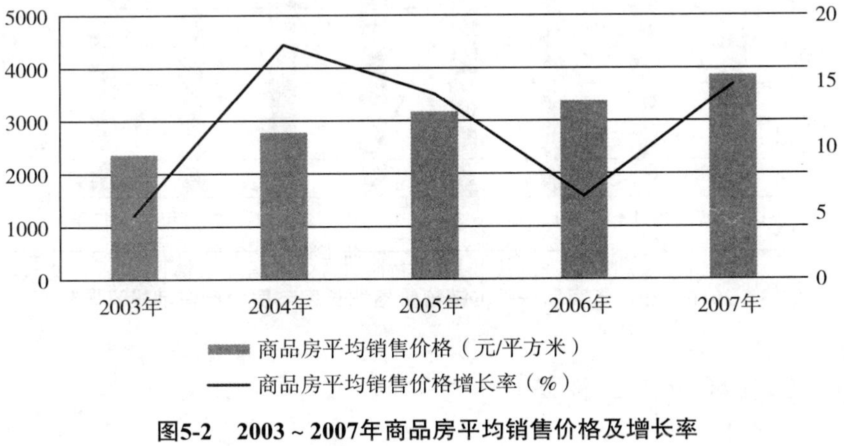

图5-2　2003～2007年商品房平均销售价格及增长率

（二）刺激性政策频繁出台

2008年国际金融危机爆发，房价出现下跌，伴随着中央积极的财政政策和适度宽松的货币政策的政策导向，2008年12月，国务院办公厅出台《关于促进房地产市场健康发展的若干意见》，国家对于房地产的态度由“控制”转向“救市”，将房地产市场作为扩大内需的重要渠道，在住房供给方面，扩大保障性住房建设，强调通过实物方式、结合租赁补贴等形式解决城市低收入者住房的问题。而为刺激住房需求，执行宽松的税收政策，降低购房税收成本，并加大住房信贷支持，提供住房贷款利率优惠，降低贷款首付比至20%。

（三）宏观调控再次收紧

房地产市场的宽松政策使得房价自2009年起大幅上涨，中央又实行了新一轮房地产调控政策。2009年12月开始，国务院出台“国四条”，提出增加供给、抑制投机、加强监管、推进保障房建设等四大举措，同时明确要求“遏制房价过快上涨”，国家再度对房地产实行调控政策。在住房供给方面，加大保障房建设为目标，并增加普通住宅商品房的供应。在住房需求方面，采取了“限购”政策，并且在金融方面采取“限贷”政策。但是房价过快上涨势头，直到2014年才有所放缓（图5–3）。

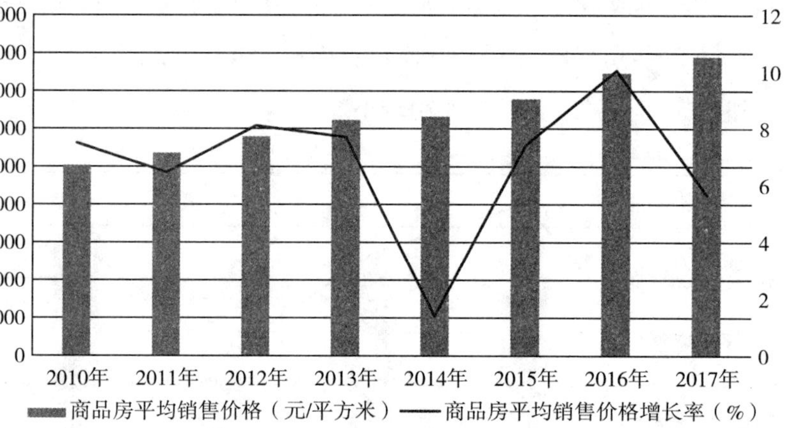

图5-3　2010～2017年商品房平均销售价格增长率与房地产住宅投资增长率

（四）限购的放开与收紧

2014年后中国经济增速减缓，国民经济进入“新常态”发展阶段，稳增长诉求凸显。城市之间分化现象越来越明显，三、四线城市面临严峻的商品房高库存的问题。2014年6月，呼和浩特率先取消限购政策，此后除北上广深4个一线城市以外的其余42个城市陆续取消限购政策，放松调控标准。为配合去库存任务，2014年国务院印发了

《关于进一步加强棚户区改造工作的通知》，创设抵押补充贷款（PSL）这一货币政策工具为棚户区改造①提供长期低利率的资金支持以推进棚改货币化安置，通过人为创造需求来缓解三、四线城市库存过高的问题。在金融政策方面，2015年3月，重新降低商贷首付比例，并6次下调存贷款基准利率。2015年12月中央经济工作会议将“化解房地产库存”作为重点任务，但自2016年起房价重新经历了一轮飞速增长。2016年7月政治局提出“抑制资产泡沫”，10月份强调“抑制资产泡沫和防范经济金融风险”，2016年10月起，北京、天津、苏州、深圳、珠海等城市先后发布房市调控政策，并在之后陆续推出更为严格的限购政策。

（五）“房住不炒”的定位的提出

2016年12月中央经济工作会议强调“加快研究建立长效机制”，并坚持“房子是用来住的、不是用来炒的”的定位，加快研究房地产长效机制设立，保证房地产市场平稳发展的同时抑制资产泡沫。党的十九大报告中进一步强调了“房子是用来住的、不是用来炒的”的基本定位，明确抑制住房的炒作。为了抑制住房价格的过快上涨，2017年针对部分城市房价上涨过快的情况，住建部和城乡建设部分别约谈了房价过快上涨的城市，强调坚持房市调控政策不放松。同时加快租赁住房市场的发展，推进“租售同权”保障租户权益，开展利用集体建设用地建设租赁住房试点等打造多元化的住房供应体系（表5-3）。

表5-3　　第四阶段住房制度改革政策要点（2003年至今）

时间	文件名称	政策要点
2003年	《关于促进房地产市场持续健康发展的通知》	明确提出要保持房地产业的持续健康发展
2005年	《关于切实稳定住房价格的通知》	要求各地区、各部门要解决房地产投资规模过大、价格上涨幅度过快等问题
2006年	《关于调整住房供应结构稳定住房价格意见的通知》	提高套型建筑面积90平方米以下住房（含经济适用住房）面积所占开发建设总面积比重
2008年	《关于促进房地产市场健康发展的若干意见》	加大保障性住房建设力度；进一步加大对住房消费的信贷支持力度
2010年	《关于促进房地产市场平稳健康发展的通知》	上调二套房贷首付至40%，贷款利率严格按照风险定价

① 棚户区改造，指的是政府改造城镇危旧住房并以此来改善困难家庭住房条件。

续表

时间	文件名称	政策要点
2010年	《关于坚决遏制部分城市房价过快上涨的通知》	坚决遏制部分城市房价过快上涨，切实解决城镇居民住房问题
2013年	《关于进一步做好房地产市场调控工作有关问题的通知》	二手房交易的个人所得税由交易总额的1%调整为按差额20%征收
2014年	《关于加快棚户区改造工作的意见》	推进棚户区（危旧房）改造
2014年	《关于发展住房公积金个人住房贷款业务通知》	要求各地放宽公积金贷款条件
2014年	《关于调整房地产交易环节契税营业税优惠政策的通知》	对个人购买前两套住房给予降低契税优惠；对个人将购买2年以上的住房对外销售的，免征营业税
2016年	《关于调整房地产交易环节契税营业税优惠政策的通知》	实行房地产交易环节契税营业税优惠，北京市、上海市、广州市、深圳市暂不实施
2017年	《关于加强近期住房及用地供应管理和调控有关工作的通知》	商品房库存周期36个月以上城市停止供地

第二节　近二十年来房地产业发展的动力机制

一、房地产发展的动力机制

我国房地产市场的发展既有工业化、城市化快速发展产生的巨大需求动力，也有房地产市场化改革所形成的政府与市场双重动力。房地产企业积极进入和参与房地产开发，获得巨额收益，动力十足。地方政府将房地产作为拉动经济增长和获取财政资金的重要渠道。市场和政府在此高度一致，在双重力量推动下房地产业获得了前所未有的高速发展。

（一）工业化、城市化激发了房地产发展的市场热情

在房地产业快速发展的1998年前后，受亚洲金融危机等因素影响，经济的不景气给当时的中国带来很大的压力，突出表现为大量工业制成品的积压等。据1997年国家统计局对全国900多种工业品生产能力的调查，有一半产品的生产能力利用率不足60%[①]。为

① 国家统计局贸易外经司：“过剩经济对商品市场的影响分析与对策”，载于《统计研究》，1999（04）。

了摆脱经济低迷状态，国家实施了一系列相关措施，经济社会发展的外部条件改变，成为房地产发展重要动力，主要包括以下三个方面。

1. 全球化战略的实施

2001年加入WTO后，我国出口导向战略得以有效实施，出口快速增长。2001年我国出口总额仅2.2万亿元，到2008年我国出口就突破10万亿元，仅7年时间出口增长了接近5倍，部分年份出口增速达到20～30个百分点（见图5-4）。出口的快速增长使得原来积压严重的一些行业产品得以快速消化，比如电视机出口数量连续多年保持较高增速，产品库存问题也得到了逐步解决。在出口的带动下，中国经济迅速复苏并进入了快速增长通道。

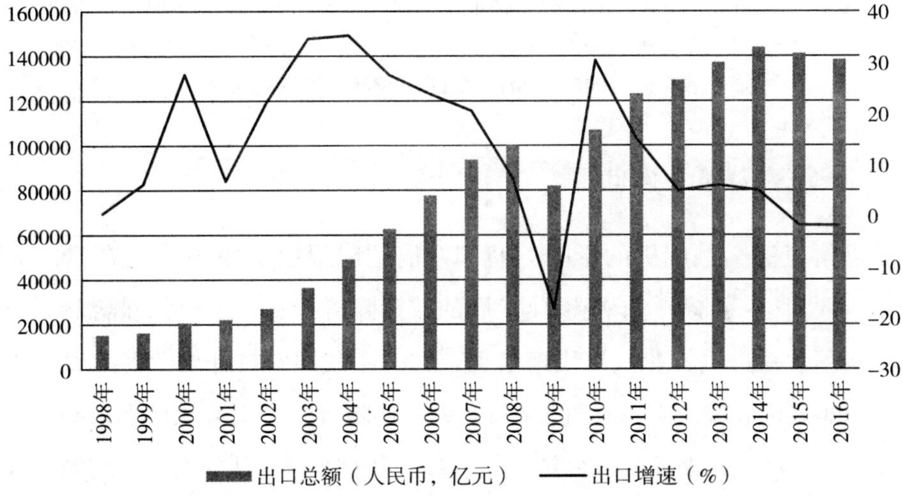

图5-4　1998～2016年以来我国出口总额规模及增速

2. 工业化进程的加快

中国融入全球产业分工给中国工业化发展带来了很强的动力，新的投资也持续投入到制造业中来，中国经济摆脱了亚洲金融危机带来的低迷状况。2002～2004年，制造业固定资产投资连续超过30%，在当时国内各行业中处于领先，我国工业化又开始进入新的高速发展时期，二产增速持续多年快于GDP增速，2000～2007年我国制造业年均增速达11.5个百分点，使得我国成为“世界工厂”，二产占比也逐年提高，2006年更是达到接近历史最高水平的47.6%。工业化进程加快，带来城乡居民收入水平的快速增长。2017年我国城镇居民人均可支配收入达25974元，是2000年的4.68倍；农民人均纯收入达13432元，是2000年的4.39倍（图5–5）。城乡居民收入水平的提高，使得人民大众对居住要求在提高，对住房的需求不断增加，成为房地产发展的内在动力。

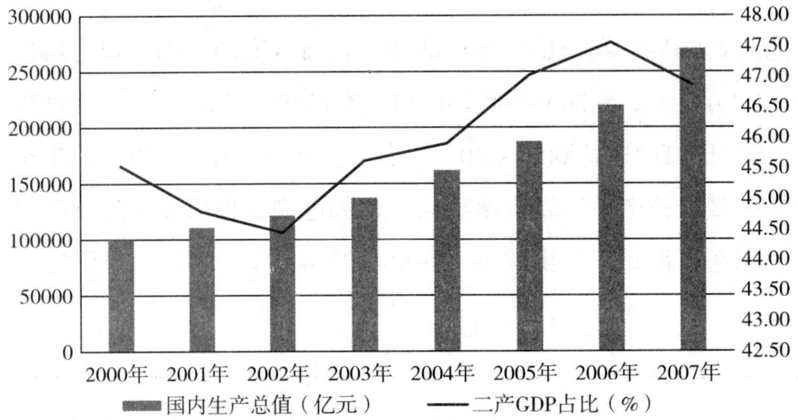

图5-5　2000～2007年我国GDP与二产变化情况

3. 城市化发展战略的提出

为了缓解亚洲金融危机的影响，我国政府适时提出走中国特色城镇化道路的发展战略，也取消了一批不利于城镇化发展的政策障碍。随着工业化深化和城镇化战略的实施，我国农村进城就业人口快速增加，2001年我国农村外出劳动力总量为9000万人，到2017年我国农民工总量达到28652万人。伴随着农民工流动增多，我国城镇化大潮加快发展。21世纪以来，我国城镇化年均增长达到1.33个百分点，年均城镇人口增加近2000万。农村人口转移进城和城镇居民的增长大大刺激了对住房的需求，使得这一时期城镇居民对房地产的需求快速提升，加上1998年房改所确立的市场化供给方式，房地产市场面临着前所未有的巨大市场空间。

全球化战略的实施重燃了工业化激情，加快了城镇化发展步伐，为房地产发展提供了充足的市场动力，巨大的市场机会让房地产成为炙手可热的领域，房地产行业得以快速发展。

（二）政府成为房地产发展的重要推手

房地产业行业特点正好符合地方政府经济增长的冲动和土地财政带来的利益导向，房地产业是地方政府在短时间内发展经济、实现政绩和获取建设资金的一种重要渠道。

1. 增加政府财政收入

无论何种政府目标的实现，都离不开资金保障。房地产开发为地方政府带来巨额的收入，成为保障地方政府运转和建设的重要来源，这主要是土地出让收入。1998～2017年，我国国有土地出让收入从500多亿元增长到5.2万亿元。随着土地出让收入的提高，土地出让收入占地方政府收入的比重也不断提高，从不到10%提高到50%左右，2010年曾达到接近70%的水平（见图5–6）。

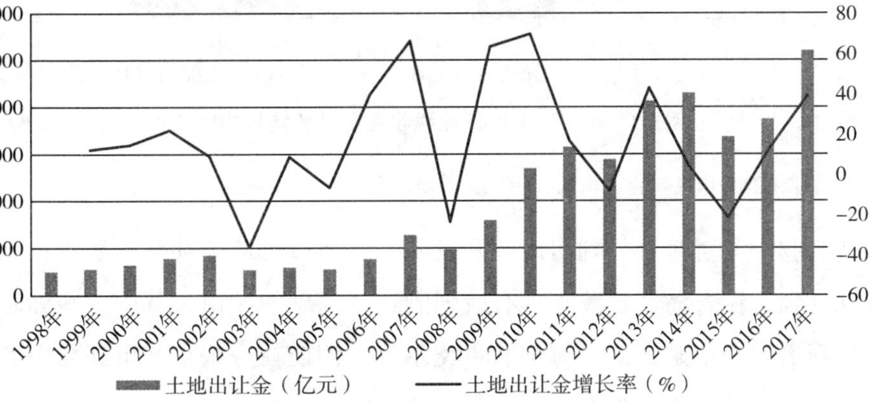

图5-6　1998～2017年土地出让收入及占地方财政收入比例

土地出让收入只是地方政府收入的一部分，与房地产相关的税收也是地方政府的重要收入来源，我们在调研中曾经遇到有的地方政府为了推动房地产发展，把土地出让收入返还给企业，而将房地产建设和交易过程中的税收作为主要收入。房地产行业由于其行业特征决定了产生的税收主要和地方税相关，这就意味着房地产所带来的税收主要提供给地方政府。而且从实际效果来看，2012年房地产及相关行业所带来的税收要占到地方税收的1/3左右，到2014年该比例超过50%（见图5–7）。在税收利益的驱使下，房地产开发更能获得地方政府的重点支持。

2. 确保工业化发展目标

在中国的政绩考核体系下，加快工业化进程成为地方政府的主要任务。为了推动工业化发展，各地地方政府纷纷在土地方面给予各种优惠措施，在进行补贴和基础设施建设以后，工业用地的价格都是“零地价”，甚至是“负地价”。为了弥补工业用地成本的资金来源，政府不得不依靠从房地产开发中获得的土地出让金来弥补工业用地的支出。由于房地产发展技术门槛较低以及回报率较高，在地方政府的协助下，更

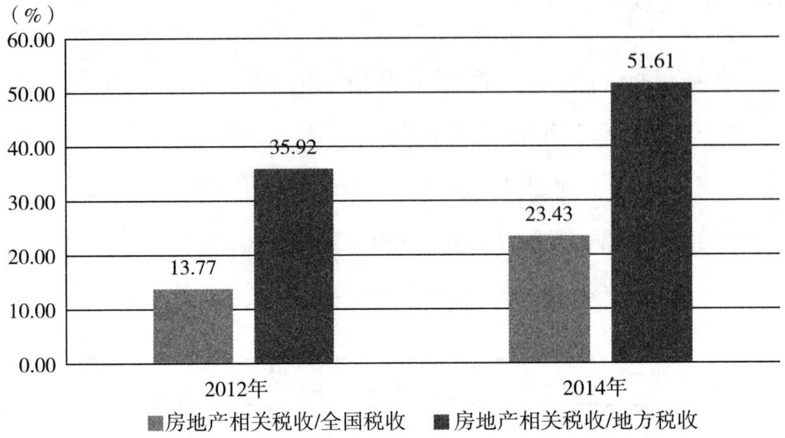

图5-7　我国房地产行业税收在全国和地税中的比例

数据来源：根据中国税务年鉴2012、2015相关数据计算得出。

有一些制造业企业直接参与到房地产开发中来，通过房地产补贴制造业企业。我们调研中可以看到，在青岛、宁波等具有较强制造业基础的城市，其中一些标志性制造企业都参与到房地产中来，比如海尔、雅戈尔等，即使在一些小城市甚至小城镇，从制造业向房地产的转型都成为企业加快发展的标志。此外，大量企业因工业用地的成本补贴得以迅速积累和成长，促进了大规模农民工进城从事非农产业，这事实上也增加了对城市住房的需求，对房地产发展产生了巨大的需求。

3. 改善城市基础设施条件

为了体现发展政绩，城市政府大多力图在较短的任期内，对城市的基础设施进行投入和改造。居民习惯了这种短期高投入所带来城市面貌改造的结果。增加城市的基础设施供给，改善城市面貌成为上级政府和民众评价本级政府成绩的重要依据。为此，能否获取足够资金成为实现这些目标的关键因素所在。通过房地产发展提供获取土地出让收入，自然成为地方政府推进相关工作的主要方式。而无论是城市改造还是新城新区建设都离不开房地产开发和房地产开发所能带来的土地出让收益。因此，通过大规模房地产开发来推动城市高标准建设也就成为地方政府的选择之一。

4. 满足经济增长需求

在我国传统的政绩考核机制下，地方官员的升迁很大程度上取决于任期内的GDP

增长和政绩。房地产产业链已涉及市场研究、产品定位、土地获得、规划及设计、金融、建筑施工、市场营销、销售、物业管理、法律咨询等，具体可以分为以下几大环节，即资金、土地、设计、开发、施工、销售和最后的物业管理。涉及了包括金融机构、政府、开发企业、规划设计部、建筑企业、中介代理企业、物业管理公司等众多机构。产业链条涉及具体产业上游产业有建材、建筑设备、冶金、化工等，下游产业有装饰、装修、家电、家具、运输等（见图5-8）。房地产及相关产业投入大、时间短，其快速发展能有效带动相关产业的快速发展，从而快速带动经济增长，对GDP增长的作用非常明显，成为地方官员在追逐GDP时的重要手段和选择。

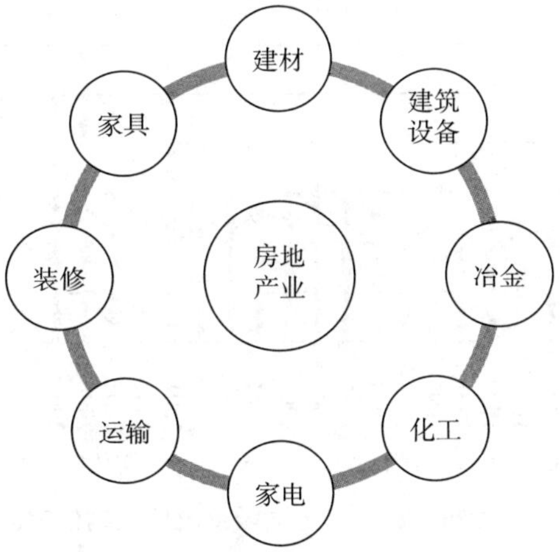

图5-8　我国房地产业链条情况

综上所述，市场和政府是房地产业高速发展的最大驱动力，双重驱动带来了房地产业的黄金时期。

二、我国房地产业发展与住房制度改革取得的成就

经过近二十年的城镇住房制度改革实践，在政府和市场双重动力驱动下，房地产开发建设规模增大，我国城镇面貌和居民住房条件随之均得到了很大改善，基本建立了与社会主义市场经济体制相适应的新的城镇住房制度体系，住房制度改革取得了巨大的成就。

（一）改善居住条件，提供就业机会

人民群众住房条件明显改善，城镇居民住房面积、住房质量和住房成套率大大改

善。自改革开放以来，中国城镇新建住宅面积不断增加，城镇居民人均住房建筑面积由1978年的6.7平方米提高到2016年的40.8平方米，人均住房面积增长超过6倍（见图5–9）；6000多万棚户区居民“出棚进楼”，2600多万住房困难群众住进了公租房。居民住房质量也随着住房面积的增加而增加。改革开放四十年来，新建住宅的功能品质和环境条件明显提高，房地产生活设施齐全，城市绿地、学校、医院等基础设施不断完善，城镇居民基本生活环境极大改善。

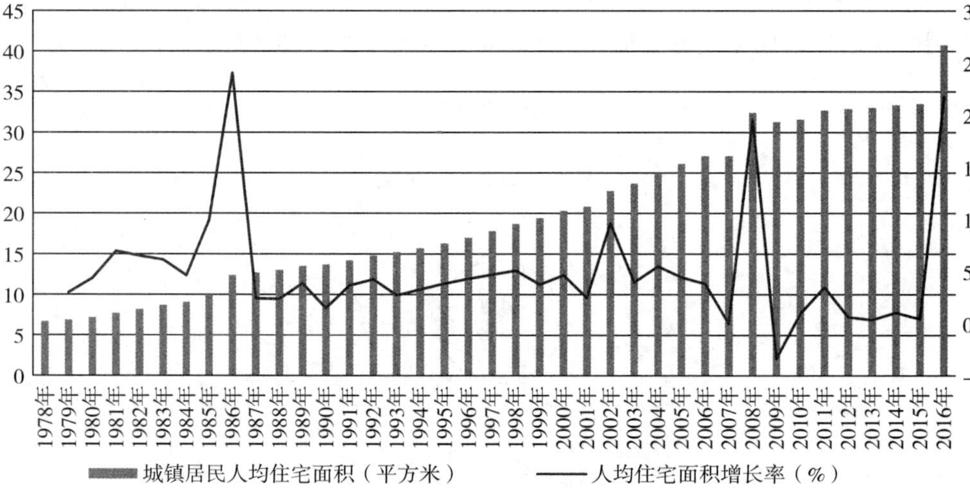

图5-9　1978～2016年全国城镇居民人均住宅面积

（二）助力国民经济高速发展

改革开放40年来，房地产业在国民经济中的支柱产业地位显著增强。房地产业产业链长、关联度大，房地产开发业的加快发展，有效带动了上下游相关产业（如冶金、建筑、机械、设备、玻璃、水泥、电气、家具）的综合发展，主要建材产品如水泥、平板玻璃、石材等产量多年居世界第一位，极大地促进了国民经济的发展。房地产业开发投资的增长对国民经济发展的作用越来越显现。2000～2017年，房地产开发投资额从4901.7亿元飙升至10.9万亿元，增长22.4倍，房地产业开发投资总额占当年全国GDP比重从2000年的4.9%，到2013年最高达15%，此后虽有所下降，但是占比仍然在13%以上。房地产行业具有较强的居民就业吸纳能力，能有效稳定社会就业形势。2016年，建筑业与房地产业城镇单位就业人数达3156.4万，占城镇单位就业人数的17.6%，吸纳了大量的劳动力，解决了一大部分居民与农民工的就业问题。

（三）城镇住房制度体系初步形成

经过40年的探索，中国已初步形成了适应社会主义市场经济的相对完整的住房制度体系框架，建立了适合不同收入层次的住房供应新体系，建立了以商品房为主，以保障房、廉租房为辅的住房供应制度。“十二五”期间，全国累计完成3600万套保障房建设[①]；2008～2012年，全国基本建成廉租房420万余套，基本建成公租房255万套[②]，保障了中低收入人民的住房需求。发展了住房金融和住房保险，建立政策性和商业性并存的住房信贷体系。住房信贷体系包括政策性住房信贷和商业性住房信贷两方面内容，即发展住房公积金贷款与商业银行贷款相结合的住房贷款业务。通过建设贷款从资金上支持住房建设的发展；同时，通过住房个人抵押贷款，支持居民购房，从而保证城镇住房制度改革的顺利进行。

第三节　房地产发展模式带来的负面影响

在政府和市场双重推动下，经济发展对房地产的依赖逐渐加大。在扩大内需、提振经济等的背景下，房地产业往往作为新的经济增长点和支柱产业被政府选择，并过度赋予了重大的经济使命。在这种背景下，房地产成为经济发展的“强心剂”。但是任何一个行业都不可能保持持续的高速增长，一旦增速放缓，将会直接传导到宏观经济之上。房地产业快速发展带来的高房价给社会经济造成很多问题，有些问题非常尖锐，房地产主导城市化发展模式的负面影响逐步加大。

一、经济发展成本逐步提高

近几年我国经济放缓的一个重要原因是各种成本快速提高，既有原材料成本的上升，也有劳动力成本的上升。在工业品价格不断下降的过程中，房地产价格上升势头

① 数据来源：http：//house.people.com.cn/n/2015/1013/c164220-27690349.html。

② 数据来源：http：//finance.people.com.cn/n/2013/1206/c1004-23770709.html。

并未得以有效遏制（见图5-10）。对于成本的上升，房地产价格的快速上涨是导致各种成本上涨的重要原因之一。房价高企直接增加了城市居民的生活成本，尤其是新进入社会的就业者和广大的城市打工者，劳动力居住成本快速上升，劳动者必然对工资的要求会提高，从而会带来工资的上涨；另一方面，房地产价格的快速上涨会带来租金等经营管理成本的上升，给企业带来压力，从而也会带来各种商品和服务价格的抬升。工资、商品、服务等价格的普遍上涨在一定程度上抵消了工业制成品价格的下降，进而影响到企业的最终生产经营成本。

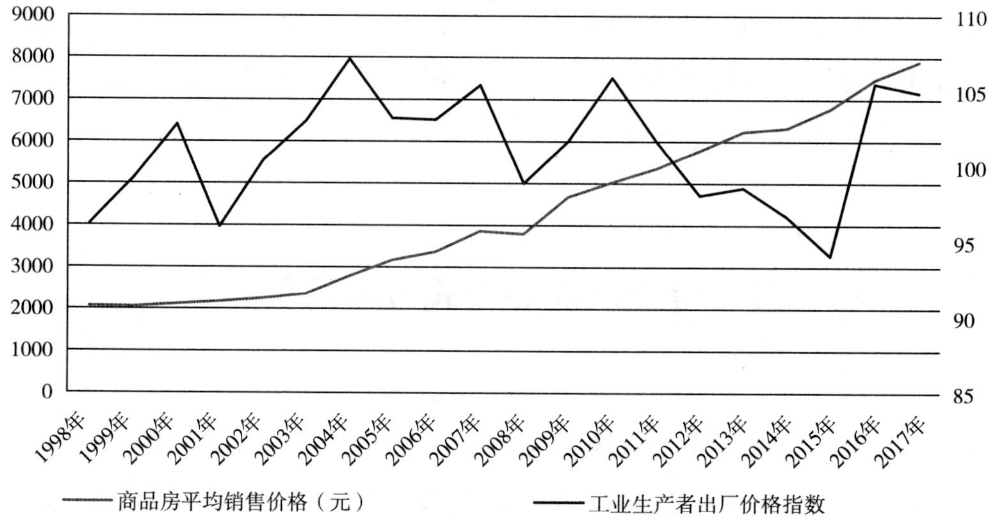

图5-10　1998～2017年我国房价与工业品价格指数变化

周边国家发展中一些经验教训值得我们借鉴，日本的资产泡沫带来的产业空心化尤其值得我们关注。20世纪80年代日本房地产泡沫时期由于房地产价格的过快上涨导致各种成本上升，1985～1990年日本房价上涨75%，同时带动人均工资上涨了2.18倍，工资的快速上涨使得日本原有的制造业大国的优势一去不复返，也成为日后日本经济陷入长期低迷的一个重要原因。当生产部门无法应对快速上涨的土地成本的时候，势必带来产业的转移，出现产业空心化问题。从日本近五十年地价演化轨迹来看，即使虚高的房地产市场回归到正常水平，产业的空心化也几乎无法逆转，直至今日日本仍然没有摆脱经济衰落的泥潭。今天我国资产价格泡沫问题已经开始影响到经济发展，2014年开始，我国制造业吸纳就业数量已经出现下降，扼制产业空心化问题势在必行。

二、影响实体经济的发展

房地产业高速发展带来的高房价对实体经济的发展带来负面影响。投资实体经济不仅面临着巨大的市场风险，而且高生产成本与高税费并存，与此相比，房地产不仅是一种具有住宅功能的商品，其具有的投资品属性成了国人追捧的一种投资。房地产的高速发展及其较高的回报率使其吸引了大量的资本要素进入，而流向实体经济的资本则减少，引起资产价格繁荣而实体经济有效投资不足（彭俞超和黄志刚，2018）；使得中国经济近年来出现“脱实向虚”的情况，对于中国经济迈向高质量发展具有不利影响。

2014年9月，李克强总理在达沃斯论坛上首次提及“大众创业、万众创新”的概念，鼓励企业与人民充分发挥创新精神，扩大有效供给，形成新的增长点。而房地产行业的飞速发展与城市对房地产的依赖逐渐加深，企业家的创业与创新精神随之被抑制（林嵩，2012；邓伟和纪明明，2017），长期来看将使得创新失去动力，阻碍经济的可持续发展。

三、阻碍消费，抑制内需

1998年以来，我国经济快速发展，居民收入不断提高，按照经济常识来判断，居民收入中用于支出的部分会不断提高，消费应该不断增长。但是事实并非如此，社会消费支出在GDP中的比例却从2000年的63.7%下降到2014年50%左右，2010年只有48.2%，其后虽有小幅上涨，但是在2016年也仅为53.6%，这说明在过去十多年中居民消费意愿是在下降的（见图5-11）。造成消费低迷的原因有很多，如果我们看一下这一阶段我国的商品房价格就会发现，房价的快速上涨降低了居民的消费意愿。1998～2016年全国商品房的平均价格上涨了3倍多，而很多城市的房价都超过万元。在我国现行统计口径中，居民购房支出并不纳入最终消费统计中来。在房价普遍高涨的形势下，居民购房的成本大大增加，为了购房，居民要牺牲大量消费机会进行储蓄，从而会导致全社会消费能力普遍下降。高房价耗尽老百姓手里的钱。“六个钱包”[①]的

① 六个钱包，网络流行词，是指男方的父母、爷爷奶奶、姥姥姥爷加上女方的父母、爷爷奶奶、姥姥姥爷共六个钱包。2018年4月，央行货币政策委员会委员樊纲在CCTV2《大讲堂》电视节目中提出，只要六个钱包能帮你凑够首付的话，那么最好还是买房子。该论断在提出后迅速火遍网络。

说法很形象。房地产无序发展加上社会保障不力严重阻碍了消费，抑制了内需。

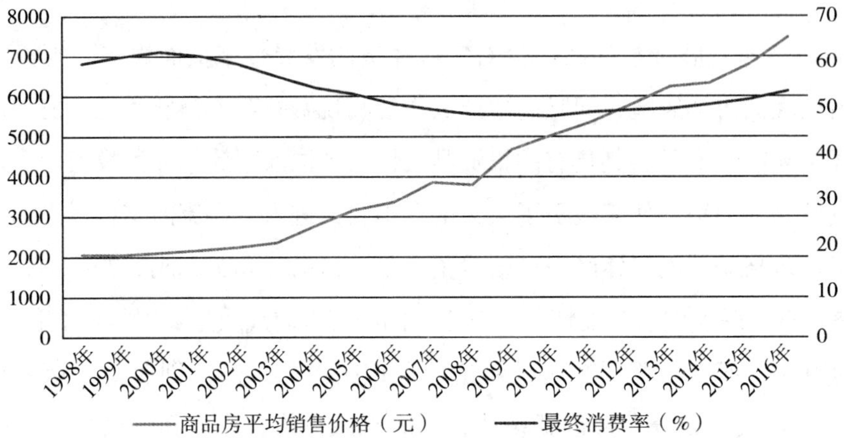

图5-11　1998年以来我国经济、居民收入和最终消费率变动对比

四、隐藏的金融风险加大

我国各地土地超值抵押情况很普遍，截至2014年，全国84个重点城市土地抵押贷款总额高达9.51万亿元[①]，而同期全国土地出让金的收入才4.26万亿元，两者比例达到2.23，而2009年这一比例为1.5。这反映出当前我国土地超值抵押的问题非常严重。地方政府的债务事实上大部分是以未来土地出让来进行抵押和偿还的，但是随着累积的地方政府债务和土地抵押面积的越来越多，在未来房地产开发预期下降的形势下，已经存在的土地抵押将成为地方政府的包袱和隐患，这将对地方政府未来债务偿还带来巨大的风险和隐患。此外，随着房地产业的下滑，其对银行系统的金融风险也会逐步放大。截至2015年，我国房地产开发金融贷款余额为6.56万亿元，房地产消费金融贷款余额为14.18亿元，两者之和占金融机构贷款余额的比例为20.9%。在国际上通行的风险标准范围之内，看起来风险不大，但是，需要值得注意的是，我国房地产开发金融贷款和消费贷款从1998年以来分别增长了32倍和320倍。用不到20年的时间实现如此高的增速，在国际上几乎没有先例。房地产贷款的过快增长会将银行系统的金融风险不断提高，特别是房地产开发贷款过快增长带来的危机。当前房地产企业融资主要依靠银行贷款，而我国目前房地产企业的负债率一直较高，1998年以来基本都在70%以上，

① 数据来自《2015年国土资源统计公报》。

特别是2008年以来我国房地产企业资产负债率逐年提高，到2015年已经高达77%（见图5-12）。一旦房地产形势持续下滑，会有大量房地产企业资金断裂，势必难以承担其在银行的贷款，加剧金融风险。

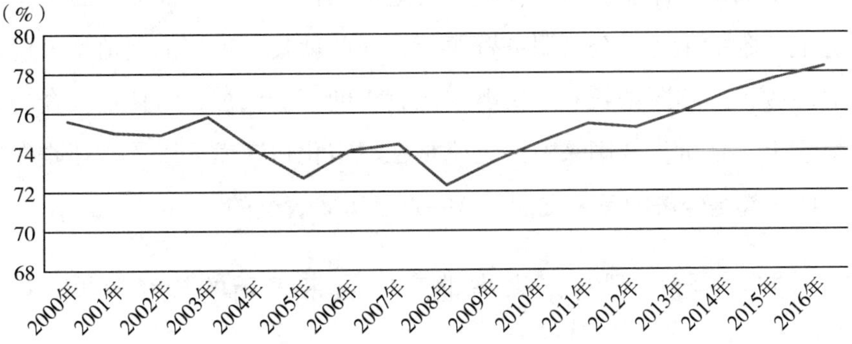

图5-12　我国房地产企业资产负债率变化

第四节　政策框架和建议

一、对房地产发展的几点认识

首先要对我国房地产的基本情况有一个清晰的了解：一是房屋在空间上的不可移动性，决定了其只能依靠国内市场进行消化，这点与20世纪90年代末化解工业制成品过剩问题有着很大差别；二是政府和市场双重推动的房地产发展模式使得房地产市场的周期性波动幅度被放大，从而增加了宏观调控的难度。显然，解决房地产问题面临着较大的难度，但是我们也要清醒地意识到，这其中也蕴含着一些市场机会。

（一）城镇化发展仍然会带来较大的市场需求

按照目前经济发展的速度，我国国民的收入水平会有很大的提升，城镇化发展势头锐不可当，对美好住房的需求将极其巨大。从长期来看，城镇消费需求主要由城镇人口数量、城镇人口结构及城镇人口收入水平等要素决定的。住房需求主要包括刚性消费需求、改善型需求和投资投机型需求等。2017年我国城镇化率为58.5%，距达到

70%的城镇化成熟期，我国城镇人口还将增加1.6亿左右。另外随着家庭规模的变小，家庭单位数量还会增多，这些需求量是巨大的。随着经济发展和收入水平的提升，居民生活水平也会随之提高，当然居住条件会不断改善，这也是美好生活需要的一个方面，不断追求更高生活品质的居住环境。房地产不仅仅是一种商品，还由于其构筑在稀缺土地之上，附加了优质公共服务资源等，因此就具有很好的保值增值价值。未来随着城镇居民收入的不断增长和居民财产性收入的不断增加，对住房投资的需求将继续提升。事实上，从世界各国来看，无论是在城市化快速发展阶段，还是在城市化成熟阶段，房地产都是经济的重要支柱，这一点是毋庸置疑的。

（二）城市发展转型对未来房地产发展带来新的投资空间

当前，我国城镇化处于转型阶段，即在城镇化发展速度方面从高速增长向中高速增长转变，在城镇建设管理水平方面从粗放式发展向精细化发展转变。因此，在这样阶段下，房地产发展面临着新的趋势和挑战，主要表现为两个方面。

一是对现有存量住房市场的改造升级。国际经验已经表明，随着经济发展到一定水平和城镇化进入成熟阶段，房地产结构会发生变化，房屋新开工和房屋存量逐步趋于稳定，存量房市场逐步取代新房市场成为主导性力量。例如，日本1968～1972年改建住宅在住宅建设投资中的比例为35.4%，到1983～1988年已经上升到51.8%。从各国情况来看，美国、日本、英国等发达国家都已经进入到存量房时代。当前，我国已经开始进入到存量房时代，未来对于存量房的改造升级、对于旧城改造等将带动房地产业巨大的投资空间。

二是对于健康、养老、生态、教育、智能等新型房地产业态的需求将增加。随着我国房地产的快速发展，传统住宅已经基本能够满足居民需要，而随着经济发展水平和收入的提升，居民对住宅的要求也越来越高，健康、养老、生态、教育、智能等需求不断增加，与之相结合的地产模式也不断增多，相应市场规模也进一步扩展。据资料显示，未来我国养老地产的市场规模在5000亿元左右，教育地产也超过1000亿元。同时，随着新型地产业态的发展，房地产对相关领域的带动就不仅是传统的钢铁、水泥、平板玻璃等行业，医药器械、电子信息、健康卫生、旅游金融等各种相关产业也会带来投资机会。

（三）结构调整蕴含着较大的空间

在过去政府与企业双重推动下的房地产发展模式下，住宅需求的增加，政府与企业强烈的路径依赖，让政府和企业都没有注意去挖掘多多元化的市场需求，使得房地产市场也存在着一些结构性问题，并不能适应城镇化进程中人的需求和城市发展的需要。

一是中低收入人群的住房供给不足。很多城市在住宅开发中，普遍存在高档房屋比重过高，中低价位普通商品房、保障性住房开发相对不足的情况。在我国历年房地产开发投资中，中小户型等的比例一直较低。例如，2018年1～6月，90平方米以下住房开发投资完成额累计为9816.56亿元，占全国房地产开发投资17.67%；2017年全年，90平方米以下住房开发投资完成额累计为22367.28亿元，占全国房地产开发投资20.3%[a]。虽然我国在2006年就出台了“90平方米以下住房须占开发建筑总面积的70%以上”的政策，但90平方米以下住房供给较少，必然使得大量中低收入的刚性住房需求得不到满足。

二是租房比例过低，租赁市场发育不完善。国际上住房租赁市场在住房体系中有着重要的地位。一些城镇化率超过50%的国家，城市租房比例一般在30%以上，且大多数租户都通过市场解决住房问题。如，美国租户占总人口数的比例一直在30%左右，2009～2010年英国有32.6%的家庭靠租房解决居住问题，2010年，德国租赁住房率高达58%。而我国城镇家庭租房的比例仅18.6%，比例远远其余其他国家。租赁市场没有完全建立起来，大量拥有多套住房的居民没有将富余的住房进入租赁市场，就使得具有居住需求的大量居民不得不购买新建住房，进一步推高了房地产的需求和市场预期。

二、房地产政策需要把握的几点方向

过去通过发展房地产拉动经济的发展模式已经被各级地方政府所熟悉，形成了路径依赖。现在的关键问题是，如何在传统房地产发展模式之外寻找一条带动增长的新路径。为此我们认为应该遵循以下几项基本原则。

① 数据来源：http：//www.chyxx.com/industry/201808/665669.html。

（一）稳预期

当前房地产发展中最大的问题是难以形成稳定的预期，居民对房价预期不明确，各项政策也在持续变动。短短几年，中国的房地产政策已经经历了从刺激投资稳定房地产，到抑制房价增长实行限购政策，再到放开限购消化库存这么一个演变过程。政策出台缺乏长远规划，“头疼医头、脚疼医脚”仅考虑短期效果，使得市场出现较大波动。稳定预期，一是房地产政策要稳定。以去库存为例，去库存是个长期任务，需要通过时间换空间，通过时间换销量，如果政策发力过猛，就会带来较大的波动。房地产政策要有长远性，对未来有长远和稳定的规划。二是房地产价格预期要稳定。稳定价格要更多从市场供给角度出发，避免采取“一刀切”政策，在一些价格涨幅较大的城市，要及时增加住房用地供给，而对于一些库存较大的城市，要压缩住房用地供给规模，各类保障住房、安置住房供给方面尽量也采取“补人头”而不是“补砖头”的办法，平抑市场价格波动。三是加快市民化进程，稳定进城务工人员的预期。通过解决农民进城落户或者实现对进城外来人口的基本公共服务均等化，解决在城市的农民和外来人口在就业所在地居住生活就业的长期稳定预期。

（二）降门槛

既要促进市场充分竞争，也要为中低收入提供适宜居住空间。一是要降低房地产市场的参与门槛。房地产并不具有较高的技术含量，2000年，住建部出台《房地产开发企业资质管理规定》导致开发市场的垄断，开发渠道单一，城镇居民合作建房与自建房、郊区农民经营性建房事实上被禁止，导致住房新房销售市场上的供给高度垄断，资本规模成为参与房地产市场最大门槛。一些大型房地产商可以通过大量的土地储备来绑架政府，“地王”频现的现象并不见得是对这块地实际价值的反映，也可能是为了烘托市场热情，毕竟大地产商由于大量前期土地储备从地价上涨中获益会更多。然而在这个过程中，政府又成了地价上涨的“替罪羊”。降低参与门槛，就是要降低土地出让规模，让更多市场主体参与到地产开发中来。还要降低中小型市场主体参与房地产市场的门槛，政府要做好服务和相关规划。二是要降低中低收入阶层获取住房的门槛。增加对中低收入阶层住房的供给，供给可以采取更加多元化的市场手段，而不是由政府来承担这个包袱。比如，利用集体建设用地建造相应租赁房等。政府要为中低收入人口获得住房提供必要的金融支持。

（三）调结构

结构调整可以包括以下几个方面：一是调整房地产相关投资结构。未来在房地产投资结构中，新建投资将会减少，而对各类存量住房改建等投资将会显著增加。从满足人的各类需求和城市发展的角度，鼓励各类市场主体对城镇存量住房进行功能改造，满足居民的养老、健康、教育等基本需求。在城市中心区，要鼓励将老城区的居住用房通过各种方式向商业用途转变。在投资中，从过去新建投资“单轮驱动”，向新建与改建“双轮驱动”发展转变。二是房地产供给结构要调整。主要是增加租赁住房的比重，政府要尽快制定相应政策推动居民将多余住房投向住房租赁市场，推动房地产开发中增加用于租赁住房的比重。在住房供给方面，要增加对中低收入人口住房的供给。三是调整房地产用途供给结构。在住房供给总量过剩的时候，要适度增加跟城市功能相关的地产供给，比如增加物流、零售、酒店休闲等功能型地产的数量。毕竟随着城镇化和经济发展水平的提升，城镇人口对生活质量要求越来越高，增加相应住房的供给也是适应城镇化发展趋势的内在要求。

（四）促转型

转型发展是当前中国发展的主旋律和基本方向，从城镇化和城市发展的角度来看，包括促进城市发展转型和房地产企业转型两个方面。一是推动城市发展转型，政府要积极推动将存量房屋转化为各类创业、创意空间，推动创业和创新浪潮，尽快摆脱产业发展对房地产的依赖，加快实体经济的创新。通过实体经济创新，增加就业机会，提高居民收入水平，进而推动经济发展和增加房地产基本需求。同时，政府也要适时从过度关注推动新建商品房发展的新城新区，转向与更多百姓生活密切相关的老城区，关注老城区功能的完善和群众生活质量的改善。创新制度供给，降低对土地出让收入的过度依赖。二是推动房地产企业转型，房地产企业经营要从简单建房子，转向综合性方向，要从简单的住房供给商向城市运营服务商的角度转变。因此，房地产商要综合考虑城市的功能需求，完善城市功能，房地产商要从单一建房子卖房子转向考虑大众需求的城市运营服务，不能再局限于讲故事卖房子的阶段，要有实实在在的转变，才能更好地发展下去。同时也要鼓励房地产企业积极“走出去”，同时向世界输出中国的制造业产能。

三、政策建议框架

基于房地产在我国经济增长中的作用，在面对房地产大幅波动的形势下，未来几年内我国房地产应该保持平稳发展的势头，既不能出现大幅度的下滑，也要避免通过各种激进手段来刺激。为此，我们建议如下。

（一）加快推进市民化政策的落实

首先，要通过户籍制度改革，降低农民工进城落户的门槛，激发农民工在城镇买房的积极性。其次，各类保障房都要将农民工纳入保障房范围，使得农民工能够在城镇得到住房的机会。再次，要加快土地制度改革步伐，尽快解决进城农民的土地问题，使得这些土地能够转变成资产，为农民工进城提供资本，解决农民工进城的后顾之忧。最后，要在金融和信贷方面给予农民工通过信贷买房的通道和优惠。各级部门要分别针对各自工作范围内的职责尽快出台有力措施，切实解决好农民工市民化的具体问题。

（二）改革住宅供应体制

增加市场供应主体，通过小块土地开发的方式让更多房地产企业参与房地产开发中来，允许小城市和小城镇的自然人合作建房，从而促进房地产市场的充分竞争。同时通过推进城市土地的混合利用，推行小规模集中开发、自主开发自主经营等土地利用开发方式，吸引中小投资者参与小块土地开发，激发城市发展活力。政府要为小块土地出让开放房地产方式做好配套服务工作，既要让城市发展活力得到充分释放，同时还要保证这个发展模式是按照统一规划部署开展的，不能因为开发主体的增多而使得城市缺乏统一的设计模式，使城市发展过于零散。适度增加中低收入住房的用地供给，特别是中远郊区。鼓励发展低档和小户型住房，完善公共服务配套设施的建设，加强其与中心城区的交通衔接，提高交通通达性和时效性，增强这些城市的综合服务功能，形成方便、宜居、相对紧凑的城市生活空间。给予农村集体建设用地平等参与城镇开发的权利，进一步降低土地开发成本，释放经济发展活力。赋予集体建设用地与国有土地同等权利，还可以增加地方政府拆迁成本、遏制地方滥占土地，从而真正保障农民分享土地增值收益的权益。通过土地制度改革，逐步减少地方政府对土地出让收入的过度依赖，引导地方政府放弃短期利益。探索对集体建设用地参与城市建设的行为进行征税，探索对老城区住房的自行改建、集体改建、用途变更等行为进行确认，认同个人、集体和企业的这些行为，但是需要通过纳税的形式对其合法性进行确认和认定。

（三）调整地方政府对房地产的依赖

转变发展方式，摆脱对房地产的依赖，引导地方政府放弃短期利益，通过房产税和发放中央和地方的中长期债券解决政府基础设施投资来源。允许在集体建设用地上建立工业开发区，降低工业招商引资成本。一方面减少政府的财政压力，另一方面可调动集体土地集约用地的积极性，提高对土地资源的有效利用，从根本上遏制地方政府房地产发展扩张的利益动机。允许民资、外资等多元化经营主体参与基础设施建设和运营管理，解决地方政府基础设施建设融资问题。逐步实行基础设施收费市场化的管理体制，减少福利供给。通过房地产税改革和融资渠道改革，化解地方政府基础设施建设投资过度依靠土地出让金的压力。对于城镇政府已经形成的债务危机，要探索建立止损机制，调整规划，放慢发展步伐，减缓大规模的基础设施投入，把投资重点转向民生。规范地方政府支出行为，建立支出约束的监督机制。

（四）完善住房租赁市场

改革售多租少的租赁结构，实行租、购同权制度，降低资金收入的税费。通过税收等经济办法，使空置的存量住宅进入到租赁市场。加快规范住房租赁市场，探索以租为主的住房供给方式，稳定城镇住房租赁渠道。限制主城区和周边中小城市大规模批租土地，试行土地小块拍卖模式，吸引中小投资者经营小块土地，建设稳定的出租住房，以期获得财产性收益，并确保住房租赁业形成良性稳定增长机制。充分发挥农村出租屋的市场力量。城乡结合部的城中村改造应充分尊重农民意愿，允许农民自建和翻建出租房，向外来人口出租。政府应给予支持和鼓励，金融机构应提供贷款，帮助农民改善出租房及基础设施条件，强化安全保障和治安管理等。允许农民利用经营性用地建设公租房。

（五）推动城市群建设

加大城市群内部基础设施和公共服务一体化程度，提高城镇间人口流动便利性。一、二线城市主城区优质资源应向周边中小城市转移，带动主城区人口向周边迁移。继续加强城市群内部轨道交通等基础设施建设，鼓励发展一、二线城市辖区内的中远郊区中小城市，利用轨道交通加强这些城市和中心城市的联系，缩短交通时间。进一步提升城市群内部大城市和中小城市、小城镇之间的交通便利性，解决一部分人群住在小城镇而就业在大城市的问题。避免主城区优质资源过度集中，一方面可缓解房价的过度上涨，带动周边中小城市的发展，另一方面缩小城市群内部基本公共服务的差别，尽快实现教育、医疗等的同城化、一体化，配备完善的公共服务资源，增加这些城市的综合性服务功能。加强中小城市和小城镇对人口的吸引力，形成方便、宜居、相对紧凑的城市生活空间，吸引部分人口来中小城市和小城镇置业。加快推动区域间产业转移步伐，鼓励大城市、特大城市将部分产业转移到周边具有一定发展基础的中小城市和小城镇，以提高这些地区的产业基础和发展水平，提高就业吸纳能力，从而切实实现农民工就近城镇化，也有利于农民工在当地买房。

第六章

行政区划调整与城镇化发展

范　毅　戴　璐　徐勤贤　李　可[①]

行政区划是国家进行区域划分和行政管理的主要依托和重要手段。改革开放40年来，为了适应经济社会的快速发展，我国对行政区划体制进行了较大幅度的改革，行政区划体制改革成为落实城镇化战略的重要政策手段。一方面行政区划调整发挥了城镇化发展“助推器”的作用，另一方面也起到了城镇化过热发展“刹车片”的功能。特别是中心城市借助于行政区划调整的制度红利，得到了优先发展的机会，为我国城镇化快速发展起到了龙头带动作用。然而随着时间的推移，这项改革所累积的利益矛盾日趋固化，负面效应逐渐显现。

第一节　我国城市管理体制的变迁

区划问题关系到国家的稳定和发展，我国区划的经济功能突出，与地区经济发展密切相关，行政区划调整不但可以影响到城市经济发展，更是直接关系到城市空间布局，成为影响城镇化发展的重要因素。首先，行政区划调整打破现有区划的局限性，

① 范毅，中国城市和小城镇改革发展中心政策研究院院长；戴璐，中国城市和小城镇改革发展中心助理研究员；徐勤贤，中国城市和小城镇改革发展中心副研究员；李可，中国长城资产管理股份有限公司。

有利于争取更多的资源，从而推动了地方经济的迅速增长（张京祥，2002；刘君德，1996；谢涤湘，2004）。其次，区划调整拓展了城市空间，拉大了城市框架，为城市发展提供了更多用地，更好地满足了本地产业发展和居民生活（Liu Y，2014；王建华，2004）。最后，区划调整在一定程度上加快了农村转移人口市民化进程，缩小了户籍城镇化率和常住人口城镇化率的差距，提升了我国的城镇化水平，对加快城镇化进程发挥了导向性的积极作用（汪宇明，2008；谢涤湘，2009；渠涛，2009）。

常见的行政区划调整模式主要有：撤县改市、撤县改区、撤市改区、撤区改市以及撤区改县五种，其中前三种比较常见，后两种模式出现次数较少，属于逆向调整（表6–1）。

表6-1　行政区划演变的主要模式

主要模式	具体模式	案例	特殊模型	案例
建制变更	撤县设市	2013年，吉林省扶余县撤县设市	自治县改市	1994年，丹东市凤城满族自治县改为凤城市
	撤县改区	2013年，南京市撤销高淳县和溧水县设立高淳区和溧水区	自治县改区	2000年，重庆市黔江土家族苗族自治县改为黔江区
	撤市改区	2013年，苏州市撤销吴江市设立吴江区	特区改区	2011年，贵州省铜仁市万山特区改为万山区
	撤区改市	1990年，撤销湘潭市韶山区设立韶山市	地级市改区	1998年，地级东川市改为昆明市东川区
	撤区改县	1998年，撤销荆州市江陵区设立江陵县	撤区改市（隶属关系改变）	2011年，撤销地级巢湖市，将原居巢区改为县级巢湖市，由合肥市代管

行政区划调整的政策初衷都是促进城市和区域经济的发展，但是我国行政区划调整却受到等级化城镇管理体制的深刻影响而呈现出复杂的格局。这种等级化的城镇行政管理体制，使我国各个等级的城市拥有不同的获取资源分配的权限，造成了城镇发展非公平的竞争环境，对我国城镇发展资源的配置产生了巨大的影响（李铁，2001）。

一、我国的城市是有行政等级之分

在宪法中，城市是我国行政区划的重要组成部分，成为国家和省级的行政区划组成部分、直辖市和省辖的行政区划组成部分两类。与世界上大多数国家不同，我国的城市是有行政等级之分的。除我国港澳台地区的特殊情况之外，根据城市行政等级的不同，我国的城市可以分为直辖市（省级城市）、副省级城市、地级市、副地级市、县级市（区）以及建制镇（俗称小城镇）几类。根据以上特征，可以判断我国城市资源配置能力的大小随着行政级别的升高而增强，即直辖市和副省级城市相比于普通地级市而言，获得行政资源的能力更强，而小城镇处于行政等级的末端，获取行政资源配置能力较弱。当前，我国的城市行政层级设置存在着两级制、三级制两种形式。其中，两级制主要包括市-市辖区，市辖区是基层地方政府，以及县（自治县，县级市）-乡（镇）。三级制主要有四种情况，市-县（郊区）-乡（镇）、设区的市-县（自治县、郊区、县级市）-乡（民族乡、镇）、自治州-县（自治县、县级市）-乡（民族乡、镇）。在上述城市行政层级中，三级制属于具有主导性地位的普遍形式，即“市-县-镇（乡）”以及“市-区-镇（街道、乡）”的结构，不同层级的城镇之间存在领导和被领导的关系。

二、我国的城市实际上是行政辖区的概念

城市不仅仅包括了这个特定的空间区域，还要包括更为广泛的辖区，既包括所辖的农村，还包括下辖的中小城市和建制镇。以苏州市为例，苏州行政辖区内既包括苏州主城6区，还包括所辖昆山、张家港等4个县级市，即使是在主城区6区中，也包括22个小城镇和部分农村区域[①]。再如，在《北京市统计年鉴2017》中，以城市市辖区面积计算的北京城市人口密度仅仅为1324人/平方公里，甚至比中西部地区的一些城市的人口密度都要低。实际上，北京市辖区内既有城市也有农村，用城市人口除以辖区面积计算人口密度，会造成对北京人口密度的极大误解。但是如果使用建成区面积计算，那么北京的人口密度将高达1.55万人/平方公里。

三、我国城市是非完全开放的行政区，提供有差别的、封闭的公共服务

我国的城市是非开放的行政区并实行独特的户籍制度，城市的财政收入机制和投融资机制基本和本辖区内户籍居民是挂钩的。虽然各级政府一直在强调外来人口要和

① 资料来自苏州2014统计年鉴：苏州行政区划和土地面积（2013年末）。

本地居民实现享受公共服务均等化，但是投资、运营以及管理，主要还是按照计划经济的方式以行政区的名义来申请和获得审批。比如，在财政转移支付方面，我国一些转移支付是按照户籍人口进行分配的。而随着土地出让收入占地方财政收入比重的不断提高，可用土地资源和能否获得建设用地指标成为决定地方财政收入总量的重要因素，对前者来说，土地资源的数量是与本地人口密切相关的，后者在分配时户籍人口数量也是重要的参照因素。因此户籍制度配以等级化的城镇管理体制，产生了限制人口城镇化的现象，尤其高行政等级城市的户口比区域内其他城市的户口更难获得。这不仅限制了外来人口进入城市的预期，增加了高等级城市人口增长的阻力，在一定程度上也限制了城市常住人口的增长，使城市赖以发展的劳动力资源要素受到制约。

因此，在我国特殊的城镇化管理体制中，等级化管理体制决定了资源分配的走向，不同行政级别的城市拥有的行政资源配置权利是不同的，高行政等级城市可以通过行政手段和行政等级优势攫取下级城市的资源，同时部分市场要素进一步跟进，随着行政资源流向高等级城市（李铁，2013）。从行政制度的角度看，地方各级政府既是地方人民代表大会的执行机关，又是地方一级国家行政机关，需要执行上级行政机关的决定和命令（张立荣，2013）。这个特点使得行政等级高的城市获得并截留了更多的资源，如项目、资金、土地指标等，而行政等级低的城市的发展和活力则相对受到抑制（李澎，2016）。

第二节　行政区划管理体制的演变

改革开放之前，我国长期实行城乡分治的行政管理体制，大多数城市仅具有管辖城市市区和郊区的职能，城市建制沿袭了传统的城区型行政区划建制，仅有极少数较大的城市可以管辖县，城市虽然存在等级，但是不同等级之间的城市关系并不紧密，相互之间的行政影响不大。设市基本还是以“切块设市”为主，就是将某一行政区域内城镇人口较集中的一部分或者工业基础较好的一块单独划出来设市，城区型政区的发展一直未脱离“城乡分治”的轨道。

随着农村改革的推进，农村经济得到较快发展，限制城乡人口流动的就业管理制度也开始松动，农村剩余劳动力大量转入非农业生产领域，市场经济的初步发展要求进一步突破城乡的壁垒。市县分立、城乡分治的行政管理体制，使城市被人为地脱离于周围地区孤立发展（马彦琳，2005）。为了改变这个问题，在城市行政管理方面我国进行了较大的改革，我国城市建制也从“城乡分治”的城区型政区逐渐演变成“城乡合治”的广域型政区，使得城市可以利用等级在更大范围内配置资源。从城区型政区向广域型政区的演变主要依赖于市管县体制和整县设市政策实施来实现。

一、市管县体制的实施

新中国成立初期，我国就有少数城市实行市管县体制，直到80年代，为了加快城乡一体化建设步伐，推进行政机构改革，中共中央（1982）51号文件提出要“改革地区体制，实行市领导县体制”，市管县体制才有了进一步发展。为了推动市管县体制和行政机构改革的深入，1983年2月15日，中共中央、国务院又下发了《关于地市州党政机关机构改革若干问题的通知》要求“积极试行地、市合并”。1983年3月，江苏省率先撤销原来的7个地区制，在原有南京、苏州、无锡、徐州、常州、南通和连云港7个省辖市的基础上，推行市管县，同时把淮阴、盐城、扬州、镇江四地区辖市提升为省辖市。从此，市管县体制实施范围逐步扩大，并向西部地区和部分欠发达省份转移。截至1988年底，全国有165个市领导647个县，辽宁、江苏、广东3个省全面实行了市领导县体制（李军超，2006）。随着中央政府重视城市在经济发展中的地位和作用，1982年中发51号文重新提出市管县的问题，1983年中央又要求“积极试行地、市合并”，“积极稳妥地实行市领导县体制”，加快了地级市的设立速度。在20世纪80年代早期，地级市的设立一度成为我国城市设立的主要方式，1980～1985年我国新设地级市55个，占同期我国新设城市数量的54.5%，地级市逐步做实，成为我国一级地方政府（表6-2）。

目前，市管县体制已成为各省市区最基本的区划模式，构成了我国最基本的纵向权力结构体系。这一体制的实行，使我国的市建制由城市型政区逐渐演变为广域型政区（孙学玉，2004）。

表6-2　　改革开放后市领导县的政策文件

时间	文件名称	政策要点
1982年12月	《关于省、市、自治区党政机关机构改革的若干问题的通知》（中发〔1982〕51号）	提出“在经济发达地区将省辖中等城市周围的地位、行署与市委、市政府合并，由市管县”，肯定了辽宁等省在经济发达地区实行市领导县体制的经验，提出要“改革地区体制，实行市领导县体制”
1983年1月	《关于改革地市体制调整行政区划的报告》	批准其在全省范围内撤销原有的地区行政公署，率先“撤地建市”，实行市领导县体制
1983年2月	《关于地市州党政机关机构改革若干问题的通知》（中发〔1983〕6号）	“积极试行地、市合并”，“逐步实行市领导县的体制”
1983年3月	《关于地市州机构改革中应注意的几个问题的通知》	强调各地要从自己的实际情况出发，积极稳妥地实行市领导县体制
1993年	《国务院批转民政部关于调整设市标准报告的通知》	对地级市的设立标准进行了具体规定。至此，地级市也成了一级明确城市政府，地级市政府也逐步做实

回顾市领导县体制的变迁，这个体制是一定历史条件的产物。“市管县”体制的初衷是城乡合治、以城带乡，实现城乡经济社会协调发展。“市管县”体制的推行，对于增强大中城市实力、发挥中心城市的辐射带动作用、推动城乡一体化和城市化的进程都起到积极的促进作用。在实践中，直接成效集中表现在为城乡发展提供了发展商品经济的广阔的活动空间的外部条件，从而对突破城乡分割，推动城乡要素流动具有积极作用（宋学文，2016）。

二、从切块设市到撤县设市

从我国城市的历史来看，在20世纪80年代以前我国大多数城市不具有区域管理职能的，仅仅管辖城市市区的市政当局，其职责行使的地域范围很小，限定于市区（戴均良，2000），是传统的城区型行政区划建制。因此，在80年代以前城市设立大多是从县域中划出一部分，被称为“切块设市”（专栏1）。

1980年，国务院批转了全国城市规划工作会议提出的“控制大城市规模，合理发展中等城市，积极发展小城市”的方针，这一方针对此后“县改市”的兴起产生了重要影响。在当时的经济发展和改革开放纵深推进的大背景下，各地实践中表现出对释放小城市发展活力的强烈渴求，设市工作被提上了议事日程。

专栏1　切块设市和整县设市的概念

切块设市模式：即以县城或县（自治县、市）中心以外的重要工矿区、交通枢纽、风景名胜区、边境口岸及其近郊为区域设置市，与原来的县（自治县、旗、市）分割为2个县级以上行政区。简言之，即以县（自治县、旗、市）的部分行政区域设置市。例如，1978年浙江省将吴兴县的湖州镇、嘉兴县的嘉兴镇、绍兴县的绍兴镇、金华县的金华镇和衢县的衢州镇改为市。

整县改市模式：即将整个县（自治县、旗）改为市，个别的几个县合并设置一个市，还包括将原属一个县级政区的郊县并入市，变原来切块模式设置的市为整县改市模式。例如，1979年，国务院分别撤销宝安县、珠海县和乐山县，分别设立地级深圳市、地级珠海市和县级乐山市。

“整县设市”可以设为地级市，也可设为县级市，深圳、东莞等是直接由县设为地级市。如果要设县级市在《宪法》中还有障碍，因为《宪法》规定一般市不辖区和乡镇。为了破解这个问题，1981年国务院批准了浙江省提出市县合一的请求，解决了县级市辖乡镇的问题。1983年国务院又肯定了撤县设市模式，并提出了县改市的具体标准，我国设市主要模式也从“切块设市”转变为“撤县改市”。由于撤县设市模式的推行，县级市建制也从传统的城区型转向了广域型。

在20世纪80年代早期，地级市的设立一度成为我国城市设立的主要方式，从1980～1985年我国新设地级市55个，占同期我国新设城市数量的54.5%，地级市逐步做实，成为我国一级地方政府。自80年代中期以来，县级市设立进入快速通道，到1996年我国县级市总数达445个，比1983年增加了304个。1993年国务院颁布了新的设市标准，对撤县设市和撤地设市制定了明确标准，并抬高了撤镇设市标准，实现了从城区型政区向区域型政区的彻底转变。但是城市数量的过快增长带来了一些问题，1997年国务院发文叫停了撤县设市。但是“地市合并”“撤地设市”政策并未禁止，地级市设立得以持续。1997年我国地级市数量为222个，到2015年已增加到291个。

三、市辖区设立的增多

我国《宪法》规定，市分为直辖市和市，直辖市和较大的市分为区和县。县是明确的一级独立政府，但区并不是独立的政府，也未将城市分为地级市和县级市。我国县改区的兴起要追溯到地级市的设立。通过地、市合并，地级市逐步做实成为一级政府，由此在地级市设立后，新设市辖区成为区划调整的主体。1978～1996年，我国地级市增加了120个，市辖区也从408个增长到717个，主要是新设地级市设区。

分税制政策实施以后，土地出让收入成为地方政府财政收入的重要来源，一些地级市为了增加本级政府可支配资源，纷纷以中心城市空间不足为由扩大市辖区范围，撤县（市）设区工作逐渐流行，成了当前我国行政区划调整的主要形式。由此带来县（市）数量的减少，从1997年到2016年我国县级市从442个减少到361个，县从1693个减少到1537个，而市辖区从727个增加到940个。一些经济强县（市）纷纷改成了上级城市的区，比如顺德、南海、武进等。

受益于我国城市行政区划调整和管理体制改革的制度红利，以地级市为代表的大中城市获得了优先发展机会。从2000年到2016年，地级市市辖区实际利用外资总额增长了5.33倍，远高于同期全国1.94倍的增长速度。在固定资产投资方面，全国地级以上城市市辖区固定资产投资占全国固定资产投资的比重从43.1%提高到48.9%。各级城市对农民进城的限制也在减少，在经济高增长的推动下，我国城镇化进入了飞速发展阶段，从1997年到2016年，我国城镇化提高了27.4个百分点，年均增长1.37个百分点。从外出农民工的流向来看，1997～2015年我国地级以上城市吸纳外出农民工比重从46.3%增长到66.3%，提高了20个百分点。

四、区划管理体制调整对城镇化发展的影响机制

在计划经济时期，城镇人口的增多意味着政府负担的增大，通过控制城镇政区的设置，可以降低国家工业化发展成本，也抑制了城镇化发展。改革开放以后，始于农村的改革推动了农村工业化进程，一批小城镇脱颖而出，撤县设市工作快速推进，县（市）和小城镇成为改革开放初期城镇化的主体。随着改革从农村向城市的转移，我国城镇行政区划设置发生了根本变化，“地市合并”“市管县”等政策的推行将地区行署从派出机构做实为一级政府，县以上又增加了地级市这一层级。随着行政区划调整政策的实施，城市逐步从城区型政区转变为区域型政区。在等级化城市管理体制下，高等级城市可以利用行政手段调动和集聚更多的资源，对高等级城市发展起到积

极推动作用，增强了高等级城市的辐射带动能力，并通过先发带动后发，进而带动我国城市发展，推动城镇化进程。

（一）城乡合治，便于城乡资源要素流通

过去，我国的地区、县等区域型政府的主要任务和职能是领导农村，而城市建设与发展是城市政府的事情，两者之间没有直接关系，城乡之间资源要素交流并不通畅。特别是在改革开放初期，我国经济还带有显著的行政区特征，扩大城市的行政辖区，相当于扩大了城市经济区，便于在行政区内实现经济一体化，推动了城市工商业的发展。在我国行政管理体制下，城乡合治意味着城市能够依靠行政手段获取乡村要素资源，比如将农村土地转化为工业和城市建设用地，由此带来的“土地剪刀差”已经成了新时期农村对城市的最大支援。据测算，仅1979～2000年间，国家通过征地在地价上从农民那里就拿走了不低于2万亿元（陈锡文，2004）。

（二）扩权赋能，增大了城市发展自主权

地区毕竟不是一级政权实体，行政职能并不完善，而且还经常存在行署与驻地县（市）事权不分等问题。“撤地设市”“地市合并”以后，地级市的行政管理职能更全面，有了更大的自主权，有力地推动了经济社会发展和城市建设。随着经济管理方面权限的扩大，有助于充分发挥本地优势，开展更加广泛的地区分工和横向经济合作，有利于城市的招商引资。而在城市建设和规划方面，地级市的规划标准和水平要高于县和县级市，更有利于城市规划、管理和建设。按照编制部门的要求，地级市的编制也要高于地区，能够更大力度地吸引人才参与城市发展。对于县改市来讲，改市后也会相应地增加部分权力（于鸣超，2002）。

（三）强化等级，推动行政配置资源在高等级城市集聚

回顾改革开放以来的行政区划改革，增加了行政层级，强化了等级化管理体制。在等级化管理体制下，行政级别越高，资源获取能力越强。比如财政收入的分配，高等级城市可以利用行政手段获取下级城镇的财政收入，徐勤贤（2011）对广东省佛山市顺德区北滘镇的调研显示，北滘镇创造的税收在市、区、镇三级的分成比例是21.6%：68.4%：10%。2015年我国地级市市辖区公共财政预算支出占全国比重为

38%，而公共财政预算收入仅32.6%。在土地方面，用地指标是从上往下分配，上级政府相对下级政府要掌握更多的土地利用计划指标。据我们调查，一些省会城市可以获得接近一半的全省用地指标，地级市每年用地指标一般以万亩计量，而县大多仅在几百亩而已。

改革开放以来，我国行政区划调整的制度红利得到了充分释放，行政资源的集中带动了市场要素的跟进，城乡合治推动了城市空间的低成本扩张，为高等级城市发展奠定了良好的外部条件，当今我国以地级市为主的大中城市建设水平与世界发达国家的差距在不断缩小。在城市硬件建设方面，2016年全球十大新建摩天大楼，有6座在我国，一批世界级建筑设计师作品在我国各大城市落地。在经济发展方面，按照世界银行收入划分标准，2015年我国有77个地级市市辖区人均GDP已达到高收入国家标准。

第三节　行政区划调整的实证效果

行政区划调整政策的实施促进城市和区域经济的发展，然而随着时间的推移，这项改革所累积的利益矛盾日趋固化，负面效应逐渐显现，对行政区划调整政策的评价呈现多元化状态，为了进一步研究行政区划调整的效果，我们利用近20年的样本进行了实证分析。

一、“撤县设市”实证效果

随着农村改革的推进，农村经济较快发展，限制城乡人口流动的就业管理制度开始松动，农村剩余劳动力大量转入非农业生产领域，市场经济的发展要求进一步突破城乡的壁垒。在当时的经济发展和改革开放纵深推进的大背景下，各地实践中表现出对释放小城市发展活力的强烈渴求，“撤县设市”[①]政策的实施成为改革开放以来行政

① 因撤县设地级市的情况较少，因此如无特别说明，“撤县设市”主要是指设立县级市。

区划调整的最主要内容之一。

从我国改革开放以来县级市设立情况来看，“撤县设市”设立大致分为以下几个阶段[①]。

启动加速阶段（1978～1982年）。改革开放以来，城乡经济快速崛起，发展所带来的问题和矛盾对我国相对滞后的城市管理体制提出严峻挑战。为增强县域经济发展活力，我国开始推行将县改为县级市，主要采用切块设市和整县设市两种模式。1978～1982年，我国共设立县级市54个，年均新设市接近10个，县级市数量比改革开发以前增长了近一半。在这一阶段，切块设市是主要方式，共有40个，占74%；整县设市为14个，占比26%。此阶段为县级市设立的启动推行阶段，主要以切块设市模式为主，尤其是1979年，全国共设立县级市23个，切块设市的就有20个，占比达到87%。

快速推进阶段（1983～1988年）。1983年，民政部公布了“县改市”的相应标准，县级市的设立进入快速发展阶段，设市模式也随之发生转变。1983～1988年5年间共设立县级市192个，其中切块设市的有18个，仅占总设立数的9%；整县设市数为174，占比达到91%。整县设市确实改善了城市面貌，推动了城镇化的发展，有利于县域经济社会稳定发展，因此得以快速推进。

平稳发展阶段（1989～1991年）。1989年之后，以整县设市模式为主的县级市设立进入平稳发展阶段。1989～1991年，全国共设立县级市45个，其中切块设市只有3个，约占7%；整县设市数达到42个，占比高达93%。

高速增长阶段（1992～1996年）。从1992年开始，尤其是在1993年国务院调整设市标准之后，县级市设立进入高速增长阶段。1992～1996年间，全国共设立县级市189个；整县设市数为185个，占比接近98%，设立模式仍以整县设市为主。

收紧冻结阶段（1997～2009年）。县级市大量设立，扩大了城市的范围，但有些地方也出现了大肆侵占农村土地、行政管理复杂等一系列乱象。出于保护耕地的目的，从1997年开始，国家冻结了县改市的审批，县级市的设立工作进入收紧冻结阶段。

重新启动阶段（2010年以来）。2010年民政部同意批复了2个县级市的设立，标志着县级市设立工作松动，进入复苏发展阶段（图6-1）。改革开放初期，切块设市是

① 1978～2000年数据主要来自刘君德、汪宇明的《制度与创新：中国城市制度的发展与改革新论》，东南大学出版社2000年版。

设市的主要模式，主要是依据“市县分立、城乡分离”的思路，将某一行政区域城镇人口集中在一块社区划出来设市。这样做可实现行政区域与城市地域相一致，便于政府根据城市的特点，集中精力管好城市，城乡界线清楚（陈朝辉，1995），也促进了一批具有一定人口集聚和经济发展优势、基础设施较好、功能齐全的镇发展为中小城市，且范围较小，易于集中管理。但是，由于切出去的往往是县内最发达或者最有发展潜力的“块”，对县域经济的发展必然造成不利的影响，设“市”后可能会导致机构人员的膨胀，还造成一系列的问题，比如切块设市往往与县的各种利益关系难以协调；小城镇切块设市面临所在县级政府的阻力较大（陈朝辉，1995）。为了解决这些问题，并从工作便利的角度出发，整县设市成为设市的主要方式，1993年以后切块设市的模式已经非常少见。

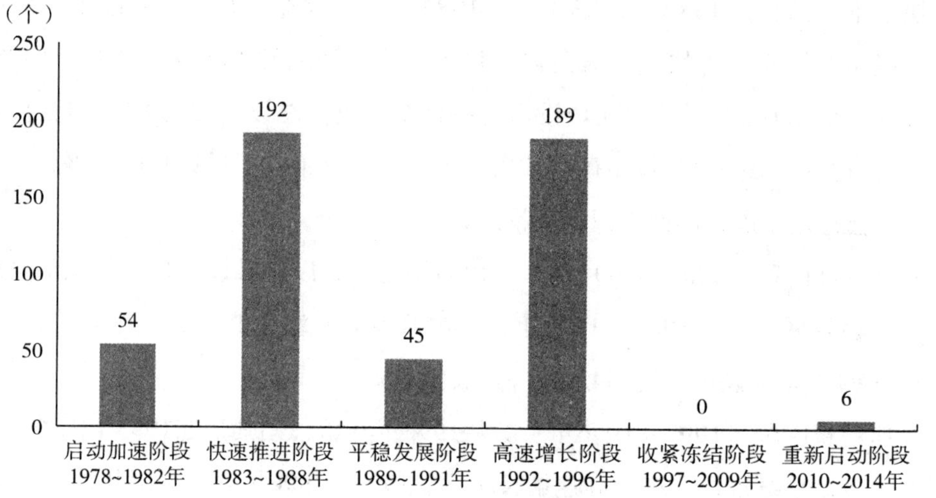

图6-1　各阶段县级市数量增加情况

考虑数据获取等多方因素，我们选择1994～1997年期间撤县设立的市，剔除此后撤市设区的情况，共计84个样本，对撤县设市政策实施情况进行实证分析。为了反映撤县设市政策实施效果，我们为每个样本选择一个参照系，参照系尽量与样本选择在同一地级市，且此前经济发展速度相似，并在此期间未发生区划调整行为。

（一）撤县设市对经济推动效果不明显

我们分别比较设市后5年（中短期）和5～10年（中长期）样本与参照系的经济发展速度，由于GDP数据缺失，对1994年设市样本5年内以工农总产值数据进行替代，其他年份经济发展使用GDP数据。

1. 中短期经济激励效果未显现

在设市后中短期（调整后5年），新设市与参照系的经济发展速度没有明显的差异。在1994年设市的44个样本中，只有1个样本年均经济增速显著快于参照系县，36个样本未出现明显差异，且有6个样本城市显著慢于参照系县（图6–2）。

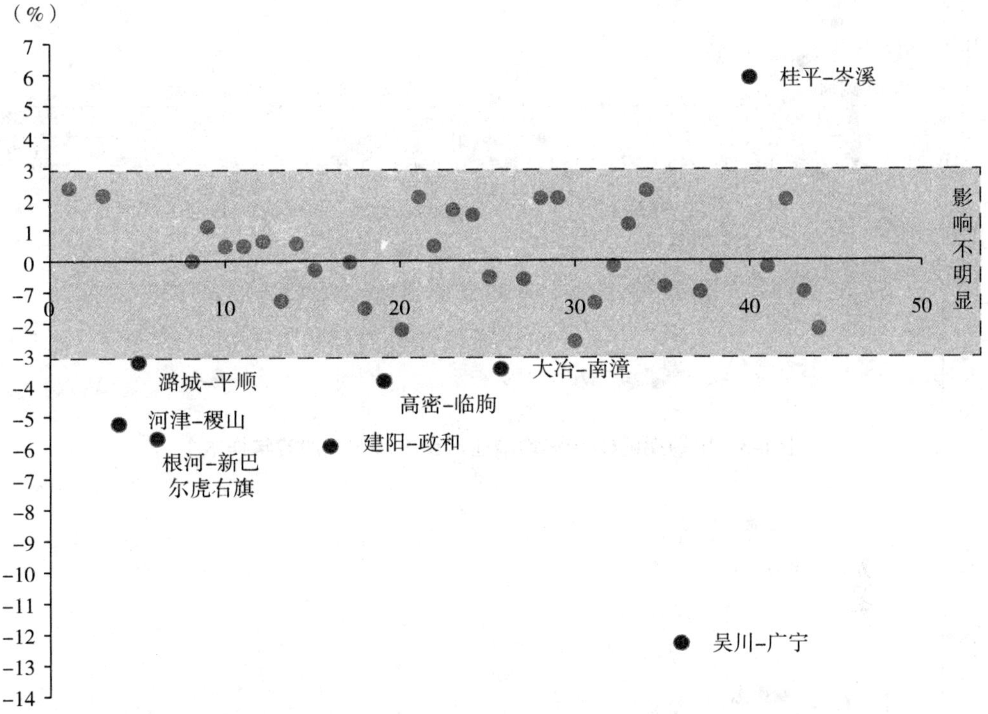

图6-2　中短期工农业总产值年均增速对比（1994年样本）

对1995～1997年撤县设市的40个样本，我们使用1997～2000年GDP增长速度反映中短期效果，结果同样不显著。在40个样本中，12个县级市年均增长速度显著快于参照系县，16个县级市对比不明显，另外12个县级市的年均增速显著慢于参照系县，总体来看效果是随机的（图6–3）。

2. 中长期经济激励效果未显现

对1994年新设县级市，设市十年后样本的GDP总量是设市五年时的1.71倍，而参照系的GDP则是五年时的1.69倍，两者之间未有显著差异。就个体而言，在此期间有10

个县级市经济发展速度快于参照系，21个没有明显差异，还有13个显著慢于参照系县（图6–4）。

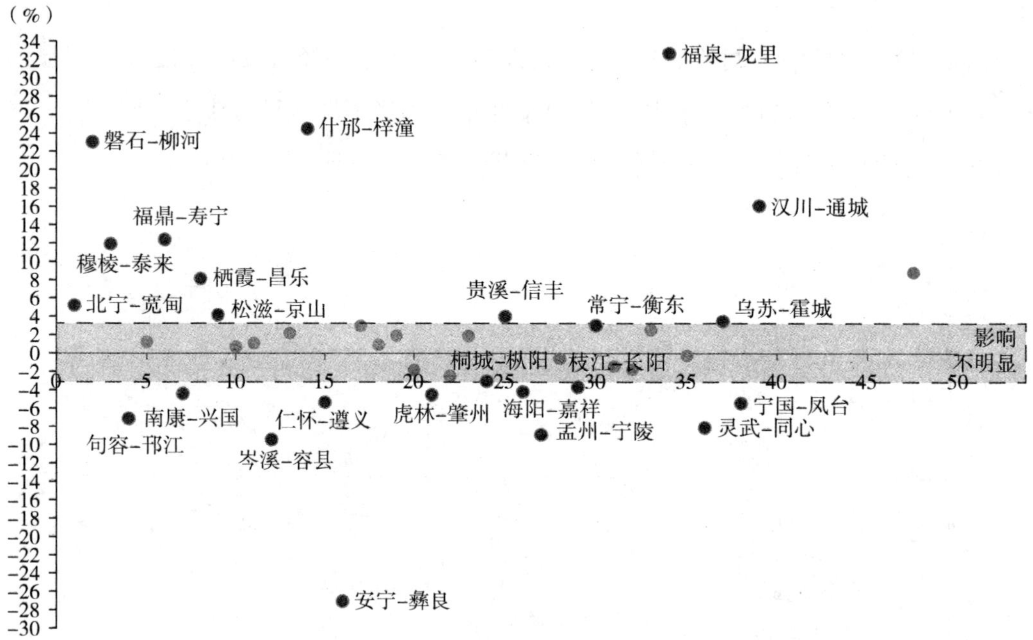

图6-3　中短期的GDP年均增速对比（1995～1997年样本）

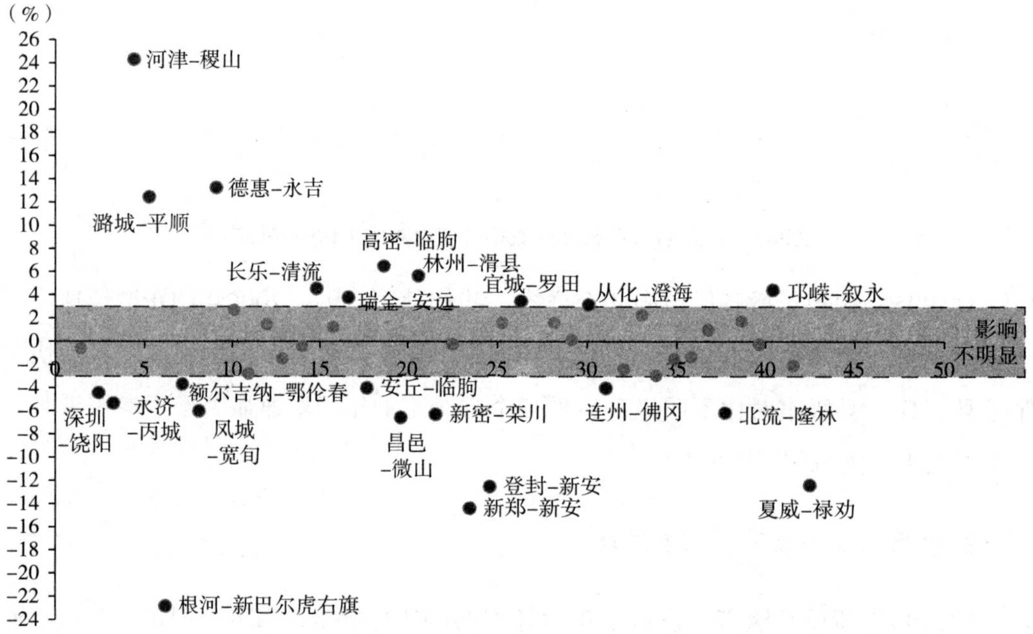

图6-4　中长期GDP年均增速对比（1994年样本）

对1995～1997年新设市样本，设市十年后样本的GDP总量是设市五年时的2.03倍，而参照系则是五年时的2.11倍，略快于新设市样本。就个体而言，有13个县级市经济增长速度显著快于参照系，15个对比不明显，还有12个显著慢于参照系（图6–5）。

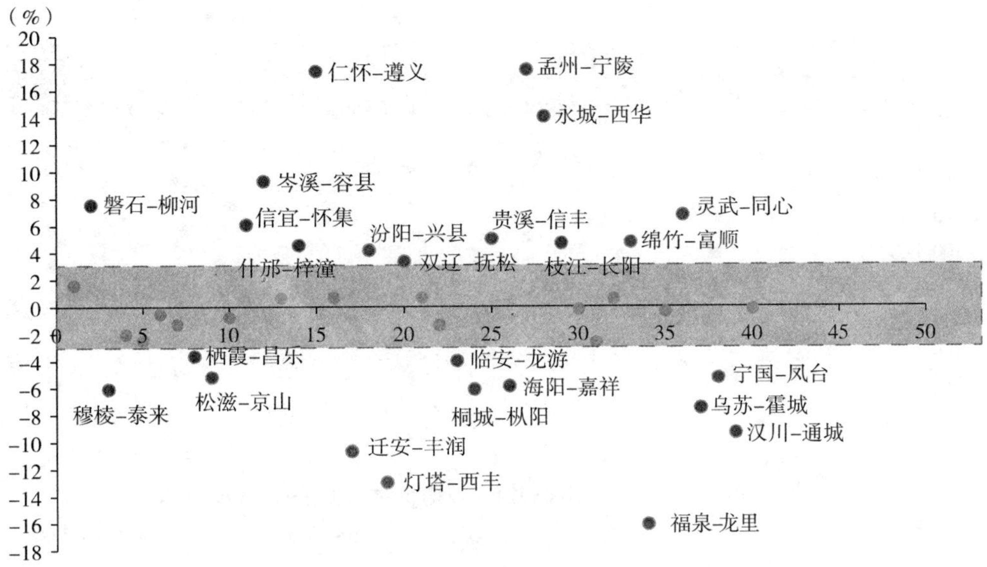

图6-5　中长期的GDP年均增速对比（1995～1997年样本）

总体来看，设市对经济发展的影响并不明显，从与参照系对比来看，参照系和撤县设市样本之间发展速度的快慢是随机的，并未显示出明显的激励效果。

（二）对城镇人口增长有显著负面效果

“五普”和“六普”期间，我国城镇人口总量增长了45.98%，而84个新设市样本城镇人口共增长31.58%，而参照系城镇人口增长59.2%。样本的城镇人口增长速度比全国平均速度慢了14.4个百分点，比参照系慢了27.62个百分点。就个体而言，84个样本中，仅有 7个城镇人口增长速度显著快于参照系，而有48个样本显著慢于参照系，另外29个样本影响不显著（图6–6）。

通过与全国城镇人口增长以及参照系的对比来看，我们看到撤县设市样本的城镇人口增速要更慢。超过一半的样本与参照系的城镇人口增速差距在20个百分点以上，72.6%的样本城镇人口增长要显著慢于参照系，因此我们认为，在过去一段时间内撤县设市对城镇人口增长起到了抑制作用。

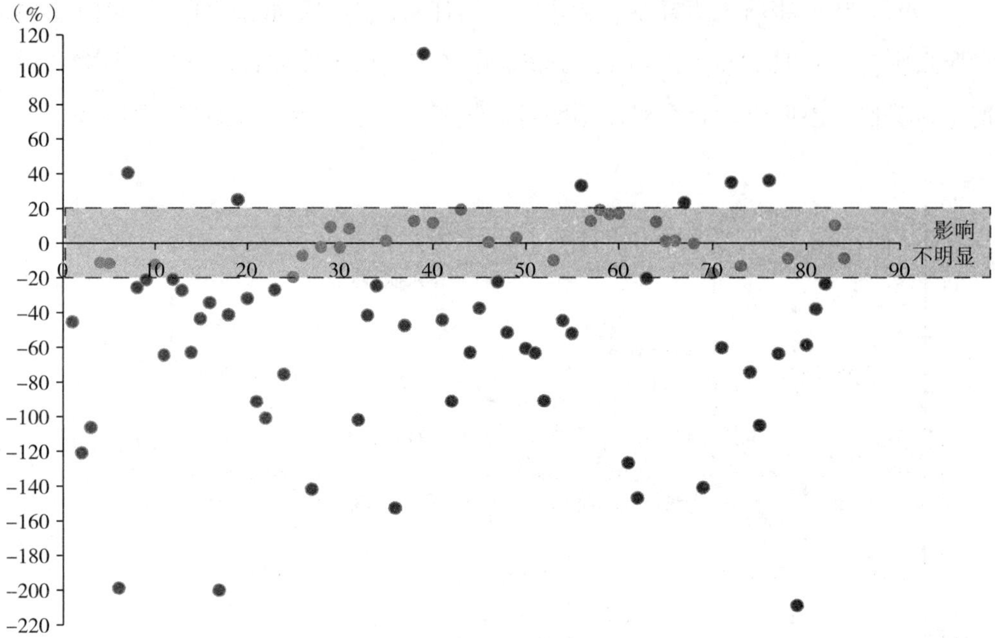

图6-6　“五普”“六普”期间城镇人口增长对比（1994～1997年样本）

（三）小结

从上述实证效果来看，撤县设市对经济增长的影响是随机的，样本和参照系之间并未显示出明显的激励或者抑制作用，而撤县设市对城镇人口的增长起到了明显的抑制，新设市城镇人口在2000～2010年期间的增长速度要显著慢于全国平均水平和参照系，需要引起特别关注。

二、地级市设立实证效果

在我国等级化管理体制下，资源自上而下的分配方式决定了不同等级城市资源配置条件的不均等，使得一些优质公共服务和稀缺性的资源分配不均衡，地级市设立进一步强化了这种体制。对地级市来讲，市辖区是地级市政府直接控制的区域，能够享受地级市的制度优势。改革开放以来，从我国地级市设立情况来看，地级市大致分为以下几个阶段[①]。

① 改革开放以前的数据主要来自刘君德、冯春萍等：《中外行政区划比较研究》，华东师范大学出版社2002年版。

稳定发展阶段（1978～1982年）。1978年到1982年期间，地级市数量就增长了12个，总体上地级市数量在徘徊中缓慢增加。

加速设立阶段（1983～1988年）。1983年我国全面推行了市领导县体制，同时也正式提出了地级市的叫法，当年地级市数量呈现井喷式增长，仅此一年地级市数量增加了36个，到1988年我国地级市总量达183个。

平稳发展阶段（1989～1993年）。1988年为了控制机构和编制的增多，国务院暂停了县级市升格为地级市的审批工作，由此地级市总量增长出现了较大的回落，到1993年我国地级市总量为196个。

快速设立阶段（1994～2003年）。1993年国务院颁布了新的设市标准，地级市设立标准更加清晰明确，而且随着1997年撤县设市工作的暂停，设立地级市成为这一时期区划调整的主要内容。到2003年，我国地级市数量达到282个。

成熟稳定阶段（2004年至今）。截至2016年，我国地级市总量为293个，未来通过撤地设市的方式，新设地级市的条件已基本不再具备，可以预期，如果设市政策不出现较大调整的话，我国地级市数量将会保持稳定（图6–7）。

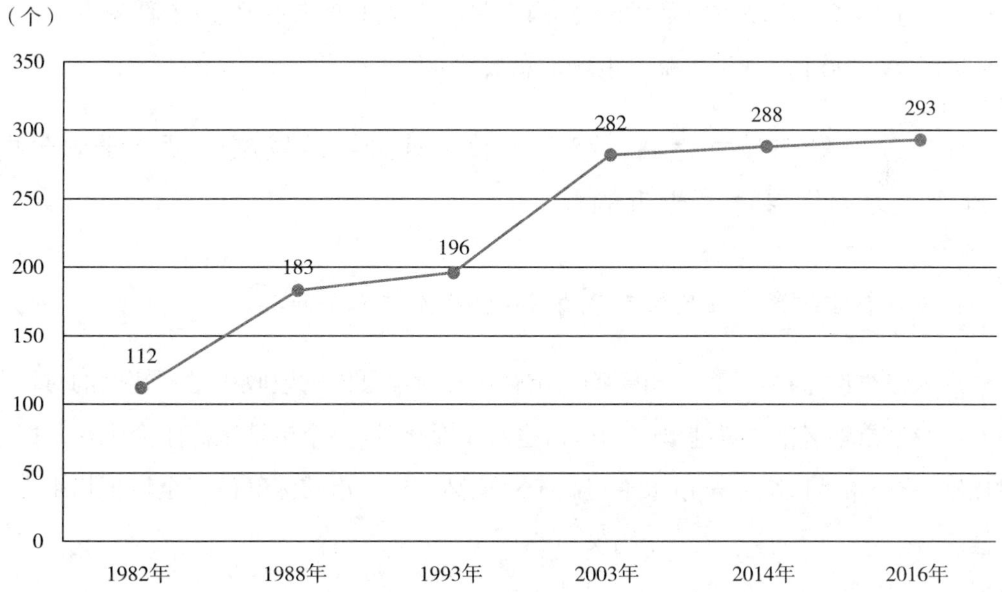

图6-7　各阶段节点地级市数量

对于地级市的设立，我们主要分析地级市中心城区的发展，因此我们选取地级市的市辖区作为研究对象，分析地级市市辖区在地级市设立之后的经济社会发展变化情况，并选取相应参照系进行对比。1997～2001年期间共设立57个地级市，结合数据的可取性和行政区划的连贯性，选取其中53个[①]地级市作为研究对象进行分析。为更好地进行比较，每个城市都选取参照系（县或县级市）作为对比，按照一定的标准，选取了在同一地级市所辖的62个县或县级市作为参照系。

（一）地级市设立奠定了当时所设市辖区的优势地位，在发展过程中提升了市辖区在地级市的经济地位

在所选取的53个城市设市时所设的市辖区中，将其设市当年GDP和财政收入与2013年进行比较，可以发现中心城区得到了明显的发展。

超过七成的市辖区财政收入占地级市总体比重提高。在53个样本城市中，38个城市市辖区财政收入占地级市比重从设市当年到2013年出现了明显增长，占城市总数的72%；15个出现了下降，占城市总数的28%。

接近六成的城市市辖区GDP占地级市总体比重提高。从与自身对比的增长变化情况来看，在53个样本城市中，29个城市市辖区GDP占地级市比重从设市当年到2013年出现了明显增长，占城市总数的55%；4个基本不变（变化不超过1个百分点），占城市总数的7%；20个出现了下降，占城市总数的38%。

（二）地级市设立之后，绝大多数市辖区经济发展速度高于同一地区设地级市之前发展速度相近的县

1. 大多数市辖区财政收入年平均增速高于全市水平和县

从地级市设立15年间[②]全市平均、市辖区和对比县的财政收入增长速度的对比情况来看：33个市辖区平均增速既高于全市也高于对比县，3个市辖区高于全市水平但低于对比县，5个市辖区低于全市水平但高于对比县，12个市辖区既低于全市平均水平也低于县。

---

① 1997～2001年撤地设市城市共57个，由于之后行政区划的调整和数据缺失等情况，剔除安徽巢湖市、陕西商洛市、内蒙古呼伦贝尔市和广西桂林市，选取剩余53个进行分析。

② 到2013年为止，所选地级市设立年数分别共有12～14年，为方便查看，此处都用15年为标题，实际计算时分别按照实际年数进行处理。

2. 大多数市辖区GDP年平均增速高于全市水平和县

从地级市设立后15年间[①]全市、市辖区和对比县的GDP增长速度的对比情况来看：24个市辖区平均增速既高于全市也高于对比县，2个市辖区高于全市水平但低于对比县，6个市辖区低于全市水平但高于对比县，21个市辖区既低于全市平均水平也低于县。

3. 地级市设立推动了市辖区经济发展，同时也扩大了市辖区与县的财政收入差距

比较市辖区人均财政收入与县的人均财政收入的比值可以发现，在53个样本城市中有33个城市市辖区与对比县的人均财政收入差距扩大，占城市总数的62%，且扩大幅度较为明显。在53个样本城市中，有34个市辖区人均财政收入增长倍数高于全市平均水平，占城市总数的64%，有33个市辖区人均财政收入增长倍数高于对应的对比县，占城市总数的62%。

4. 在城镇人口增长方面，与参照系城市相比而言，72%的市辖区人口增长速度慢于对比县

从样本与参照系城市的城镇人口增长速度的比较来看，在53个市辖区中，有15个市辖区城镇人口增长率快于对比县，占城市总数的28%；38个市辖区城镇人口增长率慢于对比县，占城市总数的72%。

三、撤县设区实证效果

市辖区作为城市管理体制中的一个重要组成部分，在大型城市管理和公共服务中的确发挥了重要作用。改革开放以来，我国市辖区制度快速发展，共经历以下几个阶段。

恢复性增长阶段（1978～1982年）。此阶段正是我国拨乱反正时期，国民经济全

① 到2013年为止，所选地级市设立年数分别共有12～14年，为方便查看，此处都用15年为标题，实际计算时分别按照实际年数进行处理。

面走向好转，全国各地城市及市辖区经过“十年动乱”压抑期后，进入一个快速的恢复性增长阶段。1979年，全国人大通过新的《地方组织法》，明确规定市辖区应设置地方人大常委会，并赋予市辖区等同于县级政权机构的行政地位。至此，市辖区被明确视为与县同级的一级行政单位。市辖区总数由 1976 年的 410 个增加到 1980 年的511个，再到 1982 年的 527 个。

快速增长阶段（1983～2004年）。推行“市领导县”体制带来的市辖区快速增长阶段。1986年，国务院进一步明确了对“地级市”的设置标准。自此后，地级市的数量快速增长，市辖区也随之再一次迅速增加，到1992年底，全国194个市（含京津沪）共设有市辖区662个。1999年，中共中央、国务院再一次强力推行市领导县体制后，市辖区数量也随之进一步增多，到2004 年底市辖区猛增至 852 个。

内部调整阶段（2005～2012年）。此时，各地级市开始针对各种规模不同、大小不一、功能各异的市辖区进行优化调整，主要有如下几个方式：一是合并较小的市辖区，如苏州市将原沧浪区、平江区与金阊区合并为姑苏区；二是市区与郊区整合调整重新设区，如河南省开封市将原南关区、鼓楼区和郊区整合调整为新的禹王台区、鼓楼区和金明区；三是撤县（市）设区，如四川省撤销名山县设立雅安市名山区；四是区县合并为新的市辖区，如新疆乌鲁木齐市米东区与米泉市合并为新的米东区；五是撤销个别市辖区划归其他市辖区，如江苏省徐州市撤销原九里区，将其辖区分别划归鼓楼区、泉山区、铜山区；六是地级市从周边县市划入部分乡镇设立新的市辖区，如安徽省马鞍山市从当涂县划入部分乡镇设立博望区。

再一次快速扩张阶段（2013年以来）。进入 2013 年以来，我国市辖区数量再一次出现快速增加的势头，到 2017年底，市辖区达到 962 个，比 2012 年底增加了102个。主要存在如下几种情况：首先是撤县（市）设区，随着各地经济与城市化快速增长，客观上使得中心城市需要更多的发展空间，于是临近中心城市的一些县（市）撤县（市）设区就成了最佳选择；其次是撤地设市又有进展，新设立的地级市设置市辖区，如 2013 年青海省撤销海东地区设立地级海东市等；再次就是原有地级市继续内部整合调整市辖区，如2013 年四川省广安市从广安区析置前锋区。这类整合调整仍然比较普遍（图6–8）。

在追述市辖区建制发展历程的过程中不难发现，中央对于市辖区建制的设置总体上是倾向于“少设为好”。从法律的层面上来看，法律规定只有直辖市和较大的市才能设置市辖区。由此看来，市辖区并不是一级必不可少的行政建制。然而，从实际情况来看，当前几乎所有地级以上城市都设立了一个或一个以上的市辖区。

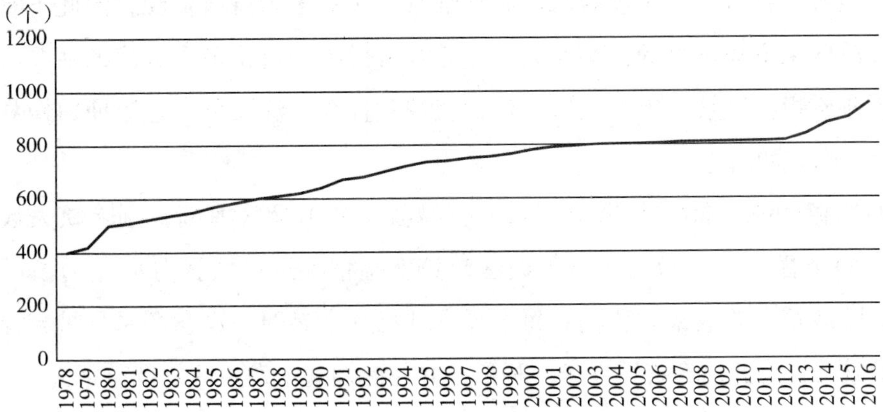

图6-8　1978～2016年市辖区数量

资料来源：根据中国行政区划网整理，http：//www.xzqh.org/ html/ list/ 10100.html。

同时需要指出的是，在市管县体制下，虽然县与市辖区都是作为市的下级行政单位，行政地位平等，但是县与区之间的显著差别体现在多个方面（史育龙，2014；高祥荣，2015）：一是市、区和镇是城市型建制，省和县属于区域型建制；二是县是宪法规定的三级行政区划的一级政区，较市辖区具有更大的自主权，拥有完整的行政和经济社会管理权限，对经济社会发展事务拥有较大的自主权和独立性，而市辖区隶属于由市直接领导的行政区划单位，只承担城市政府的有限职能，不具有独立性，比如，原有的公安局、规划局要改为市局派出的分局，也不享有《土地管理法》赋予市、县人民政府的土地收储和出让职能，因此无法通过土地出让获得预算外收入；三是县为一级财政，有完整独立的预算体系，而市辖区只有半级财政，由市级财政预算；四是县统筹县域经济社会发展，而市辖区重点发展二三产业，工作重点是为市政府分担部分城市管理和公共服务职责。

“市辖区”的设立和发展，特别是“县（市）改区”对于城市的发展产生了一些积极的作用。但在我国市辖区作为城市政府的派出机构，不具备县（市）的完整行政管理职权。撤县（市）设区频频发生，使得县（市）很多决策权和管理职能要上收到市，本来作为县（市）所具备独立的经济社会发展自主权就大打折扣，丧失了城市发展的主体地位，发展速度受到较大影响。近年来随着“省直管县”政策的实施，财政、土地指标等对发展起到关键作用的行政资源的分配，开始由省直接对县（市），不再通过地级市政府对这些资源要素进行配置。在这种背景下，地级市政府为了获取更多的上级政府行政资源配置数量，必须继续掌控较多的行政资源，因此不断通过县改区或市改区来增加自身的面积和人口。撤县市设区一直是备受关注的话题，近年来一些地方刚刚提出撤县（市）设区工作，就遭到社会广泛反对，这也使得撤县市设区引起了更多激烈的讨论。

我们选择1998～2009年期间所有进行撤县（市）设区案例，剔除缺失数据的情况，共计35个样本，对撤县（市）设区政策实施情况进行实证分析。为了反映撤县（市）设区政策实施效果，我们为每个样本选择一个参照系，参照系尽量与样本选择在同一地级市，且此前经济发展速度相似，并在此期间未发生区划调整行为。

（一）撤县（市）设区对经济发展的影响

随着城市规模的不断扩大，城市若要更好地维持运行、保持较高的管理效率，就需要增加城市市区空间规模。我们按照中心城区空间是否限制城市发展作为分类依据①，将新设市辖区分为中心城区发展空间受限和中心城区发展空间不受限两类，分别比较设区后5年（中短期）和5～10年（中长期）GDP年均增长速度，以此评估撤县（市）设区对经济发展的影响。

1. 中心城区空间发展受限情况

在中短期（调整后1～5年）具有显著正向激励作用。在35个样本中，有20个属于中心城区发展空间受限的市辖区。在20个样本中，有10个样本年均经济增长速度显著快于参照系，8个差异不大，仅有2个显著慢于参照系（图6–9）。

中长期政策效应趋于弱化，在19个市辖区样本②中，有4个样本的年均增速显著快于参照系，12个样本差异不大，另外有 3个显著慢于参照系，说明中长期的政策影响已基本消失（图6–10）。

---

① 1.市辖区设立前，所属地级市的建成区面积与市辖区面积的比，比值15%以上的，我们认定为发展受限；2.撤县（市）设立的市辖区与地级市核心区的距离（百度地图测量区政府与市政府间的距离）；3.在撤县（市）设区之前，地级市已有市辖区的数量。

② 因数据获取的原因剔除了1个区。

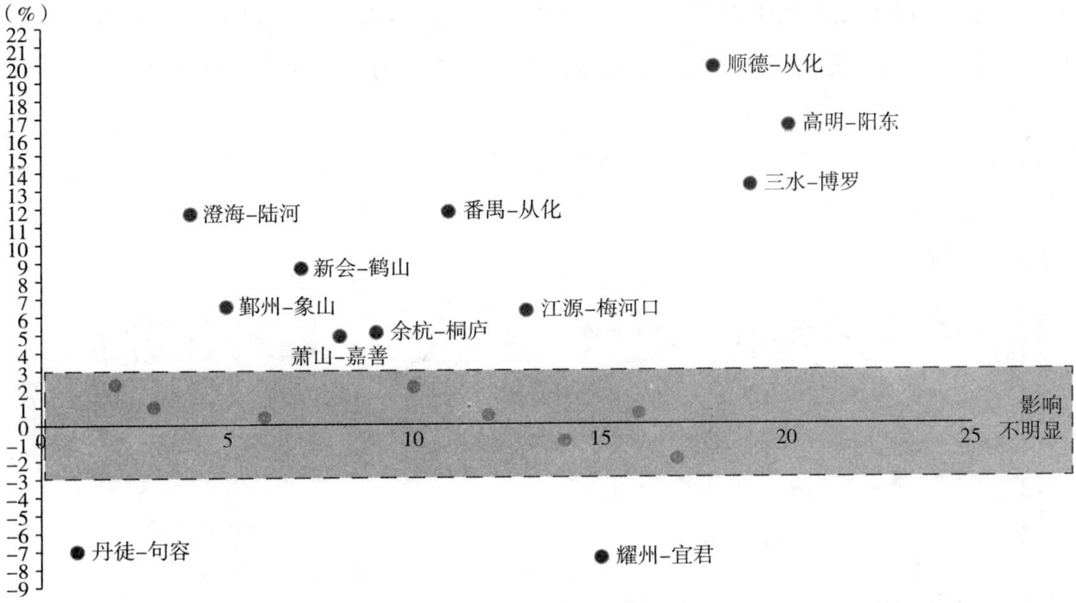

图6-9　中短期GDP年均增速对比

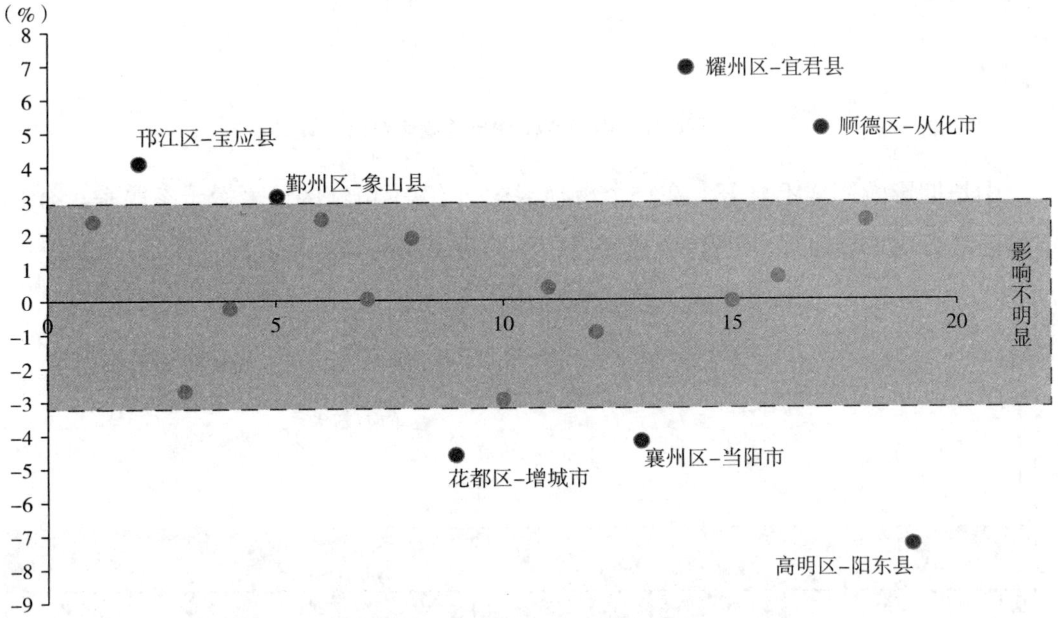

图6-10　中长期GDP年均增速对比

2. 地级市中心城区空间发展不受限情况下

中短期政策效果并不显著，在15个样本中，有6个市辖区GDP年均增长速度明显快于参照系，有6个显著慢于参照系，另有3个对比差异不大（图6–11）。由此可见，参照系和撤县（市）设区样本之间发展速度的快慢是随机的，并未显示出明显方向。

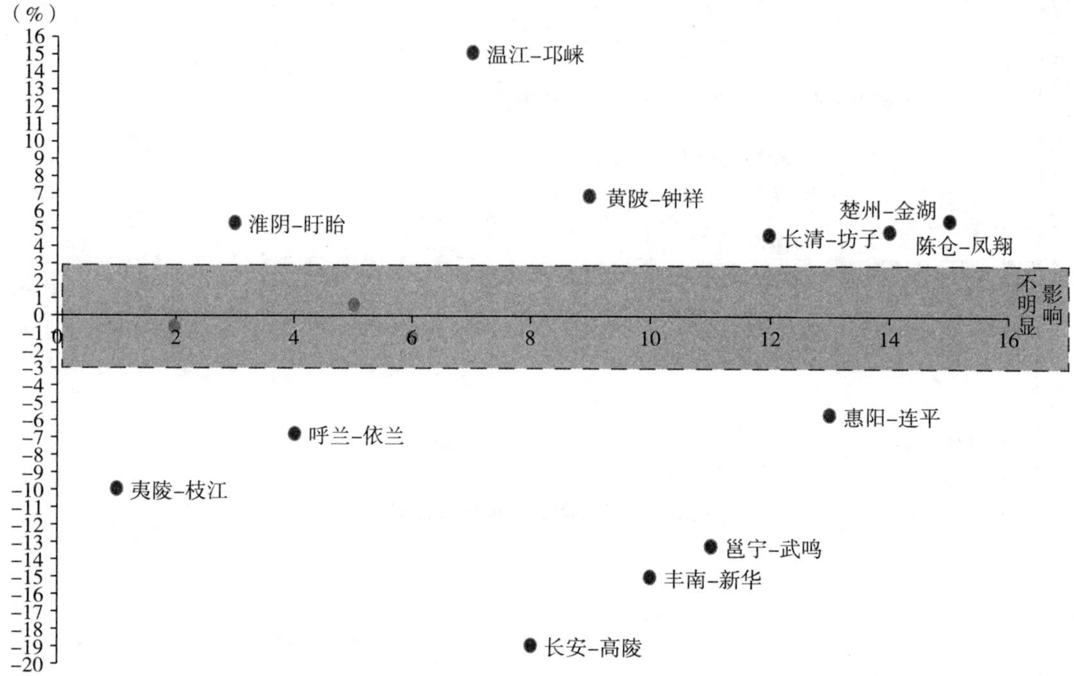

图6-11　中短期GDP年均增速对比

中长期影响同样不显著。在15个市辖区中，有4个市辖区显著慢于参照系；有3个市辖区显著快于参照系，另有8个速度差距不明显（图6–12）。

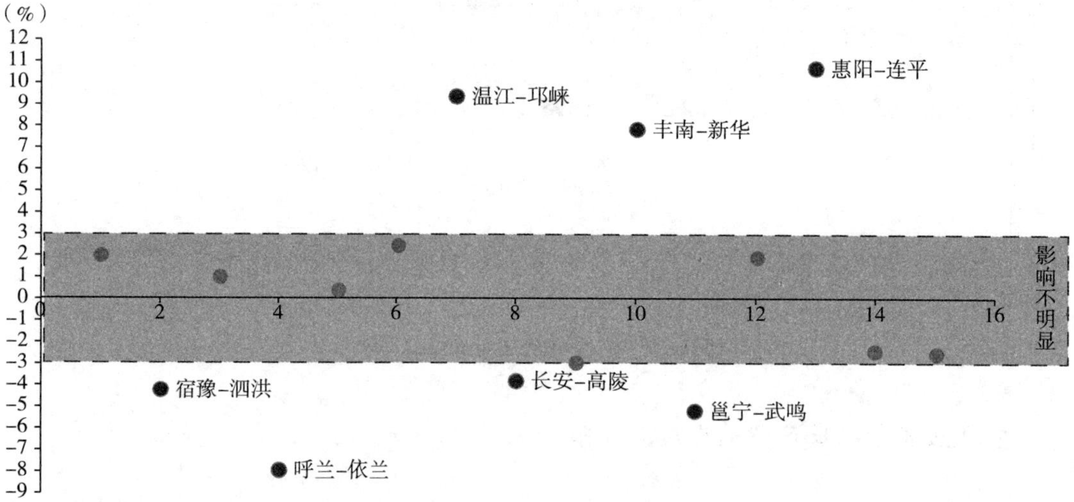

图6-12　中长期GDP年均增速对比

总之，如果中心城区发展空间受限，那么撤县设区工作在中短期内对经济发展可能存在明显的正向激励作用，但是随着时间的延迟，激励作用将会逐渐弱化。而如果中心城区发展空间并不受限，数据结果显示在中短期内未出现显著影响，但是随着时间的延长，影响效果也未出现较大变化。

（二）撤县（市）设区对城镇人口增长的影响

我们通过“五普”和“六普”城镇人口的数据，分析样本与参照系城市2000～2010年城镇人口年均增长速度，以及两者增速的差距。

1. 在地级市中心城区发展空间受限的情况下，城镇人口增长显著

与参照市相比而言，多于一半的市辖区（10个）设立后的人口集聚速度显著快于参照系，而有30%的市辖区（6个）的人口集聚速度要显著慢于参照系，还有4个市辖区与参照系对比差异不明显（图6–13）。

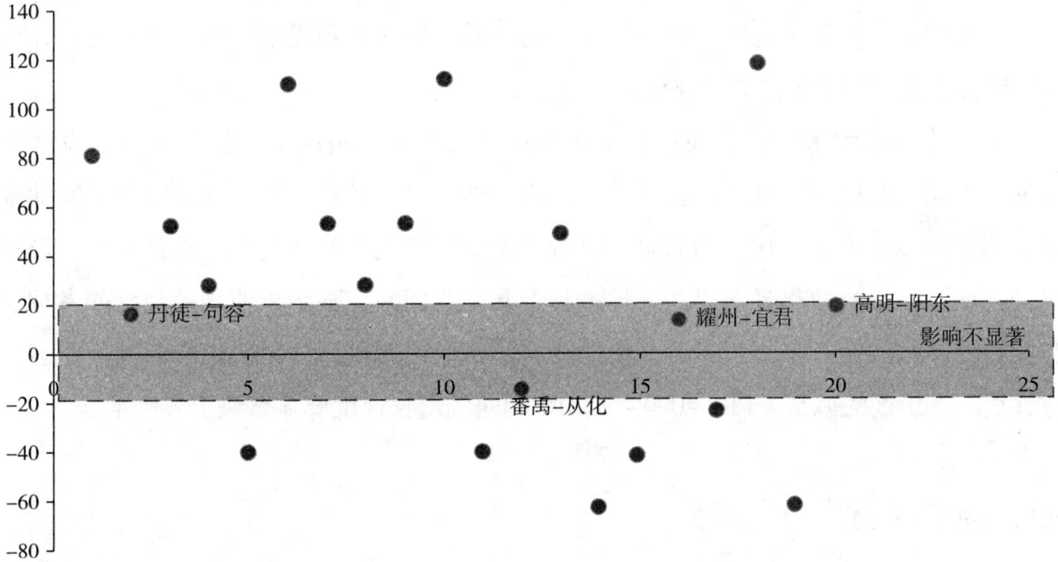

图6-13　与参照系城镇人口年均增长对比（空间受限）

2. 地级市中心城区空间发展不受限的情况下，城镇人口增长比较显著

与参照城市相比，有9个市辖区的城镇人口增长显著快于参照系，有4个市辖区显

著慢于参照系，有2个对比效果并不显著（图6–14）。

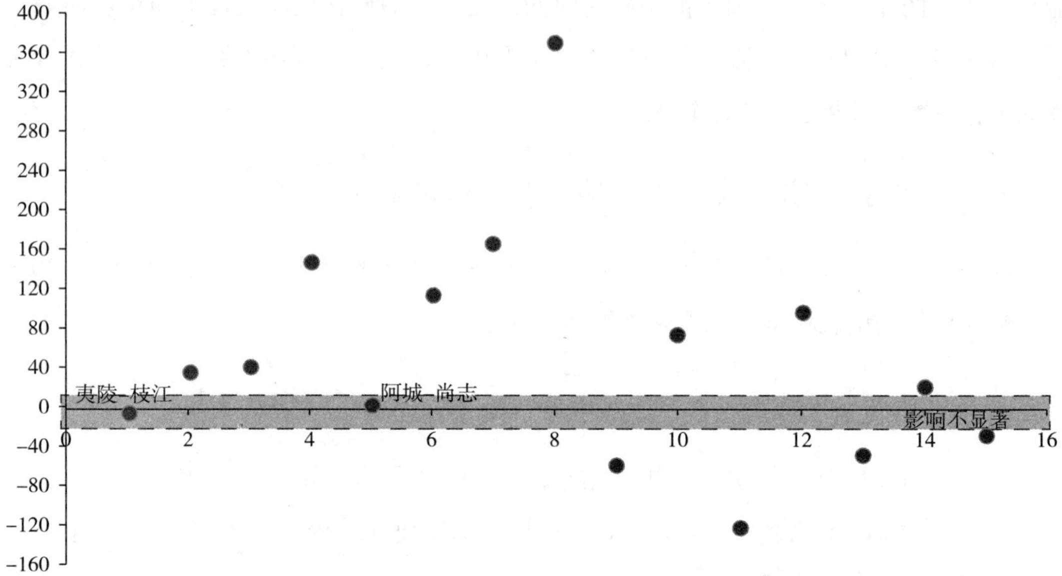

图6-14　与参照系城镇人口年均增长对比（空间不受限）

总体而言，不管是地级市中心城区空间发展受限或者不受限，市辖区设立后，市辖区的城镇人口增长更快的情况更为普遍。

从上述实证效果来看，在中心城区发展空间不足的情况下，撤县（市）设区在短期可以充分利用中心城区的辐射带动作用，推动经济较快发展，但是随着时间的推移，正向激励效果在弱化。而如果中心城区发展空间充足的情况下，撤县（市）设区对经济增长的影响效果是随机的，样本和参照系之间并未显示出明显的激励或者抑制作用。但是从城镇人口增长来看，而撤县（市）设区对城镇人口的增长起到了明显促进作用，新设区的城镇人口在2000 ~ 2010年期间的增长速度要显著快于参照系。

四、简要评述

（一）市管县体制的负面效果逐步显现

对保障中心城市发展起到了重要作用，但是随着市场经济体制的确立、区域经济的形成、城市化进程的加快，市管县体制的弊端也越来越突出。在行政资源等级化配置模式下，农村资源过度向城市集中，而中小城市的资源又过度向高等级城市集中，大大抑制了中小城市以及农村的经济发展活力。对市领导县体制的批评从未中断，有的学者就明确建议放弃市管县体制，在这种体制下，城乡分割状况不是在减轻，而是日趋严重，主要表现在市里通过行政干预县的自主决策；同时，机构重叠、层次繁杂、关系不顺，降低了办事效率（才国伟，2011）。市管县体制下，由于市的经济实力不够雄厚，市对县缺乏带动作用，造成了“小马拉大车”的现象，甚至依靠县的“供奉”来维持市的发展，市县争利矛盾突出；同时由于难以平衡城乡利益分配，使农村工作处于不利地位（刘恒寿，1989），当前地级市通过吞并周边县或乡镇，将发展快、税源多、土地价格高的地方并入城区，形成行政区划上的大市，而非经济区划上的都市圈。

（二）发展机会不均等扩大了不同层级城镇之间的发展差距

不同层级城镇所享受的经济社会管理权限是不同的，地级市的权限要高于县级市、县和小城镇，造成了城镇之间发展机会的不均等，带来了不同层级城市之间差距的扩大。对比各省2001、2006和2015年的数据发现，除西藏和海南之外的29个省（自治区、直辖市）[①]市辖区与县的人均GDP之差均呈现扩大趋势，并且有接近一半的省（自治区、直辖市）的市辖区与县人均GDP之比也在扩大。比如，广东市辖区和县人均GDP之比在2001年为4.4：1，到2016年扩大到6.8：1。而在城市商业发展方面，批发零售销售总额地级及以上城市市辖区占比从2001年的69.6%提高到2016年的88.4%，提高了18.8个百分点，社会消费品零售总额占比从58%提高到2016年的65.8%，提高了7.8个百分点。在金融方面，2016年市辖区金融机构贷款余额占全市的比重为78.91%，而按户籍人口计算仅占全市的34.2%。

（三）城乡边界模糊加剧了土地城镇化快于人口城镇化问题

中央城镇化工作会议提出，要划定城市发展边界，希望以此来提高城镇化发展质量，控制城市空间的过快增长。然而在我国城乡合治的管理体制下，行政力量主导着城市的空间扩张，城市可以根据需要利用行政手段调整发展边界，且越高等级的城市

① 西藏和海南由于数据缺失，故未计算。

越容易做出调整，也越容易获取用地指标支持，并转化为空间扩张行为。如表6-3所示，我们比较了近年来各等级城镇人口和空间增长的情况，相对于城市人口的增长，省会城市（含副省级城市）的空间扩张速度更快，省会城市每增加一个城镇人口所需要的土地是县的2倍多，而直辖市所需要的用地也远高于县。城乡合治的管理体制为城市获取周边农村的土地提供了便利条件，等级化城镇管理体制让等级高的城市更加容易地获取土地，助长了中心城市粗放式扩张，当土地成为融资工具以后，在利益驱动下，这种趋势变得更加难以扼制。

表6-3　各等级城镇人口和用地增长情况

各等级城镇	城市建设用地		城镇人口		新增城镇人口人均建设用地
	2003	2015	“五普”	“六普”	
县	10180	18718	10892.76	19315.31	101.37
地级及以上城市	23267	39960	25544.06	37488.43	139.76
省会城市	6715	12719	6883.05	9731.23	210.8
直辖市	3912	6898	42197.7	6298.75	143.63

数据来源：根据历年《中国城乡建设统计年鉴》《中国城市统计年鉴》《“五普”分县人口统计资料》《“六普”分县人口统计资料》数据计算整理。

（四）城市层级间流动性较弱抑制了中小城市发展活力

最初我国城市层级设计基本是与城市规模相关的，根据规模的大小赋予相应的经济社会管理权限。现实中城市发展是动态的，有些城镇发展相对较快，集聚经济和人口的规模不断增大，由于缺少城镇层级间流动的措施，经济社会管理权限难以根据规模变动同步调整，经常出现“身子大、衣服小”的现象，限制了中小城市发展活力释放。特别是设市工作暂停以后，对特大镇发展的约束表现最为突出。特大镇是改革开放以来自发涌现出一大批吸纳人口多、经济实力强的镇，在长三角、珠三角一带很多镇集聚的经济和人口规模已经达到中等城市标准，但囿于管理体制上原因，仍然采取传统的农村型行政区划体制进行管理，远远不能满足发展需要，给经济社会发展以及各种配套设施建设和管理带来很大困难。中央有关部门也注意到这个现象，采取了一些放权式改革，但是囿于县镇间利益关系的固化，改革难以形成稳定的体制，结果是在反复中不断倒退。在一些经济发展较快的强县，经济社会管理权限不足现象同样突出，对发展造成了严重的约束。

第四节　政策框架和建议

改革开放以来，我国行政区划的不断变革对推动城镇化发展起到了重大作用，但是矛盾累积也越来越多，城市管理粗放、中小城市活力受限、城市经济区和行政区冲突增多等负面效果开始显现。经过几十年的发展，我国已经有一批有较强实力的中心城市，可以承担区域增长的龙头作用，但是如果继续通过行政手段集聚资源要素，必然会加剧“城市病”现象。在经济新常态背景下，重点不应该是继续通过行政手段集聚资源要素，让部分城市获得优化发展机会，而是进一步发挥中心城市的辐射带动作用，通过行政引导市场，让各类城镇获得平等发展机会。对中心城市来说，重点在于提高发展质量，像绣花一样管理城市，把城市做精做细，推动城市转型发展。这对我国行政区划调整政策提出了新的要求，推动行政区划调整改革势在必行。

行政区划调整事关稳定和发展，需要做好统筹谋划，当前行政区划调整需遵循以下基本原则。一是建立城市间平等发展机制，培育经济增长新动能。逐步减少城镇行政等级对中小城市和小城镇发展的束缚，激发中小城市发展的活力，推动经济持续健康发展。改变按照行政等级配置资源的模式，减缓特大城市要素过度集中的压力。二是探索完善区域治理新模式，建立城乡间要素平等交换机制，增强城市对农村的带动作用。三是推动城市发展转型，划定城市发展边界，扼制城市空间过快增长势头，促进城市从粗放发展向精细管理的转变。四是实现城市管理模式创新。探索新型的城市管理办法，寻找实现“小政府、大社会”管理模式，降低城市管理的行政成本。

全面实施省管县体制。我国行政层级系统中，县是基本单位。县级行政系统无论在功能及机构设置上，与省级行政系统、中央行政系统都具有同构性。建立扁平化的省直管县市的行政体制已成为推动经济发展和深化行政体制改革的迫切要求和战略选择（孙学玉，2004）。要把决策权、办事权更多地放到县一级，使县一级责、权、利尽可能配套，充分激发县域经济活力，以促进县域经济社会的发展，使强县更强，弱县变强。合理界定政府、企业和社会的责任，要把能够交给市场及社会中介组织办的，全部交给市场，能直接放到县里的权限尽可能放到县里，还有许多权限由法律及行政制度明确县一级不是施法施政主体的，则通过授权及委托的形式交给县里办。

改革设市模式。增加设市是城镇化发展的大势所趋，当前我国城市的数量不是多了，而是太少。设市改革要以城市型政区方向设置，当前重点是尽快通过“切块设市”模式推动特大镇设市，新设市一定要有明确的城市发展边界，对城市边界不明确的“整县设市”模式要控制和减少。对于特大镇设市条件成熟的，可以直接设市；主客观条件不太成熟的，可以实行计划单列管理，深化放权让利改革。加大切块设市探索力度，切块设市可以以镇为单位进行设置，条件具备的也可以打破现有行政区划设置。要简化设市标准，将城区人口规模作为设市的主要条件，把达到一定人口规模的城镇设市，按照城市的标准进行建设和公共服务配置。

规范撤县设区行为。从目前我国城市市辖区总体状况来看，我国地级以上城市发展空间是充足的。2016年我国市辖区总面积已达79.21万平方公里，建成区面积达到4.28万平方公里，建成区占市辖区面积的5.4%。按开放强度计算，日本为15%，如果未来我国地级以上城市市辖区开发强度控制在15%，城乡建设用地各占一半，建成区面积所占比重可以控制在8%左右，那么建成区面积还要增加1.43万平方公里，按照每平方公里1万人进行计算，仅市辖区还可吸纳1.4亿城镇人口。我们认为地级城市发展空间限制不大，因此建议，一是严格限制县改区。要按照城市市区人口密度和人口规模作为判断是否通过“县改区”拓展城市发展空间的基本依据，并制定相应标准来规范县改区行为，对受地域空间限制较大的城市可适当增设区。二是相邻较远的区建议重新设为市（县）。清理地级以上城市任意调整行政区划，将县（市）划成区的行为，对距城市主城区较远的新设区建议重新调整，对符合设市标准的要新设为市，不符合设市标准的要重新调整为县，以增强市（县）发展自主权，增强发展活力。

弱化行政等级。城镇有行政等级是我国的特色，也是适应中央对基层管理的需要，这种模式在短期内难以改变。随着信息化等新技术手段的应用，不同层级之间信息交流的成本降低，而且行政等级对处于基层的城镇约束不断增多，已经不适应经济发展的需要。我们建议，部分新设市可以不改变原有行政等级，逐步减少依据行政等级配置经济社会管理权限和公共服务资源的政策，通过综合配套改革，使其管理权限与管辖的经济、人口规模相适应，弱化不同层级城镇之间的经济社会管理行政管辖关系。权力下放还要理清政府和市场的关系，政府逐步减少参与具体经济事务的行为，重点是做好事前、事中和事后监管。

第七章

以城市群为主体的城镇化空间格局加快形成

王大伟[①]

城市群是城市发展到成熟阶段的空间组织形式，是在特定地域范围内，以一个或多个以上特大城市为核心，依托现代交通、通信等基础设施网络所形成的产业分工合理、空间组织紧凑、经济联系紧密、同城效应明显的城市联合体。

第一节　我国城市群的发展历程

一、我国城市群规划的提出

京津冀、长三角、珠三角是我国发展最早、发展水平最高的三个城市群。京津冀城市群的雏形是燕南燕北经济协作区。1981年，在燕南燕北经济协作区的基础上建立了包括北京、保定、张家口、承德、廊坊、唐山和秦皇岛等城市的环京津经济协作

① 王大伟，中国城市和小城镇改革发展中心政策研究部主任。

区。1986年，环渤海经济区概念首次提出。1992年，中央确立了加快环渤海地区发展的指导思想。2015年，中央政治局审议通过了《京津冀协同发展规划纲要》，将河北省的衡水、邯郸、邢台3个城市包含其中，形成京津冀城市群。长三角城市群的发展可以追溯到1983年，当年上海经济区规划办公室成立，将以上海为中心的10个城市作为经济区范围。1992年，上海、苏州、无锡等14个城市组成长三角区域合作组织。1997年，上述14个城市及泰州共15个城市组成长江三角洲经济协调会。2010年，国务院批准《长江三角洲地区区域规划》，将长江三角洲的范围确定为上海、江苏、浙江、安徽“三省一市”。2016年《长江三角洲城市群发展规划》正式印发实施。珠三角城市群的起点是1989年广东省编制的《珠三角城镇体系规划（1991—2010年）》，其中提出重点培育广州、深圳、珠海、中山、江门、顺德、东莞等10个城镇群的空间构想。1994年，广东省编制了协调区域经济发展的《珠江三角洲经济区城市群规划》，提出了“一个整体、一个核心、两个主轴、三大都市区”的城市群空间发展战略。随着香港、澳门相继回归，我国加入WTO，珠三角逐步形成了以外向型经济为主要特征的大城市连绵区。2004年，广东省编制了《珠江三角洲城镇群协调发展规划（2004—2020年）》，提出了把珠三角建设成为“充满生机活力的世界级城镇群”的发展目标。2014年，广东省编制了《珠江三角洲全域规划》，进一步提出了把珠三角城市群打造为世界级城市群的发展目标。2018年初，涵盖香港、澳门两个特别行政区和广东省大部分城市的《粤港澳大湾区发展规划》已经基本编制完成。

二、国家有关规划中确定的城市群格局及演变

《全国主体功能区规划》提出，到2020年基本形成主体功能区布局，在国土空间总体格局方面，形成“两横三纵”为主体的城市化战略格局、“七区二十三带”为主体的农业战略格局和“两屏三带”为主体的生态安全战略。“两横三纵”为主体的城市化战略格局是指以陆桥通道、沿长江通道为两条横轴，以沿海、京哈京广、包昆通道为三条纵轴，以国家优化开发和重点开发的城市化地区为主要支撑，以轴线上其他城市化地区为重要组成部分的城市化总体发展格局。围绕这一战略格局，要重点推进环渤海、长江三角洲、珠江三角洲地区的优化开发，形成3个特大城市群；推进哈长、海峡西岸、中原、长江中游、北部湾、成渝、关中—天水等18个重点开发区建设，发展若干

新的大城市群和区域性的城市群，形成多元、多极、网络化的城市化格局，使经济增长的空间由东向西、由南向北拓展，人口和经济在国土空间的分布更趋集中均衡。

《国家新型城镇化规划（2014—2020年）》提出要按照“优化布局、集约高效”的原则，根据资源环境承载能力构建科学合理的城镇化宏观布局，以综合交通网络和信息网络为依托，科学规划建设城市群。到2020年，城镇化格局更加优化，“两横三纵”为主体的城镇化战略格局基本形成，城市群集聚经济、人口能力明显增强，东部地区城市群一体化水平和国际竞争力明显提高，中西部地区城市群成为推动区域协调发展的新的重要增长极。城市规模结构更加完善，中心城市辐射带动作用更加突出，中小城市数量增加，小城镇服务功能增强。在此基础上，国家“十三五”规划纲要进一步明确了“19+2”国家级城市群总体格局①。

三、其他有关规划关于城市群地区的范围

根据国家发展战略新要求、结合发展面临新环境和区域联系新态势，依据《全国主体功能区规划》《国家新型城镇化规划（2014—2020年）》，国家发展改革委联合交通运输部制定了《城镇化地区综合交通网规划》，明确了21个城镇化地区，总体上仍以《全国主体功能区规划》确定的优化开发区和重点开发区为主体，并对部分城市群涉及的范围作了调整。根据该规划，21 个城镇化地区，涵盖了全国215个城市。人口和GDP 分别约占全国的65%、90%。每个地区涵盖的范围如下。

表7-1　　全国21个城镇化地区及其综合交通规划概况

城镇化地区	范围	定位	骨干路网	规划目标
京津冀地区	北京、天津、石家庄、保定、廊坊、唐山、秦皇岛、沧州、承德、张家口、衡水、邢台、邯郸等13市	以首都为核心的世界级城市群、区域整体协同发展改革引领区、全国创新驱动经济增长新引擎和生态环境修复改善示范区	以京沪、京广、京哈、京沈等高速铁路和京港澳（G4）、京昆（G5）、京藏（G6）等高速公路为骨干	至2020 年，城际铁路运营里程约2800 公里，覆盖全部节点城市（13个）和40%左右的县（市）；新建和改扩建国家高速公路约750 公里

① “十三五”期间建设19个城市群，分别为：建设京津冀、长三角、珠三角世界级城市群，提升山东半岛、海峡西岸城市群开放竞争水平；培育中西部地区城市群，发展壮大东北地区、中原地区、长江中游、成渝地区、关中平原城市群，规划引导北部湾、晋中、呼包鄂榆、黔中、滇中、兰州-西宁、宁夏沿黄、天山北坡城市群发展，形成更多支撑区域发展的增长极。

续表

城镇化地区	范 围	定 位	骨干路网	规划目标
长江三角洲地区	上海、南京、杭州、宁波、苏州、无锡、常州、南通、扬州、镇江、泰州、盐城、湖州、嘉兴、绍兴、金华、台州、舟山、合肥、芜湖、安庆、池州、铜陵、马鞍山、滁州、宣城等26市	是全球重要的现代服务业中心和先进制造业基地	以沪宁、沪杭、宁杭、合宁、杭甬等高速铁路，沪陕（G40）、沪蓉（G42）、沪昆（G60）等高速公路，长江干线航道、京杭运河为骨干	至2020年，城际铁路运营里程达到6400公里（其中，利用路网铁路4000公里，新建城际铁路约1270公里），覆盖全部节点城市（26个）和80%以上的县（市）；新建和改扩建国家高速公路约1700公里
珠江三角洲地区	广州、深圳、珠海、佛山、东莞、中山、江门、惠州、肇庆等9市	是南方地区对外开放的门户	以广深、广珠城际轨道交通、京港澳（G4）、大广（G45）、沈海（G15）等高速公路为骨干	至2020年，城际铁路运营里程约1400公里（其中，利用路网铁路250公里，新建城际铁路440公里），覆盖全部节点城市（9个）和40%左右的县（市）；新建和改扩建国家高速公路约430公里
长江中游地区	武汉、长沙、南昌、黄石、黄冈、鄂州、孝感、咸宁、仙桃、潜江、天门、襄阳、宜昌、荆州、荆门、株洲、湘潭、衡阳、岳阳、益阳、常德、娄底、九江、景德镇、上饶、鹰潭、新余、抚州、宜春、萍乡、吉安等31市	承东启西，连通南北	以京广、沪昆、武九等高速铁路，京港澳（G4）、大广（G45）、二广（G55）、杭瑞（G56）等高速公路和长江干线航道为骨干	至2020年，城际铁路运营里程约6000公里（其中，利用路网铁路4500公里，新建城际铁路960公里），覆盖全部节点城市（28个）和50%左右的县（市）；新建和改扩建国家高速公路约1060公里
成渝地区	重庆、成都、德阳、绵阳（除北川县、平武县）、乐山、眉山、资阳、内江、宜宾、泸州、自贡、南充、遂宁、广安、雅安（除天全县、宝兴县）、达州（除万源县）等16市	我国西南地区重要的经济中心	以成渝高铁、沪蓉（G42）高速公路等为骨干	至2020年，城际铁路运营里程约3600公里（其中，利用路网铁路2600公里，新建城际铁路820公里），覆盖全部节点城市（15个）和近90%的县（市）；新建和改扩建国家高速公路约1420公里

续表

城镇化地区	范 围	定 位	骨干路网	规划目标
海峡西岸地区	福州、厦门、泉州、温州、汕头、漳州、莆田、宁德、潮州、揭阳、汕尾等11市	地处东南沿海，与台湾隔海相望	以温州经福州至厦门高铁和粤东城际铁路等轨道交通，沈海（G15）等高速公路为骨干	至2020年，城际铁路运营里程约1850公里（其中，利用路网铁路1150公里，新建城际铁路460公里），覆盖全部节点城市（11个）和60%左右的县（市）；新建和改扩建国家高速公路约690公里
山东半岛地区	济南、青岛、淄博、东营、烟台、潍坊、威海、聊城、泰安、莱芜、滨州、德州等12市	我国重要的海洋产业聚集区和先进制造业基地。	以济青高铁、胶济铁路、青荣城际等轨道交通，青银（G20）、荣乌（G18）等高速公路为骨干	至2020年，城际铁路运营里程约1700公里（其中，利用路网铁路800公里，新建城际铁路480公里），覆盖全部节点城市（12个）和80%左右的县（市）；新建和改扩建国家高速公路约870公里
哈长地区	哈尔滨、大庆、齐齐哈尔、绥化、牡丹江、长春、吉林、松原、四平、辽源、延边等11市	重要的装备制造业和粮食生产基地	以哈大、哈佳、京哈、哈齐、哈牡等轨道交通，京哈（G1）、珲乌（G12）、绥满（G10）等高速公路为骨干	至2020年，城际铁路运营里程约1600公里，全部利用路网铁路，覆盖全部节点城市（10个）和45%左右的县（市）；新建和改扩建国家高速公路约1120公里
辽中南地区	沈阳、大连、鞍山、抚顺、本溪、丹东、锦州、营口、辽阳、铁岭、盘锦等11市	地处东北亚经济圈关键地带，是欧亚大陆通往太平洋的重要通道	以京哈、哈大、沈丹、丹大等轨道交通，京哈（G1）、沈海（G15）、辽中环线（G91）、丹大（G1113）高速公路为骨干	至2020年，城际铁路运营里程约1400公里（其中，利用路网铁路1100公里，新建城际铁路270公里），覆盖全部节点城市（11个）和60%左右的县（市）；新建和改扩建国家高速公路约350公里

续表

城镇化地区	范 围	定 位	骨干路网	规划目标
中原地区	郑州、洛阳、开封、新乡、焦作、许昌、平顶山、漯河、济源等9市	地处我国中心地带	徐兰、京广、济南经郑州至重庆、太原经郑州至合肥等轨道交通，连霍（G30）、京港澳（G4）、大广（G45）、二广（G55）、宁洛（G36）、沪陕（G40）等高速公路为骨干	至2020 年，城际铁路运营里程约500 公里（其中，利用路网铁路200 公里，新建城际铁路300 公里），覆盖全部节点城市（9 个）和70%左右的县（市）；新建和改扩建国家高速公路约150 公里
东陇海地区	连云港、徐州、日照、临沂、枣庄等5市	欧亚大陆桥的桥头堡	郑徐、徐连高铁和青连、连盐、连淮铁路以及曲阜经临沂至日照城际等轨道交通，荣乌高速联络线、徐州至明光等高速公路为骨干	至2020 年，城际铁路运营里程约700 公里（其中，利用路网铁路500 公里，新建城际铁路100 公里），覆盖全部节点城市（5 个）和50%左右的县（市）；新建和改扩建国家高速公路约240 公里
关中—天水地区	西安、咸阳、宝鸡、铜川、渭南、商洛、天水等7市	西北地区重要的经济中心	以徐兰、包西、西成、大西、银西、西武、西渝等轨道交通，沪陕（G40）、连霍（G30）、包茂（G65）、京昆（G5）、福银（G70）、银百（G69）、银昆（G85）等高速公路为骨干	至2020 年，城际铁路运营里程约1100 公里（其中，利用路网铁路700 公里，新建城际铁路410 公里），覆盖近90%的节点城市（7 个）和70%左右的县（市）；新建和改扩建国家高速公路约520公里
北部湾地区	南宁、北海、钦州、防城港、玉林（市区及北流市、博白县）、崇左（市区及凭祥市、扶绥县）、湛江、茂名、海口、三亚等10市	地处东盟自贸区前沿，是西南地区最便捷的出海口	以高铁、沿海铁路等轨道交通，兰海（G75）、沈海（G15）高速公路为骨干	至2020 年，城际铁路运营里程约1600 公里（其中，利用路网铁路1300 公里，新建城际铁路320 公里），覆盖全部节点城市（10个）和70%左右的县（市）；新建和改扩建国家高速公路约530 公里

续表

城镇化地区	范围	定位	骨干路网	规划目标
太原地区	太原、晋中、阳泉、忻州、临汾、长治、汾阳、孝义等8市	我国重要的能源和煤化工生产基地、国家资源型经济转型示范区，以及全国重要的能源、原材料、煤化工、装备制造业和文化旅游业基地	以大西高铁和青银、青太、太焦等轨道交通，青银（G20）、京昆（G5）、二广（G55）、青兰（G22）等高速公路为骨干	至2020 年，城际铁路运营里程约1000 公里（其中，利用路网铁路800 公里，新建城际铁路约190 公里），覆盖全部节点城市（8个）和20%左右的县（市）；新建和改扩建国家高速公路约140 公里
滇中地区	昆明、曲靖、玉溪、楚雄等4市	面向南亚、东南亚辐射中心的核心区域	以沪昆、成昆高铁和南昆等轨道交通，京昆（G5）、杭瑞（G56）、沪昆（G60）、汕昆（G78）、广昆（G80）、渝昆（G85）等高速公路为骨干	至2020 年，城际铁路运营里程约1600 公里（其中，利用路网铁路1150 公里，新建城际铁路440 公里），覆盖全部节点城市（4个）和75%左右的县（市）；新建和改扩建国家高速公路约490 公里
黔中地区	贵阳、遵义、安顺、毕节、都匀、凯里等6市	西南地区重要的陆路交通枢纽	以沪昆、贵广、成贵高铁和渝黔新线、黔桂二线、贵南等轨道交通，兰海（G75）、杭瑞（G56）、沪昆（G60）、厦蓉（G76）等高速公路为骨干	至2020 年，城际铁路运营里程约750 公里（其中，利用路网铁路600 公里，新建城际铁路60 公里），覆盖全部节点城市（6 个）和60%左右的县（市）；新建和改扩建国家高速公路约300 公里
呼包鄂榆地区	呼和浩特、包头、鄂尔多斯、乌兰察布、巴彦淖尔、乌海、榆林等7市	我国向北开放的重要桥头堡	以包兰、东乌、呼和浩特—张家口、呼包鄂城际环线等轨道交通，京藏（G6）、京新（G7）、青银（G20）、包茂（G65）、荣乌（G18）等国家高速公路为骨干	至2020 年，城际铁路运营里程约700 公里（其中，利用路网铁路250 公里，新建城际铁路400 公里），覆盖70%以上的节点城市（7 个）和20%左右的县（旗）；新建和改扩建国家高速公路约170 公里

续表

城镇化地区	范 围	定 位	骨干路网	规划目标
兰州—西宁地区	兰州、西宁、白银、海东等4市	地处青藏高原与黄土高原的交汇地带	以兰新第二双线等轨道交通，京藏（G6）、京新（G7）等高速公路为骨干	至2020 年，城际铁路运营里程约380 公里（其中，利用路网铁路320 公里），覆盖全部节点城市（4 个）和50%左右的县（市）；新建和改扩建国家高速公路约390 公里
天山北坡地区	乌鲁木齐、昌吉、五家渠、石河子、奎屯、乌苏、独山子、伊犁、吐鲁番等9市	我国面向中亚、西亚、南亚开放的陆路交通枢纽和重要门户	以兰新高铁和乌鲁木齐至阿拉山口（霍尔果斯）等铁路，京新（G7）、连霍（G30）等高速公路为骨干	至2020 年，城际铁路运营里程约1000 公里，全部利用路网铁路，覆盖近90%的节点城市（9 个）；新建和改扩建国家高速公路约890 公里
宁夏沿黄地区	银川、吴忠、石嘴山、中卫等4市	地区地处黄河中上游	以银川至西安高铁和包兰、太中银、吴忠至中卫、呼银兰、中卫至武威等轨道交通，京藏（G6）、青银（G20）、银百高速（G69）、银昆高速（G85）等高速公路为骨干	至2020 年，城际铁路运营里程约400 公里（其中，利用路网铁路220 公里，新建城际铁路180 公里），覆盖全部节点城市（4 个）和县；新建和改扩建国家高速公路约740 公里
藏中南地区	拉萨市、日喀则地区、山南地区、林芝地区部分市县和那曲县等5市县	西藏的经济、文化中心	以青藏、川藏、新藏等铁路，京藏（G6）、拉萨环线（G6001）、雅叶的西藏段（G4218）、曲乃（G4219）等高速公路为骨干	至2020 年，干线铁路运营里程约1000 公里，覆盖全部节点城市（5 个）和40%左右的县（市）

第二节　主要城市群规划实施进展

一、城市群规划编制总体情况

根据《国家新型城镇化规划（2014—2020年）》及“十三五”规划纲要，到2018年8月份，长江中游城市群、中原城市群、哈长城市群、成渝城市群、长江三角洲城市群、北部湾城市群、关中平原城市群、呼包鄂城市群、兰州–西宁城市群规划以及《京津冀协同发展规划纲要》等规划已编制完成并获批复。另外，根据国家发展改革委《关于加快城市群规划编制工作的通知》，一些省级行政区城市群、边疆地区城市群、省域内城市群规划编制工作也已展开（表7–2）。

表7-2　　部分国家级跨省区城市群规划

名称	批复时间	城市数量
《长江中游城市群发展规划》	2015.4	31
《京津冀协同发展规划纲要》	2015.7	13
《中原城市群发展规划》	2016.2	30
《哈长城市群发展规划》	2016.3	11
《成渝城市群发展规划》	2016.4	44
《长江三角洲城市群发展规划》	2016.5	26
《北部湾城市群发展规划》	2017.1	15
《关中平原城市群发展规划》	2018. 1	9
《呼包鄂榆城市群发展规划》	2018.2	4
《兰州—西宁城市群发展规划》	2018.3	9
小计	—	192

城市群已经成为集聚经济和人口的主要空间载体。2016年，京津冀、长三角、珠三角、长江中游、成渝五大城市群，以10.4%的国土面积集聚了38.9%的人口，创造了54.5%的国内生产总值。

二、京津冀地区协同发展规划及实施概况

2015年4月，中共中央政治局会议审议通过《京津冀协同发展规划纲要》。纲要将京津冀区域整体定位：以首都为核心的世界级城市群、区域整体协同发展改革引领区、全国创新驱动经济增长新引擎、生态修复环境改善示范区。具体到三个省市，北京市定位为“全国政治中心、文化中心、国际交往中心、科技创新中心”；天津市定位为“全国先进制造研发基地、北方国际航运核心区、金融创新运营示范区、改革开放先行区”；河北省定位为“全国现代商贸物流重要基地、产业转型升级试验区、新型城镇化与城乡统筹示范区、京津冀生态环境支撑区”。京津冀协同发展规划明确到2020年，北京市常住人口控制在2300万人以内，北京“大城市病”等突出问题得到缓解；区域一体化交通网络基本形成，生态环境质量得到有效改善，产业联动发展取得

重大进展。公共服务共建共享取得积极成效，协同发展机制有效运转，区域内发展差距趋于缩小，初步形成京津冀协同发展、互利共赢新局面。远期到2030年，首都核心功能更加优化，京津冀区域一体化格局基本形成，区域经济结构更加合理，生态环境质量总体良好，公共服务水平趋于均衡，成为具有较强国际竞争力和影响力的重要区域，在引领和支撑全国经济社会发展中发挥更大作用。

近年来，京津冀协同联动机制不断完善。国务院成立推进京津冀协同发展领导小组和多个专项小组，加大对协同发展工作的组织领导和统筹协调力度，形成了强有力的组织保障体系。京津冀三省市建立了常态化、多层级对接制度，签订多项合作协议和备忘录，健全了上下贯通、横向联动的工作机制，实现了“一张图”规划、“一盘棋”建设、“一体化”发展，发展的整体性、协同性不断增强。北京市发挥科技创新中心的辐射作用，京津冀系统推进全面创新改革试验18项改革举措已在京落地11项，京津冀大数据综合试验区加快建设，科技成果转化创业投资基金投入运营。中关村企业已累计在津冀设立分公司3049家、子公司3100家，科技创新园区链初步形成。创新资源辐射外溢不断提速，四年来输出到津冀的技术合同成交额累计近470亿元，年均增长超过30%，协同创新呈现良好态势。京津冀各领域体制改革和试点示范也积极开展。京津冀城际铁路投资公司成立运营，总规模1000亿元的京津冀城际铁路发展基金设立，通过投资一体化带动区域轨道交通建设一体化。京津冀通关一体化改革成效显著，通关时间平均缩短41天。京津冀手机长途及漫游费比全国其他地区提前两年多全面取消。同时，随着雄安新区规划提出，京津冀两市一省把支持雄安新区建设作为分内之事，主动加强规划对接、政策对接和项目对接。将支持雄安新区建设纳入北京市新版城市总体规划，京冀两地签署共同推进雄安新区规划建设战略合作协议，充分发挥北京科技创新、教育、医疗卫生等优势，确定了8个重点合作领域及一批先期支持项目。

三、长三角城市群规划及实施概况

长三角城市群包括：上海，江苏省的南京、无锡、常州、苏州、南通、盐城、扬州、镇江、泰州，浙江省的杭州、宁波、嘉兴、湖州、绍兴、金华、舟山、台州，安徽省的合肥、芜湖、马鞍山、铜陵、安庆、滁州、池州、宣城等26市，国土总面积21.17万平方千米，2016年地区生产总值14.72万亿元、人口1.5亿。长江三角洲城市群是中国经济发展速度最快、经济总量规模最大、最具有发展潜力的经济板块，以占全国2.2%的土地面积、3.9%的城市数量，承载了全国近12%的城镇人口和近20%的经济总量。

近年经济增长率快于全国平均水平，2016年长三角城市群GDP增量1.18万亿元，对全国的贡献率为21.6%；2013～2016年间人均GDP增长了23.55%，略高于全国22.96%的增长率。城市群城镇化率高达64.74%，城镇人口10539.93万人占全国总城镇人口的13.29%，人口占全国比重显著低于其经济占比，人均GDP显著高于全国。同时，长三角城市群地区产业结构转型升级较快。从产业结构来看，2016年长三角城市群三次产业结构调整为3.5：42.9：53.6，服务业比重进一步提升，较上年提高了1.9个百分点；从规上工业来看，2016年长三角城市群规模以上工业增加值增长7.9%，高于全国平均1.9个百分点；从服务业来看，第三产业增加值突破7万亿，达到7.89万亿元，增速均值达到10.2%，比上年提升2.8个百分点。长三角城市群第三产业增加值占全国的比重为20.5%，高于同期GDP占比0.7个百分点。

自《长江三角洲城市群发展规划》印发实施以来，江苏省制定实施《江苏省贯彻落实长江三角洲城市群发展规划行动方案（2016—2020年）》，安徽省出台《长江三角洲城市群发展规划安徽实施方案》并明确提出实施细则。三省一市围绕“创新、协同、融合：共建世界级城市群”这一主题，主动融入“一带一路”、长江经济带建设等国家重大战略，大力推动长三角城市群协调发展，不断拓展合作的深度和广度，完善合作机制，城市群规划实施取得显著进展。

一是区域协作机制进一步增强。长三角地区合作与发展工作按照“三级运作、统分结合、务实高效”的区域合作机制推进，以联席会议为主要形式审议决策有关区域发展的重大事项。例如，为促进资金、人员和信息等要素等相互流动，克服行政界线的阻碍，长三角地区通过优化跨省审批流程、统一异地市场准入制度和考核标准等，提高跨区域合作对接效率。提升了省际一体化产权交易平台、大数据中心信息平台等共享平台。积极探索跨区域资金供给方式。设立了“长三角合作与发展共同促进基金”等多种政策性基金，以更有效地发挥政府种子基金的“资本杠杆”作用。

二是产业协作程度稳步提高。上海是长三角的知识与现代服务业高地，具有引领优势；江苏和浙江作为全球先进制造业高地，安徽作为支撑沪苏浙发展的腹地，对知识和现代服务业需求旺盛。这些处于不同发展层级的地区互为补充，形成技术扩散、产业分工、市场互补的动力机制，形成信息化、工业化、城市化、农业现代化的共生演化。基于高速铁路和互联网，长三角积极推进以总部经济、电子商务、公共服务、功能中心、专业市场等为代表的平台经济，形成引导区域分工的新生力量。长三角内的企业突破行政区界限，把产品链的不同环节分别向不同层级的地区转移，形成“中心城市+专业化产业带”的多中心空间格局。长三角区域的产业转型升级稳步推进。以产业园区共建为载体，浙江嘉兴有15个省级以上开发区与上海重点平台签订合作协议。

三是公共服务共享、基础设施联通、生态共治等取得成效。长三角公共服务共享程度正在稳步提高。已建立了长三角教育协作发展会商机制，共同签订了《推进长三角区域创新体系建设协议》并定期召开联席会议推动工作落实，举办了长三角通信一体化发展高峰论坛，签订了失业保险关系转移及待遇享受的合作协议。沪浙两地已试点“社会保障卡”互通互用、城市交通一卡通互刷等，推动医疗、交通等公共服务领域的接轨。以上海、南京、杭州、合肥为主要节点的高速铁路网络推动了区域快速融合，形成了以上海为中心的“0.5至3小时”高铁都市圈。同时，还成立长三角区域大气污染防治协作小组共同开展大气污染源清单调查，建立重污染天气预警应急处置协作机制。

四、成渝城市群规划及实施概况

成渝城市群范围包括重庆市渝中、万州、潜江、涪陵、大渡河、江北、沙坪坝、九龙坡、南岸、北碚、綦江、大足、渝北、巴南、长寿、江津、合川、永川、南川、潼南、铜梁、荣昌、璧山、梁平、丰都、垫江、忠县等27个区县以及开县、云阳的部分地区，总面积18.5万平方公里，2014年常住人口9094万，地区生产总值37602亿元，分别占全国的1.92%，6.65%和5.49%。到2016年，区域常住人口9493.35万人，增加了399.35万人，占全国的比重提升至6.87%；GDP总量达到45933.03亿元，占全国比重增加到6.2%。

随着《成渝城市群发展规划》实施，成渝“双子星”成为吸引人口的两个“磁极”。近年来成都、重庆人口回流特征较为明显，表现出强劲的人口吸引能力。2010～2017年的7年间，四川全省常住人口增加了260万人，而在此前的十年，四川全省常住人口共减少了288万人。成渝城市群作为中国西部增长的重要支撑，极化效应正在不断凸显，大量的产业和就业机会引发了越来越强的人口集聚。2017年，成都市常住人口1604.47万人，较之上年增加12.67万人，比2010年增加了近200万人，常住人口/户籍人口之比达到1.12；城镇常住人口为1152.81万人；外来人口619万人，外来人口较之2010年的256万人增加了363万人。2017年，重庆市常住人口3075.16万人，比上年增加26.73万人，比2010年增加了191万人，常住人口/户籍人口之比接近0.9；城镇人口1970.68万人，全年市外外来人口167.65万人。

2016年成渝城市群三次产业结构为4.3：49.9：45.8。第三产业增加值突破2万亿，达到2.1万亿元。成渝城市群第三产业增加值占全国的比重为5.4%。重庆、成都市三次产业结构分别为7.4：44.2：48.4和3.9：43.0：53.1，开始进入后工业化阶段。尤其成都市服务业表现出较强活力。其余城市仍以二产主导，制造业在该区域的发展中仍起着主要支撑作用。

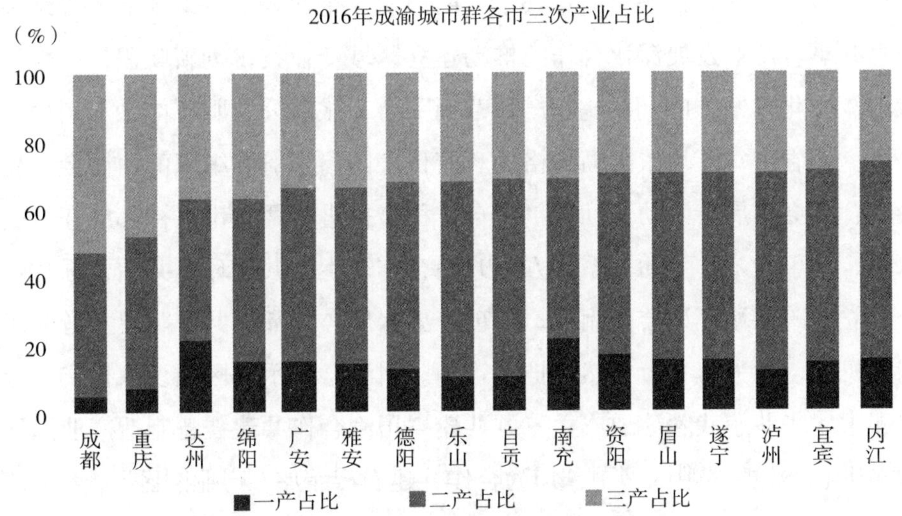

图7-1　2016年成渝城市群各市三次产业结构

随着城市群规划实施，成渝城市群内各个城市围绕城市经济、文化、基础设施、园区建设长期开展合作。

一是区域整体合作机制进一步完善。两省市制定了《成渝城市群发展规划》重点任务分工方案和三年行动计划，共同研究提出需要持续推进的合作项目，深化细化配套政策措施，逐年推进。2015年，两省市签订《关于加强两省市合作共筑成渝城市群工作备忘录》。2016年，两省市协商确定并签署了《重庆市人民政府四川省人民政府深化川渝务实合作2016年重点工作方案》。2017年，重庆市与四川省重点围绕生态环境联防联控、基础设施互联互通、公共服务共建共享等明确合作事项，召开多次经济协作会议，共同研究制定了《成渝城市群发展规划》的重点任务和3年行动计划。同时，川渝两省市积极推动毗邻区域合作示范。支持潼南、铜梁、合江等建设川渝合作示范区，各地区采取共同行动策略，保障合作的持续稳定开展，制定系列合作框架协议，召开了渝西川东经济社会发展协作会、川渝合作示范区经济协作联席会议、第八届泛成渝经济区商会合作峰会、重庆经济协作区第十九次市长联席会等多次协作会议。

二是重点领域合作实现突破。共同构建川渝统一大市场。通关合作方面，成渝两市海关在推进区域通关一体化、创新海关监管模式、支持空运货物转关及国际串飞航线等方面开展全方位合作。市场监管方面，两地工商、质监、税务、劳动和知识产权部门进一步加强联合执法、信息共享，两地实现企业登记、市场准入等结果互认和执法信息共享。产业发展深化合作。推动建立区域产业技术创新联盟，联合开展农产品、旅游、文化营销推广，共建农产品营销平台、旅游公共服务体系和川渝文化企业服务平台。两省市每年均派出高规格的政府代表团参加对方组织的西博会和糖酒会、渝洽会和食博会等展会活动。社会事业合作稳步推进。两省市人社部门在就业创业、社会保障、人事人才、劳动关系等方面开展合作。生态共建环境共治，强化环境联防联控。建立了跨区域环评会商制度，实现跨界水质监测数据共享。建立危险废物跨省转移函商机制，加强跨省市自然保护区管理。川渝合作示范区建设取得实质成效。四川广安邻水、华蓥、武胜等地成立三方共建“川渝合作共建装备制造产业园区”“川渝合作共建电子信息产业园区”“川渝合作共建农产品加工产业园区”。

五、长江中游城市群规划及实施概况

2015年4月，《长江中游城市群发展规划》正式发布。该城市群是以武汉城市圈、环长株潭城市群、环鄱阳湖城市群为主体的特大型城市群，涉及湖北、湖南、江西三省国土面积约31.7万平方公里。长江中游城市群承东启西、连南接北，是长江经济带的重要组成部分，也是实施促进中部地区崛起战略、全方位深化改革开放和推进新型城镇化的重点区域，在我国区域发展格局中占有重要地位。

为推动城市群发展，三省围绕产业发展、基础设施建设、生态环境保护等建立的合作机制不断完善。

一是三省会商，搭建和完善协作平台。三省先后签署了《加快构建长江中游城市集群战略合作框架协议》（2012年）、《长江中游城市群战略合作协议》（2015年）。2016年，湖北、江西、湖南三省政府签署《关于建立长江中游地区省际协商合作机制的协议》《长江中游湖泊湿地保护与生态修复联合宣言》。2017年7月，三省发展改革委在武汉召开了“长江中游地区省际协商工作协调会”，就省际协商合作行动宣言、轮值组织构架、轮值运行常态化机制、年度工作重点签署备忘录。

二是加快推动一体化建设。鄂湘赣三省交通、商务、旅游、科技、教育、经信、水利、卫生等十多个部门相继召开联席会议，签署了近20个三省部门间的合作协议，推进长江中游城市群一体化建设。在基础设施方面，三省围绕共建国家综合运输通道、综合交通枢纽和大宗战略物资集散中心，搭建合作发展平台。共同争取“长江航道645工程”等一批重点工程纳入国家“十三五”规划，打通长江中游城市群水、陆、空交通大通道，提高客流、物流通行效率。在产业协同方面，湖北省专用汽车和湖南工程机械加强战略合作，推动有色金属企业开展联合协作与技术改造。旅游部门加强旅游资源整合和旅游产品组合，开展旅游标准、管理和服务对接等，打造长江中游城市群无障碍旅游区。在生态文明建设方面，三省积极探索环境污染的市场化治理机制，在跨省主要污染物排污权交易制度和环境污染责任保险制度取得进展。在公共服务方面，三省探索建立新型农村合作医疗跨省结算、医疗卫生资源跨省共享、突发公共卫生事件应急合作、食品医药安全工作联动等机制。

三是以毗邻地区为重点，推动区域一体化。如湖北荆州加强与湖南岳阳、常德、益阳等地的合作，推动洞庭湖生态经济区规划重大项目落实，争取将荆南四河和四湖流域水污染治理作为洞庭湖生态经济区水污染防治的重点。湖北咸宁与湖南岳阳、江西九江展开“小三角”的合作，签订了重大合作项目，共同推进省际旅游资源开发、省际市场及投资贸易、人才及劳动力等领域的合作。湖北黄冈加强与安徽安庆合作，构建罗田–英山–金寨跨省旅游经济协作示范区，积极推进“大天堂寨”景区跨省合作。全面启动长株潭衡“中国制造2025”试点示范城市群建设。在毗邻城镇一体化发展方面。湖北黄梅小池融入九江发展，按照“对接大九江、实现同城化”的构想，建立了“2+2+2”跨江合作联席会议制度，共同推进基础设施、信息等“八个一体化”建设，打造“中三角”开放开发的桥头堡和先行区。湖北通城加强与湖南平江、江西修水的合作共建，联合编制规划，加快革命老区和贫困地区的发展，着力打造通城-平江-修水次区域合作示范区。湖北监利白螺镇与湖南岳阳市探索跨江合作新模式，携手打造承接产业转移集中区、跨江合作示范区。

第八章

城乡规划的改革与发展

周　静[①]　闵希莹[②]

第一节　改革开放以来城乡规划体系的历史沿革

改革开放40年来，我国的城乡规划体系在经济社会发展的不同阶段扮演了不同的角色，发挥着越来越重要的作用。本文主要回顾改革开放以来城乡规划编制技术方法体系的变迁，可以帮助我们以便更好地理清当前存在的问题和经验，把握好今后发展的方向和思路。

一、城乡规划体系的发展回顾

（一）城乡规划概念内涵的演变

在计划经济时期，城市规划是国民经济计划的延续和具体化，是计划在空间上

① 周静，中国城市和小城镇改革发展中心博士。
② 闵希莹，中心规划院院长，中心总规划师。

的落实。20世纪80年代，城市规划的概念内涵发生了很大变化。1984年《城市规划条例》提出，城市规划是“对一定时期内城市的经济和社会发展、土地利用、空间布局以及各项建设的综合部署、具体安排和实施管理”，规划开始从“计划”框框里头走出来，要发挥参与决策和综合指导的作用。20世纪90年代，规划的重要性更加强化，成为一项战略性、综合性很强的工作，是“国家指导城市合理发展和建设、管理城市的重要手段”。到了21世纪，温家宝总理在2001年7月的全国城乡规划工作会议的讲话中指出，城市规划是一项全局性、战略性、综合性的工作，涉及政治、经济、文化和社会生活等多个领域，是“城市建设和发展的蓝图，是建设和管理城市的基本依据”。2006年4月起施行的新版《城市规划编制办法》和2008年1月施行的新版《城乡规划法》指出，出规划是政府调控城市空间资源、指导城乡发展与建设、维护社会公平、保障公共安全和公众利益的重要公共政策之一。从改革开放以来，中国政府编制的发展规划和空间规划主要履行了四种功能，即社会共同的行动纲领、引导资源配置的工具、政府履行职责的依据和约束市场行为的“第二准则”。

（二）城乡规划体系构架

城乡建设规划系列以《城乡规划法》为主要法律依据，以众多部门规章、规范性文件、技术标准为指导，由不同层级、不同深度、法定与非法定规划类别构成（表8–1）。

表8-1　　我国城乡建设规划系列

系列	类别	层级	主管部门	法律依据	备注
城乡规划	城镇体系规划	国家、省级	住建部门	《城乡规划法》	《全国城镇体系规划（2006—2020年）》
	总体规划	直辖市、市级、县级、乡级		《城乡规划法》	
	详细规划	城市、镇		《城乡规划法》	

我国城乡规划包括城镇体系规划、城市规划、镇规划、乡规划和村庄规划。城市规划、镇规划分为总体规划和详细规划。详细规划又分为控制性详细规划和修建性详细规划。城市规划体系又分为四个子系统：城市规划法律法规体系、城市规划行政体系、城乡规划技术体系以及城乡规划运作系统。其中，城市规划法律法规体系是城市规划体系的核心。一般可分为主干法及其从属法、专项法和相关法。城市

规划行政体系是指城市规划行政管理权限的分配、行政组织的构架及行政过程的整体。核心是指不同层级城市规划行政主管部门之间的职能分配及行政管理过程的结构（图8-1）。

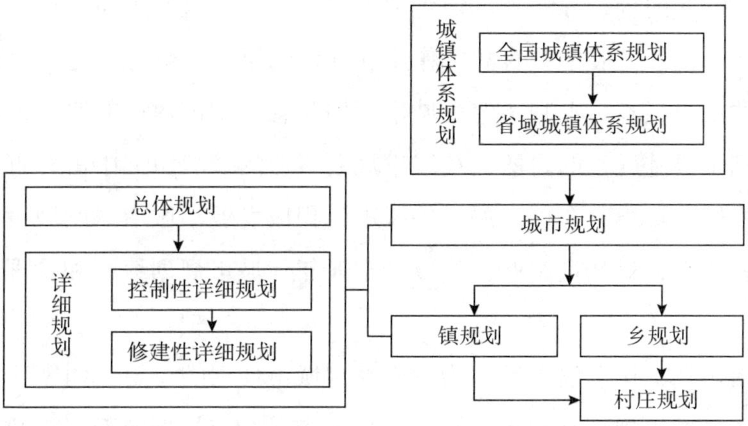

图8-1　现行城乡建设规划体系构架

（三）城乡规划体系的发展背景及演变

发展阶段一：1978～1990年

1978年12月，中共十一届三中全会作出了把党的工作重点转移到社会主义现代化建设上来的战略决策，以这次会议为标志，我国城市进入了一个新的发展阶段。随着改革开放和城乡经济的迅速发展，城镇数量大幅度增加，开始进入依照城市规划进行建设的科学轨道。1978年3月，第三次全国性的城市工作会议召开后，国务院下发了《关于加强城市建设工作的意见》，基本奠定了此后30年我国城市建设和发展的思路。

针对当时城市建设中积累的住宅紧张、市政公用设施不足、城市布局混乱、城市环境污染严重等妨碍城市正常运转的问题，结合新时期中国经济社会发生的深刻变化，中央《关于加强城市建设工作的意见》强调了城市在国民经济发展中的重要地位和作用，要求各城市认真编制城市总体规划、近期规划和详细规划。1979年3月，国务院成立城市建设总局。一些主要城市的城市规划管理机构也相继恢复和建立。国家建委和城建总局在总结城市规划历史经验教训的基础上，经过调查研究，开始起草《城市规划法》。

1980年10月，国家建委召开了全国城市规划工作会议，该会议是新时期城市规划工作发生重大转折的标志。会议纪要对城市规划的“龙头”地位、城市发展的指导方针、规划编制的内容、方法和规划管理等内容都作了重要阐述，这是新时期城市规划在国民经济和社会发展中综合职能作用和地位的第一次确定。这次会议系统地总结了城市规划的历史经验，批判了忽视城市规划和忽视城市建设的错误，端正了城市规划思想，达到了拔乱反正的目的，在城市规划事业的发展历程中占有重要的地位。同时，“控制大城市规模，合理发展中等城市，积极发展小城市”的城市发展基本方针被第一次完整提出，对20世纪80年代以至于90年代城市规划编制和管理工作产生了重要影响。

全国城市规划工作会议之后，为适应编制城市规划的需要，国家建委于1980年12月正式颁发了《城市规划编制审批暂行办法》和《城市规划定额指标暂行规定》两个部门规章，为城市规划的编制和审批提供了法律和技术的依据。1980年颁发的《城市规划编制审批暂行办法》与1956年制订的《城市规划编制暂行办法》相比，在城市规划的理论和方法上都有很大变化，但是，该编制办法在内容上显得较为狭窄。主要表现在两个方面：一是欠缺类似市域规划或区域城镇布局规划的编制方法和内容；二是详细规划的内容还较粗。

控制性详细规划的概念出现在1987年之后，经历从形体设计向形体示意再到指标抽象的阶段。20世纪90年代初、中期，中央政府规划主管部门结合土地出让规划管理办法以及城市规划编制办法及其细则等的制定，提出了控制性详细规划的编制内容和工作要求，并将其作为国有土地出让转让的前置条件，从而为全国范围内广泛开展控制性详细规划的编制工作奠定了基础。2006年4月发布的新版《城市规划编制办法》，对控制性详细规划的内容、要求及其中的强制性内容进行了明确规定，控制性详细规划变得更加规范和完善。

1984年，国务院颁发了《城市规划条例》。这是新中国成立以来，城市规划专业领域第一部基本法规，是对城市规划工作正反两方面经验的总结。该条例根据经济体制的转变，明确提出城市规划的任务不仅是组织、驾驭土地和空间的手段，也具有“综合布置城市经济、文化、公共事业”的调整社会经济的重要职能。首次将规划管理摆上重要位置，改变了过去“重规划、轻管理”的倾向。首次提出直辖市和市的总体规划应当把行政区域作为一个整体，合理布置城镇体系。

1989年12月26日，全国人大常委会通过了《中华人民共和国城市规划法》（以下称《城市规划法》），并于1990年4月1日起施行。该法完整地提出了城市发展方针，即调整后的“国家实行严格控制大城市规模，合理发展中等城市和小城市的方针，促进生产力和人口的合理布局”，城市规划的基本原则、城市规划制定和实施的制度，以及法律责任等。其中“城市规划区”的概念、“一书二证”的法律规定，对城市的有序发展和建立起到了重要规范作用。《城市规划法》的颁布和实施，标志着中国城市规划跳出了“经济计划具体化”的框子，正式步入了法制化的道路，并为20世纪90年代走向全面的进步做好准备。

城市土地制度的改革使城市规划思想取得了突破性的进展。1980年全国城市规划工作会议首先提出土地有偿使用的建议，1984年国家允许私人房屋买卖，1989年修改《宪法》，允许土地使用权有偿转让。与此同时，深圳、广州等沿海城市开始了这一实践。土地的价值自1954年取消土地使用税并开始无偿划拨土地之后，再次在城市规划中得以体现，深刻影响了城市规划的理论和实践，并在城市布局结构上具体体现。

发展阶段二：1991～2000年

伴随着20世纪90年代开始的城市快速发展，城市规划陷入一种新的困境。一方面中央加快出台规划编制和管理办法，另一方面城市的增长出现了失控的状态。城市规划一方面被认为是城市盲目扩张的助推器，大量规划以招商引资的需要进行编制，控制性详细规划成为“卖地规划”；另一方面城市规划又被认为是限制了城市发展，甚至是发展的阻力，无论是地方政府还是开放商都想规避规划的控制及其作用的发挥。

配合1989年《城市规划法》的颁布，为加强城市规划编制的科学性，建设部又先后颁发了《城市规划编制办法》（1991年）、《城镇体系规划编制办法》（1994年）《城市规划编制办法实施细则》（1995年）《城市用地分类与规划建设用地标准》《城市居住区规划设计规范》《城市道路交通设计规范》等规章和技术标准与规范，将规划的内容、方法、手段等写进立法中，充实了规划编制的有关技术规范。1996年5月，《国务院关于加强城市规划工作的通知》发布。该通知明确规定要“切实发挥城市规划对城市土地及空间资源的调控作用，促进城市经济和社会协调发展”。至20世纪90年代末，全国设市城市总体规划编制工作基本结束，新一轮规划具有探索性的时代性价值，寻找整体性、多层次性、连续性、经济性等多种观念的兼顾融合。

但是20世纪90年代全国经济建设过热，出现了“房地产热”和“开发区热”等现象。据1996年不完全统计，全国各级各类开发区4200多个。开发区占地过多，相当一批开发区实行所谓“封闭运行”，脱离所在城市规划的管理，肢解城市总体规划。为了加强对城市房地产的管理，维护房地产市场秩序，全国人民代表大会常务委员会于1994年7月第八次会议通过了《中华人民共和国城市房地产管理法》。在这一时期还全面推行了控制性详细规划的编制和实践，对城市房地产开发发挥了一定调控作用，但总的来看，城市规划对房地产开发的调控职能远未得到应有的重视，其应有的调控作用没有很好发挥。改革开放以来，由于房地产市场的建立和发展，激活了城市建设经济，为城市建设提供了大量资金，但这一过程又使我们深切地认识到缺乏政府调控的市场机制和房地产资本所具有的巨大破坏力。

发展阶段三：2001～2010年

21世纪初期，随着我国城镇化进程急速推进，城市总体规划作为制造“增长的机器”，不再是为了建设城市而是为了“营销城市”。与房地产市场的兴起同步，旧城重建、近郊蔓延和新城开发成了这一时期规划的热点。为了避免城市总体规划编制内容过多、编制和审批时间过长的问题，为了适应快速政治决策和政策效应、高速经济增长需求和快速的土地开发的需求，城市空间发展战略规划就成了城乡规划的一支新力量。此阶段出现的开发区、大学城、形象工程泛滥问题，圈地问题，随意修编规划、盲目扩大规模、拆迁上访问题频发，社会各界对规划革弊鼎新的要求越加强烈。

中央政府越来越重视城市规划工作。21世纪初，相关政策、文件陆续出台，要求规划编制办法做出积极调整。例如，国务院下发《关于加强城乡规划监督管理的通知》（国发〔2002〕13号）；建设部下发《关于印发〈近期建设规划工作暂行办法〉〈城市规划强制性内容暂行规定〉的通知》（建规〔2002〕218号）；国务院办公厅转发建设部《关于加强城市总体规划工作意见的通知》（国发办〔2006〕12号）；《城市绿线管理办法》《城市紫线管理办法》和《城市蓝线管理办法》等相继出台。原《城市规划编制办法》亦已不能适应经济体制转轨的需要和政府职能转变的需要。新版《城市规划编制办法》（下称新《办法》）由建设部于2005年12月31日颁布，并自2006年4月1日起施行。新《办法》首先对城市规划的角色定位做了表述，即

“城市规划是政府调控城市资源、指导城乡发展与建设、维护社会公平、保障公共安全和公众利益的重要公共政策之一”。新时期的规划要将资源配置方式由政府完全控制转变为市场发挥基础性配置作用，要应对利益格局多元化，打破“城市中心主义”的思维模式，加强区域协调发展和生态环境和资源的有效保护。新《办法》强调了“六个转变”：一是城市规划编制组织方式的转变，以“政府组织、专家领衔、部门合作、公众参与”为原则；二是规划调控和管理范围的转变，强调区域统筹和城乡统筹；三是规划思维方式的转变，要求“先底后图”，发展要跟资源环境相协调，提高增长质量；四是规划重点的转变，重视环境容量和各类资源的有效保护和空间管制；五是规划功能的转变，从技术文件转向公共政策；六是规划技术方法的转变，积极运用新技术，提高多学科参与、多部门融合。

1989年全国人大常委会颁布《城市规划法》和1993年国务院颁布《村庄和集镇规划建设管理条例》以来，我国城乡规划工作进入了法制化的轨道。但随着城镇化进程的加快和社会主义市场经济体系的逐步建立，“一法一条例”设立的法律制度不能完全适应形势发展的需要。2000年8月，原建设部启动了《中华人民共和国城乡规划法》起草工作（以下简称《城乡规划法》），该法经全国人大常委会三次审议，于2007年10月28日第十届全国人大常委会第三十次会议审议通过，并于2008年1月1日起施行，《城市规划法》同时废止。《城乡规划法》规定了编制和实施城乡规划应当遵循的五项原则，即城乡统筹原则、合理布局原则、节约土地原则、集约发展原则及先规划后建设原则。同时制定了五项制度，即规划编制和审批制度、建设项目规划管理制度、规划修改制度、规划监督检查制度和违反规划法律责任追究制度。2015年4月24日第十二届全国人民代表大会常务委员会第十四次会议通过对《城乡规划法》有关行政审批的规定作出局部修改。

《城乡规划法》与原来的《城市规划法》在名称上虽仅有一字之差，但却体现了一个城乡统一的规划法律体系基本法的建立。该法把《村庄和集镇规划建设管理条例》涉及规划的部分内容上升为法律，体现了对于农村问题的高度重视。《城乡规划法》建立了“城镇体系规划、城市规划、镇规划、乡规划和村庄规划”这一崭新的城乡规划体系以及“总体规划和详细规划”两个阶段，取消了原有的分区规划，并将乡规划和村庄规划纳入城乡规划体系，将有关专项规划纳入总体规划的内容，体现了新形势下对城市和乡村的规划编制要求。《城乡规划法》还制定了严格的规划编制和审批制度，强调了各级政府、规划主管部门对于组织编制规划的职责和法律责任，明确了各类规划审批的层级和程序。规定了严格的城乡规划修改程序，削减了规划实施过程中修改的随意性，加强查处和制止违法建筑的力度。新法有效地保障了规划决策和实施客观、公正、民主，使得规划更具权威性、可操作性和可落地，成为引导城市科学有序增长和更新，促进我国向资源节约型社会转型的有力工具，标志着我国城乡规划工作进入了科学管控与市场化资源配置相结合的新阶段。

发展阶段四：2011年至今

进入21世纪的第二个十年，可以说是为适应社会经济新常态而探索创新规划模式所进行的改革试点工作的开端。由国家主席习近平任组长的“中央全面深化改革领导小组”成立于2013年12月30日。2014年是中央全面推进深化改革的元年。国家有关部门先后出台了《国家新型城镇化规划（2014—2020年）》，强调从“数字”城镇化到“以人为本”的城镇化新型模式；《关于开展市县“多规合一”试点工作的通知》，开展一本规划、一张蓝图，解决现有各类规划自成体系、内容冲突、缺乏衔接等问题的探索。2015年12月，中央城市工作会议在北京召开，习近平主席和李克强总理分别做了重要讲话。中央对城市工作给予了非同一般的关注。城镇化是经济发展最大的动力之一。城乡规划的转型将是引领经济社会发展模式转型，和土地和空间资源开发利用模式转型的重要抓手。应2016年2月《中共中央 国务院关于进一步加强城市规划建设管理工作的若干意见》等中央文件要求，2017年又先后颁布了《省级空间规划试点方案》《关于城市总体规划编制试点的指导意见》以及《关于加强生态修复城市修补工作的指导意见》。第三小节将对于这些试点工作的背景及工作内容进行详细总结。

二、发展规划体系的发展回顾

（一）发展规划的体系构架

发展规划系列在我国具有较高权威性。其中，国民经济和社会发展总体规划由《宪法》授权，其他规划系列都被要求与其衔接或以其作为依据；国民经济和社会发展区域规划常被作为国家战略以跨行政界限的城市群地区、重点开发或保护地区等为规划区域编制实施；国民经济和社会发展专项规划则涵盖众多领域、涉及众多部门；主体功能区规划发展历程较短，但一开始就被定为战略性、基础性、约束性的规划而推进（表8–2）。

表8-2　　我国发展规划系列

<table>
<tr><th>系列</th><th colspan="2">类别</th><th>层级</th><th>主管部门</th><th>法律依据</th><th>备注</th></tr>
<tr><td rowspan="3">发展规划</td><td rowspan="3">国民经济和社会发展规划</td><td>总体规划</td><td>五级</td><td rowspan="2">发改部门</td><td rowspan="3">《宪法》
《国务院关于加强国民经济和社会发展规划编制工作的若干意见》（国发〔2005〕33号）</td><td rowspan="3">“一五”至“十五”为“计划”
“十一五”之后为“规划”</td></tr>
<tr><td>区域规划</td><td>跨行政区</td></tr>
<tr><td>专项规划</td><td></td><td>多部门</td></tr>
<tr><td></td><td colspan="2">主体功能区规划</td><td>国家
省级</td><td>发改部门</td><td>《国务院关于编制全国主体功能区规划的意见》（国发〔2007〕21号）</td><td>《全国主体功能区规划》（国发〔2010〕46号）</td></tr>
</table>

（二）发展规划功能内涵的演变历程

中国从1953年开始编制中长期计划，即“一五”计划，目前已经编制实施了十二个五年计划或规划，正在实施第十三个五年规划。曾任国家发展和改革委员会财政金融司原司长、发展规划司原司长和中国城市和小城镇改革发展中心原主任（中美绿色基金董事长）徐林认为，发展规划的功能和定位随着中国经济体制的变化而在不断进行适应性调整。从计划经济体制时期的指令性计划为主，转变为改革开放后一段时期战略性，指导性为主和约束性，发挥引导市场主体和社会主体行为方向的作用。简要梳理改革开放以来的中国五年规划，可以说经历了三次深化。

第一阶段：内容扩充，形成编制体系

五年规划正式更名始于“六五”（1981～1985年），第一次由单纯经济系统变成经济加社会系统，即国民经济计划变成国民经济社会发展计划。改革开放后，特别是确立社会主义市场经济改革目标后，中国规划的内容已经发生根本性变化。从“七五”计划开始，就专门设置了经济体制改革的目标和任务的一章，此后，从“八五”计划至“十三五”规划，都专门规划了经济体制改革问题。所以，现在的规划，既是发展的规划，也是改革的规划。“九五”规划（1996～2000年）将可持续发展纳入规划体系，形成了三个支柱模型，即经济系统、环境系统、社会系统，作为宏观规划的并重内容。但这三个系统相互之间尚未有交集。

1999年，国务院办公厅就转发了国家计委《关于“十五”规划编制方法和程序的若干意见》，明确了“十五”计划的构成，界定了各类规划的性质作用，并对规划编制方法和程序作出规范。2005年，国务院发布了《关于加强国民经济和社会发展规划编制工作的若干意见》（国发〔2005〕33号），将国民经济和社会发展规划分为总体规划、专项规划和区域规划三类，进一步对编制程序和方法作了规定。虽然现在支撑发展规划的规划法尚未出台，但五年规划纲要的编制方法和程序，已经基本形成了不成文的制度。

第二阶段：功能定位改革，增加约束性

在发展规划功能和定位演变过程中，规划工作者们也在不断地思考：调动了大量行政资源和政治资源参与，投入大量时间、人力、物力和财力编制的国家五年规划，不应仅是宏观性、战略性的指导性的预测报告或白皮书，而应该具有与经全国人大代表审议投票通过相对应的法律严肃性和权威性。在这样一种思考下，规划制定者认为中国五年发展规划的定位和功能在某些领域可能还应该具有法律约束性。随着发展观和发展理念的演进，人民大众发展诉求的不断升级，发展内涵不断扩大丰富，规划内容上也越来越多地注重社会发展、生态环境、结构改革等可持续发展议题，与政府履行职能的关系日益密切。即便是在市场经济体系下，这些与政府职能密切相关且与预算计划保障密切相关，的领域提出的发展目标和任务，还应该具有必要的约束性，还要进行相应的绩效评价和考核。

因此，国家发展改革委在制定“十一五”（2006～2010年）规划的过程中进行了改革，计划更名为规划。中国五年发展规划的功能和定位从宏观性、战略性和指导性转向战略性、指导性和约束性。国家“十一五”规划纲要首次将发展指标分为预期性指标和约束性指标两类，并为约束性指标的实现，强化了分工和考核机制，以确保各级政府朝着目标确定的方向实施。原来的三大支柱模型开始成为相交模型，更关注在经济、社会、环境的交界面做交集性、互动性的工作。例如“十一五”规划第一次出现了单位GDP能源消耗等约束指标，这是经济跟环境的交界面，这对于提高发展的资源环境效率、从源头上实现绿色发展是非常重要的，是落实科学发展观的重要抓手。

这一做法一直延续到"十三五"规划。

第三阶段：主体功能区规划概念的产生

同样是从"十一五"规划制定期间，规划内涵向空间结构调整扩充，提出了主体功能区的概念，要求明确主体功能区的范围、功能定位、发展方向和区域政策的任务。2007年7月26日，国务院以国发〔2007〕21号印发《关于编制全国主体功能区规划的意见》。该意见指出，编制全国主体功能区规划，就是要根据不同区域的资源环境承载能力、现有开发密度和发展潜力，统筹谋划，将国土空间划分为优化开发、重点开发、限制开发和禁止开发四类，确定主体功能定位，明确开发方向，控制开发强度，规范开发秩序，完善开发政策，逐步形成人口、经济、资源环境相协调的空间开发格局。全国主体功能区规划纳入发展规划系列，主体功能区战略、规划和制度机制逐步建立健全，开始形成构建空间规划体系的想法。全国主体功能区规划分国家和省级两个层次编制。国家主体功能区规划由全国主体功能区规划编制工作领导小组会同各省（区、市）人民政府编制，规划期至2020年，并通过中期评估实行滚动调整；省级主体功能区规划由各省（区、市）人民政府组织市、县级人民政府编制，规划期至2020年。编制全国主体功能区规划的主要任务是，在分析评价国土空间的基础上，确定各级各类主体功能区的数量、位置和范围，明确不同主体功能区的定位、开发方向、管制原则、区域政策等。2010年12月，国务院印发了《关于印发全国主体功能区规划的通知》（国发〔2010〕46号）。经过为期四年的基础研究工作和规划编制修改过程，首个全国主体功能区规划于2011年6月正式公布。

（三）发展规划体系改革取得的初步成效

城市规划等空间性规划在计划经济时代一度被视为发展规划在空间上的延伸与落实，发展规划处于主导地位。从现状和趋势来看，发展规划的计划经济色彩在不断弱化，更加体现市场经济环境下对经济社会发展的引导，对融合空间规划内容的要求愈发强烈。国民经济和社会发展规划不仅是宪法规定要求编制的规划，也是中国特色社会主义制度的重要组成部分，中国能从成立之初积贫积弱的农业国发展成为今天的世界第二大经济体，五年规划功不可没，作用难以被其他规划所替代。全国政协常委、经济委员会副主任、中央财经委员会办公室原副主任、清华大学中国发展规划研究院院长杨伟民认为，改革开放以后，中国的发展规划，特别是每五年形成的规划建议和纲要，已经和社会主义市场经济融为一体，已经是市场经济的规划，而不是计划经济的计划了。因为规划已经实现了几大转变：

向清晰界定政府和市场作用的规划转变。现在的五年规划纲要已经明确了哪些是引导市场主体行为的、靠市场配置资源实现的，哪些是政府依据其职责必须完成的。规划中的产业发展内容，是根据发展阶段和趋势，给市场主体指明一个方向。政府的任务是创造相应的制度环境和政策环境。同时，公共服务、保护环境等政府应该履责的规划内容，是政府向人民的庄严承诺。

向科学区分目标性质的规划转变。从“十一五”规划开始，中国五年规划的指标已经改为预期性和约束性两类。预期性指标是国家期望的发展目标，主要依靠市场主体的自主行为实现。约束性指标是政府履行职责的，是中央政府在涉及公共利益领域对地方政府和中央政府有关部门提出的要求。预期性指标主要集中在经济发展领域，约束性指标主要集中在公共服务和资源环境领域。

向更加重视人的发展和可持续发展的规划转变。现在的规划，已不再是单纯的经济发展规划，而是经济发展、人的发展、可持续发展“三结合”的规划，而且人的发展和可持续发展的分量越来越重。从指标来看，“十一五”规划纲要主要指标有22个，其中经济发展的5个、人的发展的10个、可持续发展的7个；“十二五”规划纲要主要指标有24个，经济发展的4个、人的发展的12个、可持续发展的8个指标；“十三五”规划纲要有25个指标，经济发展的6个、人的发展的8个、可持续发展的10个指标。从任务来看，“十一五”规划纲要到“十三五”规划纲要，涉及人的发展和可持续发展的内容越来越多。

第二节　城乡规划体系的现状主要问题

一、规划干预的内涵和范畴有待调整

自改革开放以来，我国一直奉行加速、不平衡的城镇化模式。我们在获得社会经

济快速发展的同时，也极大地消耗了环境和土地资源。随着城镇化水平的日益提升，各类资源约束压力也在不断上升，可持续发展问题日益凸显，过去以工业化主导、以房地产驱动的城镇化道路已经走入末路。作为经济结构变化的空间反映，物质规划也需进行相应的转型，即从增量规划到存量规划的改变。存量规划是在限定总量的前提下解决建成区的各类现实问题，是经济方式由外延式转向内涵式、由粗放式转向集约式的必然要求，其本质是对已利用土地资源进行优化调整和再次利用，由“量”的扩张向“质”的提升转型。

另一方面，在新常态和国际治理规则发生深刻调整的复杂背景下，有必要围绕着如何使市场发挥对资源配置的决定性作用的主题进行规划干预领域、规划功能定位以及规划实施保障体系的改革。以发展规划为例，除了国民经济社会发展五年规划纲要外还有大量专项规划。不同领域的专项规划加起来可以多到几百个，有的县级政府也能编制出多达几十个专项规划，上下级政府间甚至形成了以规划落实规划的机制。造成了国家行政资源的浪费以及效率的低下。事实证明，传统面面俱到、包罗万象、替代市场机制的规划大多也未能发挥预期的作用。

二、城乡两元体系尚未打破

1984年10月，党的十二届三中全会作出关于经济体制改革的决定，在以经济建设为中心的市场化导向的驱使下，改革重点由农村向城市转移，逐渐强化了资金、人才、土地等生产要素以及公共财政、基础设施建设向城市的集中、集聚。国家逐渐从农村公共服务中退出，导致中国城乡二元结构进一步激化。城市和非城市地区规划行政管理体制分割，也是造成乡村发展落后的原因之一。

近年来，公共财政覆盖农村的范围不断扩大，初步建立了促进城乡经济社会一体化发展的制度框架：取消农业税费，对农民实行直接补贴；全面实施农村义务教育经费保障机制改革；个人缴费、集体补助、政府资助相结合的新型农村合作医疗制度等。但是实际上，城乡二元化结构仍是我国最大的结构性问题，城乡收入和消费差距更加悬殊。2017年，我国城镇居民人均收入和消费支出分别高达农村居民的2.71倍和2.23倍。农村基础设施薄弱，社会保障水平低仍是较为突出的问题。打破城乡二元结构，是规划问题更是制度问题，需要从户籍制度、土地制度和社会保障制度、行政管理体制、乡村规划和建设等多方面促进公共资源有效配置，城乡要素双向自由流动，实现城乡融合发展。

三、区域统筹规划推动不足

虽然我国的城镇体系规划始于20世纪80年代，但当时主要作为区域性的专项规划，尚未具有综合区域规划性质。直到国土与区域规划停顿后，由建设部门组织推动的省域城镇体系规划才开始向区域规划方向发展。在原有规划内容基础上，增加了社会经济发展战略，城镇体系发展与生态、环境相互协调，划分不同类型的开发区和保护区以加强分区空间管治功能等内容。自20世纪90年代中期以来，几乎在全国各省都开展了具有上述区域规划性质的城镇体系规划。至于后来在统筹城乡、区域、经济与社会、人与自然等方面进一步深化的城镇体系规划和城市群规划，更属于以城市为主的区域规划类型。所以，继国土规划以后由建设部门开展的城镇体系规划和城市群规划，也可以看成是区域规划在中国的演变或历史延续。2005年原建设部（现住房和城乡建设部）委托中国城市规划设计研究院编制完成《全国城镇体系规划（2006—2020年）》，在2007年2月上报国务院。在缺乏整体的、多元素的区域规划的基础上，城镇体系作为内容相对单一的区域规划就成了城市规划的依据，但至今未有此类规划获得国务院批准。

四、多部门规划重叠，矛盾突出

我国空间规划中，横向规划名目众多，纵向规划层级繁杂。各部门、各行业的规划不计其数。据统计，我国经法律法规授权编制的规划至少有83种，其中涉及空间的22种，对空间有一定影响的有25种，非空间规划36种。行业和专项规划名目繁多。“十五”期间，国务院有关部门编制审定了156个行业规划，省、地（市）、县级地方政府编制了7300多个各类地方性规划。一方面，各部门规划规划期限、规划技术平台、用地分类标准、空间管制分区等技术方面的差异是地方层面多规矛盾重重，规划统筹难度大的重要障碍。另一方面，各项空间规划又具有相对独立且较为复杂的上下层级体系，在不同空间尺度上，各种空间规划有所交叉。同一的规划范围却有不同的负责部门，看似职责明确、分工清晰，但实际上各类部门各说一词，各自制定规章制度和进行规划编制，规划的层次性和效用难免发生混乱（图8–2）。

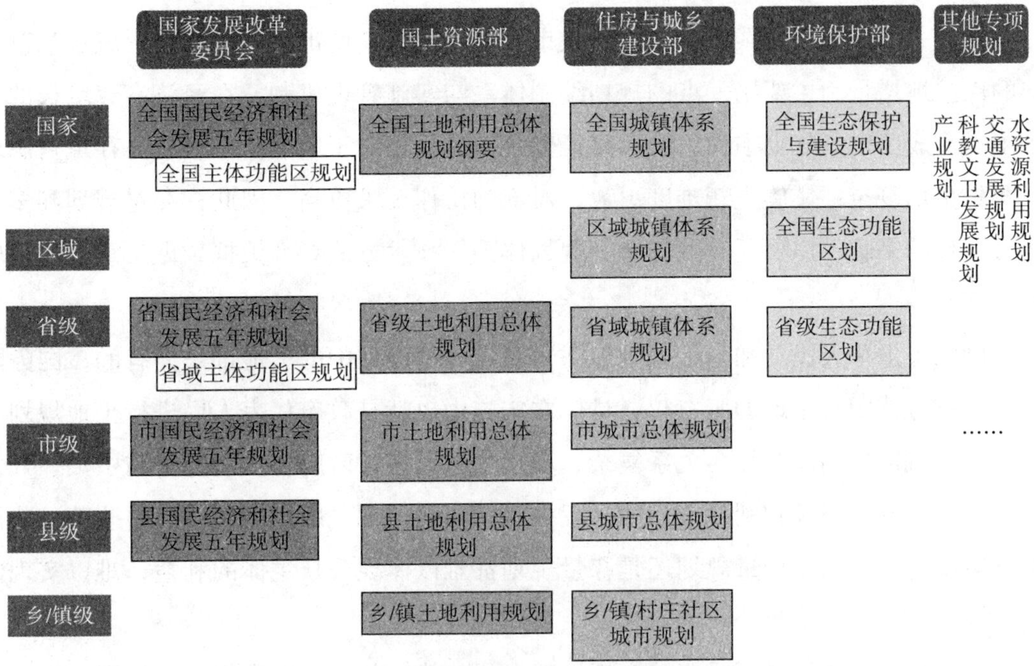

图8-2　我国空间规划体系现状

我国多年来形成的规划体系，存在着发展规划和空间规划两大系列。国民经济和社会发展规划、国家和地区经济社会发展战略或产业发展战略等，属发展规划系列；全国国土规划、区域规划、城市规划、土地利用规划等，属空间规划系列。各部门规划逐渐扩张，编制内容交叉重叠，但缺乏龙头统领规划。

发展规划与空间规划相割裂，造成了地方发展在战略层面缺乏明确的定位目标，影响资源的配置效率。由于事权分工定位不明确，不同规划体系出于自身利益对同一空间重复规划，造成各种规划资源和行政资源的极大浪费。传统的相互割裂的规划体制，部门之间设立技术标准壁垒，如规划期限、基础资料、统计口径、用地分类不统一等，各自把持话语体系。不仅难以对城市的发展进行有效的统筹调控，还导致了基层在规划实施上的无所适从。

五、法律法规不适应发展需要

在过去的城镇化实践中，我国的城市规划紧密结合城市扩张实际，形成了相对完善的以土地增量为主要出发点的规划编制体系与实施管理机制。在经济高速增长的背景下，形成了增量规划惯性思维和路径依赖。然而相对于增量资源来说，存量资源现状背景更加复杂、实施更新难度更大，对部门协作要求更高。因此，存量规划和多规合一时代的来临，需要既有的法律、规划体系、技术方法和政策框架做出重大的适应性变革。

例如《中华人民共和国土地管理法》规定城市规划中的土地都是国有的，国务院代表国家行使国有土地的所有权，具体在实施中也就是政府代表人民进行土地规划和建设。而城市规划涉及社会关系复杂，利益主体繁多，政府在协调地方与中央、开发商与公众在城市资源和利益分配的过程中难以面面俱到。所以政治体制不改革，法律制度不调整，无论是增量规划还是存量规划都难以体现公众主体的利益，难以实现以人为本。

现在的很多法律是不适应城市规划新发展趋势，甚至会阻碍规划的发展。例如，推进用地功能混合也受到现有法律法规的限制。法律规定使用土地的单位和个人必须严格按照土地利用总体规划确定的用途使用土地。土地利用长期以来按特定类型、特定功能进行分配使用的背后，是各个主管部门和行业利益集团的划地为营、不容他人染指的利益割据和寻租领域。要使土地混合使用能够科学、有效地落实，就必须从法律制度和使用机制上进行设计，改善与之不适应的法律条文。打破来自部门利益割据和利益集团保护机制的阻力。

从多规合一改革角度出发，目前国土、城乡规划、环境规划三类传统空间规划的法律关系比较模糊。2008年版《城乡规划法》则不再强调城乡规划与“国土规划、区域规划、江河流域规划”的协调。国家各类空间规划之间分工协作关系的乱象从法律法规上没有得到应有的规范。其次，部分专业性空间规划，例如国土规划和区域规划的运作处于法律真空当中。所以，对现行规划体制和规划行政管理机构的改革事关重大，应着力于理顺各种规划之间的关系。

第三节　近期城乡规划体系改革试点

一、新常态下对规划体系的新要求

（一）新常态下的供给侧改革：高质量发展

国家统计局数据显示，中国城镇化率自2011年跨过50%分水岭以来，逐年稳步上升，进入城镇化的后半程。经过将近40年的高速发展，中国的城市治理、经济结构、社会结构以及文化形态都发生了根本性变化，给城市规划带来了更多挑战。习总书记在2014年5月首次提到“新常态”，他指出目前我国经济发展的主要特点是：增长速度要从高速转向中高速，发展方式要从规模速度型转向质量效率型，经济结构调整要从增量扩能为主转向调整存量、做优增量并举。我国城镇化存量所占比重越来越大，部分城市已经进入以存量为主的阶段。

2015年11月，中央财经领导小组第十一次会议上，习近平首次提出“加强供给侧结构性改革”。在适度扩大总需求的同时，着力加强供给侧结构性改革，着力提高供给体系质量和效益，增强经济持续增长动力，推动我国社会生产力水平实现整体跃升。如何使城市从数量型、速度型扩张，转变为高质量发展是当前城市发展所面临的一个紧迫任务。这意味着在中国城市发展进入新阶段时，城乡规划应当探索以高质量发展来提高城市竞争力的新方法新模式。

基于我国城市未来发展的新常态，城市规划相应从增量拓展转向存量优化。而以物质规划为主的学科基础已经无法满足新需要。城市规划必须尽快设计出适应存量管理的方法体系以及知识理论，才能避免城市规划落后于城镇化实践，继续发挥“规划”在经济社会发展中高屋建瓴的作用。

（二）生态文明建设

2015年5月5日，新华社播发了中共中央、国务院印发《关于加快推进生态文明建设的意见》，这是继党的十八大和十八届三中、四中全会对生态文明建设作出顶层设计后，中央对生态文明建设的一次全面部署。文件指出，生态文明建设是中国特色社会主义事业的重要内容，关系人民福祉，关乎民族未来，事关“两个一百年”奋斗目标和中华民族伟大复兴中国梦的实现。加快推进生态文明建设是加快转变经济发展方式、提高发展质量和效益的内在要求，是坚持以人为本、促进社会和谐的必然选择，是全面建成小康社会、实现中华民族伟大复兴中国梦的时代抉择，是积极应对气候变化、维护全球生态安全的重大举措。把生态文明建设放在突出的战略位置，融入经济建设、政治建设、文化建设、社会建设各方面和全过程，协同推进新型工业化、信息化、城镇化、农业现代化和绿色化，以健全生态文明制度体系为重点，优化国土空间开发格局，全面促进资源节约利用，加大自然生态系统和环境保护力度，大力推进绿色发展、循环发展、低碳发展，弘扬生态文化，倡导绿色生活，加快建设美丽中国，使蓝天常在、青山常在、绿水常在，实现中华民族永续发展。

（三）新型城镇化规划：人的城镇化

2011年末中国城镇化率已突破50%，进入了城镇化发展的新阶段。这意味着我国已经从“农村社会”迈入“城市社会”，势必带来城市管理模式、经济和社会结构以及文化形态的根本变化，城市发展理念、规划和管理体制亟须改革完善。2014年3月，新华社发布了《国家新型城镇化规划（2014—2020年）》。规划根据中国共产党第十八次全国代表大会报告、《中共中央关于全面深化改革若干重大问题的决定》、中央城镇化工作会议精神、《中华人民共和国国民经济和社会发展第十二个五年规划纲要》和《全国主体功能区规划》编制，按照走中国特色新型城镇化道路、全面提高城镇化质量的新要求，明确未来城镇化的发展路径、主要目标和战略任务，统筹相关领域制度和政策创新，是指导全国城镇化健康发展的宏观性、战略性、基础性规划。国务院总理李克强在2014年3月十二届全国人大二次会议上作政府工作报告时指出，城镇化是现代化的必由之路，是破除城乡二元结构的重要依托。要推进以人为核心的新型城镇化。坚持走以人为本、四化同步、优化布局、生态文明、传承文化的新型城镇化道路，遵循发展规律，积极稳妥推进，着力提升质量。今后一个时期，着重解决好现有“三个1亿人”问题，促进约1亿农业转移人口落户城镇，改造约1亿人居住的城镇棚户区和城中村，引导约1亿人在中西部地区就近城镇化。

（四）城乡融合发展：乡村振兴战略

从21世纪初，中共中央一直把“三农”问题作为全党工作的重中之重。从2003年的十六届三中全会提出要逐步改变城乡二元结构和“五个统筹”，到2005年党的十六届五中全会提出的社会主义新农村建设，再到2014年《国家新型城镇化规划（2014—2020年）》强调有序推进农民工市民化。2017年2月的中央1号文件首次提出了“田园综合体”这一新概念，“支持有条件的乡村建设以农民合作社为主要载体、让农民充分参与和受益，集循环农业、创意农业、农事体验于一体的田园综合体，通过农业综合开发、农村综合改革转移支付等渠道开展试点示范”。当年5月，财政部下发《关于开展田园综合体建设试点工作的通知》，确定河北、山西等18个省份开展田园综合体建设试点。2017年10月，习近平总书记在党的第十九大报告中明确提出实施乡村振兴战略。这是党中央着眼于全面建成小康社会、基本实现现代化、全面建设社会主义现代化国家作出的重大战略决策。2018年2月，新华社受权发布了《中共中央国务院关于实施乡村振兴战略的意见》，这是改革开放以来第20个、新世纪以来连续15年指导“三农”工作的中央1号文件。中央一系列的政策、文件和战略决策对以生态文明建设为前提，进一步重视广大乡村的发展，以五位一体的方式实现乡村各方面建设全面提升和可持续发展的城乡融合式综合性乡村规划的提出了新要求。

（五）区域统筹规划

进入21世纪，我国区域经济发展的重要特点是城市群的出现。国家“十一五”（2006～2010年）规划纲要明确：“要把城市群作为推进城镇化的主体形态；已形成城市群发展格局的京津冀、长江三角洲、珠江三角洲等区域，要继续发挥带动和辐射作用，加强城市群内单个城市的分工协作和优势互补，增强城市群的整体竞争力。”国家发展改革委将国民经济和社会发展规划定格为对空间规划具有约束功能的总体规划，同时正式打出“区域规划”旗号，把区域规划放到空间规划体系中亟待加强的重要位置，先从跨行政区的区域规划抓起。

国务院提出了将在“十三五”期间（2016～2020年）建设19个城市群，分别为：建设京津冀、长三角、珠三角世界级城市群，提升山东半岛、海峡西岸城市群开放竞争水平；培育中西部地区城市群，发展壮大东北地区、中原地区、长江中游、成渝地区、关中平原城市群，规划引导北部湾、晋中、呼包鄂榆、黔中、滇中、兰州—西宁、宁夏沿黄、天山北坡城市群发展，形成更多支撑区域发展的增长极。2016年4月，国家发展改革委发布了《关于进一步编制实施城市群规划》的文件，主要任务是编制需中央政府编制的跨省区城市群规划，通过城市群规划，特别是通过加强城市群综合交通网络建设来合理地引导、支撑城市群的合理发展。2016年4月，国务院批复了《成渝城市群发展规划》。2016年11月，国家发展改革委办公厅发布《关于加快城市群规划编制工作的通知》。文件指出，城市群是我国新型城镇化的主体形态，也是拓展发展空间、释放发展潜力的重要载体，还是参与国际竞争合作的重要平台。重点推进三种类型城市群的规划。包括珠三角湾区城市群、海峡西岸城市群、关中平原城市群、兰州—西宁城市群、呼包鄂榆城市群等跨省级行政区城市群，云南滇中、新疆天山北坡等边疆地区城市群，以及省域内城市群。其中跨省级行政区城市群规划由发改委会同有关部门负责编制，并报国务院批准后实施。边疆地区城市群规划由相关地区在国家发展改革委指导下编制，并报国家发展改革委批准。省域内城市群规划由省级人民政府自行组织编制，国家发展改革委会同有关部门进行指导。规划要求明确城市群空间范围和发展定位，从优化城市群空间格局和城市功能分工，促进城市群产业转型升级，统筹城市群重大基础设施布局，提升城市群对外开放水平，强化城市群生态环境保护和创新城市群一体化发展体制机制等方面做出切合地方实际的战略部署。

二、“多规合一”多部委试点

（一）问题背景

构建国家空间规划体系，是我国推进生态文明建设的客观要求，是关系到国民经济社会能否长期持续健康发展的重要工作，是国家推进生态文明建设、全面统筹经济社会发展、合理高效地配置资源、协调发展与保护、解决规划打架问题的重要手段，也是实现国家治理体系和治理能力现代化的重要路径，因此，近年来得到了中央的高度重视。十八届三中全会（2013年）要求“建立空间规划体系，划定生产、生活、生态空间开发管制界限，落实用途管制”；中央城镇化工作会议（2013年）要求“建立空间规划体系，推进规划体制改革，加快规划立法工作”；《生态文明体制改革总体方案》（2015年）提出要“构建以空间治理和空间结构优化为主要内容，全国统一、相互衔接、分级管理的空间规划体系，着力解决空间性规划重叠冲突、部门职责交叉重复、地方规划朝令夕改等问题”；此外，在《关于开展市县“多规合一”试点工作的通知（发改规划〔2014〕1971号）》、中共十八届五中全会《中共中央关于制定国民经济和社会发展第十三个五年规划的建议》（2015年）、《省级空间规划试点方案》（2017年）等文件中，均将构建空间规划体系工作作为一项重点改革任务加以强调。

（二）试点政策

2014年国家发展改革委发布了《关于开展市县“多规合一”试点工作的通知》（发改规划〔2014〕1971号）。国家发展改革委、国土资源部、环境保护部、住房城乡建设部等部委联合开展市县“多规合一”试点工作。文件指出，开展市县空间规划改革试点，推动经济社会发展规划、城乡规划、土地利用规划、生态环境保护规划“多规合一”，形成一个市县一本规划、一张蓝图，是2014年中央全面深化改革工作中的一项重要任务。开展市县“多规合一”试点，是解决市县规划自成体系、内容冲突、缺乏衔接协调等突出问题，保障市县规划有效实施的迫切要求；是强化政府空间管控能力，实现国土空间集约、高效、可持续利用的重要举措；是改革政府规划体制，建立统一衔接、功能互补、相互协调的空间规划体系的重要基础，对于加快转变经济发展方式和优化空间开发模式，坚定不移实施主体功能区制度，促进经济社会与生态环境协调发展都具有重要意义。试点工作的具体任务包括四个方面：①合理确定规划期限，以2020年作为规划的中期年限，研究探索将2025年或2030年作为规划中长期目标年限的可行性和合理性；②合理确定规划目标，统筹考虑经济社会发展规划、城乡规划、土地利用规划、生态环境保护规划等相关规划目标，研究“多规合一”的核心目标，合理确定指标体系；③合理确定规划任务，按照资源环境承载能力，合理规划引导人口、产业等方面的发展方向与布局重点。探索整合相关规划的空间管制分区，划定城市开发边界、永久基本农田红线和生态保护红线，形成合理的城镇、农业、生态空间布局，探索完善经济社会、资源环境政策和空间管控措施；④构建市县空间规划协调机制，提出完善市县规划体系的建议，探索整合各类规划及衔接协调各类规划的工作机制。第一批试点单位包括大连市旅顺口区、哈尔滨阿城区等28家市县单元。试点单位需要研究制定试点方案，探索“多规合一”的技术路径和具体内容，在当年年底上报四部委。

2017年1月，中共中央办公厅、国务院办公厅印发了《省级空间规划试点方案》，并发出通知。要求以主体功能区规划为基础，全面摸清并分析国土空间本底条件，划定城镇、农业、生态空间以及生态保护红线、永久基本农田、城镇开发边界（以下称“三区三线”），注重开发强度管控和主要控制线落地，统筹各类空间性规划，编制统一的省级空间规划，为实现“多规合一”、建立健全国土空间开发保护制度积累经验、提供示范。要求2017年底通过试点探索实现四项目标：形成一套规划成果、研究一套技术规程、设计一个信息平台、提出一套改革建议。此次试点范围在海南、宁夏的基础上，将吉林、浙江、福建、江西、河南、广西、贵州等纳入试点范围，共9个省份。通知要求编制省级空间规划试点过程中的重大问题和重要改革成果要及时向党中央、国务院报告。

（三）改革方向

目前，试点工作触探到了多规合一多方面的难点。首先，解决既有的法律法规、技术标准相互之间存在的矛盾存在一定困难。比如，土地管理部门根据法律确定每年建设用地的数量，城市规划部门则根据城市经济社会发展、人口增长预测来提出需要的土地数量；各个部门规划有自己的国家标准。出发点不一样，诉求不一样，规划协调起来困难较大。其次，横纵管理协调难度大。宁夏、海南都成立了空间规划委员会办公室，统筹协调全省（区）域的空间资源配置，但由于发展需求不同，一方面各级政府间上下协调困难；另一方面在国家层面没有相应的机构，需要对口许多部委的涉及空间资源规划的相关司局。“多规合一”规划的编制、实施管理、监督评估等都需要一个统一的部门和机构来协调。简而言之，多规合一规划试点推行过程中，暴露了导致多规不融合的部门利益和地方政府发展诉求不同导致的不协调问题。如果多规合一规划没有相应的法定地位，没能理清和现行各种综合性规划的关系，是较难协调部门利益的。

三、总体规划改革试点

（一）问题背景

国内专家认为，当前城市总体规划的编制、审批与实施中出现的问题可以归纳为四个方面：价值理念、事权法理、规划体制、技术方法。从价值理念看，虽然中央提出建设资源节约、环境友好型社会的要求，但长期以来，总体规划一直是地方政府以空间扩张支撑经济快速发展的工具，转变以土地换资本的观念需要时间和更有效的行政手段。另外，计划经济思维、蓝图式规划的技术方法一直主导总体规划。一方面规划内容过细、刚性有余弹性不足、无法应变市场的需求，编制和审批都耗时漫长，导致规划与实际情况的脱节；另一方面规划目标过于理想，规模预测不能实现或屡被突破，规划实施很难落地。第三，城市总体规划的规划区局限在建成区范畴，对全域发展缺乏统筹。

（二）试点政策

2017年12月，住房城乡建设部发布了《关于城市总体规划编制试点的指导意见》（建规字〔2017〕199号）。意见以贯彻落实习近平总书记治国理政新理念新思想新战略（十九大精神和习近平新时代中国特色社会主义思想），推进形成绿色发展方式和生活方式，强化城市总体规划的战略引领和刚性控制作用为指导思想；以“统筹规划”和“规划统筹”为原则，落实主体功能区战略，把握好战略定位、空间格局和要素配置，坚持城乡统筹，落实“多规合一”，使城市总体规划真正成为党委、政府落实国家和区域战略的重要手段。2018年将重点推进城市总体规划编制和实施体系改革，全面开展规划期至2035年的新一版城市总体规划编制工作，同步建设“多规合一”管理平台，建立和完善城市总体规划编制、审批、实施和考核评估体系。试点省和城市为江苏、浙江两省和沈阳、长春、南京、厦门、广州、深圳、成都、福州、长沙、乌鲁木齐、苏州、南通、嘉兴、台州、柳州15个城市。意见要求新一版总规包含六项主要内容：现状与规划基础、发展战略与目标、空间格局与功能布局、要素配置、行动计划与策略以及考核评价体系。

（三）改革方向

住建部主导的总规改革可以视为在“多规合一”的大改革方向下，主导权和改革路径尚未落定前，部门规划率先求变的一次尝试。总规改革的很多要求实际上也是多规合一要实现的目标，殊途同归。综合性规划都要在刚性和弹性、管控和灵活度、强制性和引导性、理想愿景与可操作性等方面之间找到新定位新平衡。与规划技术方法同等重要的是，包括审批、监督、实施和修订等环节在内的规划行政体制和运行体制。在新常态下，更好地让市场发挥资源配置的主导作用，以生态环境为本底，使规划向以保障民生和公共安全等为核心的公共政策转变。配合着综合性规划的改革，城乡规划体系中的详细规划也值得做出相应改革探索。

第四节　趋势判断和政策建议

一、部委机构改革带来的规划体系新格局

2018年是机构改革之年，国家治理体系正经历着一次深刻的改革。十三届全国人大一次会议第四次全体会议，听取国务院关于国务院机构改革方案的说明。自今年3月21日《深化党和国家机构改革方案》全文公布以来，机构改革正有条不紊向前推进，各部门9月要完成“定职责、定机构、定编制”的三定规定，计划今年底前机构改革落实到位。

改革后，国务院正部级机构减少8个，副部级机构减少7个。“多规合一”中最主要的四项空间类规划：主体功能区规划、土地利用总体规划、城市总体规划和生态环境保护规划的主导部门的编制主体都发生了变化。不再保留国土资源部、农业部、环保部、国家海洋局和国家测绘地理信息局。相应的，组建自然资源部、生态环保部、农业农村部。其中将国土资源部的职责，国家发展和改革委员会的组织编制主体功能区规划职责，住房和城乡建设部的城乡规划管理职责，水利部的水资源调查和确权登

记管理职责，农业部的草原资源调查和确权登记管理职责，国家林业局的森林、湿地等资源调查和确权登记管理职责，国家海洋局的职责，国家测绘地理信息局的职责整合，组建自然资源部。根据2018年8月自然资源部的“三定方案”对职责的规定，其中包括“（一）履行全民所有土地、矿产、森林、草原、湿地、水、海洋等自然资源资产所有者职责和所有国土空间用途管制职责，和（六）负责建立空间规划体系并监督实施”。整合了所有自然资源资产调查、监测、确权、空间规划、用途管制以及部分保护和修复职能和事权的新自然资源部将是推动“多规合一”改革工作的强有力新主体。此外，新生态环境部和农业农村部也是通过对原属于国家发展改革委、国土资源部、水利部、农业部、海洋局、财政部等同类相关职责和项目重新洗牌，整合为新的组织构架模式。

二、政策建议

2018年9月习主席主持召开的中央全面深化改革委员会第四次会议，审议通过了《关于推动高质量发展的意见》《关于统一规划体系更好发挥国家发展规划战略导向作用的意见》等7个文件。习主席强调，改革正在落实，也难在落实。会议强调，科学编制并有效实施国家发展规划，引导公共资源配置方向，规范市场主体行为，有利于保持国家战略连续性稳定性，确保一张蓝图绘到底。要加强党的领导，落实高质量发展要求，加快统一规划体系建设，理顺规划关系，完善规划管理，提高规划质量，强化政策协同，健全实施机制，加快建立制度健全、科学规范、运行有效的规划体制，构建发展规划与财政、金融等政策协调机制，更好发挥国家发展规划的战略导向作用。

可见，在新常态的大背景下，规划体系改革仍有很长的路要走，规划思维模式的转型升级是引领2020年全面建成小康社会和2035年基本实现社会主义现代化强国目标的重要抓手之一。未来的几年，是规划体系大变革的时期。任何层次的规划转型都离不开规划体系的整体转型，都必须依赖各种层级和类型规划的协同运转，依赖从规划理念到方法的联动创新，更需要规划体制整体的改革作为保障。城镇化道路从以土地为中心转变为以人为核心，城镇化学科从以建筑学为主导转变为多学科、跨学科协作。我们建议下阶段规划改革的重点方向应考虑以下几点。

（一）建立以生态文明为根本的国家规划体系

以“多规合一”为改革龙头，全面改革规划技术、运行以及监督管理体系和模式，实现技术的统一、利益的协调和法定的授权。2018年5月，习近平在全国生态环境保护大会上提出，“生态文明建设是关系中华民族永续发展的根本大计。……生态兴则文明兴，生态衰则文明衰。”生态环境保护成为一切社会、经济发展的前提和基础。有关空间规划职能的机构改革思路正是顺应这一重要战略变化，以自然资源部为主导整合了资源测绘事权，有利于建立科学统一的基础数据收集分析及评价方法促进未来区域和城市空间规划的编制，突出以生态环境保护和资源承载力为本底的底线思维方式。发挥规划的刚性控制作用。统筹山水林田湖草系统治理，实行最严格的生态环境保护制度，划定不可逾越的资源环境底线与上限（包括：资源消耗上限、环境质量底线、生态保护红线）；行使生态保护修复职责。以“多因子叠加法”为基本分析方法进行空间开发适宜性评价，明确“生态功能保障基线”；以“短板原理”为基本分析方法进行资源环境承载力评价，明确“环境质量安全底线、自然资源利用上线”。整合了空间类型规划的事权，有利于建立科学统筹高效利用土地等不可再生资源要素的空间策略及动态的智能管理平台，使经济开发活动与资源环境等空间格局更加协调，使生态文明理念和绿色发展理念得以贯彻落实。

（二）协调发展规划与空间规划的关系

党的十八届三中全会明确指出，“政府要加强发展战略、规划、政策、标准等制定和实施”，并指出，中央政府要“健全以国家发展战略和规划为导向、以财政政策和货币政策为主要手段的宏观调控体系”。党的十九大提出“发挥国家发展规划的战略导向作用”。

随着试点实践和理论探索的深入，各方面都逐渐倾向于，首先推进空间类规划的“多规合一”，后期再整合发展类规划和空间类规划。此后发布的中央文件也对这一问题进行了明确，党的十八届五中全会提出“以主体功能区规划为基础统筹各类空间性规划，推进‘多规合一’”，《生态文明体制改革总体方案》提出，“整合目前各部门分头编制的各类空间性规划，编制统一的空间规划，实现规划全覆盖”。

因此，今后一段时期内从国家层面来看，发展规划与空间规划两大体系是并行的，发展规划与空间规划将各司其职、各成体系，但不是割裂开来的两个体系。空间规划可为国家、省级、市县（设区的市空间规划范围为市辖区）三级。其中《全国主体功能区规划》是国家层面总体性空间规划。省级、市县级空间规划要以发展规划为依据，实现发展规划所确定的目标任务与相关要求，合理确定国土空间开发与保护格局；发展规划的制定要结合空间规划所确定的资源环境承载力、空间开发适宜性、目标指标、三区三线、空间要素配置等内容，科学合理地确定经济社会发展目标与任务。从地方层面来看，规模较小的市县空间范围有限、经济结构不复杂，经济社会发展的各类规划和城市空间规划可以展开融合为一本规划的试点工作，提高规划可操作性和可落地性。

（三）明确空间规划的定位与作用

解决我国规划体系中部门规划职能交叉重叠，市县规划过多过滥的状况，必须加快落实“多规合一”改革和规划体系改革。目前的技术难点之一在于确立空间规划这种新型规划与传统城镇体系规划、城市总体规划、战略规划、土地利用规划、国民经济和社会发展规划等部门规划之间是“合并”还是“平行”的关系。我们认为，鉴于目前多部门规划规划内容和管理权限交叉重叠的情况，空间规划应该担负起“统一”多部门规划的职责，以发展规划为基础和引领，以各类环境资源利用和保护规划为本底，融合以国土空间和资源管控为主的土地利用规划和以战略愿景和空间布局为主的城市规划，形成既指导城市和区域发展长远目标，又有实际空间管控能力的综合性规划，形成空间性相关规划的“一本规划”顶层设计。合理界定新体系中部门规划的内容和权限，解决部门职权膨胀交叉的问题。要强化技术思维提高规划科学性，强化法律思维提高规划严肃性，坚持底线思维、战略思维、行动思维并举，把握未来规划将呈现的三种理念：底线（解决“先布棋盘”的问题）、战略（解决“如何落子”的问题）、行动（解决“落子到位”的问题），城市层面空间规划的成果将是这三种形式的有机组合。

从法律法规层面看，构建国家空间规划体系，需要制定、修改甚至废止相关的空间规划法律法规，赋予各层级空间规划相应的法定规划地位，西方国家在其空间规划体系构建过程中无不重视立法修法工作。我国应加快研究制定《空间规划法》及相关法规规章，修改或部分废止《城乡规划法》《土地管理法》《环境保护法》《森林法》等相关法律法规。逐步完善地方行政法规、部门章程以及相关审批、监督法规，保障空间规划法规的有效执行。

（四）强调市场化资源配置，突出规划公共属性

首先，要减少规划数量。国家发改委城市和小城镇改革发展中心原主任徐林认为，未来国内规划的编制上，要符合国际治理规划的改革和调整。发展规划在体系完善上，就要考虑大大减少竞争性领域的规划数量，特别是竞争性产业领域的规划数量，因为竞争性领域的市场变化、技术变化和不可预测性比较明显，规划制定者往往难以把握并进行引导。即便要编制竞争性领域的发展规划，也应该围绕这一领域需要政府履行职责弥补发展共性短板，存在市场失灵的领域来展开，并强化与预算规划的对接，得到公共预算资源的支撑。他指出，我们应该清醒地认识到，不能因为名目繁多的各类规划的编制和实施，而给中国广泛参与全球化市场竞争，获得广泛全球利益带来不必要的麻烦。同时，徐林指出，在目前体制下，中国不太可能完全不编制竞争性领域的规划和产业政策，但政策举措涉及公共资源的选择性配置时，应该尽可能遵循竞争中性的原则。此概念极有可能在未来国际贸易和投资规则制定中被采用，并用来判断是否导致贸易扭曲的准则之一。

实行市场经济不是不要规划了，不是否定规划的作用，但规划的目标、内容必须符合市场经济的原则。明晰政府与市场的边界，将公共资源管制和公共物品供给作为规划的焦点。从“技术性、控制性”规划向“政策性、刚弹结合”的性质转变。从空间物质形态规划向综合性的公共政策发展转变。战略重点应落实在可持续发展、资源环境保护、民生安全、城市文化建设、城乡统筹、公共服务、基本医疗和教育、社会福利和实施制度保障上。规划在编制过程中，应广泛听取社会各界意见，规划就是将这种社会共识凝聚成国家意志的表达形式。一定意义上，规划也是协商的结果，是协商民主的一种形式。

市场经济的一般规律是市场决定资源配置，政府不是资源配置的主体，但政府可以通过规划引导资源向国家战略指明的方向配置。对于可以发挥市场作用配置的资源要素，应当建立刚弹性结合的规划手法和管控机制。面对我国日益加大的区域发展差异，应形成差异化的区域扶持和发展政策，形成区域统筹联动管理机制。实现从原来粗放的、扩张式的增量规划和管理方式向精细化、集约化的存量规划和管理方式转变。应当以人民为中心的高质量发展作为目标，通过加强城市设计和管理水平全面提

高城市品质，通过乡村振兴规划激活广大农村农民的造血能力，促进城乡要素的流动和互促。通过激发市场和市民等多主体地位提高规划的参与度，促进市场发挥资源配置的主导作用，激发城市活力，推进规划的“供给侧改革”，进一步使城镇化成为新常态下拉动经济增长和提高人民生活水平的重要抓手。

（五）加强规划实施和监督，建立动态反馈机制

徐林主任认为，好的机制可以使规划和政策目标的实施事半功倍，这是制定公共政策最具有技术含量的部分。作为一个综合型规划，编制城市层面空间规划需兼顾“技术思维、法律思维、底线思维、战略思维、行动思维”，其中，技术思维和法律思维是工作的基石，底线思维、战略思维、行动思维是工作的三个导向，对应空间规划的三个“成果出口”。巩固城乡规划的权威性，加强编制、实施、监督三足鼎立模式。统筹规划、建设和管理环节，提高系统性和可操作性。加快推进智慧技术在解决城市治理、管理方面的实践。

调整城市规划事权，更好体现责任、权力的统一。配合市场化机制带来的规划刚性指标的瘦身，以及存量规划中存量用地混合性和用途变化频繁性的增加，适当简化规划审批程序和规划修改审批的方法，提高规划修改和审批程序的效率，提高规划内容的科学性、时效性和应变市场等不确定性的能力。建议同级政府编制的规划最好由同级人大进行审批，这既符合现代治理的要求，又能增强城市规划的立法性质和权威性。建立常态化的动态反馈和修编机制，使城市规划建设成为“实施评估-设计决策-运作实施-实施评估”的动态循环、适应变化的过程。应建立健全空间规划法规体系，强化各层级规划间的刚性传导，包括用途管制、建设用地指标分配、管控要素边界划定等，明确属性、数量、空间、时序上的要求。

在约束性指标完成情况考核和评估方面也应该进行改革调整。在指标分配方式更公平公正的前提下，涉及排放权、用能权、用水权、建设用地指标等涉及总量控制的指标，可以在额度分配的基础上，通过市场交易机制实现更有效的配置。实际上，实现了稀缺资源的市场化配置，通过机制设计，更好的发挥市场价格和税收调节作用。

最后，也是最重要的一点是规范规划编制的法律程序。随着部委机构改革和“三定”方案的落地，空间规划编制办法和审批程序也亟待研究落实。这是理清部门权责、约束规划权限、确立空间规划法律严肃性和权威性的关键一环。

第九章

建设可持续发展的城市

周　君[①]

城市作为人类文明、社会进步的象征和生产力空间载体，聚集了一定地域范围内的生产资料、资本、劳动力和科学技术，从而形成区域经济活动的导源地，以及一定地域内经济集聚实体和纵横交错经济网络的枢纽。从这个意义上说，城市及其集聚区的可持续发展将对区域可持续发展、国家可持续发展乃至全球可持续发展产生重大影响。

改革开放以来，我国城市化进入加速发展阶段，城镇人口比重由1978年的17.9%增加到2017年的58.5%，城市化对国民经济与社会进步的拉动作用明显增强。与此同时，我国很多城市在发展过程中也出现了资源短缺、人口膨胀、环境污染、交通拥挤、地区差异拉大、贫富分化加剧、就业压力加重、老龄化等问题，此外大规模快速的城市建设也对城市特色与历史文脉的保护造成了较大的冲击。实现城市的可持续发展，成为我国现代化建设中一项重大课题。

① 周君，中国城市和小城镇改革发展中心注册规划师。

第一节　城市可持续发展理念的缘起与核心要点

一、可持续发展理念的缘起与演变

“可持续发展”（sustainable development）源于生态学，是在对既往发展模式反思后形成的“新”发展观，也是对资源的一种管理战略。20世纪80年代，由工业文明带来的生态、社会、能源方面的危机感，促成了可持续发展思想的形成。1987年，联合国世界环境与发展委员会（WECD）在《我们共同的未来》报告中，正式提出了“可持续发展”的概念和模式。“可持续发展”被定义为“既满足当代人的需求又不危害后代人满足其需求的发展”。

自1992年联合国环境与发展大会以来，可持续发展成为各国政府、企业家、持续发展委员会、联合国环境和开发署、HABITAT和地球理事会等国际组织共同关注的主题。2002 年，在南非约翰内斯堡召开的可持续发展世界首脑会议，通过了《21 世纪地方行动计划》，促进可持续发展从议程向行动尤其是地方行动的转变。20世纪70年代以来全球范围的一系列政策议程中对可持续的城市发展进行了明确（表9–1）。

表9-1　　全球范围涉及可持续城市的政策议程

	年份	政策/议程
联合国人居环境会议	1972	建议—基于环境高质量的人居环境规划管理
人居环境I（Habitat I）	1994	建立旨在缓解城市地区增长压力的国际合作项目
联合国人居署创立	1978	该机构致力于推动更具可持续性的城乡模式
《世界环境与发展委员会报告》	1987	第九章“城市挑战”指出应在世界范围内建立可持续城市社区
联合国可持续城市项目	1990	整合了联合国人居署的可持续议题
联合国环境与发展大会	1992	21世纪议程：第二章“推动可持续人居环境发展”
人居环境II（Habitat II）	1996	“城市峰会”旨在城市地区实现21世纪议程
世界城市论坛	2002	提出“可持续城市化”的概念及其实施问题
巴黎气候大会	2015	《巴黎协定》
人居环境III（Habitat III）	2016	《新城市议程》

在对可持续发展从认识到理解和接受的近40年中，人类从提出可持续发展、定义可持续发展，已逐渐走向了实施和实现可持续发展。可持续发展已不仅仅作为一种概念和战略性名词出现在政府文件与报告中，而且逐渐地体现为实践中的具体行动、措施与项目。

在可持续发展理念的影响下，城市地区既被视为造成不可持续问题的现实根源，也被看作实现可持续发展的未来希望，推动广大城市地区的可持续发展成为实现全球可持续发展的核心任务。

二、可持续发展城市的内涵与思考

可持续发展城市，是可持续发展思想在城市发展中的具体化体现，是低碳经济发展模式和生态化发展理念在城市发展中的落实。当前，过半的世界人口都居住在城镇地区。根据联合国开发计划署（UNDP）的预测，到2030年，城镇人口将超过世界人口总数的60%。到2050年，这一数字将增至65亿人，即世界总人口的三分之二。在未来几十年，95%的城市人口增长将发生在发展中国家。世界上的城市面积仅占地球陆地面积的3%，但却消耗了60%～80%的能源，并制造了75%的碳排放。快速的城市化进程，对生态环境、土地资源、农业生产造成了形成了巨大的挑战。未来实现可持续发展，离不开城市建造和管理方式的重大转变。因此，2015年联合国可持续发展峰会上发布的17项全球可持续发展目标（接替原来的千年发展目标）中（图9–1），将可持续的城市和社区单独列为第11条，意图通过高效的城市规划、管理和建设来提高资源的使用效率、减少城市对生态环境的冲击，建设包容、安全、有风险抵御能力和可持续的城市及人类住区，这对实现这对实现社会、经济和环境三个维度的全球可持续发展至关重要。

可持续发展的城市，通常也被表述为“生态城市”或“低碳城市”，是一个充分考虑到社会，经济和环境影响而规划建设的城市，为现有人口提供有弹性的栖息地，同时不影响后代对这种生活的体验。理查德·普雷斯特（Richard Register）在其1987年出版的《生态城市动态：生态城市为健康的未来》一书中首次创造了“生态城市”一词。根据定义，一个可持续的城市或者一个生态城市，是建立在人类对人与自然关系深刻认识的基础上，以低能耗、低污染、低排放为特征，以和谐、高效、可持续为发展目标的人类聚居地，是实现经济社会、资源环境全面协调的全新城市发展模式。

图9-1　联合国17个可持续发展目标（可持续城市和社区为第11项）

自提出以来，城市可持续的实践在全球各地以不同的形式进行着探索，既包括生态工业园、绿色建筑、生态屋顶、可持续交通等城市建设方面的内容，又包括新都市主义、零碳城市等城市发展理念的思潮。

三、我国城市可持续发展的实践演变

与国家经济和社会发展的不同阶段相呼应，我国城市可持续发展这一议题经历了从无到有、再到后来的全面推进和综合拓展。

阶段一：改革开放初期至20世纪末，城市的可持续与转型发展初期

改革开放之初，国家尚处工业化和城镇化初期阶段，以经济建设为主要发展目标，可持续发展并未作为发展的核心要务予以对待。90年代初，城市发展呈现出粗放式发展模式，生态环境破坏和土地低效利用等违背可持续发展的问题逐渐显现。加之国际社会对可持续发展呼吁的热潮不断，我国基于资源相对短缺的国情，开始意识到粗放的经济增长和城市建设模式难以为继，不能走发达国家“先污染、后治理”的老

路，提出走可持续发展道路，从粗放型扩张向集约型发展的转变，开始加强污染治理、开发区整顿等一系列行动。

阶段二：21世纪初至2012年，城市可持续发展的全面探索与实践

经过二十余年的可持续与生态环境保护的理念发展和制度建设，开始从更宏观、更综合、更事先的角度对城市的可持续发展进行考虑，提出科学发展观、建设两型社会（资源节约型和环境友好型），并提出构建绿色生产方式、生活方式和消费模式。

在该阶段，可持续城市的建设与发展以多元化的形式在各地进行探索与实践，包括生态城市、低碳城市、绿色城市等。此外，国家环保部等部门针对我国日益严重的自然资源和生态环境破坏问题，发起推动了多批国家生态示范区的建设，包括全国55个城市。中央各部委亦出台政策积极推进中国特色低碳生态城市试点。

阶段三：2012年至今，生态文明理念全面引领城市可持续发展，并逐渐融入人文内涵

我国经济由高速增长阶段转向高质量发展阶段，转变发展方式、优化经济结构、转换增长动力成为新时期的重点。面对资源约束趋紧、环境污染严重、生态系统退化的严峻形势，2012年11月，党的十八大从新的历史起点出发，做出“大力推进生态文明建设”的战略决策。建设生态文明城市成为我国可持续发展新一阶段的核心。

此外，可持续理念在我国经历近三十年的时间与发展，在进入新的历史阶段后，开始从单纯的生态环境领域转向社会与人文领域。《国家新型城镇化规划》提出要“注重人文城市建设”，“把城市建设成为历史底蕴深厚、时代特色鲜明的人文魅力空间”。城市文化资源的挖掘、历史文化的传承与创新，以及人的需求和发展开始成为城市可持续发展关心的核心命题之一，宜居生活、社会包容等人文关怀的内容亦逐步纳入城市可持续发展能力建设中（表9–2）。

续表

表9-2　　我国涉及可持续城市的政策与事件

年份	政策/议程
1992	签署《21世纪议程》《环境与发展里约宣言》，发表《北京宣言》
1994	《中国21世纪议程》
1996	《国民经济和社会发展“九五”计划和2010年远景目标纲要》，将可持续发展作为我国实现跨世纪发展的重大战略
1997	将“社会发展综合实验区”更名为“可持续发展试验区”；于16个省、市、地区开展地方试点工作
2000	环保部发布《关于命名第一批国家级生态示范区及表彰先进的决定》；设立国家级生态示范区
2003	党的十六届三中全会提出“科学发展观”
2007	建成中新生态城（第一个国家间合作开发建设的生态城市）
2010	国家发改委启动五省八市的低碳城市试点工作
2012	党的十八大、做出“大力推进生态文明建设”的战略决策
2013	环保部发布《国家生态文明建设试点示范区指标（试行）》《关于大力推进生态文明建设示范区工作的意见》
2014	环保部授予37 个市（县、区）为“国家生态文明示范区”；水利部授予首批45个“全国水生态文明建设试点”
2015	中央城市工作会议，提出要留住城市特有的地域环境、文化特色、建筑风格等“基因”，延续城市历史文脉；国务院办公厅发布《关于推进海绵城市建设的指导意见》，部署推进海绵城市建设工作
2016	中共中央国务院《关于进一步加强城市规划建设管理工作的若干意见》对建筑特色和文化传承提出要求
2017	环保部公布第一批46个国家生态文明建设示范市县；住建部发布《关于加强生态修复城市修补工作的指导意见》全面启动城市“双修”工作

纵观改革开放40年，我国城市可持续发展的实践演变呼应着的是国家经济和社会发展重心的转换。城市可持续发展经历的从无到有、再到全面推进和综合拓展的过程，是我国城镇化应对不同现实矛盾与挑战所做出的战略调整。下一阶段我国城镇化进程仍将持续推进，城市建设与发展能否切实践行绿色、低碳、可持续的模式，关系到我国经济社会发展能否真正实现生态文明模式转型，因此有必要从实践层面对城市的可持续模式进行系统性的梳理，以更准确地把握下一程的战略方向与路径选择。

以下篇章将从城市的生态可持续和文化可持续两个侧面，分别回顾我国在践行城市可持续发展过程中所面临的挑战与所获得的经验，基于此进行反思并提出展望。

第二节　建设生态文明城市

一、我国城市生态环境与可持续发展面临的挑战

自改革开放以来，中国经济增长的幅度和速度创造了人类历史上空前的经济发展奇迹，成为世界经济增长的巨大引擎，并且正在经历着史无前例的、最大规模的工业化和城市化进程，同时，客观上其对国内外的自然资源需求也在以人类史上前所未有的方式增长，成为世界资源消耗和污染排放大国，对全球的资源和环境产生巨大的压力和负面影响（图9–2）。

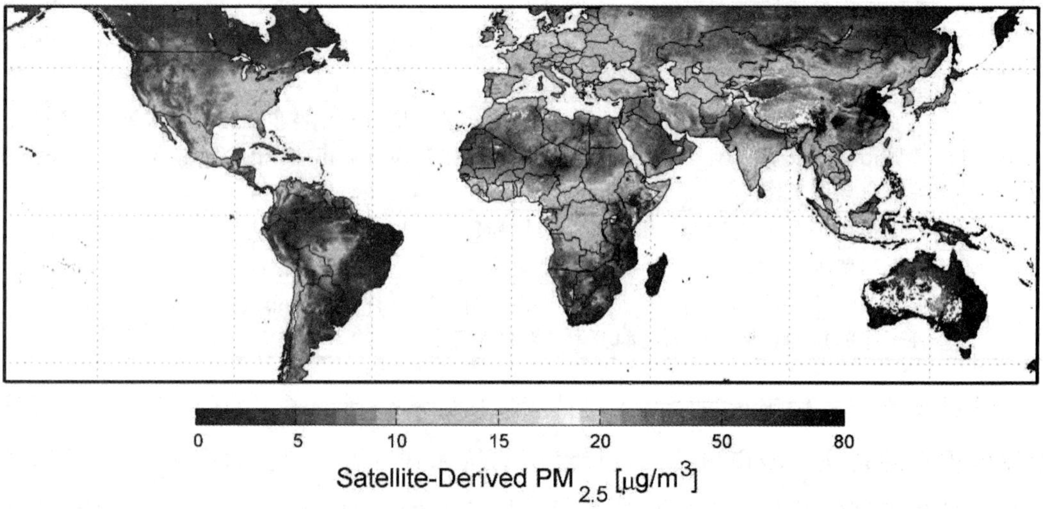

图9-2　美国NASA发布的2001～2006年全球平均PM2.5浓度卫星遥感图

改革开放后的1978～2012 年间，中国GDP 增长了23 倍，相应的能源消费增长了5.3 倍，铜20.7 倍、铝44.4 倍、钢材26 倍、水泥35.3 倍、纸和纸板19.7 倍、货运量15.5 倍、货运周转量16.7 倍。农业部门的物质消费速度大多快于农业总产值增长速度。一些资源消费增长幅度看似比改革开放前小得多，但是由于基数巨大，资源消耗的规模增长效应十分惊人，对环境的影响和冲击大得多。

此外，巨大的人口数量和高速的经济发展所导致的高强度资源开发，对我国森林、草地、湿地等自然生态系统造成了巨大的影响，产生了生态系统质量低下、水土流失、沙漠化、石漠化、野生动植物生境破坏、流域生态环境恶化等一系列生态问题。全国城镇扩张“摊大饼”现象普遍，北京、天津、成都、武汉等多数重点城市建成区呈摊大饼式的单中心扩张模式。城镇面积显著增长，而耕地、自然森林、沼泽湿地、自然草地面积持续减少。生态调节功能不断降低，全国大城市“热岛效应”不断增强，内涝灾害频发，给城市居民生活带来严重影响。城市大气污染严重，健康受到威胁（图9–3）。

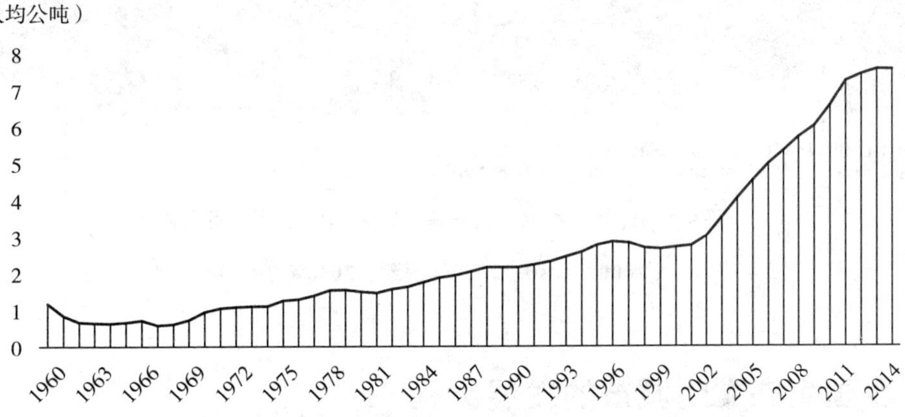

图9-3　我国历年二氧化碳排放量（1960 ~ 2014年）

污染物排放的变化情况不容乐观。改革开放后，随着我国环保力度的不断加大，一些主要的污染物排放增速减缓，部分污染排放指标趋于下降，如工业废水排放量、COD、工业氨氮、重金属排放量、烟粉尘、生活氮氧化物、工业固体废物排放量等实现了负增长。特别是从“十五”计划到现在的“十二五”规划均纳入了有关资源消耗和污染物排放控制指标付诸实施，使得COD、二氧化硫等污染物排放总量近年来实现了较大幅度的下降。然而碳排放量、工业废气排放量、工业固体废弃物产生量还在以较大的幅度增加。高强度的排放导致趋于复合型污染日渐显现，雾霾频繁发生；流域水污染形势依然严峻；耕地污染也十分严重。我国约1.5 亿亩耕地受到污染。这些问题直接或间接地威胁到社会经济发展及人民群众的生存和健康。

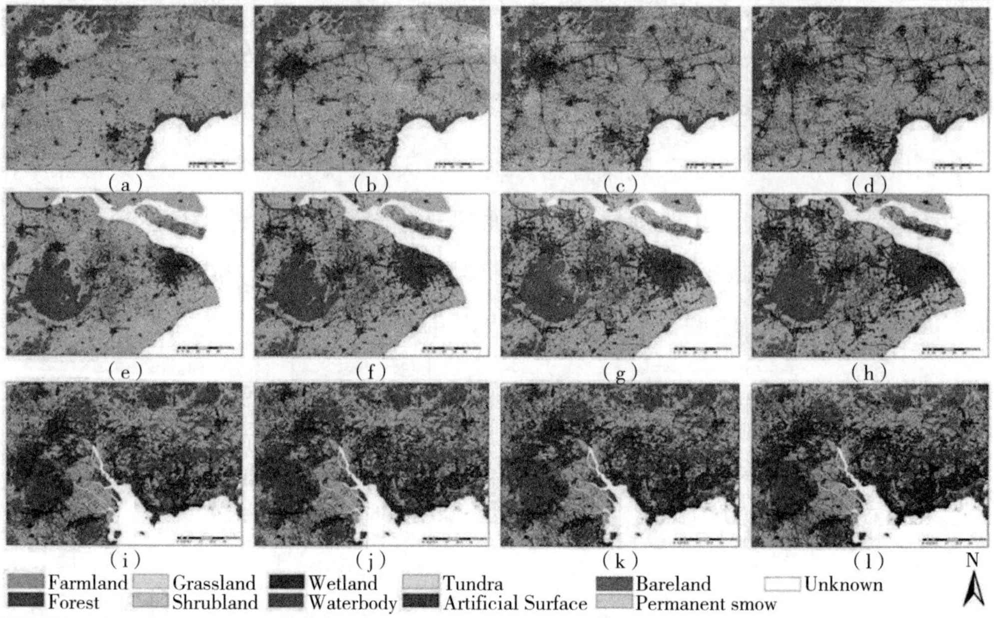

图9-4　我国京津冀、长三角和珠三角的土地利用变化

（2000、2010、2020年预测、2030年预测）

二、我国生态文明城市的发展历程

随着我国资源环境问题的不断显现，我们在不断总结社会发展的经验与教训的同时，对环境问题的认识也不断深化。国家不断提出与做好环境保护，促进适合会和谐发展的方针与政策，明确社会发展方向与策略，强调可持续性发展。特别是近年来，从党的十七大到十八大以及十八届三中全会，再到十九大，生态文明建设被提升到前所未有的高度，城市的生态文明发展也受到前所未有的重视。

在国家政策层面，我国将绿色生态发展作为推动转型发展的重要举措，相继提出一系列发展战略。从2007年党的十七大报告首次提出“生态文明”开始，生态文明已成为我国的基本国策。2012年党的十八大报告提出“大力推进生态文明建设”。2013年12月召开的中央城镇化工作会议中，提出绿色生态发展要成为我国新型城镇化战略的核心举措。2014年中共中央和国务院联合颁布了《国家新型城镇化规划》，强调推动新型城市建设，“绿色城市”“人文城市”“智慧城市”成为国家推动新型城镇化建设的三大主题。2015年10月，中共中央制定《国民经济和社会发展第十三个五年规划的建议》，提出加快建设资源节约型、环境友好型社会，形成人与自然和谐发展现代化建设新格局，推进美丽中国建设等具体要求。2015年12月召开的中央城市工作会议将绿色生态发展的理念放在突出地位，提出坚持绿色发展，统筹“生产、生活、生态”三大布局，着力提高城市发展持续性、宜居性走出一条中国特色城市发展道路。国家宏观政策机遇无一不在强调可持续发展对于我国城市建设的战略引导作用（表9–3）。

表9-3　　我国生态、绿色、低碳城市的国家政策梳理

政策文件	政策要点
《国家发展改革委关于开展低碳省区和低碳城市试点工作的通知》	推动落实我国控制温室气体排放目标，探索我国工业化城镇化快速发展阶段既发展经济、改善民生又应对气候变化、降低碳强度、推进绿色发展的做法和经验
《“十二五”绿色建筑和绿色生态城区发展规划》	在“十二五”末期，要求实施100个绿色生态城区示范建设。推动绿色生态城区和绿色建筑发展，建设资源节约型和环境友好型城镇，实现美丽中国、永续发展目标
《国家发展改革委关于组织开展循环经济示范城市（县）创建工作的通知》	选择100个左右城市（区、县）开展国家循环经济示范城市（县）创建活动，循环型生产方式初步形成，率先构建起覆盖全社会的资源循环利用体系，城市建筑、交通和基础设施基本实现绿色化
《国家新型城镇化规划（2014—2020年）》	推动新型城市建设，加快绿色城市建设，将生态文明理念全面融入城市发展，构建绿色生产方式、生活方式和消费模式。具体包括资源的节约集约利用、绿色建筑计划、大气污染防治行动、花店给生态保护红线、建立绿色生态廊道等
《国务院关于深入推进新型城镇化建设的若干意见》	加快建设绿色城市、智慧城市、人文城市等新型城市正是未来低碳生态城市建设的重要任务
中央城市工作会议	城市发展要统筹生产、生活、生态三大布局，把握好生产空间、生活空间、生态空间的内在联系，实现生产空间集约高效、生活空间宜居适度、生态空间山清水秀
《中共中央 国务院关于加快推进生态文明建设的意见》	要大力推进绿色城镇化，尽量减少对自然的干扰和损害，科学确定城镇开发强度，提高城镇土地利用效率，大力发展绿色建筑和低碳、便捷的交通体系，推进绿色生态城区建设。

在实践层面，在可持续发展、科学发展观、生态文明等宏观战略引导下，国家各部委陆续出台各种政策来促进我国城市向低碳、生态、绿色方向发展。2010 年8 月，国家发展改革委启动五省八市低碳试点工作，试点城市承诺将应对气候变化工作全面纳入本地区“十二五”规划，研究制定试点省和试点城市低碳发展规划，积极倡导低碳绿色生活方式和消费模式，降低碳排放强。2011年6月，住房和城乡建设部发布了

《住房和城乡建设部低碳生态城（镇）申报管理暂行办法》。同年9月，住建部、财政部和改革委员会联合发布了《绿色低碳重点小城镇建设评价指标（试行）》，进一步明确了试点示范的遴选、评价和指导工作要求。另外，在城乡统筹发展目标的指导和要求下，国家正式启动了7 个绿色小城镇和绿色村庄试点项目，标志着低碳生态规划项目向小城镇和乡村延伸。2013 年 10 月，国家环保部发《关于大力推进生态文明建设示范区工作的意见》，“生态建设示范区”正式更名为“生态文明建设示范区”。2014 年 5 月，授予江苏省扬州市等37 个市（县、区）为“国家生态文明示范区”。2017年9月环保部命名授牌的46个国家生态文明建设示范市县。此外，近年来生态城市以海绵城市、韧性城市等新型模式在各地区进行着广泛实践（表9–4）。

表9-4　　我国生态、绿色、低碳城市的地方实践

试点与实践	时间	主导部门
启动国家低碳省区和低碳城市第一批试点工作	2010.8	发改委
启动可再生能源建筑应用城市示范，并给予中央财政支持	2010.8	财政部 住建部
《住建部低碳生态试点城（镇）申报管理暂行办法》启动新建低碳生态城镇示范工作	2011.6	住建部
组织推荐2012年园区循环化改造示范试点，中央财政补助	2012.2	财政部 发改委
启动国家低碳省区和低碳城市第二批试点	2012.11	发改委
评选出8个首批绿色生态示范城区，并给予每个项目5000万 ~ 8000万元补贴资金	2012.11	财政部 住建部
《国家发展改革委关于组织开展循环经济示范城市（县）创建工作的通知》开展国家循环经济示范城市（县）创建工作	2013.9	发改委
启动海绵城市建设试点工作评审工作，中央财政给予专项资金补贴	2015.4	财政部 住建部 水利部
评审全国8个低碳城（镇）试点单位的实施方案	2015.10	发改委
公布第一批46个国家生态文明建设示范市县	2017.9	环保部

通过对生态文明城市建设相关宏观政策、激励方向以及试点实践的梳理，归纳出近年来出现了三方面的转型。其一，从单纯的控制性保护向引导进行保护性发展转变。绿水青山就是金山银山很好地总结了该理念的转型。国家所提出的把握生产空间、生活空间、生态空间的内在联系，恰是反映了应当将宜人的生态空间和宜居的生活空间转换为更有吸引力的产业空间，助推新型产业的发展，为城市发展注入可持续

的新动力。其二，从增量型的生态新城向存量型的城市生态化改造转变。生态城市和城区最初多择址新建，该类型的实践受到现状约束性因素较少而易于将绿色生态理念即技术贯穿建设全过程。然而近年来逐渐意识到新建模式成本投入较高而人口和产业集聚难度较大，再加上各级城市增量发展空间减少而存量更新成为发展主流，结合既有城区的绿色生态化改造越来越多，为新时期生态城市发展模式增添了新的内涵。其三，从重物质建设向兼顾机制建设与运营管理的方向转变。不论是宏观政策还是地方实践，越来越多地强调建立指标体系评估、资金保障等方面等长效机制以确保生态城市发展的成效。简言之，我国的生态城市建设朝着更综合、更务实、更高效的方向不断探索和实践。

三、建设生态文明城市的实践与经验

自20世纪90年代初《全国生态示范区建设规划纲要》（1996～2050）等一系列指导政策，我国便开始了将生态城市发展理念逐渐融入国家级规划的编制和实践中去，指导各地国民经济和社会发展计划的制定。许多城市相继制定实施了“可持续发展的指标体系”，开展了生态示范区的建设与试点。生态城市、山水城市、花园城市、森林城市、园林城市、卫生城市等越来越多地成为中国许多城市政府进行城市规划与建设所追求的目标。

除整体的生态城市或城区的打造之外，全国各个地区的城市从绿色建筑、绿色交通体系、土地集约利用创新、绿色基础设施等诸多方面践行着生态文明建设和可持续发展的理念。下文将总结和梳理我国建设生态文明城市的经验做法和实践效果。

（一）探索生态城市建设

随着可持续发展战略的推行，生态文明理念的传播，我国中央各部委出台政策积极推进中国特色低碳生态城市试点。生态城市以强调人与自然和谐共存、以及经济、社会、环境协调可持续发展为价值取向，在我国的应用较为广泛。按照定义，生态城市指以投资于技术为主要支撑的产业生态园区或新建的生态城区，是城市内划定区域的生态化建设或改造，如天津的中新生态城（2007年建成）、唐山的曹妃甸生态城（2009年建成）和深圳的光明新城（2007年成立）（图9-5）。

图9-5　我国生态城市的典型（左：中新生态城，右：曹妃甸生态城）

以生态城市为建设目标的城市，其年均增长量和总数都呈现出高速发展态势。各中国城市科学研究会学术交流部所做的一项统计表明，从1986 年宜春生态城市整体规划研究与建设工作开展以来，截至2011年2月，中国287个地级以上市中提出“生态城市”建设目标的有230个，所占比重为80.1%；提出“低碳城市”建设目标的有133 个，所占比重为46.3%；综合上述两种建设目标，提出低碳生态城市有关建设目标的城市已达259个，占到地级市比例的90.2%。相较于2003 年底135 个的统计数据增长速度惊人。根据有关学者统计，“截至2014年底，全国已有380 个城市提出建设‘低碳生态城市’，其中提出‘生态城市’建设目标的有240个，低碳城市建设目标的有140个。目前，除我国香港特区、澳门特区、台湾地区和西藏之外，中国的其他30个省级行政单位每个省份都提出了低碳生态城市建设目标。” 不难看出，低碳生态城市已经广泛的渗透到了政府倡导的建设实践层面，中国正成为世界上探索低碳生态城市建设最为积极的国家之一。

此外，近年来国家层面由国家发改委、环保部、住建部、林业局、水利部、海洋局多个部门结合部门职能主导多个生态文明城市的试点工作。例如，2010 年国家发展改革委发布《关于开展低碳省区和低碳城市试点工作的通知》。2013 年 5 月，环保部发布《国家生态文明建设试点示范区指标（试行）》。此外，由国家林业局主导“国家森林城市”、国家水利部主导“全国水生态文明建设试点”、由国家海洋局主导“全国海洋生态文明示范区试点”。试点之外还有以各种项目为依托的新型城市建设，包括生态工业示范园区、生态农业示范园、第三产业生态示范园、住宅区新建、改造老城等，这些都是我国生态城市建设的前沿探索（图9–6）。

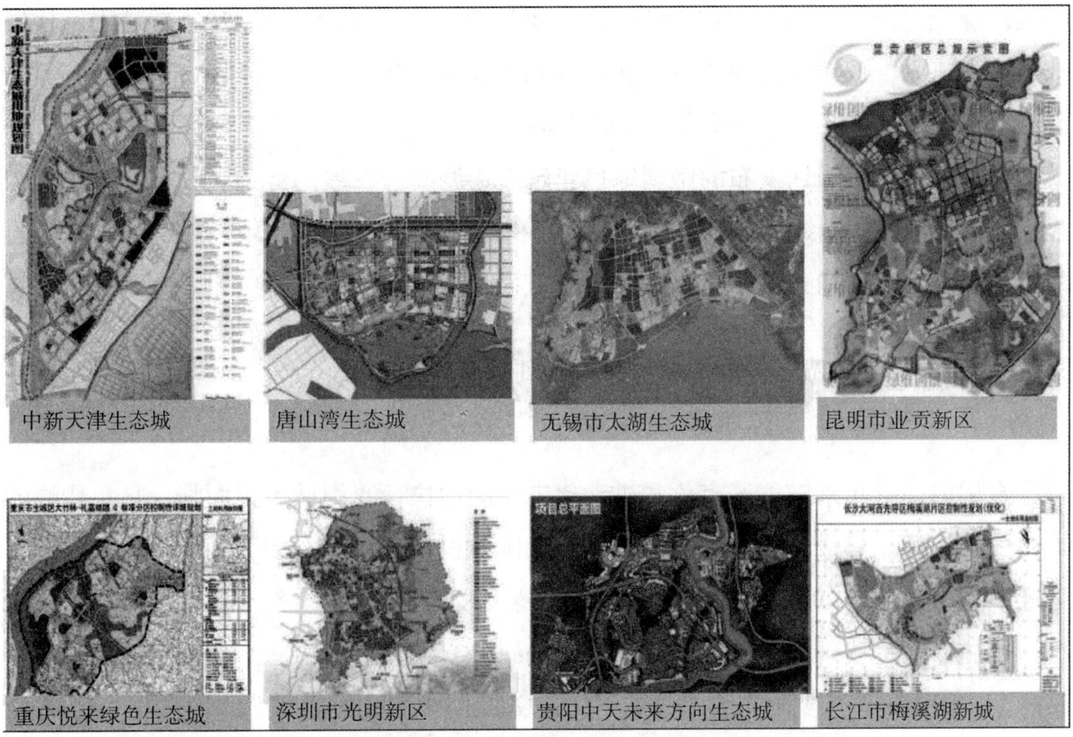

图9-6 首批8个获得国家财政补助的绿色生态示范城区

（二）推广绿色建筑发展

城市建筑能耗是城市能源消费的重要组成部分，建筑能耗约占全球能源消费的35%。绿色建筑将可持续发展理念与建筑业进行有机结合，既保证了城市建筑发展，又减轻了环境负担，是未来城市可持续发展的重要组成部分。在我国，绿色建筑工作取得了明显成效，绿色建筑受到了更高层面的关注，社会推广力逐步加强，市场发展规模快速扩大。

早在20世纪80年代，我国已开展建筑节能工作，《民用建筑节能设计标准（采暖居住建筑部分）》为我国第一部建筑节能标准。进入90年代后，绿色建筑的概念开始进入我国，尤其在“十一五”期间，逐步被人们了解和认识并得到推广，随着研究的深入也慢慢地应用到建设中，国家也制定出相关政策和标准体系。为应对环境变化、深入实践科学发展观，我国首次把绿色建筑纳入“十二五”规划之中。2014年3月，《国家新型城镇化规划》将“生态文明、绿色低碳”作为规划的重要原则，提出要大幅提高绿色建筑的比例，2017年新建绿色建筑的比例超过30%，2020年新建比例超过50%。近年来，我国绿色建筑发展在政策和标准体系建设、技术研发、示范推广等方面都取得了积极进展，为规模推广奠定了基础。

据中国调研报告网发布的中国绿色建筑市场调研与发展趋势预测报告（2016年）显示，2013年，我国绿色建筑数量及建筑面积继续快速增长，全国共评出704项绿色建筑标识项目，较2012 年增长了81%，总建筑面积达到8689. 7万平方米，较2012年增长了112. 3%。

（三）推进绿色交通体系建设

在国内，近年来随着城市化和机动化进程的加快，我国城市正面临着日益严峻的城市交通问题。建设城市绿色交通系统是我国建设“资源节约型”和“环境友好型”社会的必然选择，也是推动城市科学、可持续发展的必由之路。自2000年“畅通工程”实施以来，我国先后采取了一系列促进绿色交通发展的措施。在国家宏观政策的引导下，国内一些主要城市纷纷开展了绿色交通的研究和规划。

由于发展阶段的不同，不同城市绿色交通的发展重点也各异，各城市根据自身发展特点，因地制宜地提出了适合自身发展的绿色交通措施。其中北京、上海、广州等特大城市，城市交通系统较为完善而交通问题也较为突出，绿色交通的发展主要以发展轨道交通和智能交通为主，并大力推广新能源汽车；杭州、武汉、昆明等大城市，城市交通系统相对完善，交通问题日渐显现，绿色交通主要以快速公交和完善慢行交通为主；珠海、泉州、宜兴等中小城市，城市交通问题尚不突出，绿色交通在此类具有较好的发展空间，更加强调可持续的城市土地利用开发模式（TOD模式）和现代交通方式（如现代有轨电车）的发展；而天津生态新城等一些新城区，其交通系统更加注重与土地利用的协调，结合新城开发全面构建绿色交通系统，其规划的绿色交通出行比重都在80%以上。绿色交通对于推动城市便捷出行和城市可持续发展具有重要作用，迎合了当前城市发展的需求，可以预见，发展绿色交通体系将成为我国今后城市交通发展的目标和导向。

从政策层面，也对推进交通运输低碳发展、打造绿色交通体系作为重要内容进行谋划，具体措施包括积极实行公共交通优先，鼓励自行车等绿色出行，推广新能源交通等。优化慢行绿色交通体系方面，2013年住房和城乡建设部出台《城市步行和自行车交通系统规划设计导则》。2016年10月，上海市发布《上海市街道设计导则》，引导街道真正成为承载市民生活、沉淀市民情感的魅力空间。目前我国公共交通年客运量超过900亿人次，比2010年增长约25%。城市建成区公交站点500米覆盖率已达85%。

此外，近年来我国积极推广普及新能源汽车和配套设施。2014年，国务院发布《国务院办公厅关于加快新能源汽车推广应用的指导意见》，2015年9月，国务院发布实施《关于加快电动汽车充电基础设施的指导意见》。2016年1月，财政部连同五部委发布了《关于"十三五"新能源汽车充电基础设施奖励政策及加强新能源汽车推广应用》的通知，利用中央财政对充电基础设施配套较为完善、新能源汽车推广应用规模较大、配套政策科学合理及市场公平开放的省（区、市）政府进行综合奖补。近年来新能源汽车普及及配套基础设施建设卓有成效。2015年新能源汽车（纯电动与插电式混合动力）产销分别超过30万辆；2016年1～9月，新能源汽车分别产销30.2万辆和28.9万辆，同比增长93%和100.6%。

（四）倡导土地节约集约利用

资源的节约集约利用是可持续发展的重要理念，其中土地作为不可再生资源和城市发展的核心资源，其高效利用关系着城市是否能真正地可持续发展。我国从可持续和绿色发展的角度在城市土地利用方面有着诸多探索，以下将以"紧凑城市"和"存量土地开发与土地的混合利用"的创新为例进行说明。

其中，紧凑城市建设是土地高效利用中的创新举措，其根本意图是希望通过降低能源消耗和土地浪费，实现城市的可持续发展。它诞生于西方发达国家，被认为是一种更有效地实现城市可持续性发展的空间策略，并能有效地解决城市问题，特别是城市蔓延的增长模式产生了诸如资源浪费、基础设施投资巨大、交通拥塞、环境污染等问题。其基本理念有两方面，一是通过功能混合和提高密度以减短出行距离、减少出行次数，从而尽可能地减少能耗和汽车尾气排放；二是通过在空间上缩短居民和工作地点及公共服务设施的距离，提高生活质量。21世纪初，"紧凑城市"的研究成果流入中国，我国各地也结合"紧凑城市"的理念，提出了建设紧凑型城市的口号和举措，如南京总规修编中对"紧凑城市"的应用，以及在四川岳池县和上海安亭新镇的紧凑城市空间规划及建设等表明，我国从大城市到中小城市都在不同程度地进行着"紧凑城市"的实践活动。

存量土地开发与土地的混合利用亦是我国在推动土地集约高效利用方面的工作重点。在经历了几十年的城镇高速发展后，以存量空间优化调整为核心的“存量规划”模式逐步占据主导。应采取多种方式提高存量土地的利用效率，在空间形态上首先是具有混合土地利用格局的紧凑城市。近年来，城市用地由“产业—居住”向“产业—产业”混合发展的趋势愈加明显，在公共设施开发可持续性背景下，“公共设施—产业”混合土地利用模式在部分城市有所实践。例如，针对上海自贸试验区用地瓶颈对区域新业态融合发展形成制约、存量低效工业向产业融合转型路径不畅等问题，上海及时出台了上海自贸试验区“综合用地”土地新政，是国内首个成体系的关于土地复合利用的规划土地管理政策。深圳在经历了30年的城市化和工业化的迅猛发展之后，面临着严重的土地资源缺乏、产业转型升级等问题，将现有土地性质为普通工业用地（M1）改变为新型产业用地（M0），将旧工业区拆除重建升级改造为新型产业园，产品多元化，包括新型产业用房、配套商业、配套公寓等多种物业形态。

（五）创新绿色基础设施应用

绿色基础设施是指一个相互联系的绿色空间网络，由各种开敞空间和自然区域组成，包括绿道、湿地、雨水花园、森林、乡土植被等，这些要素组成一个相互联系、有机统一的网络系统。在我国，绿色基础设施以“海绵城市”的形式得以推广和落地。海绵城市是在借鉴国际先进经验并与我国发展实际相结合的一项重大创新工程，其诞生之初就肩负着为城市生态保护与恢复、城市安全（防洪排涝）提供系统规划指导的任务，是推动我国城市可持续发展的创新性手段之一。

早在20世纪末我国就开始推行低影响开发技术的应用，并强调其在未来城市可持续发展中的意义和重要性。在充分借鉴国外先进经验、结合自身特点的基础上，我国上海、嘉兴、镇江、深圳、杭州等地先后开展了相关研究和实践，出现了一批规划、设计和实施的典型案例，如深圳光明新区绿色新城等。

而海绵城市规划建设正式启动可追溯至2014年10月22日住房城乡建设部印发的《海绵城市建设技术指南——低影响开发雨水系统构建（试行）》（建城函〔2014〕275号）。2014年底，财政部、住房城乡建设部、水利部决定开展中央财政支持海绵城市建设试点工作，并遴选了第一批16个城市作为海绵城市试点。截至2016年底，国家第一、第二两批共30个海绵试点城市已基本完成海绵城市专项规划的编制工作。同时，吉林、浙江、安徽、山东、湖南等十余个省，开展了省级海绵城市省级试点工作，共选出了80余个省级试点城市，多数省级试点城市都编制了海绵城市专项规划。总体来说，海绵试点城市都在有效防治城市内涝、保障城市生态环境等方面进行了积极探索实践，对海绵城市的内涵与系统的复杂关系有清晰的认识，并在海绵城市规划的方法、内容以及实施等方面都进行了大量探索性工作。

四、建设生态文明城市存在的问题与展望

2012年以来，我国实施最严格的生态文制度体系，逐步遏制了生态环境质量恶化的势头，生态环境质量总体上持续好转，出现了稳中向好趋势。城市建设进程正朝着生态文明的目标快速推进，"生态文明城市"成为城市建设与城镇化发展的必选模式。

然而当前建设生态文明城市的过程中仍存在一定的问题：从建设实施方面来看，生态文明城市建设存在发展定位过高，过度改造地形地貌，盲目追求政绩工程的问题。绿色生态示范城区多为新城，是城市重点发展区域，多定位为城市副中心等，但从区位条件、产业支撑、人口数量、可承担城市功能等角度来看，存在发展定位过高问题。并且，城区在开发过程中低碳生态理念不一致，普遍存在过度改造原生地貌现象。开发强度过大，建设成本趋高。绿色生态示范城区建设过中存在部分地块局部开发强度过高、建筑密度大的问题，集约用地理念在实施过程中变异；并且，由于过度依赖人工设施和设备、强调新材料新技术应用导致开发建设成本相对较高。此外，在进行的生态城市建设中，城市规划缺乏科学理念，"拍脑袋"决策比比皆是。为了追求在任期间的政绩，盲目上马形象工程，如某市花费四亿多元建设的公园却没有完成建设，诸如此类的政绩工程不绝于耳。政府领导更换后，为了表现与前任领导的不同，常出现拆了建、建了拆的怪象。这样会导致生态城市建设中政绩工程的负面影响在短期内难以消除。

从体制机制层面来看，生态文明城市在操作层面，由于环境保护顶层设计不完善、责任不清，导致管理效率有待加强。当前，我国生态保护体制是按生态类型与生态要素分部门管理的思路建立的，既分森林、草地、湖泊与河流、海洋等生态类型进行管理，又按气象、土地、水资源等生态要素管理，缺乏统一的生态系统保护与监管

机构，多头管理，责任不清，效率低下。此外，目前尚未建立城市间的生态补偿机制，以生态文明为导向的政绩考核机制也有待完善。生态补偿缺乏系统的制度设计，内涵泛化，导致补偿名目多、管理部门多，监督机制缺乏。生态补偿与扶持社会发展、生态赔偿、生态建设工程等混淆，补偿资金分散，政策效果不明显等。

十九大报告提出，建设生态文明是中华民族永续发展的千年大计，必须树立和践行绿水青山就是金山银山的理念，像生命一样对待生态环境，建设美丽中国。因此，应以新时代的生态文明思想为总遵循，不断优化生态文明体制改革的方案设计。

具体而言，要完善正向激励性的城市生态文明建设的内容。一是要尽快完善现有地方政府的政绩考核指标体系，确立绿色GDP 考核体系，将资源开发、能源节约、生态保护、优化环境等指标包容入考核体系。在政绩考核中，强调政府及其领导的环境保护职责，甚至实行环境保护任务不达标的“一票否决制”。强化对政府行为的有效监督，通过制度完善实现对政府在城市规划、管理城市过程中各类行为的监管，保证生态城市建设不再出现因为领导意志而发生的乱象。既要充分发挥人大、政协的监督作用，更要加强对政府行为的社会监督。充分发挥公众、企业和社会组织在城市建设中的重要作用，建立长期有效的城市建设公众参与和社会监督机制。通过设置具体的制度，对政府及其领导人的决策进行必要的监督，避免因为政绩工程和领导决策失误给生态城市建设带来的负面影响。从体制上激发领导干部、企业、社会组织和公众自觉参与生态环境保护的积极性，建立健全面向这些主体的激励机制。

二是要探索研究和总结推广“绿水青山”转化为“金山银山”的机制，重点建立健全生态产品和服务价值实现的补偿机制、市场机制。向排污者传递“节能有收益、环保有收益”的积极信号，加快推广环保信用制度，让环保守信者得利、环保失信者失利。发展绿色金融体系，大力发展绿色信贷和绿色债券等金融产品。加快落实有利于资源节约和生态环境保护的价格政策、税收优惠政策。

三是要在增加政府资金投入的同时，鼓励社会资金投入到生态文明城市建设。各级财政要建立稳定投入机制，多渠道筹措资金，中央财政要加大对生态环境领域国家事权的稳定连续投入，建立生态保护成效与资金分配挂钩的激励机制。同时，推进简政放权，废止妨碍形成全国统一市场和公平竞争的规定和做法，鼓励各类投资进入环保市场。能由政府和社会资本合作开展的环境治理和生态保护事务，都可以吸引社会资本参与建设和运营。

未来，应将中国城市建设与发展的生态文明思想与全球治理体系深度结合，积极将“人类命运共同体”这一重要论述引入到关注全球生态环境问题与城市可持续发展领域，在全球的可持续发展中承担中国的责任。

第三节　塑造人文魅力城市

文化的可持续是对可持续发展的有益补充。我国近三十年的快速的城镇化进程与大规模的城市建设，除了对生态环境造成威胁，同时也对城市特色与历史文脉的保护造成了较大的冲击，贪大、媚洋、求怪的建设怪象频出，城市的魅力塑造与品质提升受到威胁。从精神文明和文化特色的传承上看，可持续发展不仅应体现在自然资源的永续利用与生态环境的可持续发展上，也应体现在精神文明和文化特色的传承上。因此，新阶段的可持续发展融入了更多人文内容，强调城市文化资源挖掘、历史文化传承创新，并更加关注人的需求和发展，将宜居生活、社会包容等纳入城市可持续发展能力建设中的内容。

习近平总书记在2013年中央城镇化工作会议提出“让居民望得见山，看得见水，记得住乡愁”的人文理念，为新时期的城市建设指出了一个重要方向。《国家新型城镇化规划》提出，要发掘城市文化资源，强化文化传承创新，把城市建设成为历史底蕴厚重、时代特色鲜明的人文魅力空间。将人文城市建设纳入为城市可持续发展的重要篇章，是对我国城市发展传统文化的传承创新，是对当前我国城市发展主要矛盾的深刻把握，亦是对坚持走中国特色城市发展道路的文化自信。

一、我国城市特色与文脉延续面临的挑战

城市特色作为文化在物质空间形态上的投射与外化，两者之间存在千丝万缕的关系。时代性与地域性决定了文化的不同风格，进而孕育出多种多样的城市形态。近年来，快速的城镇化进程与大规模的城市建设，对城市特色与历史文脉的保护造成了较大的冲击。在20世纪末国际上流行的“国际现代主义建筑”风潮的影响下，各地开

始大刀阔斧地追随城市建筑的“现代化”表象，不再讲究民族特色。这种快速模仿照搬建筑形式的趋势之下，导致我国各地城市出现部分南方或北方、不论大城小城、不管城里城外所有城市建设均呈现“千城一面”的流行风貌。在城市“现代化”建筑的格式化思维影响下，盲目借鉴、效仿和学习西方城市建筑的同时，忽视了自己城市独特的文化传承。贪大、媚洋、求怪的建设怪象频出，城市的魅力塑造与品质提升受到威胁。

一是过度追求高层建筑和西式建筑。由于城市发展对土地空间的大量需求、西方建筑的前卫性以及高层建筑的视觉冲击与震撼力等因素的综合影响，我国城市见着普遍存在“贪大”“求高”和“媚洋”的问题。高层建筑和西式建筑的泛滥，一方面破坏了长期发展过程中形成的城市文化脉络，另一方面也导致了城市同质化、模式化和单调化，造成“特色危机”。

二是对大广场、大草坪、大马路的过度追捧。大广场、大草坪、大马路已成为城市气派的象征，但在具体设计上既缺乏人文关怀，又没有考虑到生态的可持续性。大广场容易产生米事干，缺少绿化和这样设施；大草坪景观单调乏味，实际利用率极地，占用了大量的城市用地；大马路缺乏步行空间设计，安全难以保障，不利于公交、步行、骑行等绿色交通。大广场、大草坪、大马路不仅在城市形态上造成了“千城一面”，在心理感知上也无法形成独特的城市归属。

三是搭拆搭建，历史遗迹和文脉遭破坏。城市改造过程中历史遗址和旧建筑被大量拆除，取而代之的是相似的建筑、街道和广场等，历史文化特色的消失已经成为我国城市化进程中较为普遍的问题。过去对历史文化街区、历史地段多采用推倒重建的方式，对历史遗迹的原真性造成了极大破坏。

四是对多元文化包容较为欠缺。城镇化大潮之下各类群体在城市聚集，存在由于社会偏见和文化惯性出现的“社会排斥”现象，城市对多元文化特别是对外来弱势群体文化的开放和包容的态度有待加强。

二、我国人文城市的发展历程

人文城市是充分体现人文精神、具有独特人文风格的城市，一方面强调的是对“文化传承、彰显特色”等城市魅力塑造，另一方面体现的是对“素养提升、多元包容”等以人为本的思想。作为一种新的城市发展理念，人文城市建设近年来受到广泛关注。2013年中央城镇化工作会议提出，“要传承文化，发展有历史记忆、地域特色、民族特点的美丽城镇”。2014年《国家新型城镇化规划》提出了“注重人文城市建设”的新要求，明确要增强历史文化魅力，全面提升城市内在品质的目标，这是“人文城市”作为专有名字第一次正式提出。2015年中央城市工作会议提出，要保护弘扬中华优秀传统文化，延续城市历史文脉，保护好前人留下的文化遗产。除了城市直接相关的政策，早在党的十八次代表大会就将文化软实力确立为全面建设小康社会的五大重要发展目标之一，党的十九大报告更是将文化自信提到了新的高度。城市的和谐与健康发展离不开人文要素，城市的魅力塑造更离不开历史与文化为之塑魂，可以说，建设人文城市无疑是推动可持续城市发展的重要发展理念。

通过对近年来相关政策文件及地方实践的梳理，可将我国的人文城市发展重点概括为以下几个方面：一是要着力体现城市的人文特色魅力，城市人文特色及指城市的外观，更指城市的精神内涵，要从加强历史文化遗产的保护、注重传统城市文化的传承、强调城市独特风格的塑造方面进行考虑；二是要着力提升城市文化品位，从文化底蕴、文化品质与文化氛围入手，塑造城市品牌，提升市民文化素养；三是要着力强化文化服务功能，落实公共文化的娱乐功能、宣传功能、引导功能和社会治理功能，提高公共文化服务的品质与效能，形成多元开放的文化氛围，建构多元文化下的人文城市。

三、塑造人文魅力城市的实践与经验

针对当前一些城市存在建筑贪大、媚洋、求怪，特色缺失和文化传承堪忧等现状，《中共中央 国务院关于进一步加强城市规划建设管理工作的若干意见》提出建筑八字方针“适用、经济、绿色、美观”，防止片面追求建筑外观形象，强化公共建筑和超限高层建筑设计管理。事实上，随着文化保护和特色塑造的意识逐渐加强，各地尝试通过多种途径对空间塑造和文脉延续上进行引导和约束，意图将把城市建设成为历史底蕴厚重、时代特色鲜明的人文魅力空间。

（一）重视历史文化保护与传承

改革开放以来，城市的快速发展伴随着全国各地历史文化遗产被破坏的事件屡屡发生：不可移动文物被拆除（北京梁林故居）；历史文化街区被成片改造动迁；文物保护单位和历史建筑被大量拆除（宁波月湖西区历史文化街区、拗花巷等历史街道被拆平）；历史文化名城历史文化城区内的传统民居被成片更新（兴城古城）；历史文化街区整条街巷拆除后复建（福建上杭县传统客家民居拆除建为“客家新天地”）等。

城市文化遗产是通过漫长的历史时期逐步形成和遗留下来的宝贵财富，反映着城市的历史、社会、思想的变迁。近年来，随着历史文化保护的意识增强，城市文化遗产的管理逐步纳入城市规划管理中，对城市文化遗产内涵和保护管理的理念亦逐渐发展。近年来，城市文化遗产的数量增长十分迅速，以全国重点文物保护单位为例，最近第六批的全国文物保护单位的数量基本相当于前五批的总和（表9–5）。并逐渐意识到，历史文化遗产不只是包括文物保护单位，其他包括历经沧桑的老房子、具有传统风貌的地势低端、具有传统特色的古村落以及格局被完整保留的城镇，从而确立了文物保护单位、历史文化街区、历史文化名城三个层次的历史文化遗产保护体系。

表9-5　　全国重点文物保护单位数量增长一览

全国重点文物保护单位	第一批	第二批	第三批	第四批	第五批	第六批	第七批
数量（个）	180	62	258	250	518	1080	1943

表9-6　　国家级文化遗产类型数量和产生时间

国家级	文物保护单位	历史文化名城	历史文化名镇	历史文化名村	历史文化街区	世界遗产
数量（个）	4291	134	252	276	30	53
开始时间	1951	1982	2004	2004	2009	1987
批数	共7批	共3批及35个增补	共6批	共6批	共1批	共42批

城市历史文化遗产保护的历程最早可追溯至1982年2月国务院公布的首批24个历史文化名城，这标志着历史古城保护制度的创立。继而1982年11月，正式颁布《文物保护法》。1989年12月颁布的《城市规划法》，规定编制城市规划应当保护历史文化遗产、城市传统风貌、地方特色和自然景观。城市新区开发应当避开地下文化古迹。2003年11月，建设部、国家文物局公布中国历史文化名镇10个，中国历史文化名村12个2014年5月。为了更好地保护我国优秀历史文化遗存，完善历史文化遗产保护体系，2015年住房和城乡建设部与国家文物局公布了第一批30个中国历史文化街区（表9–6）。

随着城镇化的推进，各地越来越注重保护与传承历史文化，并将历史文化保护规划作为重要内容纳入地方规划中。此外，创新保护与传承的方式方法，形成中国特色传统文化保护体系，通过文化旅游景区、文化创意区、非物质文化遗产园等形式传承和弘扬传统工艺。其中，四川阆中市大力践行以旅游驱动新型城镇化的发展之路，依托深厚的历史底蕴和鲜明的文化特色，依托独特的山水之城、风水之城优势，注重历史文化的保护与传承，塑造独特魅力，建设出中国有吸引力的国际休闲旅游城市。

（二）塑造鲜明的城市特色

城市特色是一座城市的内容和形式明显区别于其他城市的个性特征，是该城市在一定的条件下，为了自身的生存与发展，采用适当的方式，利用自然、改造自然所创造的有别于其他城市的物质和精神成果的外在表现。城市特色具有丰富的含义，广义地说它包括：城市产业特色、城市环境特色、城市资源特色、城市形态特色、城市空间特色、城市建筑特色、城市景观特色、城市人文特色等方面。

改革开放以来，在文化全球化冲击下，我国城市在建设和发展中迷失了自我，使城市失去的真正的“特色”，削弱了城市精神文明和人文传统的传承。自20世纪80年代起，城建中的“风貌特色淡化”现象逐渐显现。1988年，明确提出“城市风貌”这一概念，它是基于“建设中国特色的城市”这一社会背景与目标，为研究中国城市所应具备的独特面貌形象而产生的议题。曾经一场关于“首都风貌的定位思考”引起了学界的高度关注和积极讨论，内容包括控制建筑高度、保护北京风貌、首都的文化风貌问题、古都风貌与现代化发展等问题。进入90年代后，我国借鉴优秀的城市风貌建设经验。通过考察北美、新加坡、匈牙利等西方城市风貌保护的理念，在国内，积极提倡保护城市的历史文化遗产，认为“历史人文环境成为最能展现城市风貌的最富有特色与吸引力的部分”。部分城市开始了城市风貌的专题研究。青岛、天津、上海是较早开展城市风貌专项规划的城市。比如，青岛市城市风貌保护规划（1990年）、威海市城市风貌规划（1993年）、成都市城市风貌特色规划（1996年）、天津市城市风貌与地域性建筑风格的专题研究（1999年）、洛阳市城市风貌专家研讨（1999年）。在这些城市的实践中，很注重落实因地制宜的原则，根据城市自身的特点而采取了适宜的风貌定位与建设管控方法。

进入21世纪后，为城市续“文脉”、提“气质”逐渐成了城市发展建设的核心导向。2013年12月，中央城镇化工作会议提出，让城市融入大自然，让居民望得见山、看得见水、记得住乡愁。2014年1月，习近平总书记在北京市考察工作时指出，历史文化是城市的灵魂，要像爱惜自己的生命一样保护好城市历史文化遗产。2015年12月，中央城市工作会议上指出，要留住城市特有的地域环境、文化特色、建筑风格等“基因”，延续城市历史文脉，保护好前人留下的文化遗产。树立延续历史文脉的文化自觉，留住文化基因，保护文化遗产，打造城市精神，成了新时期城市建设的共同呼吁。

近年来，城市特色风貌塑造成为各地城市规划和建设中的重点内容。拥有7000多年文明史、3100多年建城市的西安就提出，要将古城保护与现代城市发展相融合，保存完整的历史文化脉络，将其作为西安最突出的城市特色。从1980年完整保护明城墙，到“三唐”工程，再到曲江新区的建设，几届政府对名城保护持之以恒，在名城保护方面形成西安自己的系统经验，实现了文物保护、城市特色塑造和经济社会发展有机结合。江西景德镇自2012年开始以“文化渗透城市”为导向，从研究落实城市特色空间出发，完成“陶溪川”等文创园的建设，将老厂房改造为陶瓷工业博物馆，植入陶瓷创作、售卖等创意产业，并为市民提供陶瓷特色文化的公共空间，实现了工业遗产、市民生活、城市特色空间的有机交融（图9–7）。

图9-7　西安的城市风貌与景德镇的陶溪川

（三）构建公共文化服务体系

文化不仅包含知识、信仰、艺术与习俗，更是一种“潜在”的制度，优秀的文化有助于社会的和谐和秩序稳定。相对于一般的文化，公共文化指能为广大社会公众接触或享用的具有物质或精神享受的一些产品或设施。而公共文化服务指基于社会效益，不以营利为目的，为人民群众提供基本的、共享的文化产品，例如图书馆、文化馆、博物馆等文化基本设施和群众性文化活动。2015年，中办、国办出台的《关于加快构建现代公共文化服务体系的意见》指出，构建现代公共文化服务体系要创新传统文化，丰富优秀公共文化产品供给，建立优秀传统文化传承和发展体系。公共文化服务对于城市传统文化的传承与发展至关重要。

自公共文化服务作为公共服务的重要领域被提出之后，我国在公共文化服务发展的各个时期均有不同 类型的政策陆续出台。据不完全统计，改革开放至今中央政府及相关部门共出台了公共文化服务政策53项，政策种类包括了公共文化服务及其产业的发展规划、各类公共文化服务场所及设施建设或管理标准、公共文化服务工程实施方案等。

公共文化服务政策的制定，既是增强城市文化软实力的内在要求，也是满足人民群众公共文化服务需求的必然举措。经过三十余年的建设，我国公共文化服务政策已形成较为完整的体系，有效推动了公共文化服务的发展，对丰富人民群众精神文化生活，传承传统文化，增强文化自信做出了关键性贡献。

四、建设人文魅力城市存在的问题与展望

作为人类文化基因库的城市，其文化资源的保护与发展对于城市的可持续发展至关重要，新时期对中华营城理念、中华文明基因、中国特色和文化自信在城市中的展现与传承所提出了新要求。十九大报告中明确提出，文化自信是一个国家、一个民族发展中更基本、更深沉、更持久的力量。要继承革命文化，发展社会主义先进文化，不忘本来、吸收外来、面向未来，更好构筑中国精神、中国价值、中国力量。

然而当前塑造人文魅力的过程中仍存在一定的问题。一是当前人文魅力城市的塑造过程中，存在着只重视硬件设施的倾向。例如，很多公共文化服务体系的项目投入是把钱花在建设博物馆等场馆上，而缺乏动态巡展、讲座和许多其他知识传播的活动。硬件投入并没有产生相应的文化效益输出，市民并没有因为博物馆的增加而提升相应的知识和文化，城市本身也没有因为博物馆的增加而体现出更多的文化氛围。二是存在着资源过度浪费的问题。为突出城市文化特色而打造的城市景观、城市标志物以及各种文化交流活动等，存在着严重的浪费现象。目前，有不少中小城市盲目模仿

大城市，缺乏结合自身的规划，使得自身城市景观生硬和单薄，与整个城市风貌格格不入，还造成很严重的资源和空间浪费。三是城市在塑造文化特色的过程中，存在过于追求高端品质的“绅士化”倾向，而缺少对低收入人群、外来务工人员等弱势人群的人文关怀。

下一阶段，要坚持“以人为本”的原则，以创新为动力，以实事求是和尊重客观规律为基本导向，带着一种文化的理念去思考、建设城市，完善城市的发展，发觉城市文化内涵，塑造城市品牌，打造城市特色文化。

首先，应重视城市建设过程中的“文化建构”。新的城市功能应该以历史文化要素为基本依据，实现吸纳文化成果，承载城市生活，展示文化内涵，拓展新城市功能的目的。要学会有效运用人文理念所要求的文脉延续特性，突出城市历史文化优势，调动全社会资源，为中国特色城市建构，增添丰厚的文化资源和文化底蕴。

其次，应充分发挥内涵拓展中的文化品牌效应。城市的文化内涵与人文特征，是历史积淀的结果。城市文化品牌概念，则是当代城市发展的结果和主题。城市化进程启动后，参与到这一进程中的世界城市，都自觉或不自觉地被纳入发展竞争的格局中去了。因而，在竞争发展的语境中，城市品牌和品牌推展，就成了关系到城市发展前景的新主题。所谓城市文化品牌，主要包括城市整体形象、市民素养与行为、规划设计、管理制度、文化产品、节庆演艺活动、城市领导的文化意识与城市的文化精神和目标等多种元素，应学会城市文化品牌效应的发挥。

此外，要鼓励城市文化多样化的发展，关注各阶层的利益和需求，形成多元开放的魅力空间。应加强公众参与，让政府、企业、社会组织等不同力量共同参与讨论，让城市特色塑造过程中实现多元群体的共建共享。关注弱势群体，促进农民工的归属感和融入感，促进本土文化和外来文化交融。

更重要的是，应让城市更好地发挥文化传播与传承载体作用。城市是实施人文熏陶和文化传播的最重要舞台，因此需要有效地实施和运用城市文化的教化、展示、传播、吸纳、传承等诸种功能，使其传播规模、传承方式、传播质量等效能充分发挥出来。应注重传承和弘扬传统文化，最终完成城市文化品牌营造和文化形象塑造，与“自然生态”可持续呼应，实现城市的“人文”可持续。

第十章

新时代的智慧城市建设

郑明媚　冯　波　张劲文[①]

智慧城市是推进以人为核心的新型城镇化，促进城市持续健康发展的新理念和新模式。智慧城市是现代信息社会条件下，针对城市经济、社会发展的现实需求，以提升人民群众的幸福感和满意度为核心，推进城市发展模式智慧化的改革创新系统工程。党的十九大报告指出，加快建设创新型国家，建设网络强国、数字中国、智慧社会。建设智慧城市是党中央、国务院立足于我国城市发展实际，顺应信息化和城镇化发展趋势，推动经济高质量发展而做出的重要决策部署。

新时代的智慧城市建设更加重视以人为本，更好地利用信息技术促进城市管理与服务水平的提升、加速传统产业的转型升级、加快经济转型发展、提高城镇化的质量和人民的生活水平。我国各地积极推进智慧城市建设，在城市管理、公众服务、产业发展、投融资模式以及制度建设等方面，开展了大量实践探索并取得了显著成效。截止目前，全国100%的副省级以上城市、超过76%的地级市、超过32%的县级市，总计大约500座城市明确提出或正在建设智慧城市。根据德勤公司2018年发布的统计数据显示，目前全球已启动或正在建设的智慧城市有1000多个，我国在数量上排名第一，远超排名第二的欧洲90个。

---

① 冯波，中国城市和小城镇改革发展中心智慧低碳发展部副主任；张劲文，中国城市和小城镇改革发展中心智慧低碳发展部政策研究所所长；郑明媚，中国城市和小城镇改革发展中心智慧低碳发展部主任。

第一节　我国智慧城市发展现状及取得的成效

一、加强统筹推进，规范有序发展

（一）国家顶层设计引导规范发展

近年来，国家层面关于智慧城市各相关领域的指导政策纷纷出台，智慧城市建设标准及评价指标体系初步建立。2014年8月，经国务院同意，国家发展改革委、工业和信息化部、科技部、公安部、财政部等八部委联合印发《关于促进智慧城市健康发展的指导意见》。2016年3月，《国民经济和社会发展第十三个五年规划纲要》明确指出要加强现代信息基础设施建设，推进大数据和物联网发展，建设智慧城市。2016年4月，国家发展改革委、中央网信办等25个相关部委联合成立了新型智慧城市建设部际协调工作组，并制定出台了《新型智慧城市建设部际协调工作组2016—2018年工作分工》，进一步加强了智慧城市建设的统筹、指导和协调。2016年11月，国家发展改革委、中央网信办、国家标准委联合发布了新型智慧城市评价指标，将城市居民感受、提升居民获得感和幸福感作为重要评价内容。2016年12月，国务院印发的《“十三五”国家信息化规划》中明确提出了新型智慧城市建设行动，多部委也陆续出台了“十三五”信息化专项规划，各地方也积极制定了“十三五”信息化发展规划或智慧城市“十三五”发展规划。2017年10月，党的十九大胜利召开。十九大报告指出，创新是引领发展的第一动力，要坚定实施创新驱动发展战略，加快建设创新型国家。深化供给侧结构性改革，推动互联网、大数据、人工智能和实体经济深度融合，为建设科技强国、质量强国、航天强国、网络强国、交通强国、数字中国和智慧社会提供有力支撑。“数字中国”和“智慧社会”的提出为智慧城市建设指明了发展方向。智慧城市是数字中国的重要内容，是智慧社会建设的基础，也是实施科教兴国、人才强国、创新驱动发展、乡村振兴、区域协调发展、可持续发展、军民融合发展的综合载体。

案例10-1　新型智慧城市评价指标

2016年，国家发展改革委、中央网信办、国家标准委发布《关于组织开展新型智慧城市评价工作务实推动新型智慧城市健康发展的通知》，同时下发《新型智慧城市评价指标（2016）》等相关附件。正式启动了以动态评估为手段的统筹推动全国新型智慧城市发展新模式——“以评促建、以评促管、以评促改”。这是国家层面第一个关于智慧城市的评价指标体系，如下表，用8项一级指标、21项二级指标、54项三级指标分项来统筹评估智慧城市建设取得的效果，评价采取百分制，总得分满分为100分，各级指标设置相应的权重。用评估标准来推动智慧城市建设，可以根据城市自身的基础和条件选择发展的重点领域，避免全国的智慧城市建设出现千城一面的现象。在此标准中，惠民服务分数项满分为37分，市民体验分数项满分为20分，精准治理分数项满分为9分，这三项是所有标准体系中分值比例最高的，反映了国家层面制定新型智慧城市评估标准的引导方向，即智慧城市的建设应该朝着惠民、便民和提升城市精准治理能力的方向发展，而不是突出信息基础设施、网络等硬件的配置。

一级指标及权重	二级指标及权重	二级指标分项
惠民服务 L1（37%）	政务服务 L1P1（8%）	1.以公民身份证号码或法人和其他组织统一社会信用代码为唯一标识的电子证照使用率
		2.一站式办理率
		3.网上统一入口率
	交通服务 L1P2（3%）	1.城市交通运行指数发布情况
		2.公共汽电车来车信息实时预报率
		3.公共交通乘车电子支付使用率
	社保服务 L1P3（3%）	1.社保服务在线办理情况
		2.街道（乡镇）社区（行政村）社保自助服务开通率
		3.社保异地业务联网办理情况
	医疗服务 L1P4（3%）	1.二级以上医疗机构电子病历普及率
		2.二级以上医疗机构预约诊疗率
		3.二级以上医疗机构门诊健康档案调阅率
	教育服务 L1P5（3%）	1.学校多媒体教室普及率
		2.师生网络学习空间覆盖率
		3.学校无线网络覆盖率

续表

一级指标及权重	二级指标及权重	二级指标分项
惠民服务 L1（37%）	就业服务 L1P6（3%）	1.就业信息服务覆盖人群情况
		2.就业服务在线办理情况
	城市服务 L1P7（7%）	1.移动互联网城市服务提供情况
		2.移动互联网城市服务公众使用情况
		3.一卡通应用情况
	帮扶服务 L1P8（5%）	1.困难户电子信息档案建档率
		2.互联网残疾人无障碍访问情况
	电商服务 L1P9（2%）	1.网上商品零售占比
		2.跨境电商交易占比
精准治理 L2（9%）	城市管理 L2P1（4%）	1.数字化城管情况
		2.市政管网管线智能化监测管理率
		3.综合管廊覆盖率
	公共安全 L2P2（5%）	1.公共安全视频资源采集和覆盖情况
		2.公共安全视频监控资源联网和共享程度
		3.公共安全视频图像提升社会管理能力情况
生态宜居 L3（8%）	智慧环保 L3P1（4%）	1.重点污染源在线监测情况
		2.企业事业单位环境信息公开率
		3.城市环境问题处置率
	绿色节能 L3P2（4%）	1.万元 GDP 能耗降低率
		2.绿色建筑覆盖率
		3.重点用能单位在线监测率
智能设施L4（7%）	宽带网络设施 L4P1（4%）	1.固定宽带家庭普及率
		2.光纤到户用户渗透率
		3.移动宽带用户普及率
	时空信息平台 L4P2（3%）	1.多尺度地理信息覆盖度和更新情况
		2.平台在线为部门及公众提供空间信息应用情况
		3.为用户提供高精度位置服务情况
信息资源 L5（7%）	开放共享 L5P1（4%）	1.公共信息资源社会开放率
		2.信息资源部门间共享率
	开发利用 L5P2（3%）	1.政企合作对基础信息资源的开发情况

续表

一级指标及权重	二级指标及权重	二级指标分项
网络安全 L6（8%）	网络安全管理 L6P1（4%）	1. 智慧城市网络安全组织协调机制的建立情况
		2.建立通报机构及机制，对信息进行共享和通报预警，提高防范控制能力情况
		3. 建立完善网络安全应急机制，提高风险应对能力，并对重大网络安全事件进行及时有效的响应和处置
	系统与数据安全 L6P2（4%）	1. 梳理并形成关键信息基础设施名录，并完成相关备案工作情况
		2.根据风险评估结果和等级保护要求，对关键信息基础设施实施有效的安全防护
		3.关键信息基础设施监管情况
改革创新L7（4%）	体制机制 L7P1（4%）	1.智慧城市统筹机制
		2.智慧城市管理机制
		3.智慧城市运营机制
市民体验L8（20%）	市民体验调查 L8P1（20%）	—

（二）地方政策法规推进落地实施

各地政府积极推进新型智慧城市建设，多地相继出台政策法规，制定推进智慧城市建设的发展战略，明确建设重点和发展路径，创造良好的政策环境。如，江苏省先后出台《关于推进智慧江苏建设的实施意见》《智慧江苏建设行动方案（2014—2016年）》以及《“十三五”智慧江苏建设发展规划》等一系列重大政策，13个设区市均分别出台了智慧城市建设规则、实施意见、行动计划或推进方案。同时，各地政府越来越意识到智慧城市顶层设计的重要意义，遵照和依托本地自身的特点、发展定位和愿景，以城市总体发展战略规划为指导，制定智慧城市各领域的发展目标和重点建设内容，并根据城市信息化水平、产业发展现状等现实条件统筹规划，细化落地可实施的智慧城市发展规划。例如，浙江嘉兴在2016年启动了智慧城市顶层设计编制，并在2017年5月正式印发嘉兴市新型智慧城市建设的指导性纲领——《嘉兴新型智慧城市标杆市建设顶层设计》，明确了建设目标、总体框架、主要任务、实施途径等信息，提出了“1245”建设计划。

案例10-2 深圳“六个一”目标和“十大”工程

深圳是国家首批“宽带中国”示范城市，已连续多年成为全国“最互联网城市”，市民对信息化的接受度较高，信息基础设施建设布局具备“先发优势”。当前，深圳正在制定新型智慧城市建设总体方案、“数字政府”建设总体方案，提出2018年建成全国一流、2020年建成世界一流的总体目标，以提升民生服务和城市治理能力为重点，通过建设十大工程，努力在2020年实现“六个一”发展目标，建设成为国家新型智慧城市标杆。2020年深圳智慧城市建设将实现“六个一”发展目标：

“一图全面感知”：建成全面感知城市安全、交通、环境、网络空间的感知网络体系，更好地用信息化手段感知物理空间和虚拟空间的社会运行态势；

“一号走遍深圳”：建成电子公共服务体系，个人通过身份证号+生物识别、企业通过社会信用代码+数字证书可以办理各类公共服务事项；

“一键可知全局”：建成基于大数据、信息共享和人工智能的决策辅助体系，在一个地方鼠标一点即可获取所需的来自全市各部门、各系统的所有数据，并能提供各类定制化决策支撑报告；

“一体运行联动”：在公共安全、城市运行管理的各领域通过信息化手段建成反应快速、预测预判、综合协调的一体化城市运行管理体系，实现市区联动、部门联动、军地联动；

“一站创新创业”：通过数据开放平台和大数据交易平台，释放数据红利，打造成基于开源数据的创新创业服务平台，提升数字化产业经济活力；

“一屏智享生活”：融合政府、企业和社会组织提供的与市民生活相关的各类服务，建设一体化市民服务平台，市民通过手机等移动终端可方便快捷获得高品质生活服务。

围绕“六个一”目标，深圳将重点推进高速宽带网络工程、全面感知体系工程、城市大数据工程、智慧城市运行管理工程、智慧公共服务提升工程、智慧公共安全体系工程、智慧城市治理优化工程、智慧产业发展工程、网络安全保障工程、标准规范保障工程等十大工程。

（三）创新体制机制，助力协调发展

为进一步加强跨部门工作协调力度，形成政策合力，切实推进新型智慧城市建设，国家发展改革委和国家网信办担任组长单位，23个相关部门为成员单位组成的“新型智慧城市建设部际协调工作组”着力加强了部门间的协同分工。捋顺了协同工作机制，明确各成员单位的职责和义务，共同研究新型智慧城市建设过程中跨部门、跨行业的重大问题，加强对各地区新型智慧城市建设的指导和监督，协调组织开展对外交流合作。从各地政府的层面，越来越重视新型智慧城市建设中的统筹协调，通过创新体制机制，推进跨层级、跨地域、跨系统、跨部门、跨业务的融合发展。陆续设立智慧城市建设专职机构，加强智慧城市的统筹推进与实施力度，如深圳、宁波、嘉兴等地专门成立智慧城市办公室，由市长任组长，各相关单位主要领导为组员的领导小组，统筹协调全市智慧城市规划建设工作。通过行政体制机制改革突破信息系统整合障碍，如杭州市成立数据资源管理局，负责推进政务数据的归集和共享，通过流程再造，加强信息系统整合。新型智慧城市建设覆盖信息化各个环节和领域，具有系统性和综合性，是地方落实国家及各部委信息化相关战略规划和政策要求的有力抓手。一些地方政府以智慧城市规划引领“十三五”时期信息化工作，如上海、宁波均发布智慧城市“十三五”规划，不再编制信息化规划。新型智慧城市评价结果显示，建立强有力的工作机制，对各地新型智慧城市建设取得实效具有积极作用。

二、完善基础设施，促进数据融合

（一）全面提升信息基础设施

信息基础设施是经济社会发展的战略性公共基础设施，是建设网络强国、推动经济转型升级的重要抓手。坚持引领示范与整体推进并举，适度超前与节约利用兼顾的原则，我国光纤网络覆盖、移动网络部署、智能终端拥有率等多个方面呈现出快速发展的势头，实现与城市经济社会发展深度融合。全面提升宽带骨干网、城域网、接入网、国际通信和应用设施能力，互联网宽带接入端口数量达8.1亿个，其中光纤接入（FTTH/0）端口达到6.9亿个，占比提高到74%。光缆线路总长度达到3903万公里，地区发展不平衡的差距开始缩小。提前布局下一代互联网，全面向IPv6演进升级，大幅

提升流量疏通能力和业务承载能力。截至2018年6月，我国IPv6地址数量为23555块/32，自2017年11月《推进互联网协议第六版（IPv6）规模部署行动计划》发布以来，我国运营商已基本具备在网络层面支持IPv6的能力，正在推进从网络能力到业务能力的转变。网络国际出口带宽为8826302Mbps，半年增长率为20.6%，网民上网速度更快，跨境漫游通话质量更佳，网络质量更优。智能电网、智慧管网、城市大脑、数据中心正逐渐成为新的城市基础设施。

（二）加快推进数据融合共享

从2015年9月以来，国务院接连颁布多项数据资源体系建设指导性政策。《“十三五”规划纲要》提出要将大数据作为基础性战略资源，全面实施促进大数据发展行动。国务院《促进大数据发展行动纲要》指出结合信息惠民工程实施和智慧城市建设，实现公共服务的多方数据共享、制度对接和协同配合。国家数据资源体系整体谋划和建设加快，人口、法人、自然资源和地理空间、宏观经济等基础数据库基本建成。在地方层面，地方政府在实践智慧城市建设过程中也愈加肯定数据驱动的核心引擎作用，多地成立大数据发展领导小组，统筹规划、管理、发展政府数据资产，搭建平台实现依职能按需共享数据。数据融合共享明显带动了城市治理水平的提升，促进了跨部门、跨行业、跨地区的业务协同，助力实现社会态势实时掌控、沟通渠道高效畅通、决策施政优化完善。

案例10-3　上海积极推进政务信息资源整合共享

上海加强新技术、新模式在政府管理和服务中的应用，推进政务信息共享平台全市联通、数据全网共享、业务全面协同、服务全程在线。实现近200个信息系统基于电子政务云部署，推进自然人、法人、空间地理信息的共享使用，开展跨部门协同应用试点。目前，上海的政务信息共享平台已实现和全国政务信息共享平台的联调联通，为跨地区、跨层级、跨部门政务数据交换和共享奠定坚实基础。上海网上政务大厅实现审批事项100%接入，服务事项逐步汇集，上线以来累计网上办理事项1000余万件。网上办理深度进一步深化，市级网上政务大厅已有100个审批事项实现“全程网上办理”，各区级大厅共有700余个审批事项实现“全程网上办理”，形成线上线下功能互补的政务服务新模式。上海市200余家社区事务受理服务中心全部实现网上预约办事，66个项事项实现全市通办。

依托法人库、人口库、空间地理信息库等智慧城市基础数据库，综合利用网上政务大厅、公共信用信息服务平台等已有资源，搭建事中事后综合监管平台，集信息查询、协同监管、联合惩戒、行刑衔接、社会监督、决策分析等功能于一体，实现各领域监管信息的实时传递和无障碍交换。上海全市工商和市场监管部门依托平台共向40多个审批部门推送市场主体登记信息10万条。通过平台共建共用，推动跨部门监管协同，发挥监管合力，提升监管效能，推进“放管服”和“证照分离”改革试点。

（三）着力加强网络安全建设

2018年4月，习近平总书记在全国网络安全和信息化工作会议中指出，要形成多主体参与、多手段结合的综合治网格局，明确了网络安全对社会经济稳定运行的重要性。要特别增强城市要害信息系统和关键信息资源的安全保障能力，实现信息领域核心技术的突破。不断夯实网络安全保障体系，网络空间综合治理明显增强，为新型智慧城市建设提供安全保障。一是互联网基础资源管理得到进一步加强，网络备案主题信息准确率超过93%；二是颁布《网络安全法》等相关法规，加大网络安全人才的培养力度；三是各地高度重视信息和网络安全建设，例如浙江省以政务云为基础，建设运行信息安全云，兼顾经济和安全两方面，满足用户敏感、私密等信息存储应用的需要。

三、践行以人为本，惠民成效显著

（一）全面提升城市治理能力

面向政务、民生、产业，构建综合性的智慧城市平台，通过资源整合、服务融合的理念，为社会公众及自身提供一体化、高效优质的管理和服务。着力打造城市智慧中心，立足城市运行监测、管理、处理、决策四大领域，为管理者提供直观生动的监控和决策支持方法，提升城市运营水平和突发事件处理效率。生活在城市当中的市民通过移动端设备，将城市问题以图片、语音、视频等不同形式上传到城市智慧中心服务平台，平台借助人工智能，将上报问题进行处理分析后，迅捷高效地派发到相应职能部门处理。在移动互联网时代，政府作为城市服务最重要的提供者，为提供更优质的服务，需要不断跟进互联网形态的快速迭代，学习“互联网+”时代的创新思维，紧抓民众需求，充分调动企业的积极性。以各地政府或部门为主导、第三方开发者广泛参与的城市服务生态，会赋能更多的个性化服务和创新。

案例10-4　　广州市政府利用新媒体提供城市服务

广州市公安机关于2016年上半年登录微信城市服务频道，实现了出入境业务全流程上线，相继推出“智能咨询”“证件费微信支付”“出入境业务预约”“港澳再次签注”“签注易电子地图”“出入境业务查询”等多项功能。截至2016年底，累计提供各项服务201万人次，其中出入境业务预约成功数为34万人次，微信支付成功23.7万笔，总金额1441万元，港澳再次签注成功数为2.2万人次。基于微信城市服务频道的业务办理效率，比广州公安机关原线下办理流程提升近5倍。

（二）注重信息开放惠民

随着数据分析与辅助决策在城市规划、建设管理、运营服务等方面发挥的作用日渐突出，将政府大数据开放共享成为新型智慧城市发展的主流趋势，可以开放的数据包括：交通数据、气象数据、地理位置数据、统计类数据、经济类数据、文化类数据、环境类数据等。政务数据信息与教育、医疗、就业、住房、社保、文化体育等惠民服务紧密融合，居民可以自由地分析和利用这些信息，充分释放政务大数据的社会价值和经济价值。目前，北京、上海、浙江、青岛、武汉等十余个省市建立了专门的政府数据开放的网站，贵阳市政府数据开放平台首批面向社会免费开放634个数据集以及101个API资源，基本涵盖贵阳市所有政府部门及相关直属事业单位。通过政府数据开放平台的数据开放和API接口，社会力量可自由获取城市非涉密数据的使用权，极大地解放了社会力量生产力。

案例10-5　　杭州下沙开发区建设信息惠民服务平台

杭州下沙开发区在建设企业、人口、视频、地理信息四大电子政务数据库的基础上，统一建设“智慧城市综合管理”平台，支持统一热线受理，支持“城市运行管理、城市应急指挥、民生管理服务”三个中心，提供面向政府、企业和居民的多种智慧应用模块，就如何进一步提升行政效能、进一步辅助科学决策、进一步实现城市事件处置的联动协同、进一步形成城市全面体征监测体系，打造城市管理的“大服务”基石，创新治理、服务民生，做出了积极的探索，已初见成效。如：减少重复投诉10%，按时反馈率由89.64%上升为100%，综合满意率由94.02%上升到97.07%；智慧门禁系统试点后，治安警情下降7.2%，刑事警情下降47.8%，有效提升了市民的安全感；智慧河道运行后，配水时间从4小时缩短到瞬间完成，水质改善时间由3～5天缩短为半天。

（三）政务服务全程在线

随着“放管服”“互联网+政务服务”“政务信息资源共享管理”“政务信息系统整合共享”等工作的全面推进，以“人民为中心”的智慧政府和服务型政府建设取得了长足发展，网上办事和服务能力得到有效加强，各级大城市均开通了政务服务网。截至2018年6月，我国在线政务服务用户规模达到4.70亿，占总体网民的58.6%，在服务型政府总体要求指引下，各地政府将民生服务作为建设重点，全面启动“互联网+政务”服务体系建设，由内而外优化政府服务流程和形式，大幅度提升政府公共服务水平。在内部组织流程优化方面，通过审批流程个性化定制、制定落实网上办事深度考核机制等多种手段，持续简化优化服务办事流程，推动简政放权落到实处。在线上服务接入方面，做好服务渠道“加减法”，创新多元化服务接入渠道，拓展公共服务渠道接入覆盖面；整合简化已有服务热线、服务窗口、服务卡等渠道，实现多号合一、多窗合一、多卡合一、多网合一。在线下服务输出方面，各地以“一次不用跑、最多跑一次、零见面审批”为目标导向，广泛调动多种资源，实现政务上门服务，把优质政务服务推送到市民身边，极大减轻群众办事负担。

案例10-6　　浙江省推行政务服务一张网

浙江省按照全省一体化网上政府的理念建设了政务服务网，旨在实现权力事项集中进驻、网上服务集中提供、政务信息集中公开、数据资源集中共享，形成网上政务统一门户、统一认证、统一申报、统一查询、统一互动、统一支付、统一评价的管理运行格局，以此促进“放管服”改革全面深化，提升政府治理能力和公共服务绩效。浙江省政务服务网自2014年6月25日上线运行，被人们形象地喻为“政务淘宝”。经过三年多的多方共同努力，以浙江政务服务网为主体，以浙江政务服务网支付宝生活号为延伸，“最多跑一次”改革加快推进，让信息多跑路、群众少跑腿。

四、支持创新创业，带动产业升级

（一）数字经济已成为经济增长的核心动力

随着移动互联网、大数据、云计算、物联网、人工智能等信息技术的突破和融合发展，数字经济迅速发展，2017年我国数字经济总量达到27.2万亿元，同比名义增长超过20.3%，显著高于当年GDP增速，占GDP比重达到32.9%，同比提升2.6个百分点。2017年我国数字经济对GDP的贡献为55%，接近甚至超越了某些发达国家水平，数字经济在国民经济中的地位不断提升。产业方面，数字化生产设备联网率近40%。生产设备数字化率和关键工序数控化率分别达到44%和46%。实现网络化协同的制造业企业超过30%，开展服务型制造的企业超过20%。据埃森哲研究报告预测，到2020年，数字经济对中国GDP的贡献将达到5270亿美元，约合人民币3.5万亿元。

（二）智能产业与实体经济不断融合创新

智慧城市为高科技成果提供了丰富的应用场景，可以带动实体经济发展，成为扩大内需、调整产业结构升级的重要推进器。同时，智慧产业的快速发展壮大也促进了智慧城市的建设。如，我国云计算产业在“十二五”末期，规模已达1500亿元，预计到2019年，将达到4300亿元，发展势头迅猛。又如，虚拟现实产业，2017年市场规模为160亿元，同比增长164%。预计到2020年，市场规模将超过550亿元，庞大的市场潜力和不断健全的创新体系，催生这些领域诞生新的经济增长点。各大城市也纷纷在智能产业方面优化布局。重庆市大力发展云计算、大数据等战略性新兴产业，建设两江国际云计算中心、国家新型工业化联网产业示范基地和重庆仙桃大数据谷等产业园区。鹰潭市大力发展窄带物联网（NB-IoT）产业，通过行业龙头企业带动，建设了窄带物联网双创园。宁波充分发挥企业和市场主体作用，提升发展信息产业，营造“互联网+”生态，夯实经济智能化转型支撑。

案例10-7　宁波市加快智慧应用产业化

宁波是全国首个“中国制造2025”试点示范城市。在智慧城市建设推进中，宁波充分发挥企业和市场主体作用，提升发展信息产业，营造“互联网+”生态，夯实经济智能化转型支撑；同时加快智慧应用产业化，培育发展新产业、新业态，促进智能经济增量发展。

稀土磁性材料、高端金属合金材料、石墨烯、专用装备、关键基础件、光学电子、集成电路和工业物联网，是宁波推进“中国制造2025”试点示范建设的八大细分行业。在智慧城市建设中，宁波围绕集成电路、光学电子、工业物联网等关键产业，以企业集聚和培育为抓手，带动信息产业快速发展，打造智能经济发展核心竞争力。截至2017年9月，宁波全市累计引进、培育集成电路、光学电子、工业物联网等领域企业总计近250家。同时，宁波市积极推进“企业上云”计划。培育发展了560家左右智能制造装备规上企业和中小企业云、智能家电云、纺织服装云、生意帮协同制造云等一批工业云平台，助力两化深度融合。

（三）新经济形态创造新的就业岗位

一是智慧城市建设与创新创业深度融合，国家发展改革委批准的首批28家双创示范基地所在城市将“双创工作”列为建设智慧城市的重要内容，为创业者搭建低成本、便利化、全要素、开放式的创业服务平台，打造了若干“智创空间”“智创园区”，为全民创新创业提供支撑保障。二是建设智慧城市与“互联网+”“中国制造2025”等重点工作相互融合促进，引导社会资本投向新技术、新业态和新商业模式，不断创造新的投资空间，有效释放了新型工业化、信息化、城镇化、农业现代化同步推动所蕴含的海量需求。如安徽省先后印发了《安徽省加快推进“互联网+”行动实施方案》《安徽省人民政府办公厅关于推进“互联网+政务服务”做好信息惠民工作的通知》《安徽省人民政府关于促进云计算创新发展培育信息产业新业态的实施意见》《安徽省大数据发展行动计划（2016—2020年）》等政策文件，创新政务服务，培育智慧产业，助推全省新型智慧城市建设。2016年新一代信息技术产业实现产值2613.2亿元，同比增长14%，集成电路、智能语音、智能家电等产业快速发展。三是互联网企业以共享模式运营，凭借自身用户规模和渠道优势快速进入公共服务市场，基于互联网快速布局公共服务入口，创新打造线上、线下一体化、个性化、精准化服务模式，并创造了新的就业岗位。如，2017年共享单车行业，在为人们解决“最后一公里”出行的同时，共计为社会带来2213亿元经济社会价值，包括提升民生福祉1458亿元，创造社会福利301亿元，赋能传统产业222亿元，拉动新兴产业232亿元，拉动就业39万人次。

第二节　智慧城市未来发展趋势

一、以人为本：让建设成果更好地惠及全民

2017年11月，国家发展改革委、中央网信办、国家标准委联合印发的《关于组织开展新型智慧城市评价工作务实推动新型智慧城市健康快速发展的通知》中明确指出，以评价工作为主要手段，提升城市便民惠民水平。评价指标将城市居民感受、提高居民幸福感和获得感作为重要评价内容。请各地在新型智慧城市建设中更加注重建设效能，让社会公众和企业能够切实感受到智慧城市建设带来的便利。在智慧城市建设中，人是主体，城市是客体。城市发展的目标是人性化建设和城市的可持续发展。用智慧科技手段建设智慧城市，各种科技智能技术是手段，并不是建设智慧城市的最终目的。任何技术和管理的本质，都是要让人生活得更舒适、让人与人的沟通更顺畅、为人提供更多的发展机会。未来的智慧城市建设将会更加强调市民体验，搭建能对城市居民需求做出实时回应的城市生活体系，增强城市的人文关怀，提升市民的获

得感和幸福感。

二、集约融合：共享经济成为未来智慧城市主旋律

共享经济作为全球新一轮科技革命和产业变革下涌现的新业态、新模式，正在加快驱动资产权属、组织形态、就业模式和消费方式的革新。共享经济利用“互联网+”，创造更多新业态，化解过剩产能，带动大量就业，显示出巨大发展活力与潜力。未来的智慧城市建设会进一步强化跨部门、跨行业的整合力度，提升信息资源整合水平，全面加快城市信息资源的有序汇聚、深度共享、关联分析、高效利用，并通过共建共享基础设施、集约共建核心平台、整合利用新旧系统、统筹设计智慧应用，为市民、企业和城市管理者，提供业务融合、技术融合、数据融合于一体，跨层级、跨地域、跨系统、跨部门、跨业务的协同服务，最大限度展现城市“智慧”。未来的智慧城市中，共享经济作为市场补充城市治理的短板的一种独特的创新，将成为城市居民生活发展新力量，共享汽车、共享单车、共享家政等层出不穷，将在改善城市发展的包容度、促进就业和增加居民收入、扩大国内消费等方面做出贡献。

三、政企合作：日益成为建设智慧城市的主流趋势

当前我国智慧城市发展开始全面从规划设计向建设运营阶段过渡，智慧城市建设投资规模大、涉及部门多、运营时间长、盈利模式不清晰，如何找到长效运营管理机制，厘清政府和市场的关系，建立起协同高效的合作模式，一直是焦点和难点问题。政府应该着重解决基础性和公益性的智慧城市建设项目，同时要引导市场主体多元化参与和投入，探索跨界整合、利益共享、市场化建设和运营的智慧城市建设之路，实现可持续运营。

案例10-8　政企之间数据的双向对接成为未来探索方向

数据开放将数据价值的主动权交到社会力量手中，为更加充分释放城市数据价值，为建立起政企之间的合作模式探索了新的方向。江苏省交通运输厅与百度公司

签署《战略合作框架协议》，双方将整合共享数据资源，应用云计算平台、大数据分析等产品和技术，在交通运输信息化服务领域展开合作，这是国内省级交通运输主管部门首次向互联网企业开放交通出行的大数据。百度地图结合江苏省交通运输厅所提供的权威公交实时数据，为南京市民提供路况分析、精准实时公交等服务，已覆盖南京的650条公交线路，覆盖率达85%，准确率高达95%。

四、投融资：智慧城市建设的源头活水

PPP模式是当前智慧城市建设中最为适合的商业模式，可以有效化解财政建设资金短缺、优化政企资源配置，最终提升公共服务质量。一方面，智慧城市建设需求资金较大，单靠财政难以为继；另一方面，大量社会资本闲置，投入智慧城市建设市场意愿较高。因此，在智慧城市建设资金庞大和地方债高企的背景下，通过PPP模式撬动社会资本参与智慧城市公共项目，获取合理回报，可以形成多元化、可持续的资金投入机制；同时，有利于盘活社会存量资本，激发民间投资活力，拓展企业发展空间，促进经济结构调整和转型升级。通过特许经营、购买服务、产权激励等多种形式，引导社会力量、鼓励社会资本参与新型智慧城市建设，建立可持续发展机制。以现有的全国94个智慧城市PPP项目为例，从项目回报机制上进行分类，采用政府付费的项目有40个，占比为42.6%；采用可行性缺口补助的项目有47个，占项目总数的一半；采用使用者付费的项目只有7个，占比为7.4%。可以看到，未来的智慧城市建设需要更多地从市场上寻找可以长期运营、产生经济效益的盈利点，更好地激发市场投入的积极性，建立起稳定的投资回报机制。

案例10-9　　湘潭市以PPP的方式推进智慧城市建设

湘潭市智慧城市建设项目为财政部第三批PPP示范项目，总投资约28.57亿元，其中一期项目投资15.59亿元。项目建设期2年，运营期10年，建设内容概括起来为："一个共同的基础设施、一个通用的功能平台、一个统一的运行指挥中心、一个全程的标准体系、一个全时的安全保障，18个深度的智慧应用"。按照项目总

投资的30%来预计项目资本金，剩余部分资金以项目公司为主体，通过银行贷款等融资途径获取。项目SPV公司——湘潭智城联合信息有限公司，注册资金50310万元。其中，政府资本方以实物资产和现金出资17105.4万元，持股34%；社会资本方出资33204.6万元，持股66%。湘潭智城联合信息有限公司整体承接湘潭智慧城市顶层规划、项目投资融资、项目建设、项目运营维护、产业创新发展以及项目的移交等全流程业务，为湘潭新型智慧城市建设提供整体一揽子服务。经营性与公益性捆绑开发，一方面有效缓解了社会资本方对非经营性项目参与度不足的状况；另一方面通过收益性项目弥补公益性项目缺口，降低政府的财政压力支出。SPV公司是个管理者，也是实施者，同时还是服务者，主要做顶层设计、投融资、项目建设、项目运营和项目移交。

五、新城新区：智慧城市建设的重要载体

在新城新区建设中选取适当的“小”载体集成的植入一些智慧要素比较容易成功，推广起来也快，比传统的老城区改造，更容易形成好的示范效应。日本建设智慧城市的经验，很重要的一点就是从小载体开始，柏之叶智慧城市面积为2.7平方公里，北九州智能社区的实验区（东田地区）面积约1.2平方公里。当“小”的地区取得成功经验后，再逐步推广和复制到整个城市的社区，最后形成一个完整的智慧城市体系。目前，我国智慧城市建设过程中，智慧社区、智慧园区成为新的热点。智慧的社区/园区是入口，智慧的生活服务让所有居民住得更便捷、更舒适。通过大数据、移动互联网、区块链等技术使基础设施互联互通，智慧城市控制中心将智慧的公共基础设施、社区终端、智能家居、民生服务、交通出行、安防应急、远程医疗等垂直行业进行深度融合，把所有的智慧应用系统化地组合起来，实现生活的便捷化与数据资源的交互共享。

案例10-10　　贵阳花果园建设智慧社区

贵阳花果园社区是亚洲单体面积最大的纯开放式街区制社区，总建筑面积1830万平方米，常住人口60万人，日均流量人口100万人。共有“六横六纵”12条市政

一级主干道，隧道8座，桥梁17座，公铁立交桥梁、棚洞14座。融合开放式街区、中央公园、半开放式购物中心等现代城市规划理念，被称为“西南小香港”“网红城市”。

花果园城市服务集团在探索城市服务的过程中，结合贵州省物联网、大数据发展背景，与腾讯、华为、IBM等顶尖科技企业合作，从智慧消防、智慧安防、智慧交通等方面打造花果园智慧之城。

智慧消防：3万多个消防物联网监控终端结合大数据中心中实现消防智能监控；23个微型消防站、300余名消防退役官兵组成的专职消防队伍，实现“1分钟出警、3分钟到场、5分钟处置”的抢险要求。

智慧停车：自主研发“海豚”智能停车场系统，结合物联网传感器技术和大数据分析技术，实现交通数据统计分析、区域停车场诱导、室内正向停车诱导、室内定位及反向寻车、停车场内无死角监控和系统自动计费等功能。

智慧安防：采用“物联网+人脸识别”系统，社区部署10万个以上安防监控终端实现无死角覆盖；在社区建设33个安防分控中心、一个汇聚平台，在大数据中心综合调度，并与天网、公安视频平台对接，确保在看、控、存、管四方面做到视频快速调阅与智能分析，构建平安和谐社区。

六、数据资源：新经济形态下的重要生产资料

截至2018年6月，我国网民规模为 8.02 亿，互联网普及率达 57.7%。其中，手机网民规模达 7.88 亿，网民中使用手机上网人群的占比达 98.3%。以手机信令数据、移动支付数据、位置数据等为代表的移动端数据成为新的数据来源，在智慧城市建设过程中对提升政府决策水平，催生新的经济增长点，具有不可估量的重要作用。随着数据分析与辅助决策在城市规划、建设管理、运营服务等方面发挥的作用日渐突出，将智慧城市建设与运营过程中积累的海量数据资源释放为全社会价值共享的发展引擎，将成为主流趋势。统计数据显示，每18个月，全球各种计算机信息、互联网和传感器产生的海量数据总和将翻番，数据不仅仅是智慧城市建设和管理的重要支撑，同时也是智慧城市发展的生产资料。目前北京、上海、浙江、青岛、武汉等十余个省

市建立了专门的政府数据开放的网站，贵阳政府数据开放平台首批面向社会免费开放634个数据集以及101个API资源，基本涵盖贵阳市所有政府部门及相关直属事业单位。通过政府数据开放平台的数据开放和API接口，社会力量可自由获取城市非涉密数据的使用权，极大地解放了社会力量生产力，实现城市公共服务的信息化和智慧化发展。

案例10-11　蚂蚁金服面向政府提供实名认证和实人核身服务

2017年4月，深圳人社局和蚂蚁金服合作，将把蚂蚁金服的“支付宝实名+人脸识别”技术作为基础能力，先上覆盖“互联网+人社”全业务，支持深圳人社局的业务全面升级。全深圳28万老年人不再需要跑到办事大厅排队，在家即可通过手机支付宝客户端完成全流程认证服务，同时支持子女/亲友协助长辈进行认证。未来还将通过“支付宝实名大数据+人脸识别”新技术，支持深圳人社的服务模式升级。

七、国际合作：既“引进来”也“走出去”

智慧城市正在成为我国新时期对外交流合作的重要领域，推进“一带一路”建设正在成为丰富新型智慧城市建设对外开放内涵的新契机。随着“一带一路”倡议的深入实施，智慧城市将发挥越来越关键的作用，对电子政务、公共安全、科技、能源、交通等多个领域的发展具有明显的带动作用。在更加开放包容环境下推动智慧城市建设，国际上许多国家在智慧城市建设和智能科技应用方面有着丰富的经验，特别是非常重视通过智慧方式来降低能源资源消耗，我国智慧城市健康发展需要与先进的国家、地区和城市开展广泛的交流合作，充分吸纳和借鉴全球范围先进技术、运营模式和管理经验。同时，我国城市和企业的先进技术、产品和优秀实践案例，也可以结合“一带一路”倡议“走出去”，为我国智慧城市相关产业注入新的发展活力，也为国外的智慧城市发展贡献中国方案和中国经验，推动智慧城市成为国际产能合作的重要抓手。

案例10-12　中国智慧城市国际博览会

中国智慧城市国际博览会是《新型智慧城市建设部际协调工作2016—2018年工作分工》中，明确作为全面展示我国智慧城市建设，推动国际合作的重要交流平台。第四届中国智慧城市国际博览会于2018年8月21～23日在深圳成功举办。本届博览会以“新时代、新征程——数字中国、智慧社会”为主题，全面展示国内外智慧城市建设与发展领域的新理念、新技术、新方案，英国、韩国、德国、美国、日本、新加坡、印度尼西亚等近10个国家，约250余位国际嘉宾参与此次博览会，共同为全球智慧城市发展建设建言献策。

本届博览会韩国设立500平方米的韩国馆，集中展示韩国在智慧城市领域的领先技术和实践经验，韩国城市代表、学术机构代表及智慧城市领域的高新科技企业到场，推动中韩智慧城市理念交流、技术对接和实践合作。智博会期间还组织了“智慧城市国际合作研讨会”“中英未来城市峰会——科技与创新助力城市智慧可持续发展”“第二届中韩智慧城市研讨会”等多场国际交流合作活动。其中，中英未来城市峰会上，国家发展改革委有关负责人会见了英国国际贸易部副部长格拉汉姆·斯图尔特，双方就落实两部门关于加强智慧城市合作的谅解备忘录、深化中英智慧城市领域的务实合作进行交流。中韩智慧城市研讨会上，中韩双方代表交换了已签署的《关于加强智慧城市合作的谅解备忘录》，会议围绕中韩智慧城市战略政策、智慧城市建设经验和深化智慧城市领域务实合作进行了富有成效的交流。中英商业合作洽谈会上，来自杭州萧山、英国未来城市创新推进中心以及多个英方企业进行了一对一商业合作洽谈，增进了中英有效对接与务实合作。

第三节　我国智慧城市建设中需要解决的问题

总体来讲，我国智慧城市建设正逐步从理念走向实践、从效仿走向创新、从单一自建走向合作共赢。取得了明显的成效和长足的进展，但还存在一些亟待解决的问题。

一、我国智慧城市发展整体处于起步阶段，碎片化现象严重，信息融合难度大

一个城市有多个智慧平台，许多系统不光互不交融，有时候数据还相互冲突，直接影响了用户体验。这个问题在大城市更为突出，更深度地实现信息的融合和共享还有较长的路要走。在建设过程中，有些地方政府倾向于选择一两家大型企业作为智慧城市的总包方，但单一企业的产品供给有限，无法全面满足众多城市居民日益增长的智慧生活需要，造成服务效率偏低和技术壁垒问题。地方政府各职能部门掌握着海量公共信息和数据，这些部门都针对自己的管理体系建设了不同标准的信息系统，各个部门之间的信息系统并不互通，数据存储、流通标准也不相同，每个部门对于数据开放的认识、意愿也不相同。同时，在城市治理过程中，大数据对于科学决策的辅助支持力度还不够。

二、智慧城市建设仍然存在着重建设、轻运营的现象，民众仍然缺少参与感和获得感

目前的智慧城市建设还存在着重硬件投入、轻市民参与的现象。智慧城市核心特征是“以人为本”，所有的技术手段或商业模式都是为了满足人民日益增长的对美好生活的需要，要把智慧城市的发展方向由大规模的基础设施建设转向更加注重市民与企业的应用与体验。在这个过程中，要注意发展移动互联网作为提供便民服务、优化市民体验的关键渠道。通过新型智慧城市评价发现，有61.2%的市民通过移动互联网渠道享受到7项以上的生活服务，远超传统的“城市一卡通”等模式。因此，要想提升市民对生活服务的满意度，各地方政府应主动探索多元化服务模式，依托移动互联网拓展线上生活服务，更多地整合、覆盖各种政务服务和便民服务。

三、建设模式仍然单一，政府引导、市场主导的建设路径尚未形成可复制、可推广的经验

智慧城市建设是一项涉及面广、资金投入大、科技含量高、时间跨度长的系统工程，目前我国智慧城市建设的主要资金模式仍以政府投资为主，存在着建设模式、资

金投入、运营方式等难点。近年来，国家发展改革委、财政部相继出台了一系列推动采用政府和社会资本合作（PPP）模式的政策文件，鼓励采取特许经营、公建民营、民办公助等方式，引导私营机构参与智慧城市项目的投资、建设和运营管理，尤其是加大社会资本对公共基础设施和社会事业的投资力度。但PPP模式在实际落地执行过程中，还存在着诸如：法律保障不健全、审批决策周期长、政府信用风险高等问题。PPP对政府来说是一种创新的公共产品服务供给管理方式，对于社会资本来说是一种商业行为、一个新的公共产品服务市场。在借鉴国内外成熟PPP应用模式的同时，应尽早形成一批可复制、可推广的实施案例，助推更多的项目落地实践。

四、建设内容同质化，考虑自身发展情况不足，出现千篇一律、千城一面的现象

有些城市没有根据实际需要，跟风、盲目地投入大量云计算、数据中心等基础设施，不仅日常使用率不足，还造成了巨大的财政负担。不同发展阶段的城市建设智慧城市的侧重点各有不同，需要围绕自身发展的战略需要，找准城市发展亟待解决的痛点、难点问题，用智慧化的方式进行破解，从而实现智慧城市建设和城市既定发展战略目标相协调、相统一。智慧城市建设不是单一系统、独立项目的组合，而是多系统交叉、相互影响和促进的生态圈。建设智慧城市是一个长期、动态、复杂的过程，需要统筹经济和社会协调发展，既要有前瞻考虑，更要强调时效性、可操作性，将信息技术与城市发展目标结合起来。

第四节　推进智慧城市建设的政策建议

一、进一步加强智慧城市的顶层设计

智慧城市规划与顶层设计既要有全球视野，也要有地方特色，更要注重以人为本，着力规划构建集智慧政务、智慧交通、智慧医疗、智慧教育、智能产业等为一体

的综合体系，并采用城市大脑等智能中枢将各类智慧系统、智慧应用有机地整合在一起。通过顶层规划引领，避免信息孤岛，促进横向纵向间的信息资源共享与业务协同。更加强调以人为本，解决城市发展问题，根本上是要解决民生问题，要坚持以人民为中心，践行共享发展的理念，让智慧城市更好地满足公众需求，不仅仅是城市的物理空间建设得智慧，更重要的是生活在城市当中的人生产生活、交流沟通的方式要变得加更智慧，发挥市民的主观能动性，人人参与、共建共享，增加城市发展的包容度，千方百计地满足用户差异化、个性化需求，使城市居民既成为公共服务的享受者，也变为城市管理的参与者。

二、进一步推进分级分类建设智慧城市的探索与实践

我国仍处于城镇化快速发展的进程当中，未来将建立起以城市群为主体，大中小城市和小城镇协调发展的新格局。要因地制宜、因城施策、因时而变，分级分类制定智慧城市发展的目标与蓝图，着力构建协同发展、高效联结、充满活力、富有特色的智慧城市群、智慧城市、智慧小镇、智慧乡村，发挥智能技术应用在推进城乡一体化与大中小城市协调发展中的积极作用。总体而言，省级城市包括直辖市、计划单列市、省会城市，是我国加快新型城镇化建设、引领区域协同发展和提升国际竞争力的重要力量，要瞄准大城市病，发挥区域示范引领和辐射带动作用，坚持高起点、高标准、高水平，打造国际先进智慧城市。地级城市包括地级市等各类地级行政区，要增强城市创新活力，做好与省级城市和城市群的战略规划、顶层设计对接，实现对技术、标准、服务等方面的协同发展，推动基本公共服务均等普惠化，加强城市一体化运行监控和联动指挥，统筹城乡一体化建设。县级城市包括县级市等县级行政区，是新型城镇化进程中实现农村到城市就业人口阶梯性转移的承接点，也是我国县域微观经济创新和智慧发展的生力军，要做好与省市的衔接，注重城乡统筹，做好基层信息化建设，发展智慧小城镇、智慧园区等，聚焦应用领域发展特色智慧化应用。

三、进一步提升城市治理智慧化水平

加快建设高速、宽带、融合、安全、无线泛在的网络信息基础设施，为提升城

市治理水平提供保障条件，逐步将工作重点转向加强城市精细化治理等新任务上来。以智慧城市建设为契机，以数据融合共享为抓手，时刻面向社会公众开展服务，鼓励优先建设百姓利益攸关、能直接参与、能切身感受的重要平台和应用，让市民更多地切身体验到智慧城市的建设成果。打造城市统一惠民服务门户，整合衔接城市商业服务，提升城市服务面向民众接口的一体化、智能化和人性化水平。积极促进城市数据资源开放和社会化利用，在确保数据安全的前提下，将可以向市场开放的数据向社会公开，释放数据红利，实现政府智慧和社会公众智慧的有机结合，带动城市治理理念创新。提高大数据深度挖掘和智能化处理水平，有效提升城市运行、公共安全、能源、交通等领域预测预警、科学决策水平，加快形成支撑城市发展的新优势。

四、进一步完善信息资源整合利用的体制机制

在国家创新驱动发展战略的背景下，城市大数据整合利用已经成为推动智慧城市建设的重要切入点和工作抓手，是未来较长一段时间内的核心工作。加强城市信息资源建设和整合利用需要夯实基础、补齐短板、应用牵引、实效导向。逐步建立“谁拥有、谁负责”“谁使用、谁负责”“谁流转、谁负责”的机制，并通过有效的技术支撑，确保数据共享交换全流程的可监控、可追溯，运用自主可控创新技术，加速打破信息孤岛，提供高可靠的政务信息共享交换平台。以需求导向、问题导向为牵引，加强数据整合利用，解决城市发展面临的突出问题，惠民服务和城市治理是城市数据资源应用的重要领域，也是促进数据开放共享的动力之源。地方城市需要依据“互联网+政务服务”、《信息资源开放共享条例》等政策精神，加大数据共享力度，加快“一号、一窗、一网”建设服务。

五、进一步发挥智慧城市在区域协调发展的促进作用

目前我国智慧城市建设体现出明显的集聚效应和不均衡性，其根源在于产业经济集聚发展特征和区域经济社会发展的不均衡。信息化加快了全球一体化进程和服务贸易兴起，促进更大范围的生产要素流动和优化配置。智慧城市建设为缓解区域发展不均衡、促进区域协同发展创造了新的契机。一是利用智慧城市建设加速创新改革，打

破生产要素自由流动的各种体制机制性障碍，完善统一开放、竞争有序的市场体系，促进地方更好地融入大市场；二是鼓励引导区域性基础设施的共建共享和互联互通，除了交通、水利等传统设施，还要高度重视宽带网络、城市大脑等新型基础设施，提升区域信息化集约协同水平；三是提升基本公共服务均等化、普惠化水平，营造宜居宜商环境，吸引跨区域产业、人才集聚、促进产业和人口有序转移；四是结合国家新型城镇化规划，明确城市区域发展定位，将区域协调作为统筹规划重要内容，彰显地方特色，发挥自身比较优势。

六、进一步加强网络安全与服务保障

2018年4月，习近平总书记在全国网络安全和信息化工作会议中指出，没有网络安全就没有国家安全，就没有经济社会稳定运行，广大人民群众利益也难以得到保障。要树立正确的网络安全观，加强信息基础设施网络安全防护，加强网络安全信息统筹机制、手段、平台建设，加强网络安全事件应急指挥能力建设，积极发展网络安全产业，做到关口前移，防患于未然。要形成多主体参与、多手段结合的综合治网格局，明确了网络安全对社会经济稳定运行的重要性。要特别增强城市要害信息系统和关键信息资源的安全保障能力，实现信息领域核心技术的突破。要坚守安全底线，把网络安全的要求，贯穿在智慧城市建设的全过程，做到网络安全和智慧城市建设同步规划、同步建设、同步实施。要依法加强网络安全审查，加快构建信息基础设施安全保障体系，切实保障城市的金融、能源、电力、交通等关键领域信息安全，切实维护国家网络安全。

第十一章

小城镇发展四十年

范　毅　徐勤贤　林小涵　李　可　魏劭琨[①]

我国城镇化发展取得了举世瞩目的成就，回顾这一历程可以发现，小城镇发挥了至关重要的作用。虽然我国政府提出了积极发展小城镇的政策方针，然而在资源配置等方面实际上并未得到政府的任何倾斜，小城镇的优势体现在体制灵活、发展成本低等方面。当前随着经济进入新常态，我国经济发展面临着如何延续低成本优势，维持经济发展活力的问题；城镇化也处于转型发展的关键时期，既要解决2.7亿存量农民工，还要面临近2亿新增农村进城人口，这两部分人口的文化素质都相对不高，单靠城市来解决显然压力较大；如此大规模进城人口的就业问题也是政府所要面对的巨大挑战，中小企业和传统产业也要发挥重要的作用。站在宏观经济和新型城镇化战略实施的角度来看，要解决上述问题，需要继续发挥小城镇在体制改革方面"船小好掉头"的灵活条件，发挥小城镇在产业发展、吸纳人口等方面低成本的优势，以保持经济发展活力，推进城镇化转型发展。

---

① 范毅，中国城市和小城镇改革发展中心政策研究院院长；徐勤贤，中国城市和小城镇改革发展中心副研究员；林小涵，中国城市和小城镇改革发展中心高级工程师；李可，中国长城资产管理股份有限公司；魏劭琨，中国城市和小城镇改革发展中心政策研究部副研究员。

第一节　小城镇的概念辨析

一、小城镇的概念辨析

改革开放以来，小城镇概念虽然屡屡出现在各类政策文件、学术研究和新闻报道之中，但是在我国法律和法规条文中却找不到“小城镇”对应的词条或者解释，相关的名词只有“镇”“城镇”“建制镇”等（见表13-1）。当前，小城镇概念的使用并不统一，也很不规范。

表13-1　　法律法规中与“小城镇”相关的概念表述

法律法规名称	相关表述	说明
《中华人民共和国宪法》	“县、自治县分为乡、民族乡、镇”，可见，“镇”同“省、市、县、乡”一样，都是国家行政区域划分中的一级行政建制	镇指的是建制镇
《城市规划基本术语标准》	城市（城镇）是“以非农产业和非农业人口聚集为主要特征的居民点、包括按国家行政建制设立的市和镇”，镇是经国家批准设镇建制的行政地域	镇指的是建制镇
1990年实施的《城市规划法》	“城市”指国家按行政建制设立的直辖市、市、镇	“镇”是“建制镇”，也是城市
2006年3月，国家统计局发布的《关于统计上划分城乡的暂行规定》	规定城镇是指在中国市镇建制和行政区划的基础上，经该规定划定的区域，城镇包括城区和镇区。镇区是指在城区以外的镇和其他区域，经该规定划定的区域	镇区包括：（1）镇所辖的居民委员会地域；（2）镇的公共设施、居住设施等连接到的村民委员会地域；（3）常住人口在3000人以上独立的工矿区、开发区、科研单位、大专院校、农场、林场等特殊区域

（一）建制镇和集镇

在法律法规中，建制镇是个比较明确的概念，是指国家根据一定的标准，经有关国家行政机关批准设置的一种基层行政区域单位。而在学术研究中，特别是在21世纪之前的学术研究中，小城镇除包含建制镇镇区之外，往往还包括集镇。所谓集镇，是指现有建制市镇之外的农村商贸服务中心。这些集镇一般具有一定的工商业基础和科教文卫等公共服务设施，但是没有明确的标准定义，这样也就使得研究不能统一标准，不便于统一比较，政策制定与实施也缺乏基础条件。随着城镇化的发展，当前一些发展条件较好的集镇也基本设置为建制镇，再将集镇包括在小城镇范畴内已经不符合当前中国的现实情况。此外，近年来出现的特色小镇，有的依托于建制镇建设，有的则是不同于建制镇的平台，成为城镇化发展的一种新型载体。

（二）政策文件和政府管理体系中的小城镇

根据国家统计局有关概念界定，城镇人口包括居住生活在镇区的人口。中央相关政策文件虽然没有明确界定小城镇概念，但是从文件中可以推断是指建制镇镇区。比如“十二五”规划中提出“增强小城镇居住和公共服务功能”，显然这里的小城镇指建制镇镇区。2014年7月份颁布的户籍制度改革文件中提到“小城镇要完全放开落户限制”，这里的小城镇也是指建制镇镇区。然而在政府管理中，一提到小城镇，必然涉及小城镇所辖农村地区，比如镇政府管理和服务范围是整个行政辖区，而不仅仅是镇区，从这个角度出发，小城镇的边界和建制镇边界就是完全重合的了。而特色小镇相对比较灵活，既可以是建制镇镇区及周边邻近地区，也可以是有明确边界的非镇非区空间，已经突破了单纯的行政辖区范畴。

（三）“镇管村”政策的实施和影响

造成对小城镇概念的不同理解，与中国镇的设置历史也有着直接的关系。在建国以后很长一段时间内，建制镇数量较少，采取的是镇乡（公社）分设的设置方式。一般情况下镇并不管村，镇周围的村庄划归乡（公社）管理，镇更多的是体现工商业和城镇形态。因此在最早“小城镇、大问题”提出的时候，镇还主要是城市经济和形态，并未包括小城镇周边的农村，也就是现在建制镇的镇区。改变发生在1984年，在当年国务院批转民政部《关于调整建镇标准的报告》文件中提出“凡具备建镇条件的乡，撤乡建镇后，实行镇管村的体制”，此后镇管村体制在全国普遍推行，建制镇的概念和小城镇的概念就不再统一了。

（四）小城镇概念的界定

从当前中国发展的实际来看，我们认为狭义上的小城镇，是指建制镇镇区，包括镇所辖的居民委员会的地域以及镇的公共设施、居住设施等连接到的村民委员会的地域，在这里已经具有一定的人口、工业和商业聚集规模，是当地农村地区的行政、经济和文化中心，具有一定的辐射能力。狭义上的小城镇概念，更加符合城镇化发展的内涵，但是当前中国统计以行政区作为基本单位进行的，这就使得要获取狭义概念上小城镇相关数据存在一定困难。而从广义上来看，小城镇是指建制镇所辖行政区域，这就包括了小城镇的镇区和行政辖区内的其他区域。如无特殊说明，基于数据可得性等方面考虑，本文中小城镇是指广义的小城镇，同时考虑到特色小镇的发展状况，我们同时将特色小镇纳入研究范畴。

二、小城镇的中国特色

显然，中国小城镇与国际上一般小城镇概念具有显著的差别，中国小城镇和小城镇的政府管理具有以下几个典型特征。

（一）中国小城镇处于等级化城镇管理体制的最基层

中国城市设置了行政级别，按照行政等级的高低可以分为直辖市、副省级城市、地级市、县级市和镇，不同行政级别的城市拥有的权利也不相同。小城镇处于等级化城镇管理体制的最底层，这意味着，上级市县政府可以利用更大的行政权力干预、甚至截留小城镇的资源，比如土地指标、财政收入分成等。还存在另外一种情况，就是上级政府有时也会支持下级政府发展，最主要的情况是帮助维持正常运转。从实践来看，两种情况都存在。

（二）中国部分小城镇已实质相当于城市

2016年，中国建制镇建成区的平均人口已达1.34万人，建成区人口5万以上的镇已有1123个，按照国际上大多数国家的城市人口规模标准，这些小城镇实质上早已是城市（见图14–1）。在产业方面，一些小城镇具有特色鲜明的主导产业，如广东中山小榄镇的五金、浙江温州龙港镇的印刷、江苏苏州盛泽镇的丝绸等。良好的产业基础，为之提供了必要的财政条件。但是，中国城市是通过行政批准设立，带有明显的行政主导色彩，而在等级化行政管理体制下，小城镇设市面临的现实难题在于取得其上级政府的同意。从中国现有城市设立模式来看，小城镇直接设市的案例很少。因此对于部分小城镇来说，虽然已经具备了城市的基本特征，但只能继续保持镇的建制。

图14-1　浙江龙港镇：镇域总人口46万，镇区人口25万

（三）中国小城镇政府承担着区域管理职能

镇作为中国最基层的行政单位，镇政府的行政管辖范围就是建制镇的“镇域”范畴，有明确的行政界线；相对于国际上大多数国家的小城镇，中国小城镇的行政辖区地域范围大，辖区面积一般在几十甚至上百平方公里。行政辖区内不仅包括镇区等具备城市特征的地区，还拥有大量的农业用地和以农业人口居住为主的村庄，也就是农业生产活动的场所。由于城镇管理农村，在城乡利益关系方面，中国城镇处于明显的优势地位。

（四）中国小城镇以管理服务农村为主

中国小城镇政府长期以来一直和广大农村发生着紧密联系，通过小城镇政府来实现对农村的管理，这也是政治的要求。而政府机构设置也是以管理服务农村为主，历史上的“七站八所”主要是服务农民或者农业生产的，而今虽然机构设置发生了非常大的变化，但是城镇管理功能还是不足，而服务农村的功能仍然占有很大比重，仍然作为农村的区域公共服务中心。即使是在一些人口和经济集聚规模较大的镇，城镇管理在政府管理中所占比重也比城市小很多。从经济角度上讲，历史上集镇就是农村物资集散的中心，商贸业发达，也曾经出现一些手工制造业发达的小城镇。在集镇基础上发展起来的小城镇，作为农村商贸中心的功能一直承担下来，许多小城镇甚至发展成了区域性商贸中心，比如辽宁西柳镇、河北白沟镇等。近年来兴起的特色小镇，更是在带动乡村地区产业转型发展、推动乡村人口城镇化等方面发挥了独特的作用。

第二节　小城镇的发展历程

一、小城镇的兴起

（一）刚性城乡二元体制是小城镇兴起的制度背景

新中国成立以后，为了加快工业化的发展进程，我国制定了用农业为工业“输血”，保证重工业优先发展的战略。而为了保证这一战略的实施，通过户籍、土地等制度把农村人口强制性地固定在土地上，国家可以最大限度地从农民手中获取低价农产品，维持严格限定的城市人口的低工资和低消费水平，以实现国民经济的资本积累（见专栏13-1）。城乡分割的二元体制造成了中国数亿农民被限制于城市大门之外，无法平等地参与到工业化、城市化和现代化进程中。刚性的城乡二元体制使得城市累积矛盾较多，改革难度相对较大，因此农村问题的解决难以靠城市带动，只能在农村范围自行解决。这是中国小城镇发展所面临的最基本背景，脱离这一背景来认识小城镇问题，必将是片面的。

专栏13-1　以户籍制度为核心的中国城乡二元体制的形成历史

城乡二元体制实施的核心是户籍制度。

1958年中国通过的《中华人民共和国户口登记条例》规定：“农民由农村迁往

城市，必须持有城市劳动部门的录用证明、学校的录取证明，或者城市户口登记机关的准予迁入证明，向常住地户口登记机关申请办理迁移手续。”

1962年公安部发出《关于处理户口迁移问题的通知》，指出：“对农村迁往城市的，必须严格控制”。这一规定标志着我国严格限制农村人口流向城市的户口迁移制度的形成，城乡分离的制度壁垒形成。

与此同时，中国实行了粮油计划供应制度，国家只负责城市非农业户口的粮油供应，不负责农业户口的粮油供应。农民几乎不可能在城市取得口粮。而在城市劳动用工方面，政府只负责城市非农业人口在城市的就业安置，并且不允许农村人口进入城市寻找职业。此外，还将社会保障、城镇住房等社会福利与城镇户口挂钩，这样城镇户口已经与在城市生活的方方面面相挂钩。

户籍制度与就业、社会保障、住房等其他制度相互关联、密切配合而共同发挥作用。各项制度结合在一起及其延续，使中国的城乡人口相对分割和凝滞，最终形成了以工业和计划经济为特征的城市经济和以传统农业和集体经济为主要特征的农村经济。

（二）农村经济发展为小城镇兴起奠定了基础条件

回顾改革开放初期中国农村经济发展历程，可以清晰地发现农业生产力进步和农村工业化进程实质上是推动中国小城镇发展的重要动力，小城镇也是农村经济发展的重要成果。

1. 农业生产力大幅提高，解决了粮食供给问题，催生了农村剩余劳动力，为农村工业化发展提供了必要的物质和人力基础

农村改革激发了农业劳动生产力的进步，中国的粮食产量从1978年的3亿吨，到1984年已经达到3.87亿吨，而油料、棉花、甘蔗、甜菜等农副产品的产量更是分别增长了102.2%、114%、47.5%、239.9%，中国长期存在的粮食和农副产品供给紧缺的局面得到了根本扭转，并出现了粮食剩余的现象。同时，农业劳动生产率的提高使农业对劳动力的需求降低，农村剩余劳动力开始出现。当农副产品和农村劳动力出现剩余以后，如何解决剩余问题，也成为中央所要考虑的问题。当时的中央有关文件清晰表

述，要把这些问题在农村化解，不希望农村人口进入到大中城市，实际上主要还是担心农村人口进城对城市的冲击，对城市固有发展模式的冲击。农村工业化是解决农副产品剩余和农村剩余劳动力的基本途径，并且可以把农村的问题化解在城市之外。

2. 农村工业化迅速发展，非农就业农民对城镇生活充满了期待，推动了小城镇发展

在农村改革的激励下，农村工业化得到快速发展。1978年，中国乡镇企业创造的增加值仅有209亿元，占全国GDP总量的5.7%，到1983年已上升到6.84%。与此同时，乡镇企业吸纳的就业人口也在快速增加，1978年我国乡镇企业职工人数为2827万，到1983年已经达到3234.6万（见图14–2）。随着非农就业人口的增多，由于对城镇生活的向往，就近向小城镇迁徙，已成为大多数从事非农产业农民的现实性选择。1983年全国小城镇数量比1978年减少了65个，但小城镇（户籍）人口却增加了2051万；除了城镇户籍人口增加之外，还有大量白天进镇打工、晚上回家的“钟摆人员”，这类人员据估计有1000万左右。据江苏省调查，1984年在苏南一些乡镇企业发达地区，进镇就业的人口占镇区人口的比重已经超过50%[①]。

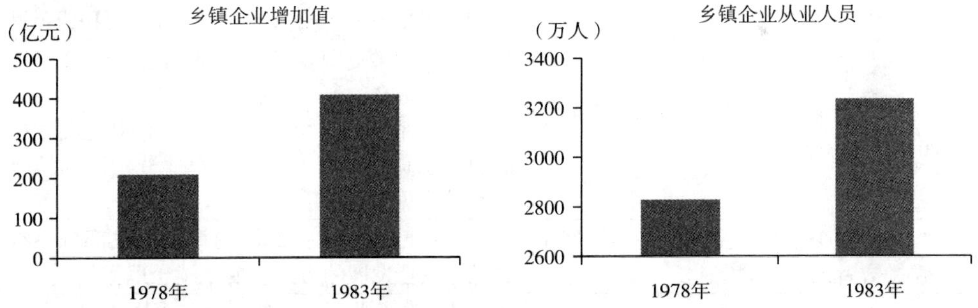

图14-2　1978 ~ 1983年中国乡镇企业的发展

（三）体制改革是小城镇发展的内在动力

在改革开放初期，计划还是城市资源配置的主要手段，计划经济在城市累积的矛盾很深，市场化改革的思想观念还不能被社会各界普遍接受。在这种背景下，强调大城市在经济集聚方面的优势是没有任何意义的。起源于农村的改革，与小城镇联系更

① 江苏省小城镇研究课题组：“江苏小城镇建设的社会目标和基本经验”，载于《社会学研究》，1986年第4期。

为紧密，在城镇体系内，小城镇对固有的城市积累和发展模式冲击也最小，改革更加容易，也加快了小城镇发展步伐。

1. 企业发展机制更加灵活，加快小城镇工业化进程

改革开放初期，城市以公有制经济为主，对合伙、私有企业发展采取了限制措施，在企业开办条件、雇工人数等方面都有限制。而中央政府对在农村和小城镇的乡镇企业，则是采取积极的扶持政策（见表13–2）。在1979年《中共中央关于加快农村发展若干问题的决定》中明确提出，社队企业要有一个大发展。1984年颁布的中央4号文件，决定把社队企业改名为乡镇企业，并逐步在农村和小城镇突破了“就地取材、就地生产和就地销售”的限制。因此，乡镇企业在发展伊始就面向市场，就要参与市场竞争，接受市场的考验。

表13-2　改革开放初期乡镇企业发展相关政策

时间	文件	主要内容
1979年	《中共中央关于加快农村发展若干问题的决定》	社队企业要有一个大发展。宜于农村加工的农副产品，要逐步由社队企业加工。城市工厂要把一部分宜于在农村加工的产品或零部件，有计划地扩散给社队企业经营，支援设备，指导技术。 国家对社队企业，分别不同情况，实行低税或免税政策
1979年	《国务院关于发展社队企业若干问题的规定（试行草案）》	提出社队企业是社会主义集体所有制经济，社办社有，队办队有。 制定了一系列的扶持政策，如农业银行发放一定数量的低息贷款；国家对社队企业分别不同情况，实行低税或免税政策等
1981年	《国务院关于社队企业贯彻国民经济调整方针的若干规定》	社队企业已成为农村经济的重要组成部分，符合农村经济综合发展的方向，要继续予以支持
1983年	《当前农村经济政策的若干问题》（1983年1号文件）	现有的社队企业，应在体制改革中认真保护，勿使削弱，更不得随意破坏、分散。 社队企业也是合作经济，必须努力办好，继续充实发展
1984年	《中共中央关于1984年农村工作的通知》（1984年1号文件）	在兴办社队企业的同时，鼓励农民个人兴办或联合兴办各类企业。 农村工业适当集中于集镇
1984年	《关于开创社队企业新局面的报告》	将社队企业正式改名为乡镇企业

2. 户籍制度率先突破，增加小城镇对人口的吸引力

随着农村工业化进程的深化，在集镇务工、经商的农民越来越多，这部分人口对

户籍制度改革的愿望比较强烈。1984年中央1号文件明确提出“允许务工、经商、办服务业的农民自理口粮到集镇落户”。自理口粮落户为农民进入城镇居住、就业生活提供了一个门路，对在城镇务工经商的农民具有很强的吸引力，到1986年底全国办理自理口粮户口人数已达450多万人。小城镇自理口粮户口的推行也推动了小城镇的发展。我国很多小城镇就是借自理口粮政策发展起来，筹集了小城镇发展所需的“第一桶金”（见专栏13-2）。

专栏13-2　　龙港镇的设立与发展

龙港镇，人称“中国第一农民城”，坐落在浙江省苍南县鳌江南岸。1984年建镇时，这里还是一个小渔村，总人口只有6839人。

1984年6月，陈定模自告奋勇来龙港做镇委书记。一踏上龙港，陈定模就组织镇干部就“建设龙港靠什么”进行了一个月的大调查、大讨论，最终达成了共识：“在人、钱、物三要素中，人是决定的因素”。

为了解决农民到龙港以后的户籍等问题，陈定模找遍了当时所有文件、报刊，终于发现1984年中央1号文件中提出“允许农民自理口粮到集镇落户”，1984年6月4日的《人民日报》评论员文章也写道：“鼓励农民自理口粮到小城镇务工经商。凡在小城镇有固定收入和住所，允许自理户口到所在地落户，作非农业人口统计。”以这两个红头文件为依据，陈定模向县里争取到了两项政策：一、放松户籍管制，鼓励农民进城；二、实行土地有偿使用制度改革，向农民出售按等级计价的土地。“地不分东西，人不分南北，谁愿意拿出3万元人民币，谁就可以进龙港镇建新屋，就可以有一个龙港镇户口。”

这些政策一出，一股无形的强大的“龙港旋风”席卷平阳、苍南两县，并影响到文成、泰顺、瑞安等县市。大批的农民涌入龙港，人们都以能到龙港落户为荣。1984年8月，申请到龙港落户的农民、干部、职工有2000多户。到1986年，已经有周边两省六县的2万多农民迁徙至此，迅速集聚了人口规模。有了人和钱，龙港的城镇建设和发展一下子驶入了快车道。现在来回顾历史，龙港的发展之路就始于20世纪80年代的“自理口粮进城、自建住宅落户、自找门路就业”。

参考资料：《我与第一农民城——龙港》，陈定模。

3. 就业创业得到了鼓励和支持，增强小城镇活力

在城市就业还与户籍相挂钩的时期，在农村和小城镇的乡镇企业明确要求“实现农民离土不离乡，避免农民涌进城市”，为广大农民从农业转向非农产业提供了机会，激发了农民创业的激情。为了鼓励乡镇企业发展，1984年中央4号文件明确提出，乡镇企业要由原来的二个轮子（社办、队办）改变为四个轮子（乡办、村办、联户办、户办）同时发展，也鼓励农民私人创办乡镇企业（见专栏13–3）。这样在改革初期在农村和小城镇乡镇企业蓬勃发展，“村村点火，户户冒烟”就是当时企业创业热情高涨的表现。

专栏13-3　多样化的乡镇企业

为了规避企业性质问题，乡镇企业采取了多样化的发展模式。

红帽子企业：“红帽子企业”是指以国有企业或集体企业为名义进行经营活动的并有良好声誉的私人企业。改革开放初期，由于受到传统的计划经济思维影响，个体、私营经济受到税收、法律等很多限制，而集体企业不会受到压制，还能享受到当时的政策扶持。因此，农村地区的个体、私营企业想方设法争戴“红帽子”，挂在集体的牌子下，寻求“红色保护伞”，以求得到同集体企业相同的待遇。1989 年中国社科院经济所的调查发现，1/3以上的企业是挂乡镇企业牌子的私人企业；1994年国家工商局抽样调查显示我国乡镇企业中83%属于红帽子企业。

联户办企业：1984年中央4号文件中明确提出“鼓励户办、联户办企业和乡村所属集体企业共同发展”，为农民自主联合办企业和农民个体办企业开了绿灯。1984年，乡镇企业中农民户办和联户办企业数量占乡镇企业的比例达到69.28%，1985年户办、联户办企业的数量比1984年增长了146.88%。很多地区的户办、联户办企业如雨后春笋般的出现。比如，1985年前后浙江横店出现大量的联户办企业，最多时期达到2000多家，而且还形成了“针织一条街”，“家家户户织机响，满街上下忙织布”。山东高密市1979年以后农民自愿联户办建筑业，到1985年已经有联户建筑业377家。

（四）低成本是小城镇发展活力的源泉

乡镇企业是农村集体经济组织在自己的土地上主动发展工业的结果，在用地方面是基本没有成本。因为在村庄的集体建设用地上修建厂房、兴办工业，不需要和农民以及政府进行谈判。而对于私营和个体企业发育的地区，农民在自己的宅基地上兴办前店后厂的私营企业，也不需要额外的成本负担，甚至税收都可以忽略不计。相对于城市工业企业，小城镇工业企业的投资水平较低，据调查小城镇工业企业每一职工占用的固定资产只有城市全民所有制工业的十分之一①。而在基础建设方面，小城镇所需要的市政公用设施费用，一般只占基本建设的2%～3%，大城市要占5%～6%，而特大城市则在7%以上②。

二、小城镇发展动力的衰减

1992年邓小平同志南方讲话后，中国经济制度加快向市场经济转型，城市相关改革进一步深入推进，行政资源加速向城市集中配置，产业和生产要素开始向城市集聚，大量的乡镇企业向城市工业园区搬迁，并带动人口向城市转移。中国的乡村工业化开始向园区工业化转变，这使得县级以下小城镇的发展动力出现了历史性的衰减，发展势头在一定程度上受到了不利影响。

（一）城市对企业的吸引力增强

城市得到更多行政资源配置。我国的行政资源往往按照行政等级进行配置，城市作为区域行政中心，能够得到更多的行政资源配置，城市的基础设施条件与公共服务条件也因此得到全面改善，各工业园区开始大规模开发建设，城市在基础设施供给和人才吸引等方面的优势开始得以全面发挥。而小城镇获得行政资源配置较少，基础设施条件与公共服务条件相对较弱，这使得小城镇在与城市的竞争中往往处于劣势地位。

城市对企业的集聚效应得到发挥。随着城市产业集群的快速发展和城市工业园区

---

① 叶克林：“论以小城镇为主体的中国城市化模式”，载于《管理世界》，1986年第5期。

② 陈为邦：“加强城市建设的几个问题”，载于《经济研究》，1979年第11期。

的全面崛起，城市对产业的集聚效应日益显著，各类生产要素向城市集聚，城市工业园区在吸纳人才、资金、物流、劳动力等方面均享有优势。同时由于城市产业形成了规模效应，经济的效益相对更高。由于小城镇的产业经济集聚效应要弱于城市，因此在产业竞争中处于劣势地位。

小城镇在信贷融资方面较为困难。1997年，中央金融工作会议确定了“各国有商业银行收缩县（及县以下）机构”的基本策略，使农村金融机构数量与服务急剧减少，1999年又开始在全国范围内撤销农村信用合作基金会，再加上当时农村信用社实力总体较弱，使得位于小城镇的企业融资相对较为困难。例如在2002年底，江苏省贷款总余额达到6600亿元，其中乡镇企业的贷款只有660亿元左右，仅占10%[①]。

（二）出现乡镇企业进城现象

随着城市投资环境的改善和产业体系的完善，大批乡镇企业从小城镇搬迁至城市工业园区，全国出现了乡镇企业大量进城的浪潮（见专栏13-4），同时亦有大量农民随之离开乡镇转移至城市就业生活。虽然小城镇凭借要素成本低廉的优势，在产业发展和城镇建设方面继续保持着增长态势，但发展势头在一定程度上受到了抑制。

以山东莱阳市为例。该市乡镇企业原本主要分布于乡村地区，且大部分分布于村庄之中。从1995年开始，乡镇企业大规模向市区工业园区搬迁，截至2000年，已有160多家乡镇企业搬迁进城，带动10万农民进城务工，中心城区企业数量达到全市企业总数的50%以上[②]。山东鲁花集团原先位于莱阳市姜疃镇董格庄村，由于距离市区30多公里远，原料收购、产品销售、人才招聘等工作均很不方便，2001年公司搬迁至莱阳市区，企业规模得到迅速扩大，也带动了一批员工进城就业。

专栏13-4　企业迁移行为问卷调查结果

江南大学商学院鲁德银教授课题组于2004年至2006年12月期间，对湖北、江西、浙江、江苏、山东、福建、河南、湖南、安徽、广东共10个省的农村、小城镇和城市的乡镇企业发出228份调查问卷，对企业迁移行为进行调查，共回收204份，

① 郑卫：“乡镇企业‘进城二次创业’现象解析”，载于《农村财政与财务》，2003年第4期。

② 王式亮：“引导乡镇企业进城增强城市发展活力”，载于《山东政报》，2001年第2期。

经核查合格177份。其中镇区企业占29.19%，农村企业占46.17%，城市开发区企业占23.14%。

问卷调查结果显示，2000年至2004年期间的镇区企业迁移率（即迁出企业占现有企业与已迁出企业之和的百分率，下同）达到30.5%，意向迁移率（即有迁移计划和意图的企业占现有企业的百分率，下同）达到47.5%；村庄企业迁移率达到34.5%，意向迁移率达到41.3%。

从迁移方向看，镇区已迁移企业有92.0%迁入城市开发区；农村企业有52.5%迁入镇区，47.5%迁入城市开发区。

从迁移意向看，乡村企业中有22.6%考虑迁往本镇，其余均考虑迁往城市；镇区企业全部考虑迁往城市。.

参考资料：鲁德银："企业家行为、企业迁移、产业集群与农村城镇化政策"，载于《财经研究》，2007年11期。

三、特色小镇成为城镇化发展的新模式

近年来，随着我国新型城镇化的深入推进，在各级政府的策划和推动之下，我国的小城镇发展出现了以特色产业为引导的新型模式，特色小镇应运而生，成为农村人口城镇化的重要载体和农村产业转型升级的重要平台，为小城镇的发展开创了新的发展方式，并成为国家新型城镇化工作的重要抓手。

（一）乡村块状经济的升级需求

自20世纪90年代以来，我国小城镇的专业化生产分工得到不断深化，出现了大量颇具特色的产业带和以特色产业为主导的专业小城镇，即俗称"一镇一品""一村一品"的"集聚经济""块状经济"。经过十余年的发展，此类产业带和专业小城镇的数量已颇具规模，特别是在东南沿海地区的浙、粤、闽、苏等省，其数量和规模尤为突出。

例如在浙江省，以"块状经济"为主要特征的专门化生产已成为当地产业的一大特色，往往一个或几个小城镇共同以一种产品为主导，相互之间分工合作，形成从原

料到产品的完整生产链条；或者一个镇发展多种产业，并与周边乡镇的不同特色产业接轨。这种在一定区域内形成集聚的产业集群，显著提高了浙江小城镇和企业的产业竞争力。

例如在广东省珠三角地区，小城镇专业化特色同样鲜明。初步统计珠三角的404个建制镇中，以产业集聚为特征的专业镇达到四分之一，比如东莞厚街镇的家具业、顺德陈村镇的花卉业、潮州庵埠镇的食品加工业、中山小榄镇的五金加工业等都达到了较大规模[①]。

这种块状经济和专业小城镇取得了极大的成功，将加工制造业做到了发展极致。例如浙江省诸暨市的大唐镇以袜业为主导产业，2017年全镇袜子产量达到250亿双，占全球袜子总产量的三分之一，已建立起成熟的袜业产业链。例如同样位于诸暨市的山下湖镇，淡水珍珠年产量占世界总产量的70%以上，已建立起成熟的珍珠产业链。

由于市场消费空间有限，这种块状经济和专业小城镇已达到了发展极限，难以再进一步拓展销量，也难以实现进一步的发展。近年来，为进一步推动经济发展，各地开始全力推动特色小镇建设，并以特色小镇作为产业升级的平台和抓手，从而全面提升产品的附加值，实现产业结构转型升级，提高产业发展质量，通过有限的资源消耗获得更大的利润空间。

（二）城市产业转移的历史机遇

随着城市化的发展，城市土地等生产要素价格的上涨，城市中心区产业出现转型的需求，工业制造业逐步远离城市中心区。城市的产业外溢现象，是城市化进程和产业发展进程中的必然过程，是符合经济地理规律的，也为城市周边小城镇的发展提供了动力，是小城镇再次兴起的战略性历史机遇。

一些地方政府通过特色小镇的营造，在城市周边地区营造了良好的投资环境和低成本的生产条件，吸引了来自城市的产业转移，打造承接城市产业外溢的平台载体。另一方面也通过创造低成本、全要素、便捷化的创新创业空间，以此来对接城市中的科技资源和人才资源，吸引各类投资者与创业者，从而培育小微企业发展，带动高新

① 徐勤贤、侯云先：“中国小城镇产业聚集成因及问题分析”，载于《资源与产业》，2005年第5期。

技术产业成长。

此类产业转移型的特色小镇多分布在大城市的周边地区，主要扎根于都市圈自身的产业生态，发挥中心城市近郊、远郊或卫星城的作用，承担中心城市外溢的部分产业。此类特色小镇可分为两种类型，一种是基于本地城市产业生态的小镇，例如杭州的梦想小镇等；另一种是基于区域产业生态的小镇，例如杭州的玉皇山南基金小镇等（见专栏13–5）。

专栏13-5　　产业转移型小镇的两种类型

一、梦想小镇（基于本地产业生态）

“梦想小镇”坐落在余杭区仓前街道，占地面积约3平方公里，涵盖了互联网创业小镇和天使小镇两大内容。

互联网创业小镇重点鼓励和支持“泛大学生”群体创办电子商务、软件设计、信息服务、集成电路、大数据、云计算、网络安全、动漫设计等互联网相关领域产品研发、生产、经营和技术（工程）服务的企业。

天使小镇重点培育和发展科技金融、互联网金融，集聚天使投资基金、股权投资机构、财富管理机构，着力构建覆盖企业发展初创期、成长期、成熟期等各个不同发展阶段的金融服务体系。

二、玉皇山南基金小镇（基于区域产业生态）

玉皇山南基金小镇位于杭州市上城区，面积不超过3.2平方公里，目前已汇集600多家企业，其中金融投资类企业400余家，管理资金规模超过5800亿元。

目前小镇已聚集了各类一流的私募机构、政府及民间产业母基金、商业银行、资管公司，以及数据分析机构、中介机构等服务机构入驻，形成了一条完整的小镇私募基金产业链。小镇还通过与高盛集团、浙江对冲基金人才协会等机构合作，搭建基金管理人培育平台。

（三）城市消费外溢的载体平台

随着城市经济的发展，城市居民的消费需求日益升级，消费市场进一步扩大，对生活质量有了更高的要求，对消费内容也有了更多的需求。根据中央“供给侧改革”

的理念，在供给侧发力，按照市场导向，打造特色小镇，主动满足消费者需求，是推动产业转型升级的最佳途径。

乡村地区的自然条件和资源禀赋是城市中的稀缺资源，能够吻合城市居民的新消费需求。各地政府将条件较好的小城镇打造为乡村地区的农业及旅游业产业中心，成为连接城乡的纽带和承接城市消费外溢的主要载体平台，取得了良好的发展成绩。

一些拥有特色农业和旅游业资源的小城镇，按照“绿水青山就是金山银山”的两山思想，打造特色农旅小镇。通过生产绿色健康食品，营造特色观光景点，满足城市居民的各种不同的消费需求，将城市人流和资金引入小镇，将本地的特色品牌推销出去。不但实现了一、二、三产的融合发展，极大地增加了产品的附加值，而且撬动了城市的资金、管理、技术和市场，从而扩大了有效供给、促进了创新创业、加快了产业结构转型升级。

此类消费外溢型的特色小镇多分布在拥有特色农业资源、特色旅游业资源的地区。其中特色旅游业资源可以是天然旅游景点或农业田园风光，也可以是人文历史旅游景点乃至人造旅游景点。例如浙江嘉兴的歌斐颂巧克力小镇即为以工业旅游项目为主要特色的特色小镇（见专栏13–6）。

专栏13-6　　歌斐颂巧克力小镇案例

歌斐颂巧克力小镇位于浙江省嘉兴市嘉善县，是国内首个以巧克力文化为主题的工业旅游项目。该项目以乡村田园风光为背景，以巧克力生产制作为依托，充分挖掘巧克力文化内涵，拓展巧克力文化体验、养生游乐、休闲度假等功能，是集巧克力生产、研发、展示、体验、文化、游乐和休闲度假于一体的现代化巧克力生产基地、特色工业旅游示范基地和文化创意产业基地。小镇开张第一年就吸引了109万游客。

歌斐颂巧克力小镇是从无到有地创造出来的，但由于符合产业发展方向，符合市场导向，能满足社会需求，自身特色鲜明，符合“供给侧改革”战略，因此取得了巨大的成功。

第三节 小城镇发展的总体评价

中国有近六成人口生活在小城镇，城镇人口的三分之一在小城镇，四分之一的流动人口落脚在小城镇。2016年，我国小城镇镇域常住人口总量为7.7亿人，占全国总人口的比重为55.7%；小城镇建成区总人口达2.75亿人，占全国城镇人口总量的34.7%；小城镇共吸纳外来人口7614.36万人，占全国流动人口总量的27%。尽管在城镇化过程中，人口向大城市流动的趋势非常明显，但是，小城镇在吸收农业人口转移中的作用同样也非常重要。在吸纳非农就业方面，2014年全国小城镇实现非农就业达到2.44亿人，占全国非农就业的45%。其中，吸纳二产就业人员总量为1.31亿人，占到全国二产就业人员的56.91%；吸纳三产就业人员1.17亿，占全国服务业就业总人口的37.2%。

一、小城镇在历史发展中的作用

小城镇的发展是农民追求自身工业化和城市化所形成的结果，是在城乡二元分割体制下市场力量发挥作用所形成的结果，是一种自发的、自下而上的城镇化。这种独特的城镇化的道路有别于大城市发展的道路，也是城乡二元体制的设计者所始料不及的。

（一）小城镇成为乡镇企业的载体，吸纳农业转移人口

在乡镇企业发展之初，分散的特征还是比较明显的。全国乡镇企业在小城镇的集聚程度在20世纪90年代仅12%，到2002年已经提高到20%以上。虽然从数量上，小城镇集聚乡镇企业比重不算高，但是规模较大的乡镇企业都集中于小城镇，创造了近57%的乡镇工业增加值[①]。在发达地区尤为明显，例如，浙江省建制镇的乡镇企业总产值已占全省乡镇企业总产值的76.5%[②]。

① 俞燕山："我国小城镇改革与发展政策研究"，载于《改革》，2000年第1期。
② 国家发改委：《关于小城镇发展和农村富余劳动力转移情况的报告》，2003年10月。

改革开放初期，小城镇人口迅速增长。1985年与1978年相比，中国市镇人口总增长量为2亿，其中小城镇人口增长量占62.4%[①]，小城镇人口增长撑起了城镇人口增长的“半壁江山”。随着小城镇吸纳人口的增多，小城镇镇区规模在不断扩大，1996年平均每个建制镇镇区人口8357人，2004年增长到9026人[②]，到2016年建制镇建成区平均规模已达1.34万人。小城镇建成区吸纳的人口占我国城镇人口的比重在35%左右，小城镇在我国城镇化进程中起到了“三分天下”的作用。无论是过去还是未来，仅靠中国现有城市来吸纳巨大的人口是不现实的，小城镇在中国城镇化进程中的作用还会继续发挥。

（二）为改革积累和探索经验，加快了中国改革进程

在改革开放初期，城市的计划经济体制还是铁板一块，而小城镇作为联系城乡的节点，相关体制率先得以突破。在户籍改革方面，自理口粮落户政策首先在小城镇实施；到90年代中期，户改作为小城镇试点的重要内容，试点成果促使2001年《国务院批转公安部关于推进小城镇户籍管理制度改革的意见的通知》（国发〔2001〕6号）文件的颁布，户改范围也扩大到县级市，加快了户籍制度改革进程。在经济体制方面，小城镇的乡镇企业的发展中的一些灵活的经营方法，逐步在国企改革中得到推广；90年代中期以后，乡镇企业产权制度改革，也为其后国企产权制度改革提供经验，改制后的乡镇企业发展活力进一步释放，部分已经发展成为国内外知名企业。在城镇用地制度方面，湖南省浏阳市的大瑶镇，允许镇政府以出让集体建设用地获得城镇建设的资金的模式在全国范围内推广，是后来中国城市“以地生财”支持城镇建设的雏形。2000年以后，天津华明镇、浙江嘉兴余新镇、四川成都蒲阳镇等相当一批小城镇积极探索城乡集约用地的办法。

（三）小城镇的发展是启动内需、推动经济增长的重要动力

随着小城镇的快速发展，小城镇的消费需求快速增加。一方面，随着越来越多农村人口进入到小城镇，小城镇的消费人群也不断扩大，另一方面，随着收入水平的提升，小城镇居民的消费支出也不断增加。1978年我国小城镇镇区人口5294万，城镇居

① 马淑莺：“关于小城镇人口迁移和流动特征的分析”，载于《人口研究》，1990年第4期。
② 吴康、方创琳：“新中国60年来小城镇的发展历程与新态势”，载于《经济地理》，2009年第10期。

民人均消费支出405元，当年小城镇居民消费总支出为214.4亿元；2016年我国小城镇建成区人口为2.75亿人，城镇居民人均消费支出为9828元，当年小城镇居民消费支出达到2.7万亿元。

同时，随着小城镇经济的快速发展和人口的不断集聚，小城镇的道路、水电、通讯等基础设施和住房都需要建设，从而也带来相应投资需求的快速增长。住建部数据显示，1990～2012年，全国建制镇的建成区面积从0.83万平方公里增长到3.71万平方公里，建成区单位面积建设投入从189万/平方公里增长到1548万/平方公里，二十多年来建制镇建设投入累计达到4.49万亿。

（四）特色小镇是推动产业转型升级的重要载体和平台

在我国经济发展进入转型升级的历史时期，旧有的农业和制造业发展模式均已达到了发展极限，已无力支撑小城镇的进一步发展，也难以带动乡村地区脱贫致富。乡村地区要进一步发展，必须寻找新的产业发展方式，实现现有产业的全面转型升级。

而特色小镇开发模式的出现，推动了城市资金、人才和消费的下乡，加快了城乡一体化进程，盘活了乡村地区的沉睡资源，拉动了乡村一、二、三产的融合发展，让已经成熟的现有产业找到了新的发展路径，实现了资源的有效开发利用和产品附加值的最大化。

两批国家级特色小镇总体上取得了较好的成绩，各地的省级特色小镇也发挥了巨大的带动作用，均有力地推动了小城镇及周边乡村地区的进一步发展，也带动了农民的增收致富，为我国乡村地区的新型城镇化发展走出了一条新的发展路径。

二、等级化城镇管理体制小城镇发展政策评价

改革开放初期，为保障城市固有的福利和剩余积累模式，城市大门并未对农民开放，小城镇抓住了农村经济发展的机遇迅速发展起来，在工业生产、吸纳农业转移人口等方面与城市“平分秋色”。然而在等级化行政管理体制下，大城市凭借其行政地位，在行政资源配置方面享受了更多的机会，这使得小城镇往往处于不利位置，主要表现在以下几个方面。

（一）小城镇在行政资源配置过程中处于不利地位

在等级化行政管理体制下经济自主权、行政权力、财政体制、政府人事隶属关系等都与行政等级相关，也为不同等级的城市之间的不公平行政资源分配关系埋下了隐患，主要是财政和土地等计划行政性资源在分配环节就被高层级截留。

在财政方面，1994年的分税制改革中，省以下财政关系并没有进行明确，特别是县镇之间财政关系更是有利于县一级。一是财政关系并不稳固，县级政府可以随意调整。比如目前许多县镇之间实行"核定基数，一定几年"的财政分成办法。这种办法的主动权完全掌握在县市级政府，县市政府不但可以确定基数的年限，改变基数的核算方式，而且可以利用其权利随时调整分成税种，将一些增长较快的税种划为县级税等。二是财政留成比例不高，不利于小城镇。

在土地指标方面，为了加大对土地保护的宏观调控力度，我国在建设用地方面实行指标管理。在用地方面，通常是将新增建设用地指标更多留在上级政府，将基本农田的义务尽量下放到下级政府。在过去十几年城市高速发展的时期，一些地方政府形象地描绘："只要有新增建设用地指标，发展是非常容易的"。调研中发现，对于处于行政层级最底端的小城镇，每年新增建设用地指标非常有限。小城镇获得的建设用地指标与其集聚经济和人口规模是不相对称的。以浙江省诸暨市店口镇为例，店口的工业总产值占诸暨市的四分之一，但用地指标却不足十分之一。

（二）小城镇屡屡被动成为宏观调控政策的牺牲品

宏观调控在城市和小城镇之间选择时，城市往往成为保的对象，而小城镇则屡屡成为被调控的对象。比如，在金融发展方面，1997年以来国家为了清理不良资产、降低行业风险，对我国金融行业进行了大面积整顿。商业银行在小城镇的网点大量撤销，农村合作基金会被整顿关闭，这导致乡镇企业和小城镇丧失了便捷的金融支持。在开发区方面，自90年代中期开始，国家为保护耕地而先后两次对开发区进行整顿，整顿的结果是县以下开发区几乎被撤销。在2003年开始的第二次开发区整顿中，到2006年底全国各类开发区由6866个核减至1568个[①]，每个县原则上只保留一个开发区，所保留的开发区基本都归县直管，小城镇开发区几乎完全被撤销，这就使得小城镇失

---

① 国家发改委新闻办：《全国开发区清理整顿工作取得初步成效》，2007年4月19日。

去了招商引资平台。在人员机构改革方面，政府人员机构精简的对象也对准了县以下的小城镇，在乡镇数量在减少，相关工作人员也在减少（见专栏13-7）。

专栏13-7　　行政事业编制数量情况的对比

江苏吴江：21世纪初至今吴江政府进行了几次机构编制调整。在2001年9月至2002年1月党政机构改革中，上级政府要求县级市市级行政编制总数精简比例不低于15%，乡镇行政编制不低于25%，乡镇行政编制精简幅度要求更高。

江苏常州：2010年江苏省常州市政府机构改革中，市级机构编制几乎没有调整，而对乡镇机构改革却严格得多。比如，武进区14个镇机关行政编制总数，从1028名减为926名，精简10%；各镇管事业单位编制总数，从2839名减为1270名，精简55%。

湖北秭归：从2009年到2013年，秭归县县机关（含政法系统）行政编制从1000名上升到1034名，而乡镇机关行政编制从453名下降为451名。

美国：根据城镇规模的大小不同，每个小城镇通常有几十名到几百名管理人员为公务员。比如，旧金山湾区的纽瓦克市辖区内总人口4万多人，大致相当于国内一个中等小城镇的人口规模，类似人口规模的城镇在国内政府行政和事业单位人员合计在50人左右，而纽瓦克市共有政府雇员180余人。又如洛克兰县内的桔镇，该镇人口4.7万人，镇里有政府雇员300名。政府雇员数量远远超过中国基层政府工作人员数。

（三）“撤镇设市”受阻使得小城镇缺乏行政等级上升渠道

在我国的体制下，对于那些实为城市的小城镇，只有提升其行政级别，才能真正提升和发挥其城市功能，然而处于我国行政层级底端的小城镇缺乏这种上升渠道。一方面，对于这些特大镇要实现切块设市的愿望，在实际操作中往往由于其所在的县级政府普遍反对而阻力重重。另一方面，自1997年下半年开始冻结县改市审批，设市基本上处于停顿状态[①]。而目前新型城镇化试点工作刚刚启动，所涉及的关于“撤镇设

① 其后的县改市实际上是地改市的同时县改区或县直接改为地级市。

市”的试点小城镇仍然是凤毛麟角。

我国现有城市仅658个。日本787个城市吸纳了1.15亿城市人口，美国城市人口2.58亿，城市多达 19429个，巴西城市人口为1.61亿，有5564个市，而我国城镇人口多达7.3亿，却仅有658个市。相比之下，我国城市数量实在太少。但是由于设市工作的停滞、设市标准的不完善，我国许多经济发达、吸纳人口较多、实际已经是城市的小城镇，却仍然实行与其人口规模和经济发展水平不相匹配的镇级管理机构和权限设置，限制了竞争力的提升，阻碍了向功能完善城市的转化。

第四节　小城镇的定位和建议

小城镇发展，需要分类指导，区别对待，绝不是“遍地开花”。推动小城镇发展要和中国的城镇化发展结合起来，更重要的是要明确支持小城镇发展的目标在于推进城镇化进程，充分利用小城镇的低成本优势，发挥小城镇与大城市的功能互补的基本特征，充分转移农村劳动力。

一、小城镇的定位

过去小城镇在中国城镇化进程中发挥了重要的作用，未来小城镇低成本优势仍然明显，将继续作为工业类中小企业发展的平台，推进改革的试验田，吸纳农业转移人口的重要载体。

（一）小城镇仍将是保持经济低成本发展的重点区域

随着我国大中城市经济迅猛发展，土地和劳动力价格快速上涨，环境保护要求不断提高，各方面的成本都在上涨。然而，与大中城市相比，我国的小城镇在土地价格、劳动力价格等方面仍然具有天然的低成本优势。

一方面，小城镇的土地价格远低于大中城市。例如，浙江海宁市长安镇工业用地出让价格约20万元/亩，而邻近的杭州市萧山区则在50万元/亩以上；同时，长安镇的商业用地为50万元/亩，海宁市区则达到200万元/亩。小城镇低廉的土地价格使得小城镇在发展产业和提供住房等方面具有很强的优势。同时，大量集体建设用地也主要分布在小城镇，随着土地制度改革的深入推进，也可以激发小城镇集体建设用地活力的释放。

另一方面，小城镇的劳动力成本也会低于大城市。小城镇的生活成本相对较低，这主要体现在居住成本方面。与大城市居高不下的房价相比，小城镇房价相对低廉，更为重要的是建设在集体土地上的出租屋为各类人口提供了低廉的住房。调研发现，相比在城区租房，在小城镇出租屋租房成本可以节省一半左右。

（二）小城镇仍将是吸纳农业转移人口的重要载体

过去，我国县和县以下是吸纳农业转移人口的主要载体，根据人口普查数据显示，“五普”到“六普”期间，我国县和县以下吸纳城镇人口增长了77.8%，而同期地级市、省会城市和直辖市的增长速度分别为43.9%、41.4%和49.3%，县和县以下的增长最快。从城镇人口增长的来源来看，县和县以下城镇人口的增长主要来自农业转移人口，82.4%的城镇人口增长来自农业转移人口。

2017年我国城镇化率为58.5%，距离城镇化成熟阶段，城镇人口还将增加2亿左右，这主要是农业转移人口。小城镇在吸纳农业转移人口方面发挥重要作用，成为容纳农村人口转移的巨大场所。2016年，我国20625个建制镇，建成区平均1.34万人。如果平均每个小城镇建成区人口仅提高1千人，那么全国城镇人口将增加2000多万。

（三）小城镇是工业类中小企业培育的重要平台

从城市经济布局规律来看，当大城市发展到一定规模以后，城市中心区一些附加值相对较低、产业链层次相对较低的一些企业，主要是工业企业，由于大城市中心城区成本的上升，将逐渐向周边转移，而大城市周边的小城市和小城镇将会成为吸纳工业企业转移的重要载体。从我国改革开放以来的工业化进程来看，小城镇在农村孵化了大量中小企业，形成了我国具有国际竞争力的制造能力，培育了一批具有竞争力的企业。

当前，大中城市的各类工业园区在产业选择上更倾向于现代新型产业和大企业，忽视甚至排斥传统产业和中小企业的发展；而小城镇仍然处在快速增长过程，而且具有成本低廉的特征，对中小企业的吸引要大于排斥。从我国人口结构来看，未来就业人口中将还有大量文化素质不高的农民工，适合他们就业特点的是传统产业，小城镇可为这些传统产业发展提供必要的空间。从农民工返乡创业来看，小城镇也是吸纳农民工返乡创业的重要载体。

（四）小城镇将是深化城镇化改革的试验田

城镇化是一次深刻的社会变革，由于过去偏重经济发展，忽视经济社会的全面改革，固化利益格局没有被打破。从人的角度来看，城镇化就是要解决农民进城问题，而农民进城就会摊薄现有城镇居民所享受的福利。最容易进行突破的点在于进城农民与原有城镇居民之间所享受福利差距最小的地方，显然小城镇的差距要小于大城市。

在行政管理体制方面，推行“小政府、大社会”的服务模式是多年改革的目标，但是在城市，政府和居民已经习惯了由政府来包揽各项公共服务，社会服务并未充分发育；或者说在过去政府大包大揽的制度惯性之下，政府要退出的难度很大。而在小城镇，政府所承担的服务职能相对更少，因此在一些特大镇已经出现了“小马拉大车”的特征，已经具备了“小政府、大社会”的一些雏形，市场在市政建设和公共服务供给方面有更大空间，推行行政管理体制改革的难度更小。

在土地制度方面，小城镇的国有建设用地比例相对城市的城区比例更低，而城镇发展对建设用地需求同样强烈，因此对推行建设用地制度改革的愿望更强。在设市改革方面，管理权限不足已经阻碍了特大镇发展活力的充分释放，只有设市才能从根本上解决这个问题。撤县设市不过是一个名称的变动，发展权限变动并不大，发展活力的释放并不大。而特大镇设市后，自主权的加大对发展推动将更大，改革必要性更大。

改革开放以来，小城镇为城镇化改革进行了积极探索，未来小城镇仍将是深化城镇化改革的先行者。但是小城镇改革权力在上级城市政府，在小城镇的改革能否真正贯彻实施，也是改革深化程度的基本体现。

（五）特色小镇是产业转型的载体和平台

乡村地区的传统农业受限于人多地少，传统制造业则受限于市场空间的有限及技术、资金和劳动力的不足，其发展空间均已十分有限，未来难以按照旧有路径继续获得快速发展。

近年来，我国在全国范围内对特色小镇进行了试点和探索，取得了十分显著的效果，特色小镇被证明是行之有效的发展路径。未来随着我国经济社会的进一步发展，乡村地区的户籍人口和劳动力将会进一步减少，传统农业和传统制造业的发展空间将进一步受限。只有引入现代产业经营模式，发展集约式现代产业，提高产业附加值，才能振兴乡村产业，吸引人口和资金的集聚，并带动乡村地区的人民群众全面增收致富。

特色小镇未来仍将是我国乡村地区特色产业发展的载体和平台，也是国家新型城镇化发展的重要抓手。以特色小镇为依托，推动一、二、三产融合，打破乡村发展的政策瓶颈，引入城市的人流、资金、技术和管理，盘活乡村沉睡资源，实现城乡一体化发展，是未来我国乡村地区产业转型升级发展的主要路径。

二、小城镇分类发展的重点和政策措施

由于小城镇发展水平存在较大差异，所处的发展阶段不同，所处的地理位置不同，决定了我们在制定小城镇发展政策时必须坚持因地制宜、分类指导。更为重要的是，要从小城镇发展所处发展阶段出发，发挥低成本优势，不要对小城镇提出过高的要求，防止复制大城市视觉化的发展路径。

（一）特大镇逐步发展为功能完备的中小城市

特大镇发展是在激烈的市场竞争中脱颖而出，相比于一般城市和建制镇，特大镇发展更具竞争力，可持续发展能力更强。特大镇已经有了城市之实，却仍然以“镇级”管理体制的形式存在，始终无法获得城市之名。尽管一些地方也以“扩权强镇”等形式进行了探索，但并未转变“镇级”机构对特大镇发展的根本束缚，也未能实现特大镇发展质的飞跃。解决特大镇发展的根本途径在于设市，通过设市充分释放改革红利，推动特大镇向功能完善的中小城市方向发展，这也是新型城镇化改革突破口。

对此我们建议：一是探索设市，对距离城市主城区较远的、镇区常住人口超过5万的特大镇，设置县级市或县辖市；二是在完善功能确保公共服务的基础上，对新设立的县级市和县辖市实行“小政府、大社会”的管理模式，根据县辖市人口规模和城镇

化水平来科学设置管理机构和人员编制，机构设置也可以打破上下对应的模式。县辖市的机构编制设置要在原有县内编制总量不变的前提下，根据县辖市的实际功能需要在县内进行调整；三是县辖市作为一级政府单位，要独立地享有辖区内相关事务的管辖权，同时要积极探索城乡分治的管理模式；四是建立完善和固定的县辖市与上级政府的税收分配关系，提高财力分配中的比重，增强财政自主权。

（二）大城市周边小城镇要走与大城市功能互补的发展路径

大城市周边小城镇的发展要充分利用好临近大城市的优势，发挥与大城市功能互补的发展路径，重点是把握好以下四个方面：一是发挥小城镇的居住功能，分担大城市外溢人口；二是吸纳大城市中心区产业转移，重点是大城市退二进三带来的产业转移；三是承担大城市中心区服务功能的对外转移，比如教育、养老、行政等功能外溢；四是为大城市人口消费外溢提供平台，重点发展休闲旅游相关产业。

对此我们建议：一是对大城市主城区和辖区的小城镇要区别对待，对于大城市主城区之外的小城镇不应当受到政策限制，同样应当积极发展；二是大城市要将相应的基础设施和公共服务设施向这些小城镇进行延伸，特别是要完善大容量公交系统、轻轨线路建设；三是允许农民和集体经济组织在符合规划的前提下，利用集体建设用地建造公租房，改善外来人口的居住生活条件，要积极探索对利用集体建设用地建造公租屋的收入进行征税；四是鼓励小城镇利用大城市人口外溢的优势，发展与主城区功能互补、各具特色的小城镇。为城市居民居住、消费提供空间，鼓励本地农民利用自有土地积极探索发展小规模服务业。

（三）中西部地区城关镇要继续加强产业和人口集聚

中西部地区城关镇要充分利用沿海地区产业转移的有利机会，把握返乡农民工创业带来的人才、技术、信息等资源，进一步强化人口集聚的产业基础，提升带动县域经济发展的龙头作用。发展还是第一要务，要借鉴东部沿海地区在改革开放初期小城镇发展的经验，在放活机制方面下功夫，在低成本上做文章，为产业提供低成本的发展机会，为农民工返乡和农村人口进城就业、创业和居住提供低成本的发展环境。

对此我们建议：一是明确各级政府投资责任，改善基础设施条件，主要用于优化产业发展环境、改善公共服务设施；二是允许集体建设用地使用权出让、转让、出租、转租，允许农村集体经济组织利用集体建设用地自办或者与其他经济组织合办产业园区，进一步降低招商引资和工业开发成本；三是探索小规模用地出让方式，通过土地小规模出让建造厂房、发展服务业、建造住房等，降低产业发展和人口进城居住门槛，让更多市场主体拥有财产权利，充分激活发展活力；四是允许已经作为长期工业用地的集体建设用地，作为银行抵押资产，盘活存量土地资产，加大金融支持力度。

（四）一般小城镇要明确定位在农村公共服务中心

对绝大多数小城镇来说，还需要上级政府给予财政补助，以维持其运转，保障对农村的管理与服务职能。因此对于一般小城镇宜在维持现阶段发展规模的基础上，完善基础设施条件和公共服务水平，增强居住和公共服务功能，积极引导农民进入城镇生活定居，发挥小城镇服务三农的作用，有序推进就地城镇化。

对此我们建议：一是增加对小城镇公共事业发展转移支付的比例，提高公共事业发展水平，增强公共服务功能；二是通过加强基础设施建设和市场培育，完善水电路气等基础设施条件，为农副产品、手工业品的加工、贸易提供有利条件；三是健全农业技术服务网络建设，提高农业技术服务水平；四是对一些人口流出较多、交通便利地区的小城镇可以进一步推动乡镇合并。

（五）特色小镇要成为国家新型城镇化的重要抓手

特色小镇作为我国乡村地区产业发展的载体和平台，未来需要进行重点培育，将其打造为引领周边地区产业发展的中心。因此对于特色小镇，未来应该将其作为新型城镇化工作的重要抓手，进一步加大培育力度，打造特色产业的市场竞争力，有序引导乡村传统产业转型，吸纳周边乡村人口集聚，建设成为乡村地区的发展亮点。对此我们建议：一是注意试点先行，选取有特色资源优势的地区先行先试，集中资金重点开发，避免遍地开花；二是坚持规划引领，通过认真编制规划方案，做好规划的实施管控，实现小镇开放建设的有序进行；三是强调产业特色，通过精心策划，找准小镇产业的特色发展方向，避免将小镇建设成房地产开发项目；四是注重市场导向，在小镇的开发过程中坚持以企业为主，避免政府过度干预，通过市场手段打造有竞争力的产业集群。

第十二章

以改革开放培育壮大新城新区新动能

冯　奎[1]

新城新区是改革开放最重要与最直接的产物；新城新区一经发动又深刻地推进了改革开放的进程。2018年是中国改革开放40年，站在改革与发展的新起点，研究新城新区面临的环境变化，进一步思考新城新区新动能的培育与壮大问题，具有重大的意义。

第一节　新城新区已经形成较为完整的体系结构

新城新区并没有统一的严格的定义。广义上来讲，它是指为了实现政治、经济、社会、生态、文化建设等一个或几个方面的需要，经由主动规划与投资建设而成空间单元。新城新区具有相对性，从历史上讲，是相对于中国几千年几百年的古城古镇而言；从建设周期上讲，它们都是较在短时间内完成规划与建设；从空间上讲，与老城

① 作者系国家发改委城市和小城镇改革发展中心研究员。本文仅为个人研究成果，不代表机构观点。

老区有一定的独立性或区隔；从性质上讲，新城新区至少在规划、建设、运行等某一方面体现了开拓性、创新性、进步性。

中国的新城新区，一般而言，包括国家级新区、国家级经济技术开发区、国家高新技术产业开发区、保税区、边境经济合作区、出口加工区、旅游度假区、自贸区等等；还包括产业新城、科教新城（大学城）、高铁新城、临港新城、空港新城、智慧新城、低碳新城等。

改革开放40年来，中国的新城新区在类型上不断扩展，在数量上不断增加，在影响力上不断提升，已经形成了庞大的体系。其中：

——国家级新区是新城新区的龙头。从空间上看，19个国家级新区有3个位于东北、8个位于东部、2个位于中部、6个位于西部地区。国家级新区一般特征是：处于国家重要发展轴带上；服务于“一带一路”、京津冀、长江经济带等重大发展战略；主要依托直辖市、省会（副省级、计划单列市）；是实施区域总体发展战略、主体功能区战略和新型城镇化战略的重要支撑面；分布较为均衡。

尤其需要强调的是，2017年4月，雄安新区批准设立，成为继深圳经济特区、浦东新区之后又一个具有全国影响的国家级新区，体现了国家级新区不仅在空间上支撑了国家战略，而且在改革开放的不同时代前后呼应，推进中国改革开放的进程。

——国家级和省级各类开发区是骨干。当前我国共有各类型开发区2543家，其中国家级开发区552家、省级开发区1991家[①]。县及县以下未列入统计范畴的产业园区、集聚区数以万计。国家级和省级的开发区主要分为国家级经济技术开发区与国家级高新技术产业开发区。

从2543家省级及省以上开发区的分布来看，呈现出全国布局、区域集聚的特征。山东、江苏、河北、河南、四川、广东、湖南、浙江、安徽、湖北等十个地区共设立1382家开发区，占开发区总量的54.3%，其中，山东和江苏分别拥有各类开发区174家、170家，分别占比6.8%和6.7%，成为我国开发区的主要集聚地，而宁夏、青海、海南、西藏等经济欠发达地区，共设立了44家开发区，占比仅为1.7%。

——类型多样的新城群体展现活力。新城有的独立存在，有的就是新区的构成部分，一些国家级新区、经开区或高新区就包含多个新城。近年来，新城在发展中体现

① 根据国家发展改革委、科技部等六部门公布的《中国开发区审核公告目录（2018年版）》（以下简称“目录”）。

出五个特点，即多样化、小型化、智慧化、柔性化、市场化。

多样化是指新城类型多种多样，具体包括：产业新城、各类交通枢纽型新城（如高铁新城、空港新城）；科教新城（大学城）、行政区型新城等①。小型化是指相比较一些新区尤其是国家级新区，这些新城面积较小，一般数十平方公里，小的甚至仅有几个公里。智慧化是指新城的发展模式体现绿色、低碳、智慧、宜居等特征，尤其是注重运用技术创新提升智慧化水平。柔性化是指出现了一些新城，将创意产业与文化、旅游、景观等元素融为一体。市场化是新城的开发过程中，市场主体参与的程度高，市场机制发挥的作用大。值得一提的是，2016年以来，一批特色小镇正在建设可以归为“微新城”，它们强调创新型的空间建设。

第二节　改革开放是新城新区发展的首要驱动力量

中国新城新区的发展与改革开放息息相关，改革开放进程的重大政策与重大事件，决定了新城新区的设立、成长、壮大与转型发展，具体表现在四个主要方面。

一、改革开放基本国策是设立各类新区的依据

从深圳经济特区、上海浦东新区到雄安新区，这些具有时代标志性的国家新区的设立，都源自改革开放的基本国策。经济开发区、高新技术产业开发区、保税区等等，同样是为了推进改革开放的需要。概括地讲，中国的新城新区是国家改革开放的产物，与西方城市的“新区”和“新城”相比，有非常独特的中国特色印记②。

1979年4月邓小平首次提出要开办“出口特区”，后于1980年3月提出将“出口特区”改名为“经济特区”。1979～1980年，深圳、珠海、汕头、厦门四个经济特区和

---

① 综合各类调研数数据来看，产业新城的数量至少达到200个；规划或在建高铁新城约150个，已建设较完备的高新新城约60个；规划或在建的空港新城约100个；科教新城（大学城）约20个；承担行政区功能的新城约40个。

② 参考企业管理出版社出版的《中国新城新区发展报告2015》《中国新城新区发展报告2016》。

海南（1988）经济特区由此得以成立。1990年4月党中央、国务院作出了开发开放上海浦东的重大决策，上海市委、市政府按照中央战略部署，制定了“开发浦东、振兴上海、服务全国、面向世界”的开发方针。

20世纪70年末和80年代，国家开始建立经济技术开发区和高新技术开发区，两者的重点有所不同：前者主要是发展劳动密集型和技术密集型工业为主；后者是促进高技术成果的商品化、产业化和国际化。但两者有相同的方面，即它们都是以吸引出口加工企业布局，建设外向型经济体系的中心环节。从根本上讲，经开区与高新区设立就是经济开放发展的需要。

2017年4月，党中央、国务院通知设立雄安新区，提出要打造新时代改革开放新高地。从历史发展阶段来讲，深圳经济特区、浦东新区承担着改革开放起步、发展阶段的任务；雄安新区承担着改革开放进入高质量阶段通过“雄安质量”引领国家前进的任务。从改革的角度来讲，雄安新区要触碰深层次一系列体制机制的改革。从开放的角度来讲，雄安新区的设立是在新的全球化背景下进行的，要全面融入“一带一路”倡议，推进投资与贸易便利化。

从本质上讲，深圳经济特区、上海浦东新区、雄安新区以及其他国家级新区的建立的主要原因，都是改革开放的需要。同样，近年来，一些新城的规划发展反映了国家或区域层面改革发展的要求。

二、体制改革为新城新区发展赋权赋能

对新城新区产生重大影响的体制改革起于放权，但最根本的影响还是来自市场经济体制的建立。

放权是从深圳开始。深圳经济特区是国家级的一个新区。从1979年建市到1992年宝安县撤县为宝安区和龙岗区，深圳经济特区的成立及发展获得了密集的国家权力垂直下放和转移。如1979年设为地区一级省辖市，1980年设置为经济特区，1987年土地管理体制改革，1988年批准为计划单列市、授予特区立法权和住房制度改革等，这些分权事件在推动深圳经济高速起步和发展的同时，也对改革开放初期经济特区的规划建设产生了深远影响。

20世纪80年代，中央政府对设立的沿海开发区和高新技术开发区，主要不是体现

在直接给予资金的资助，而是给政策、给自主权，其实质是通过行政分权引入市场机制从而满足对外开放的要求，达到逐步与国际经济接轨的目标。这一时期，各国家级开发区解放思想、大胆探索、艰苦奋斗，为后面阶段的大发展奠定了基础。

1992年党的十四大报告明确提出建立社会主义市场经济体制，1993年中国共产党十四届三中全会通过《中共中央关于建立社会主义市场经济体制若干问题的决定》，新城新区发展的资源配置开始逐渐转向市场经济体制，这为新城新区的未来走向奠定了体制机制的框架基础。

改革尤其是经济体制改革的任务远远没有完成，2017年10月十九大报告提出要加快完善社会主义市场经济体制。经济体制改革必须以完善产权制度和要素市场化配置为重点，实现产权有效激励、要素自由流动、价格反应灵活、竞争公平有序、企业优胜劣汰。按照改革要求，新城新区加快体制改革，例如在产权制度改革这项，南京江北新区针对专利、商标、版权“三合一”进行知识产权综合管理体制改革试点，推进科技创新资源集聚区建设；福州新区研究推进海洋产权交易中心建设。

三、全面开放为新城新区提升扩展空间

中国的开放从深圳经济特区等地起步，在积累了一定经验之后，开始加快开放步伐。1984年国家开放大连、秦皇岛、天津、上海、宁波等14个沿海港口城市，商务部批准在这些沿海港口城市设立了我国最早的14个经开区。开放从沿海到内陆，各类新城新区也相继设立。

1992年邓小平南方讲话推动了中国的全面开放。此后各类开发区获批加快，截至1999年12月底，国家级开发区覆盖了除西藏、青海以外的所有省份，全国共有各类新区362个。

中国加入世界贸易组织是重大的开放性事件，全球化为中国新城新区带来了重要发展机遇，中国新城新区获得了发展的新动能。浦东迅速成为为中国的金融中心，其成长过程就是全球化力量参与、国家资源投注和地方制度重组的典型案例。大事件和巨型工程对中国城市空间的影响在各大城市普遍呈现，南京河北新区开发、广州的亚运会以及深圳的大运会等也都是其中突出代表（张京祥等，2007）

在全球化浪潮中，各类开发区甚至出现过多过滥现象，一些地方借开发区之名乱

占耕地。2003年7月起，国务院部署开展了对全国各类开发区的清理整顿工作。到2006年12月，全国各类开发区由6866个核减至1568个，规划面积由3.86万平方公里压缩至9949平方公里。

中国正在形成全面开放的新格局，这将对新城新区的规划布局、发展目标、质量提升带来重大影响。近年来，一些新城新区在规划布局时综合考虑“一带一路”建设带来的机遇，统筹考虑新城新区国内外的呼应发展、东西向的互济发展、陆海联动发展。新城新区普遍重视运用自由贸易区的改革成果，引领新城新区走向更高水平。

四、改革开放促进新城新区进行模式创新

在改革开放大潮中成长起来的新城新区，最大的特点就是创新。

从改革的角度来讲，新城新区的目标价值模式、路径方法模式与以往不同，因此不能因循旧制，只有依靠创新。曾经打响中国改革开放第一炮的蛇口工业区，仅1979到1984年间就创造了24项全国第一，率先进行经济体制改革，探索出“蛇口模式”。这一模式很快在特区范围内得到广泛推广。深圳人也形成了新的价值观——“时间就是金钱，效率就是生命”。浦东新区在早期开发阶段缺少资金，城市建设资金主要来自地方政府的土地批租[①]；同时还进行财政体制等一系列改革。

从开放的角度来讲，国际前沿的规划与发展理念借由开放进入中国并与中国实践相相结合，必然给新城新区带来创新的烙印。上海浦东新区开发时期诞生的陆家嘴中心区域的规划，是中国历史上是第一次为一个地区规划进行国际咨询，产生了第一个汇集国际智慧的规划方案，这对于国内其他地方新城新区规划带来了诸多观念上的震动。一定意义上讲，成功或者失败的新城新区都成为中国规划与发展领域最为生动的案例与讲堂，培育或教育了中国的城市规划者、建设者、管理者队伍。2017年雄安新区建立时，习近平总书记提出要坚持“世界眼光、国际标准、中国特色、高点定位”，从一个角度反映了改革开放以来，中国在新城新区领域已经不断拉近与世界标杆距离。

---

① 大规模开发离不开大体量投入。在资金支持捉襟见肘之际，浦东新区当时创造出“资金空转、土地实转”的新模式，由政府土地部门先与开发公司签订土地出让合同，再由政府、银行、公司在支票上同时背书，最后进行验资后工商注册登记。

第三节　新城新区成为改革开放进程的动力引擎

改革开放需要新城新区作为平台与抓手，新城新区诞生以后就变成推动展示改革开放成果的窗口以及推动改革开放的动力引擎。新城新区在改革开放中的角色主要体现在七个方面。

一、经济增长的发动机

东部主要国家级新区占所在城市GDP总量达到30%。国家级经开区、高新区贡献GDP占全国的近四分之一。开发区成为促进地方经济增长的重要引擎。中国开发区已经为我国经济的持续快速发展做出了重要贡献。2017年，156家国家级高新技术开发区实现地区生产总值达9.52万亿元，占全国GDP比重的11.5%，营业总收入、企业实际上缴税费的同比增长率分别实现11%、10.5%的高增长；219家国家级经济技术开发区实现地区生产总值9.1万亿元，占全国GDP比重的11%，税收贡献、财政收入、出口总额、高新技术产品出口额等多项指标的同比增长率、占全国比重等多项指标均保持了高增长。

二、进城人口的集聚区

以北京和上海为例，新城新区兴办产业和大型社区对人口形成集聚效应。北京：21世纪头十年以来，北京大量人口流入。根据国家统计局北京调查总队发布的2012年各区县分区数据，2005年以来北京增加的常住人口中有近一半集中在城市发展新区，即房山区、通州区、顺义区、昌平区、大兴区等五个区。数据显示，2005年北京市常住人口为 1538万，发展新区常住人口为 411.6万人，占常住人口增加量的45.4%。上海：浦东新区是上海人口最多的区，也是我国开发进度最快、人口增长最猛的新城新区之一。2017年末，新区来沪人员225.37万人，在实有人口中的比重为40.6%。流动人口依然大量集聚在城郊结合部的镇域，其中，康桥、三林、北蔡、川沙新镇、惠南镇、张江6个镇的流动人口依然在10万以上。

三、城市困局的突破口

中国新城新区针对和解决的城市问题主要有以下几个。

——缓解“城市病”的问题。北京、上海等城市，通过在老城外建设新城，老城新城协同发展，有效化解“城市病”。

——产业转移与升级的问题。例如首钢外迁至唐山曹妃甸，河北省就在唐山市建立了曹妃甸新区。原先首钢区域则开始培育新的创新型产业。

——居住问题。在一些城市周边出现了以房地产为主的新城开发，主要功能就是居住。

——旧城改造与保护的问题。如苏州市老城区东西两侧分别开发建设有新加坡工业园和苏州新城区，新区发展与旧城保护相结合，取得了较好的效果。

——发展空间受限的问题。如杭州由于西湖及山体的限制，在建成区西南发展受到限制，最终制定了跨江发展的战略，建设钱江新城成为新的城市中心。

四、城市功能的新载体

新城新区的建立，往往能够与时俱进，通过增加、优化一些功能，满足城市发展新的需要。

——行政区新城。城市的行政中心位置迁移后，需要进行部分新城建设以满足需要。例如合肥市将行政中心南移，建立了滨源新区以满足需要。

——高铁新城。一些地方围绕高铁站点建立了高铁新城。

——港口新城。港口等重大项目需要新城配套。例如为了建设上海国际航运中心，洋山港项目启动，上海芦潮港项目据此立项、规划并建设。

——科教新城、生态新城、低碳新城等。例如为了进一步吸引海外人才，为科技孵化创造好的空间平台，浙江省杭州市建设了绿色低碳的未来科技城。

五、知识创新的核心区

截至2017年末，156家高新技术产业开发区中集聚了全国约40%的高新技术企业，全国互联网百强企业中96家诞生于国家高新区，形成了以中关村、深圳等为代表的全球创新高地，诞生了一批以小米、华为等为代表的具有世界影响力的高新技术大公司；拥有近50%的国家级科技企业孵化器和43%的科技部备案的众创空间，拥有研究院所2900多家、各类大学800多所、企业技术中心11000多家、新型产业技术研发机构1100多家、科技企业孵化器2000多个、产品检测检验机构等创新创业服务机构1600多家。

六、对外开放的大平台

新城新区在税收、出口、贸易等多方面通过不断出台完善各项法律法规，成为吸引外资、承接产业转移和开展对外贸易的重要平台。根据商务部统计数据显示，2016年219家国家级经济技术开发区实际利用外资3301亿元，占全国实际使用外资总额的40.6%；2017年，共实现进出口总额5.6万亿元（其中出口3.2万亿元，进口2.4万亿元），占全国对外贸易总量的20%。

七、创新改革的试验田

许多重大的改革，包括政府职能改革、投融资制度改革、土地制度改革、人才使用制度改革等，都是从新城新区开始，再扩大到其他地区。例如中关村“1+6”政策的推广。2010年底，国务院同意支持中关村自主创新示范区实施“1+6”系列先行先试政策[①]。在先行先试政策下，中关村示范区取得了良好的成绩。2014年12月有国务院常务院会议决定，将6项中关村先行先试政策推向全国。又如滨海新区的审批制度改革。仅在2015年，滨海新区就实施了“一份清单管理边界”，梳理42个部门16471项权责事项；放大“一颗印章管审批”效应，减少30%审批事项；推动“一个部门管市场”，

① “1”是指搭建中关村创新平台，“6”是指在科技成果处置权和收益权、股权激励、税收、科研项目经费管理、高新技术企业认定等方面实施6项新政策。

整合成立市场监管局；设立两级执法监督平台，实现“一支队伍管执法”，进一步完善开放环境。

第四节　新城新区壮大新动能面临的机遇与挑战

新城新区既变也不变。变是因为40年前的新城新区现在已经是老城老区，不变是因为新城新区的核心理念是创新，是要引领时代、引领全局、引领进步。改革开放40年培育了新城新区的存量动能，未来仍然需要通过改革开放进一步壮大新城新区的增量动能。新城新区壮大发展新动能面临着五个机遇。

一、科技产业革命助推新城新区站在发展的新风口

当前，世界正处于第四次科技产业革命的窗口期。先进制造（包括机器人技术、3D打印技术、先进材料等）、信息技术（包括云计算、物联网技术、大数据、移动互联网等）、能源技术（包括可再生能源技术、非常规油气资源勘探、开采技术、新能源汽车、新一代储能技术等）、生物技术（新一代基因组技术等）、智能技术（包括自动驾驶汽车技术、知识型工作自动化技术等），正在汇聚成为发展的新动能。由于各种原因，我国错失了第一、第二、第三次科技产业革命的机遇，第四次科技产业革命是我国实现弯道追赶的重要机遇。新城新区在上述科技产业领域具有雄厚的积累，瞄准科技产业前沿，一批新城新区将获得发展的新动能。

二、都市圈加快成熟带给新城新区富有活力的新空间

中国的城镇化率还有较大提升空间，未来还有3亿多人要进入各类城市与新城新区。特别要看到，随着交通、通信条件的改进，都市圈的形成与发展将成为未来几十年的突出现象。目前相当数量的新城新区出现在特大城市周边，这些新城新区正在加速与特大城市的核心区实现一体化发展。从新城新区内部来看，基础设施已基本完

备，随着服务功能的增强与完善，这些新城新区具备产城融合的发展条件，将迎来新的发展机遇。

三、绿色智慧创新城市推动新城新区实现新形态

当前，绿色城市、智慧城市、人文城市、网络城市、创意城市、健康城市等，都在进行试点与推广。未来正是新城新区创新发展理念，叠加绿色智慧人文等元素，建设新型城市的黄金时期。相比较老城老区，新城新区规划设计更容易实现绿色、智慧等发展的要求，更能体现新型城市的发展方向。新城新区发展过程也是各类专业人才培育成长的过程，未来推进绿色智慧创新城市的专业化人才将更加完备，为新城新区发展带来有利条件。

四、体制机制改革为新城新区提供发展新动力

体制机制创新是中国新城新区建设的逻辑起点，是发展的动力源，是成功的根本经验。40年来，新城新区建设已经积累了许多体制机制改革的成果，利用这用成果就可以少走弯路，降低成本。同时，在行政管理、规划制度、房地产制度、土地利用制度、多元可持续的投融资制度等方面，创新空间仍然较大。近年来，围绕营商环境的进一步改善，势必为新城新区带来新一轮发展红利。

五、全面开放为新城新区发展创造更多机遇条件

以纪念改革开放40年为契机，中国开放的大门将越开越大。中国正在实施更高水平的贸易和投资自由化便利化政策，大幅度放宽市场准入，扩大服务业对外开放，平等对待在我国注册的企业，这些将会为国内优秀的新城新区带来新一轮开放红利。“一带一路”的效应逐步显现，这也有助于海外园区的建设发展，带动国内产能的国际合作。

中国新城新区面临着壮大新动能的机遇，但也面临不少挑战。从新城新区新旧动能变化的角度来看，面临的挑战主要反映在四个方面：一是产业结构上“旧动能”色

彩严重，没有形成现代化的产业体系，新动能色彩不强；二是城市功能不全，基础设施与公共服务满足不了新型城市发展的需要；三是内部机制活力减弱，阻碍创新的原因甚至有所增加，创新方向不明晰、效果不明显；四是新城新区数量众多，各自品牌相对影响力下降，以开放促改革、以开放促发展的路径没有形成，对外合作的资源没有充分利用等等。

第五节　以改革开放壮大新城新区的新动能

新城新区与改革开放具有内在的深刻的联系：没有改革开放，就没有中国的新城新区体系；没有新城新区，改革开放的推进就缺乏有效的平台与抓手，成效就不会如此显著。当前，需要认真总结新城新区发展的经验、模式、道路，抓住新城新区在新兴产业、城市功能、治理体系、对外开放等主要方面，研究如何壮大新城新区的新动能，推动新城新区再出发。

一、中国新城新区产业发展新动能

传统工业制造业的动能正在消失，新兴科技与产业创新带来的动能正在形成。中国新城新区迫切需要以技术与产业创新为引领，以知识、技术、信息、数据等要素构建创新型的新动能。

（一）抓住颠覆性创新，占领产业发展前沿

支持企业开展具有颠覆性原始创新技术的研发和产业化。推动新一代信息、生物、新材料、能源、环保等产业和技术的跨界融合，促进新技术、新模式向传统产业的渗透。推动数字经济、分享经济、平台经济、智能经济、创意经济和绿色经济的发展。

（二）注入高端资源要素，带动传统产业升级

利用高端资源要素带动新城新区已有传统产业集群的转型升级。支持企业和机

构引入高端研发资源，带动产业向价值链高端升级，增强产业集群创新活力，营造创新氛围。引入具有丰富投资经验的天使投资人、风险投资机构，支持其在当地开展业务，鼓励其推荐自身优质项目落户在新城新区，实现借助市场化力量识别具有商业化价值的创新、集聚优质创新资源。

（三）构建企业生态体系，增加企业群体活力

支持大型企业向核心材料、关键元器件、高端部件等价值链高端发展，通过技术并购、国际化发展、跨区域布局等方式增强持续发展的动力。发现“专特精新”类中小企业群体、瞪羚企业和独角兽企业等高成长企业群体、具有潜力初创企业群体，研究制定专门的支持政策，通过信用融资、贷款担保、贷款贴息、投保贷联动等方式解决企业发展所需资金，引导社会资源向前述企业群体集聚，尽快形成经济的增量。

（四）加强开放平台建设，培育区域创新体系

建立行业领先的研发设计、公共检测、科技信息和专业技术等新型创新平台，提高创新生态系统开放协同性，形成开放合作的创新网络和形式多样的创新共同体。推进众创空间、科技孵化器等创新载体向市场化、专业化、特色化发展，充分发挥其培育科技型中小企业、高新技术产业及完善区域创新体系的功能。打造先进适用的科技成果包转化基地，形成实体经济、科技创新、现代金融、人力资源协同发展的产业体系。

（五）推进智慧制造，推广人工智能产业

鼓励扶持云计算、大数据、数控机床、无人机、3D打印、智能装备等智能制造相关产业发展，支持企业提升智能制造产品及业务的自主创新能力。引导企业应用自主可控信息技术和人工智能设备，推广应用自动识别、CPS（信息物理融合系统）、人机智能交互、分布式控制和增材制造等先进技术，推动生产方式向数字化、精细化、柔性化转变。

（六）提升生产性服务业，培育新兴服务业

围绕传统产业升级需求，重点培育金融服务、商务租赁、现代物流、商业服务、

检验检测等生产性服务业，加快生产性服务业向高端化升级。顺应生活方式转变和消费升级趋势，积极壮大大健康、大消费、全域旅游、智慧生活等生活性服务业，推动生活性服务业向平台化、精细化、智慧化转型。发展大数据、电子商务、云计算、物联网等新兴服务业，推动新兴服务业向价值链高端延伸。

（七）实施“农业+”战略，发掘利用乡土元素

通过农业与商贸物流业的融合，向储藏保鲜、中央厨房、直供直销、私人定制等进行新产业延伸。通过农业与文化、教育、生态、康养等产业融合，向创意农业、绿色农业、养老地产等新业态进行拓展。通过农业与信息产业融合，向在线农业、智慧农业、共享农业等新技术进行渗透。通过农业与城镇化融合，向特色小镇、田园综合体等新模式进行开发。

二、中国新城新区城市发展新动能

新城新区过去多从产业园区起步，基础设施、公共服务等城市功能欠缺。未来新城新区应弥补城市功能短板，努力建设绿色智慧新一代城市，增强发展的持续动力。

（一）统筹资源要素，促进产城融合发展

注重新城新区空间规划设计，推进新城新区向多中心、网络化模式发展，合理布局各区块的核心功能，促进生态、文游、产业等功能要素有效集聚。完善土地政策、盘活土地资源，提高国土资源利用效率。切实保证耕地和农田用地，合理调控建筑用地的开发时序，促进闲置土地的“腾笼换鸟”及落后产能用地的转型升级。保障教育科研、医疗卫生、文化体育及城市基础设施等社会事业项目用地。合理规划新城新区人口发展规模，促进产城融合。

（二）加强生态保护，建设绿色宜居水平

根据新城新区人口、产业布局及生态承载能力，控制开发力度。增加城市公园、绿地建设数量，提高新城新区绿化覆盖率。加强污染综合防治，全面改善生态环境。制定区域产业负面清单，依法清退高污染、高耗能企业。开展地下水环境调查评估，

更新城市污水处理装置，提高新城新区污水处理水准。推广透水建材和雨水收集设施，提高雨水就地蓄积、渗透水平。严守土壤生态红线，推进固体废物堆存场所排查整治。

（三）超前布局信息设施，建设智慧城市

加快新城区通信基础设施建设，进一步优化网络结构、提升网络质量，适时启用5G商业应用。实施光纤入户工程，积极部署下一代互联网技术应用试点，提高IPv6用户普及率和网络接入覆盖率。推动无线新城新区建设，提高公共场所免费WiFi覆盖率。加快“三网融合”进程，促进网络资源互通共享。建设城市综合管理信息平台，依靠大数据分析、人工智能等技术，实现新城治理的智能决策、综合管理。

（四）构建高效交通网络，打造智能交通体系

加快建立新城新区与周边其他城市连接的高速铁路网络，完善与外部连通的高速公路、干线公路网，打造交通出行30分钟都市圈。提升新城新区航空服务水平，依托高速铁路、高速公路网络，加强与本市及周边城市机场之间的快速高效联系。优化停车管理能力，推动立体智能综合停车场规划建设。探索建立基于车联网、互联网、人工智能等技术为支撑智能交通体系，推进智能驾驶交通工具的示范应用。

（五）集聚优质资源，提升教育医疗水平

促进优质初、中等教育资源在新城新区聚集，支持“双一流”高校在新城新区办学，以合作办学的方式引进优质国际教育资源。加大科学家、学科领军人物、创新团队的培养和引进力度，统筹科研平台和产学研用一体化创新中心建设／健全新城新区职业教育培养体系，促进产教融合及校企合作，鼓励企业参与职业教育办学，围绕新城新区产业特色优化职业教育专业布局。推动新城新区居民健康信息平台建设，大力发展智能医疗，建设健康医疗大数据应用中心。加强区域医疗联合体内资源共享和服务协同能力，探索发展远程医疗。

（六）彰显特色文化，打造新城新区的软实力

提升公共文化服务质量，增加博物馆、图书馆、美术馆、剧院等重大文化项目的

规划建设。拓宽文化服务覆盖面，推出更多受大众欢迎的公共文化产品。引入国际国内优质文化资源，积极开展文化交流合作项目。在数字网络环境下提升文化节、艺术节、音乐节等文化活动的影响力。促进文化与旅游体育的深度融合，打造地方旅游消费、投资新热点。运用网络化手段塑造新城新区的品牌新形象。

三、中国新城新区治理改革新动能

新城新区不能依靠过去的政策优惠，必须不断提高效能，持续提升高质量营商环境，推动新城新区发展。

（一）完善管理体制，提升行政管理效能

推进行政体制改革，加强对新城新区与行政区的统筹协调，进一步完善新城新区财政预算管理和独立核算机制。进一步整合归并内设机构，优化政务流程，集中精力抓好经济管理和投资服务。深化行政审批制度改革，减少行政审批事项。实施政企分开、政资分开，科学制定权责清单，实现清单内容具体化、约束强制化，提高政府权力运行的规范化水平。

（二）探索行政区划改革，促进整合优化

积极探索调整行政区划，清理整合邻近区域的小散园区，构建有效统筹周边区域间关系的管理运营方式，破解管理体制碎片化难题，提升区域融合发展水平。精简行政层级，推进扁平化管理和大部制优化调整，建立高效协同的协调机制，促进管理职能下沉。避免低水平的重复建设，鼓励形成独具区域个性的特色化发展格局。创新现代区域管理模式，提升新城新区精细化管理水平。

（三）深化经济体制改革，完善基础经济制度

以全面深化改革为动力，进一步完善财税、土地、金融等基础性经济制度，鼓励新城新区开展试点试验，充分释放制度红利，激发发展活力。改革财政体制和运行机制，争取地方税制综合改革试点，落实耕地保护制度和节约用地制度，创新产业用地模式。

（四）深化“放管服”改革，营造优质营商环境

构建亲清的新型政商关系，进一步缩短开办企业所、水电使用等审批所需时间。完善以负面清单为主的产业准入制度。针对新技术、新产业、新业态、新模式，调整优化准入标准。建立企业全生命周期的监管平台，实施精准监管，在及时发现潜在风险的同时尽可能降低对企业正常经营的干扰。

（五）健全信用约束机制，增强信用管理能力

按照强化信用约束和联合惩戒的要求，加快完善社会信用领域立法。完善信用支撑平台建设，升级发展理念，创新服务手段，运用大数据、人工智能等新技术开展征信、授信、风控及保险等应用领域。制定全面系统的信用培育方案，引导并探索将信用管理纳入新城新区企业内部管理的机制。开展企业信用负面清单管理。

（六）创新招商方式，提升引资效率

创新市场化招商方式，依托大数据、区块链等创新技术，围绕重点产业的垂直供需链和横向协作链开展精准靶向招商。探索政府招商与市场化招商相结合的新型招商模式，加强招商引资人员培训，提升招商引资工作专业化水平。推动全方位对外开放，创新外商投资便利化管理和促进机制，完善自由贸易背景下便利化最优的贸易监管制度，创新社会治理模式，促进服务贸易市场拓展、品牌培育和产业发展。

四、中国新城新区开放合作新动能

新城新区需要积极适应经济发展新常态，以更加积极的姿态主动参与到“一带一路”的建设中，积极探索对外经济合作新模式、新路径、新体制，构建开放型经济新体制的先行区。

（一）完善外商市场准入，提高投资自由化水平

争取率先在新城新区内有序推进金融、教育、文化、医疗等服务业领域开放，放宽建筑设计、会计审计、商贸物流、电子商务等服务业领域外资准入门槛，加大电信、文化、旅游等领域对外开放压力测试力度。鼓励外资企业加大在新区设立研发中

心，加大研发投入力度。引导外资更多投向现代农业、环保生态、先进制造业、现代服务业等前沿领域，有效发挥新区在扩大开放吸引外资方面的先行先试作用。

（二）培育创新开放主体，增加国际交往活跃度

鼓励新区企业培育以技术、品牌、质量、服务为核心的外贸竞争新优势；鼓励新区优势企业建立海外生产加工和综合服务体系；创新跨境电子商务合作方式，鼓励企业建设出口产品“海外仓”和海外运营中心，支持开展保税备货、境内交付模式的跨境电商保税展示业务；加快国际租赁业务创新发展，推动装备、技术、资本和管理“走出去”；鼓励符合要求的企业大力发展海外投资保险、出口信用保险、货物运输保险、工程建设保险等业务。

（三）创新跨境服务方式，探索共建园区模式

在专业服务领域率先试点服务贸易跨境交付，探索兼顾安全和效率的数字产品贸易监管模式。借鉴国际先进经验，鼓励外商投资企业参与区中园、一区多园等建设运营。支持新区引进境外创新型企业、创业投资机构，支持外资企业设立联合创新平台。发挥中介机构作用，培育一批国际化的设计咨询、资产评估、信用评级、法律服务等中介机构。

（四）加大人才吸引力度，构建国际智力集聚地

进一步简化工作许可办理程序，在签证、出入境、社会保险、知识产权保护、落户、居留、子女入学等方面享有同等待遇；建立国际人才创业支持服务中心，设立国际高层次人才创业引导基金，鼓励支持高层次人才创办科技型企业，优化外籍人员创办科技型企业的审批流程；支持外籍科学家、外国专家领衔或参与承担重大科技计划，保障在科研经费申请等方面享受同等待遇。

（五）促进区域协作联动，打造协同发展示范区

推动东部新区通过多种形式在西部地区、东北老工业基地建设产业转移园区，推进产业项目转移对接合作。探索建立区域间科技创新合作机制，推动新区与各方在科技金融、技术研发和转化、知识产权保护和运用、人才引进和培养、科技园建设和运

营方面的交流与合作。推动地方创新券和科研经费跨区域互认。积极构建综合交通运输网络，打造新区“1小时经济圈”。

（六）对标国际司法标准，降低制度性交易成本

充分发挥新城新区先行先试的政策优势，对标国际贸易投资准则，积极参与国际经贸法律交流，强化涉外法律服务，不断探索完善涉外法律法规；探索建立健全外商投资企业投诉工作机制，及时解决外商投资企业反映的不公平待遇问题。切实降低外商投资企业经营成本和物流成本，健全完善技术性贸易措施体系，清理进口环节不合理收费，进一步规范进口非关税措施，降低进口环节制度性成本。

（七）创新贸易监管模式，完善外商投资监管体系

按照扩大开放与加强监管同步的总体要求，积极创新国际贸易综合监管新模式，探索开展电子围网监管、海关税款担保、出口货物专利纠纷担保放行、维修监管等新模式，创造条件实施监管等通关便利化措施。进一步完善跨境资金监控体制机制，探索开展金融综合监管试点。

参考文献：

[1] 冯奎.站在发展前沿探索新城新区建设[N]. 学习时报，2018.5.19

[2] 冯奎，闫学东，郑明媚.中国新城新区发展报告[M].北京：企业管理出版社.2017

[3] 杨保军等.新城与村镇[M]. 北京：商务印书馆.2011

[4] 何立峰等.国家新型城镇化报告2017[M].北京：中国计划出版社.2018

第十三章

以制度改革为重点推进深度城市化

徐　林[1]

城市化是一个国家走向现代化的必由之路。改革开放以来，随着市场化改革的深入和要素流动管制的放开，我国经历了世界历史上规模最大、速度最快的城市化进程，城市城镇发展取得了炫目的成就，这是我国持续市场化改革和对外开放的显著成果。从1978年到2017年，我国城市化率年均提高1个多百分点，2017年底城市化率达58.5%，城镇常住人口由1.7亿人增加到8.1亿人，城市数量由193个增加到660多个。

不仅如此，与城市化相关的市场化改革和管制放松降低了制度性交易成本，促进了城乡要素的自由流动和市场化配置，大大提高了资源配置效率和要素报酬水平。城市建设方兴未艾，基础设施明显改善，城市功能不断增强，人均住房水平明显改善，公共服务水平不断提高。城市化改变了我国亿万农民的命运，使他们脱离了贫困愚昧，见识了现代文明，提高了人力资本，提高了人均收入，改善了生活质量，为经济发展注入了强大动力，大大推进了国家现代化进程。

按照城市化表现出的一般规律，我国仍处于城市化率30%～70%的较快发展阶段，与发达国家90%左右的城市化水平相比，还有较大差距。随着劳动年龄人口的减少，

---

① 徐林，中美绿色发展基金董事长，原国家发改委财经司司长、规划司司长、中国城市和小城镇改革发展中心主任。

特别是农村青壮年劳动力数量的逐渐减少，我国城市化速度将从高速向中高速转变，城市城镇发展也将由规模扩张向质量提升为主转变。尽管如此，我国尚未出现城乡大格局中的逆城市化趋势，这是由城乡居民之间依然还有收入、公共服务较大差距，农业与非农产业劳动生产率之间还有较大差距的现实决定的。在差距面前，包括劳动力在内的各类生产要素依然会表现出向高报酬地区和领域转移配置的动力和趋势，这一趋势符合市场规律，有利于提高资源配置效率，不可能也不应该通过资源的逆向配置人为加以逆转。按照预测分析，我国还将持续20年以上的城市化进程，在2035年我国基本实现现代化目标时，城市化水平将稳定在80%以上。

值得关注的是，如果说改革开放后前40年的城市化主要是转移农业农村富余劳动力，提高劳动力资源整体配置效率，那么在劳动年龄人口每年减少几百万，农村剩余劳动力数量逐年下降背景下，今后的城市化应该更加注重推进以人为核心的城市化，使更多已经进城就业的农民工和他们的家属在就业居住所在的城市和城镇市民化，让他们能够按意愿在城市和城镇安居乐业，全面提高城市化质量和可持续发展水平。我们不妨把这一城市化模式叫作深度城市化，以区别过去注重城市面子不注重城市里子的城市化模式。这样做，既可以深入推进供给侧结构性改革，进一步提高要素配置效率；又可以提高更多转移人口的收入和消费能力，带动消费、拉动投资，释放新的内需潜力，也是应对中美贸易摩擦可能导致的不利后果的最有效力的举措。

第一节　城市化是供给侧结构性改革的重要内容

城市化是农业农村富余劳动力向劳动生产率更高的非农产业转移就业并在城市化地区居住、享受更高质量公共服务，以及整个社会适应这一变化的过程。适应这一变化的根本举措就是推进以市场化为取向、发挥统一市场优势、深度融入全球市场、市场主导要素配置的体制机制改革，这些改革有利于促进劳动力、土地、资本和各类创新要素在城乡之间的自由流动和市场化配置，有利于拓展市场边界，提高资源配置效率，并最终提高全要素生产率，这是过去40年中国城市化进程的主旋律，与供给侧结构性改革的根本目的是完全一致的。

一、城市化有利于提高整体劳动生产率和人力资源配置效率

从劳动力资源配置效率看，2017年我国全员劳动生产率为8.74万元/人，按市场汇率比较不到美国的12%，甚至低于不少发展中国家。农业部门劳动生产率只相当于二产的22%和三产的26%左右，低于全世界33%左右的平均水平。大多数地区农民1年务农时间不超过2个月，农村劳动力富余总体上比较普遍。随着机械化水平的不断提高，今后还有较大的转移空间。农村富余劳动力向非农产业转移，不仅可以缩小三次产业比较劳动生产率之间的差距，还可以大幅提高经济的全员劳动生产率，提升经济发展质量和效益。从人力资本提升看，我国有9亿多劳动力，其中技能型人才不到1.6亿人，未受过培训的农民工占比达60%以上。农业劳动力在向非农产业转移时，一般都需要进行职业技能培训和提升才能上岗，近几年持续实施农民工职业技能提升计划，每年培训的劳动力都在千万人次以上。随着市民化的深入推进，越来越多农民工随迁子女可以平等享有受教育权利，在流入地接受更高质量的教育。农村人口离开农业到非农产业就业，离开农村进入城市生活居住，本质上是摆脱农村愚昧落后文化，认知接受城市现代文明的机会。即便是结束打工回到农村，也将在农村传播在城市浸润的现代文明和所学技能。所有这些，都将有效提升我国人口和劳动力的整体素质，增加人力资源和人力资本的有效供给，以及基本实现现代化所需要的人力资本积累。

二、城市化有利于集约高效利用土地、高效配置城乡建设用地并有效保护耕地

实证分析表明，城市规模越大，土地利用的集约化程度越高，城市相对于农村有更高的土地利用效率，单位空间产出密度和人口密度都大大高于乡村地区。随着大量农民进城和城市规模的不断扩大，虽然城市建设用地会继续增加，但农村建设用地也应相应减少。如果大范围实行城乡建设用地增减挂钩、占补平衡，耕地总量不但不会减少，还应该有所增加。原因在于农村居住分散，基础设施和公共服务设施配套用地多，人均建设用地相对更大。目前我国农村居民点人均用地约为270多平方米，城镇现有人均用地约为140多平方米，两者相差130平方米。城市化水平提高特别是人口更多向大中城市聚集后，城市空间利用效率会进一步提高，会日益接近人均100平方米的用

地标准水平。按计划的1亿人落户城镇计算，如果能通过城乡建设用地增减挂钩等方式完善进城落户农民的宅基地有偿退出机制，就可以盘活建设用地100多万公顷。从地方实践看，重庆市建立在城乡建设用地增减挂钩机制上的地票制度，既通过建设用地复垦增加了农用耕地，又通过建设用地指标的交易实现了农民宅基地的有偿退出，还更好满足了城市建设所需用地。进一步完善农村土地经营权和宅基地使用权流转机制，还可以盘活更多的农村闲置土地资产，有效提高农村土地使用效率和农民财产性收入。如果在大城市郊区允许农村将现有闲置建设用地用于建设租赁性住房，还可以形成有效的农民经营性财产，扩大城市住房供给，缓解住房价格和租金上涨。从农民承包耕地情况看，我国实际经营耕地的农户户均规模约为0.6公顷，不仅不及日本户均经营规模1.8公顷（政府计划扩大至20公顷），更不及美国农业人均60公顷的规模。近几年上海松江区通过土地经营权流转，户均经营耕地面积超过100亩，使农户收入大幅提高。如果松江模式可以大范围推广，不仅可以大幅提升农地产出效率，还可以使更多的农业劳动力转移出来，配置到劳动生产率更高的产业领域。

三、城市化有利于提高公共资金使用效率和基础设施规模效益

公共服务和基础设施领域有着明显的规模经济效应，随着城市人口规模和密度的增加，新增人口所需增加的公共服务和基础设施投入呈边际递减趋势。我国城乡区域间人口密度差异很大，总体上表现出城市规模越大人口密度越高的特征。以北京市为例，全市人口密度为1322人/平方公里，主城西城区人口密度达25000多人/平方公里，但以乡村地区为主的门头沟区只有206人/平方公里。由于乡村人口分布比较分散，覆盖同等规模乡村人口所需的水电路气邮暖和环保等基础设施投入是覆盖同等规模城市人口的10倍左右。在我国西部部分边远山村，农村电网建成后服务的人口有限，投入成本很大，输配电成本进户后每度高达5元钱左右，是城市的10倍以上，如果按覆盖成本定价，西部地区山区农民根本用不起电，外出打工赚钱后返乡购买的家用电器，因为交不起电费只能沦为摆设。加快推动农村地区特别是边远山区、贫困地区农业人口向非农产业转移就业，在就业所在的城镇地区集聚居住，不仅有利于通过产业脱贫和异地搬迁脱贫，发挥城镇化对脱贫攻坚的积极效应，还可以更低的成本提供基础设施和公共服务，将有限的公共资金更多投入在效率更高的城镇地区，提高公共资金投入效

率和公共设施的使用效率，减少公共资金的浪费。在今后实施乡村振兴战略中，如果不充分挖掘城市化吸纳并聚集更多农业富余劳动力和农村富余人口的潜力，不加选择地把有限的公共资金配置于过于分散的乡村公共设施建设，不仅成本高效率低，最终也会因农村人口继续流向城市地区而形成废弃和浪费。

四、城市化有利于创新要素集聚和知识传播扩散、增强创新驱动发展动力

城市的规模经济和开放包容特性，使城市历来都是各国创业创新的主要平台，会产生“1+1>2”的规模经济效应，这也是城市吸引各类人才和要素聚集的魅力所在。各类创新要素在城市平台聚集组合，特别是在大城市和特大城市聚集，更容易产生传播扩散知识、相互组合带动的创新创业效果，有利于新技术、新想法与各类生产要素组合成更加高效的新技术、新产品、新商业模式，推动大众创业万众创新，从供给侧形成经济增长的不竭动力。城市人口规模不断扩大形成的规模经济效应，使得城市分工日益细化，专业化效率不断提高，并在众多领域形成创新创业和扩大就业的机会。这也是世界各国创新资源和创新要素主要分布在城市地区、创新成果主要产生于城市地区的主要原因。我国也不外，我国90%以上的科研人员、90%以上的科研机构、90%以上的研发成果都分布并来自城市地区，而不是乡村地区。即便是为农村和农业发展服务的研发机构和科技服务机构，也主要分布在城市地区，而不是农村地区。这一创新要素的分布聚集趋势具有其内在规律，不可能被“上山下乡”的倡议所改变，因为只有在城市地区，才能更高效地聚集各类创新要素并高效组合，得到城市地区产业聚集形成的配套支持，并形成新的产出效果。近年来，我国各类城市创新创业孵化平台快速增长，创新工场、创客空间等各类新型孵化器及企业孵化平台不断涌现，以每年超过20%的速度增长，这是城市发展的独特魅力和效应，也是城市发展的持续动力。任何推动城市创新创业要素向乡村逆向配置的倡导和努力，除了会浪费政策资源、降低资源配置效率外，只可能取得星星点点的成功，不可能形成燎原的成功态势。

第二节　城市化可以进一步释放内需潜力

新时代的深度城市化，核心是农业转移人口市民化，是内需潜力不断释放的过程。我国常住人口城镇化率虽然已经达到58.5%，但户籍人口城镇化率只有43%。按照规划，到2020年，我国常住人口城镇化率达到60%左右，户籍人口城镇化率达到45%左右，年均需转户约1600万人。持续解决如此大规模的人口迁移、稳定就业、集聚安居等问题，意味着巨大的居民消费提升和庞大的城镇软硬件设施建设需求，是经济增长持久的内需动力。

一、城市化是消费需求的“倍增器”

我国过去的城市化，更多体现为对农业和农村富余劳动力在非农产业的高效利用，使得近3亿农民转移到了劳动生产率和收入更高的非农产业就业，提高了他们的收入水平和消费能力。但由于他们中的大多数还不能带上自己的家属，还不能享受与城市居民同等的社会保障等公共服务，他们存钱带回农村的储蓄倾向较高，对未来的不确定性也影响了他们的消费支出比例。新生代农民工具有一些新的特点，大多数人可能是在城镇出生的农民工二代，农业生产技能基本缺失，也没有返回家乡的意愿。针对这些新特点，新时期城市化如果能更多促进进城就业农民市民化，将更多进城务工农民及其随迁家属落户并成为真正的城市居民，有利于扩大城镇消费群体，提高城乡居民的整体消费倾向，推动消费结构升级和新的消费潜力释放。2017年，全国城镇居民人均可支配收入36396元，消费支出24445元，分别是农村居民的2.71倍和2.23倍。农民通过非农产业就业转化为市民后，不仅收入提高，消费需求也会增加1万多元。按年均1600多万农村人口进城落户计算，新增的消费需求近2000亿元，如果现有2.7亿农业转移人口中有更多人可以自由选择落户成为市民，还会带动消费需求数千亿元，两者合在一起近万亿元。

二、城市化也是投资需求的“推进器”

尽管我国经历了基础设施大发展的40年，但我国基础设施人均存量仅相当于西欧的三分之一、北美的四分之一左右。考虑到未来还有2亿～3亿人会从农村转移到城市就业居住，即便是按现有人均基础设施存量水平配置基础设施供给，还需要巨量的基础设施投资来支撑和保障。根据对农业转移人口市民化公共成本的调查测算，一个农业转移人口落户城镇，人均约为8万～13万。到2030年，我国城镇常住人口将达到10亿人左右，其中农业转移人口约4亿人，再加上其他城市间流动的常住人口，户籍不在常住地的人口会有5亿人。按人均公共成本10万元计算，解决5亿人落户，未来需要公共投资支出50万亿元，仅各类城市和城镇住房保障和城市基础设施维护等，就需要投资约30万亿元。如果把城市消费需求增加牵引的产业投资算在内，还会有更大的固定资产投资需求产生。

此外，我国镇区人口超过10万人的特大镇有近300个，这些特大镇的基础设施和公共服务设施标准与城市相比偏低。根据浙江等地的实践和测算，如果能将这些特大镇撤镇设市，每年因公共设施标准提高带来的固定资产投资，可在现有基础上增长25%～30%，如能将镇区人口10万人以上的特大镇设市，每年新增城市基础设施投资就会达到数千亿元。

第三节　以制度改革为重点推进深度城市化

在中国现行体制下，需要政府出手解决的城市化问题本质上是制度改革问题，基本导向是进一步市场化。因此，深化新时代城市化进程，需要坚持以人为核心，深入推进相关制度改革，扫除阻碍城市化正常发展的体制障碍，使城市化能够发挥促进供需两侧有机结合、推动经济持续增长的积极作用。

一、加快推进户籍制度改革，基于居住证推进公共服务均等化

城乡分割、地区分割的户籍制度是计划体制时期遗留的限制人口自由流动的制度，不符合现代治理体系的要求，在世界上已经不多见。户籍制度的负面影响值得高度重视。户籍制度虽然在过去降低了城市化、工业化成本，但是以牺牲农民工个人权益和家庭利益为代价的，农民工在城市辛苦工作得不到同等对待、留守儿童因缺乏父母关爱等形成的心理影响可能对整个社会和谐产生持续不利的后果。目前，各类城市对待户籍管制放开的做法各不相同，总体看城市规模越大设定的门槛更高，试图用户籍制度管制来控制城市人口规模和城市政府承担公共服务责任的人口数量。

从现实看，户籍制度基本上不能左右一个城市的常住人口规模，因为城市人口规模总体上是由经济规模和产业结构决定的。经济规模越大，产业结构的劳动密集程度越高，就业劳动力规模就越大，常住人口就会越多。因此，只要一个城市的经济持续保持增长，即便是产业结构升级，就业需求导致的人口规模也会持续增长。如果要引导并调控城市常住人口，更多应该调控城市经济的空间分布、产业结构附加值，而不是直接管制人口规模。有的城市一方面提出要控制人口规模，另一方面还在不加选择地扩大经济规模，是不可能实现控制城市常住人口规模目标的。

从降低城市政府公共服务财政负担看，对于已经在城市就业特别是有正规就业的非户籍常住人口，他们对当地经济发展和公共财政的贡献与当地户籍居民是一样的，很多人的贡献甚至大于本地户籍人口的贡献，理应有权利享受与本地居民完全同等的公共服务水平，不应该受到任何歧视性待遇，这是社会公平正义的基本要求。因此，按照新发展理念的要求，各类城市政府都应该进一步放宽落户条件、降低落户门槛，加快制定公开透明的落户标准，让那些有稳定就业和落户意愿的常住人口及其随迁家属能够在常住地落户，并享受与本地户籍居民同等的公共服务。对未落户的城镇常住人口，应该全面落实居住证制度，加快健全以居住证为载体的基本公共服务提供机制，并逐步延伸至所有公共服务，为最终取消户籍制度创造条件。目前一些城市发起的“抢人才”举措，虽然与过去相比降低了落户门槛，但或许带有各自独有的动机，并不是真正意义上放宽落户条件的一般性做法，依然带有歧视性和选择性，不是普惠于所有就业常住人口的做法，还需要进一步放宽和改进。当然，加快户籍制度改革的好处还不仅限于城市化方面，还可以回应美国对中国非市场经济制度评价时提出的对

我国户籍制度的批评，他们认为这一制度扭曲了劳动力要素价格。

二、深化城乡土地与房地产制度改革

城市化过程中的土地产权和住房制度问题格外敏感，不仅涉及耕地保护，还涉及复杂的利益结构调整和分享。从土地制度看，一是为了保护耕地，持续实行建设用地指标中央计划制度，每年由国家计划确定各地可以新增的建设用地指标。这一制度的最大问题是计划指标的区域分配并不能很好地体现不同地区经济增长快慢导致的城市化建设用地差异性要求，也没有建立相应的跨区域额度交易来构建区域间弹性平衡的市场机制，导致一些发展快的地区建设用地过于紧张，地价上涨过快，而有的地区索性大量拆除农村地区的农民住房，把农民赶进楼房“城市化”，将腾出来的农民住宅建设用地转变为城市建设用地，形成了对传统村落的不合理破坏。二是现有的征地制度为了保障城市建设特别是基础设施建设，低价从农民手里征地，对失地农民的补偿不够到位，在征地过程中农民利益受损的现象比较普遍，导致的社会矛盾和群体性事件也时有发生。三是土地计划管理制度重计划分配，轻开发密度或集约化用地管理，导致建设用地利用效率不仅没有提高，还持续下降。过去十几年我国城市建成区人口密度不仅没有提高，每平方公里人数反而从8000多人下降到7000多人，离每平方公里1万人的城市建设用地人口密度标准还有较大差距。四是进城定居农民在获得城市稳定住所后，其农村宅基地退出机制不完善。虽然实行了农村建设用地减少与城市建设用地等量增加机制，并建立了地票等市场化交易机制，但由于限定在县域范围、市域范围、省域范围的做法，与人口流动跨省域的状况不能匹配，导致吸纳外地人口就业居住较多、建设用地需求较大的地区得不到相应的建设用地指标保障，降低了增减挂钩机制的交易效率和资产配置效率。作为城市化结果，我国农村人口虽然在持续减少，进城农民数量持续增加，但农村建设用地不仅没有相应减少，甚至还在增加。五是农村土地产权制度不够完善稳定，导致大量闲置农村建设用地和耕地的高效流转和高效配置受到不利影响，耕地撂荒现象非常普遍，农民的土地财产权收益潜力难以得到有效发挥。六是城市房地产市场炒作比较严重，一些城市房价持续快速上涨，住宅空置现象比较严重，行政管制导致的价格和供求关系扭曲日益明显，一线城市因房价过高导致生活成本高企，加剧了部分城市居民的住房困难。

为了解决上述问题，应该建立建设用地指标跨区域调剂交易制度、增减挂钩腾出的农村建设用地指标全国范围内跨区域交易制度，拓宽进城拥有稳定居所农村转移人口的宅基地自愿有偿退出通道；在城郊地区允许农村建设用地入市交易或用于建设用于公租房，适度降低政府对建设用地一级市场的垄断；对征地导致的失地农民，除了提供一次性补偿外，提供与当地城市居民水平一致的养老保障，真正消除失地农民的后顾之忧。在城市住房制度改革方面，一是要改变目前行政管制房地产交易和价格的扭曲做法，让房地产市场成为正常的商品和财产市场；二是对过度炒作行为通过交易税和交易增值税调节制度等进行抑制；三是在一线城市提供更多的可以稳定长租的公租房供应，对中低收入群体提供更多货币化租金补贴，允许城郊地区集体建设用地进入公租房市场，将城市地下室改装升级后作为廉租房源，确保城市出租房的基本质量和功能。

三、深化财税体制和地方政府融资机制改革

财税体制和政府融资机制对以非户籍常住人口市民化为核心的深度城市化、城市基础设施建设投融资行为，以及地方政府债务管理和风险控制等具有重要影响。我国现行财税体制没有解决的问题是财力与支出责任不对等，导致外来人口较多的城市财力难以保障非户籍常住人口基本公共服务均等化提供，更缺乏让更多非户籍常住人口落户并提供同等公共服务的能力和动机。以广东为例，广东省虽然是我国财政收入总量排名第一的经济大省，但其人均财政支出水平却只能排在全国第20位左右，这说明经济转移支付制度调节后，广东省以人均财政支出水平衡量的政府公共服务能力，在全国只能排在20名以后。这在一定程度上说明了为什么那些吸纳外来人口较多的沿海发达省份和城市，没有动力让这样外来常住人口落户成为本地居民。解决这一问题，需要对现行财税制度作进一步的改革和完善，一是进一步完善均衡性财政转移支付计算办法，将外省人落户本地人数和外来常住人口数量，作为因素纳入均衡性财政转移支付的计算公式；二是进一步缩减专项转移支付的种类和规模，提高一般性转移支付或均衡性转移支付的比例；三是在“营改增”导致的地方营业税主体税种缺失后，应构建新的地方政府主体税种，适度增强地方财政的分享比例和地方财力的自主性，防止中央财政收入比重进一步上升。房地产税是地方政府的潜在主体税种，但征收房地

产税的制度设计要充分考虑先行土地出让制度的特殊性以及未来可能出现的差异性，真正体现财产税特征，具有普遍覆盖性，并以稳定合理的节奏逐步推开。

从地方政府融资体制看，为了管控地方政府债务，从预算法制定和修订开始，我国就一直在限制地方政府的举债权。为了适应城市建设的巨大融资需求，地方政府作为变通，不得不采取设立投融资平台公司的模式，以企业为主体变相举债，但政府实际上承担着直接或间接的偿债义务，这使得地方政府债务的管理变得复杂和难以监控。允许地方政府举债应该作为一项制度明确下来，这一方面是因为目前的地方财政基本是吃饭财政，解决了财政供养人员的工资福利后，基本就没有太多资源可以用于基础设施建设，地方基础设施建设资金来源只能靠土地出让收入和举债收入；另一方面是因为基础设施建设一旦形成，往往会使用几代人的较长时间，通过债务融资使基础设施建设的投资成本在几代人之间进行分担，更好体现了基础设施效益和成本的代际分享分担，是合理的基础设施投融资建设机制和效益成本分享机制。因此，从制度上看，我们应该在立法上允许地方政府直接举债，通过发行地方政府债券，建立公开透明的地方政府债务决策机制、中介信用评价机制和市场化承销投资约束机制。目前财政部主导发行的地方政府债券，实行的是中央财政统一计划年度总量并分配各省发行额度，由各省自行发行再分配到地市的模式，这一模式看似由中央政府统一管控总量，但不利于建立发行主体的责权利对等关系，也很难真正起到对地方债务的管控作用。在当前去杠杆过程中，对待地方政府债务的处置，不能采取对不同地区“一刀切”的做法，更不能采取抽刀断水的做法。从总体看，我国地方政府债务还没有出现系统性偿债风险，政府债务主要用于基础设施建设而不是消费，设施建成后形成了大量政府资产，这些资产基本都具有社会效益，有的还具有直接或间接经济收益，只要再融资成本不急剧上升，应该通过借新还旧的再融资机制，延续债务期限和还本付息期限。对于那些债务规模过大、风险较高的地区，可以采取控制债务余额不增加、借新还旧的方式逐年消化风险，必要时可以通过出售部分政府资产用于还债。从地方政府融资工具看，目前最缺乏的是长期债务融资工具，短债长用等期限错配严重，容易形成流动性风险，需要通过增加长期债务融资工具来解决。对于具有稳定持续增加的现金流资产，还可以通过发行资产证券化、REITS等金融工具进行融资。从源头上控制地方政府债务，还需要解决城市规划软约束和城市领导人权力软约束问题，改变一任领导一方开发、新城新区遍地开花、城市建设摊子过大，以及新建城区人口、产出、商业密度过低等问题，做到功成不必在我，城市新区开发成熟一片再开发一片的合理节奏。

四、运用新技术推进城市社会治理现代化

对城市规模过大的担忧，一方面可能是出于对资源环境承载力的担忧，更多可能是出于对城市治理能力和公共服务能力不足的担忧。过去我国的城市治理更多是通过政府及其组织体系来承担，单向治理的特点比较明显，市民参与和社区自治的成分相对较少，这无疑使政府主导的城市治理缺乏合理的责任分担机制。解决的出路是更多的社区自治与市民参与，让城市市民有更多的公共意识和社会责任承担。这相应需要有组织有步骤地引入民主机制来形成社区自治的合理架构，这类实践在中国城市和乡村已经有过程度不同的尝试，完全可以在总结基础上不断完善并逐步推开。

技术进步也给了我们新的解决大城市病等问题的出路，这个出路就是智慧城市建设。信息技术、互联网、大数据、云计算、人工智能等智慧技术等领域的快速进步，特别是深度学习算法、计算能力和大数据之间的相互促进和相辅相成，使得人工智能越来越从专用技术演变为通用技术，可以与城市经济社会发展、生态环境保护、基础设施运营、能源调度和节能、社保体系运营、治安网格化监控等广泛领域深度融合，为智慧化城市管理提供强有力的技术支撑。一批类似于谷歌、阿里、华为、科大讯飞、平安集团等公司，已经在不同城市推行其智慧城市解决方案。但要真正形成城市智慧治理的“中心大脑加四肢”的完整管理运营平台，面临的障碍更多是制度性的，需要进行多领域的制度改革和建设，特别是要强化数据开放分享和隐私保护的立法，强化分散在不同部门的智慧管理系统的整合与互联互通。只有这样，才能大大提高城市数字化管理、服务的运营效率，使城市治理和服务真正做到亲民便民便企并安全可靠，实实在在地降低城市运营的制度性交易成本。这需要制定规则或立法，迫使政府不同部门主动放弃对数据和权力的垄断，使分散的数据资源更多集合成为有效公共资源，使政府的权力运行和公共管理事务通过智慧管理平台，变得更加公开透明、合规、高效并可监督。从这个角度看，智慧城市建设不单是一个技术工程问题，而是一个有利于提高城市运营效率、降低制度性成本的供给侧结构性改革。从需求侧看，智慧城市建设本身也是正在加速增长的对智慧技术、产品和服务的新的强劲需求。

五、优化城市空间布局和城市规模结构

我国目前有城市数量660多个，其中城区人口超过1000万的超大城市7个、人口在500万～1000万的特大城市9个、人口在100万～500万的大城市124个、人口在50万～100万的中等城市138个、人口在50万以下的小城市380个，还有20117个建制小城镇，其中300多个是镇区人口超过10万人的特大镇。目前看得见的趋势是，部分城市规模会越来越大，超大城市、特大城市、大城市的数量还会进一步增加，当然也会有部分城市出现衰减，比如资源枯竭型城市、失去竞争力的老工业基地城市。城市分布的空间格局主要受地理条件影响，比如胡焕庸线东部目前依然聚集了我国94%左右的人口，这在大的格局上是难以改变的，也不应该试图改变。城市空间格局的另一个特点是呈集群化分布特征，这是各国表现出的共同现象和规律。我国粤港澳大湾区城市群、杭州湾大湾区城市群（长三角）、渤海湾大湾区城市群、成渝城市群、长江中游城市群等超大城市群正在程度不同地崛起，另外还有不少基于中心城市的都市圈在快速发展。这一趋势主要是由统一市场条件下的资源市场化配置和产业集群分工关系决定的，有更高的分工效率和更强的竞争力。目前政府在编制城市群和都市圈发展规划，但值得关注的是，城市群和都市圈本质上并不是政府规划的结果，是市场力量和技术力量共同推动的结果，不是规划形成的。但这并不意味着在城市群和都市圈形成过程中，政府就应该无所作为。政府的正确作为主要是统一规划基础设施网络、维护市场统一、消除市场壁垒、构建合理的城市间利益分享和补偿机制，构建城市群内统筹一体的社会保障体系，在此基础上让市场更好发挥作用，让企业自主决策产业布局。

城市规模结构的合理标准难以定论。我国过去长期实行的是限制大城市发展、鼓励发展中小城市和小城镇的城市规模结构政策，但实际结果显得事与愿违，大城市越来越大，城市人口真正分布在中小城市和小城镇的比例并不高。这与城市规模越大、就业机会越多、公共服务越好、城市文化更开放密切相关。中国的问题不同于西方市场经济国家，中国的城市有行政等级，直辖市领导是副国级，还有副省级城市、地级市和县级市。由于公共资源配置主要被行政权力主导，行政等级越高的城市往往容易得到更多公共资源，会有更好的公共服务、更强的政治和政策影响力，这会反过来增强高等级城市对各类要素的吸引力，使城市变得越来越大。这说明我国的制度体制特

征与政府城市规模结构的发展导向是相左的，甚至在相当程度上强化了城市规模结构的“不平衡”。简单的逻辑推导是改革这一不合理的行政等级体制，但对现行行政权力结构进行调整显然难以做到。合理的出路可能是在财税制度和预算制度方面做出新的改革尝试，让各城市之间的人均财政支出以及相应的公共服务能力逐步趋于均等，从而缩小不同规模城市间的差距，增强中小城市的吸引力。很遗憾的是，在看得见的未来，我国的城市规模结构难以发生大的结构性逆转。或许，我们可以探索让现有镇区人口超过10万人且发展潜力较大的特大镇，改变成具有更高行政级别的市，使它们在公共资源配置和公共设施和服务方面有更高的标准，以增强自身的吸引力。

六、改革城市规划管理体制

城市的复杂性和城市可持续发展面临的巨大压力，使得城市规划也面临许多新的挑战，需要创新和改革，以更好发挥引导和约束作用。中国的城市规划有四大问题需要探索。

一是如何处理好城市规划的弹性和刚性，目前城市规划对人口控制的约束性目标要求，与城市经济扩张性规划的目标是矛盾的，因为经济规模扩张意味着就业增加和人口规模的扩大。但经济规模的扩展主要受市场调节，并由政府的规划控制，这也是我国许多城市难以实现城市规划人口控制性目标的主要原因。人口控制目标一旦不切实际，围绕人口控制目标配置的土地和公共服务等就可能难以满足要求，并使得城市运行受到影响。比较合理的做法是将受市场影响较大的城市规划目标设定为预期性目标并保持足够的弹性和可修订性，而那些涉及空间和生态管控的目标，如三生空间的划定、红线目标控制，尤其是生态空间、公园空间、步道空间、节能建筑等，保持较强的刚性约束。

二是构建更加合理的城市规划体系。城市规划作为空间规划，既要根据坐标尺度要求建立精度不同的分层规划体系，还要建立经济社会、基础设施、公共服务、生态环境、历史文化、开发保护、空间利用等统筹的“多规合一”，使得各类规划要素的上下左右形成一个整体，在具体落实时又能形成各有侧重的责任分工。这需要新技术手段的支撑，更需要政府职能的重组整合来保障。

三是需要优化规划编制和审批制度。城市规划是老百姓自己的事，涉及众多主体的利益协调和平衡，需要形成广泛共识，应该在程序上确保足够的公众参与，让不同利益主体有充分表达的机会，让规划编制程序成为构建目标、优化格局、协调利益、培育共识的过程。规划的审批主体对规划的实施也至关重要，目前我国实行的是城市规划由上级部门审批的制度，这一制度与城市经济社会发展规划和各类专项规划主要由当地人大和政府审批的制度之间，具有以下协调配合方面的制度障碍。由上级政府审批城市规划的制度，不利于体现地方政府在城市规划和实施中的责权利对等，也不利于城市规划与其他规划的融合协调，应该调整为由当地人大审批，使城市规划具有地方法地位。这样做也有利于强化地方人大作为立法机构对当地城市规划编制、实施、管理和修编的法律监督，减少城市党政领导对城市规划干预的随意性，改变城市规划的软约束状况。

四是构建统一的城市规划信息平台，将城市规划编制、修订、实施纳入统一的信息平台监管，基于信息平台优化政府工作流程和重大城市建设项目落地审核流程，并记录城市规划和实施的完整历史。

诺贝尔经济学奖得主约瑟夫·斯蒂格利茨教授曾将中国的城市化描述为引导21世纪世界经济走势的两个重大因素之一。这一判断从今天看，无论对中国还是世界，依然是有意义的。从上面的分析我们可以看到，中国的城市化改革从供给侧看，可以推进人力资本培育和积累，大大提高劳动力资源的配置效率，持续提高经济的整体生产率，增强创新创业的聚集效应，提高城市社会和谐程度并降低制度性交易成本；从需求侧看，会提高城乡居民的收入水平和消费能力，创造新的消费需求和城市基础设施和住房需求，拉动城市建设投资的持续扩大，是一个可以从供需两侧推动经济增长和提质增效的最佳抓手。

最近中美之间爆发的贸易摩擦，表面看是美国为了解决贸易不平衡问题采取的“特朗普”式举措，实际上还隐含着以美国为首的西方国家对我国现行体制冲击原有国际贸易规则的不满，或许也是中美两个超级大国在新时期“修昔底德”式博弈的表现形式。不管贸易摩擦的最终结果如何，只要我国现行体制不做出新的适应性调整和改革，我们与主要贸易对象国之间的围绕反倾销和反补贴的贸易摩擦和官司就不可能减少。考虑到美国是我国贸易顺差的最大来源国，美国单边关税报复的做法会使得贸易对我国经济增长的拉动作用加快衰减。从贸易摩擦可能导致的短期冲击看，能够持续对冲出口下降导致失业的主要举措和政策空间，恰恰就在深度城市化这个领域。这是因为城市规模扩大后产生的最大效应是服务业的更快发展，符合当前中国城市居民消费需求结构升级的方向，会产生大量的创业和就业机会。但这要求各类城市，特别是大城市、特大城市和超大城市，要充分挖掘城市服务业发展的创业就业机会，而不是以疏散的名义逼迫一些产业和人口离开城市。所有城市领导人都应该认识到，任何一个城市，不管这个城市的产业结构多么高级，也不可能是一个由同等层次居民组成的城市，城市分工效率的形成需要不同层次的产业共生、不同层次的劳动力共协，从而产生不同层次的消费需求，城市越大越是如此，产生的创业就业机会也越多。因此，对待外来人口的开放包容姿态，应该成为具有共产主义信仰的城市领导人的共同觉悟，具有社会主义核心价值观熏陶的城市既有居民的共同觉悟，具有经济学专业思维的城市管理者的共同觉悟。为了应对新的外部环境变化和外部需求衰减，保持相对稳定的经济增长和结构升级步伐，我们除了通过城市化改革稳步挖掘新的内需替代，营造更好的创新创业环境，别无他法。而真正能够释放内需潜力并同时提高创新创业活力和供给侧效率的举措，就是继续深化城市化领域的各项制度改革，消除城市化自然发展的制度性障碍，让更多的农民成为产业工人，让更多的农村居民成为城市市民。不仅如此，只有继续促进深度城市化，才能完成并巩固脱贫目标成果、顺利实施乡村振兴战略，使全面脱贫和乡村振兴得到城市化的持续拉动和支撑。没有城市化支撑的农村脱贫和乡村振兴，一方面难以实现并得到巩固，另一方面也极可能产生新的公共资源浪费，将是难以持续和维持的。

后记

改革开放40年来，我国经历了世界历史上规模最大、速度最快的城市化进程，城市化率从1978年的17.9%提高到2017年的58.5%，城镇常住人口由1.72亿人增长到8.13亿人，平均每年城镇人口增长超过1600万人。40年的城市化进程，深刻地改变了我国的城乡结构，让我们从一个传统的、以农业为主的乡土中国，变成了一个全球城市人口最多、正在全面迈入现代化的城市中国。一个13亿多人口的大国用几十年时间完成了西方国家上百年才走过的城市化进程，走出了具有中国特色的城市化和城市发展之路，创造了城市化的“中国奇迹”。

在看到成就的同时，我们也要看到我国城市化存着发展不平衡不充分等问题。比如，城乡分割体制改革不充分带来人口结构转换不彻底，大量流动转移人口在作为劳动力被城市经济利用的同时，不能享受城市居民同等的公共服务待遇；城市人口增多带来城市交通拥挤、能源资源消耗持续加大等挑战；城市过快扩张带来空气、水、土壤等环境污染日益突出等问题；城市管理水平和现代治理能力不足，使得“城市病”等问题成为现实挑战。上述诸多问题表明，我国城市化发展还有较大的优化提升空间，还有许多未竟的改革任务需要完成，未来城市化发展的任务还很艰巨。

在改革开放40周年的历史节点上，我们呈现本书，一则致敬过去的轰轰烈烈，认真总结改革开放40年来中国城市化发展的成功经验；二则把握当下，找准当前城市化发展中存在的主要问题和现实障碍；三则着眼未来，研判未来形势变化，有针对性地提出解决之道和策略构想。

本书写作得到了中国城市和小城镇改革发展中心（以下简称“中心”）领导和同事的大力支持。中心在人力物力等各方面都给予了最大的支持，参与本书写作的作者利用工作之余做了大量研究和文献收集，使得本书能够顺利写作完成。今年也正值中心成立20周年，20年来中心全程参与了中国城市化规划和政策的研究制定，提出了很多有实际意义的政策举措和建议。本书写作是基于中心多年的城市化研究积累，值此新书出版之际，特别向中心成立20周年表示祝贺和致敬！

要特别感谢中心理事长、首席经济学家李铁先生。李铁先生当年弃官从研，专注于城市化问题的研究和实践，创建了中心这个重要智库和平台。本书部分章节的内容是在细化和深化李铁理事长思想和观点，或来自日常工作中与李铁理事长的广泛深度交流，在此表示诚挚的感谢！

40年只是一个起点，中国城市化还有更长的路要走。走高质量的城市化道路，还需各方进一步共同努力，更多更难的还是相关制度改革。由于水平有限，书中难免会有一些不足和局限，恳望读者批评指正并不吝赐教。我们更希望以此抛砖引玉，推动相关方面加深研究，也期待以本书为媒介，与社会各界携手推动中国城市化深度前行，为中国的现代化发展增砖添瓦。

编　者

2018年12月